全 世 界 无 产 者 ， 联 合 起 来 ！

马克思恩格斯列宁论文学艺术

中共中央党史和文献研究院编译

人民出版社

编 辑 说 明

　　马克思、恩格斯和列宁的著作是马克思主义的理论原典,是学习、研究、宣传和普及马克思主义的基础文献。为了适应马克思主义中国化时代化不断推进的形势,满足广大读者多层次的需求,我们总结了多年积累的编译经验,考察了国内外出版的有关读物,吸收了理论界提出的宝贵建议,精选马克思、恩格斯和列宁的重要著述,编成《马列主义经典作家文库》。

　　文库辑录的文献分为三个系列:一是著作单行本,收录经典作家撰写的独立成书的重要著作;二是专题选编本,收录经典作家集中论述有关问题的短篇著作和论著节选;三是要论摘编本,辑录经典作家对有关专题的论述,按逻辑结构进行编排。

　　文库编辑工作遵循面向实践、贴近群众的原则,力求在时代特色、学术质量、编排设计方面体现新的水准。

　　本系列是《马列主义经典作家文库》的专题选编本,以全文收录或部分节选的方式辑录马克思、恩格斯和列宁集中论述各种专题的著作、论文、演讲、书信和笔记，以适应各个领域的读者学习理论和研究问题的需要。在必要的情况下，我们还从一些著作中摘选与本专题有关的论述，编成重要论述摘编，作为对本专题所收文献的补充，以便更加全面地反映经典作家对相关问题的理论思考和精辟阐述。

专题选编本系列所收的文献一般采用马克思、恩格斯和列宁著作最新版本的译文，以保持经典著作译文的统一性和准确性。自1995年起，《马克思恩格斯全集》第二版陆续问世，迄今已出版34卷；2009年和2012年，《马克思恩格斯文集》和《马克思恩格斯选集》第三版先后出版。专题选编本系列收录的马克思恩格斯著作一般都采用了上述最新版本的译文。对未收入上述版本的马克思恩格斯著作的译文，如果条件具备，我们就按照最新版本的编译标准进行审核和修订；如果条件不具备，我们就努力做好文中专有名词译名的统一工作。列宁著作则采用《列宁全集》第二版增订版译文。

专题选编本系列采用统一的编辑体例。每本书正文前面均刊有《编者引言》，综述经典作家围绕相关专题提出的理论观点及其重要意义，同时逐篇或者按单元介绍本书所收著作的主要内容，帮助读者理解原著、把握要义；此外还概括地介绍相关著作写作和流传情况以及中文译本的编译出版情况，供读者参考。正文后面均附有注释和人名索引，以便于读者查考和检索。

专题选编本系列的技术规格沿用《马克思恩格斯全集》第二版和《列宁全集》第二版增订版的相关规定。在马克思、恩格斯、列宁著作的目录和正文中，凡标有星花的标题都是编者加的；

引文中的尖括号〈 〉内的文字和标点符号是马克思、恩格斯、列宁加的；未注明"编者注"的脚注，是马克思、恩格斯、列宁的原注；人名索引的条目按汉语拼音字母顺序排列。在马克思恩格斯著作中，引文里加圈点处是马克思、恩格斯加着重号的地方，目录和正文中方括号[ ]内的文字是编者加的。在列宁著作中，凡注明"俄文版编者注"的脚注都是指《列宁全集》俄文第五版编者加的注，人名索引中的条头括号内用黑体字排印的是相关人物的真实姓名，未加黑体的则是笔名、别名、曾用名或绰号。此外，列宁著作标题下括号内的日期是编者加的；编者加的日期，公历和俄历并用时，俄历在前，公历在后。

　　《马列主义经典作家文库》自 2014 年起由中共中央马克思恩格斯列宁斯大林著作编译局负责编译。中共中央党史和文献研究院组建以后，继续推进有关编译工作。

中共中央党史和文献研究院

2023 年 6 月

目　　录

马克思恩格斯论文学艺术

论著汇编

列宁论文学艺术

论著汇编

插　图

编 者 引 言

　　文学艺术在人类社会生活中具有重要作用和广泛影响,实践证明,艺术是人类在精神上掌握世界的方式之一。(参看本书第147—148页)正因为如此,自古以来文艺在世界各民族中备受关注;围绕文艺的基本性质、产生根源、美学特征、社会功能以及发展规律等一系列问题,人们在各个历史时期进行过多方面的探讨和论争,由此产生了各种学说,形成了众多流派。事实证明,迄今为止唯有马克思主义文艺理论科学地、系统地回答了上述问题,在人类历史上第一次深刻揭示了文艺和美学领域的客观真理,从而将人们对文艺创作和审美实践的认识提升到了前所未有的境界。

　　为了适应广大读者学习和研究马克思主义文艺理论的需要,我们编纂了这本《马克思恩格斯列宁论文学艺术》。本书精选马列主义经典作家论述文艺理论和文艺实践问题的著作、文章、手稿、讲话和书信等共55篇,其中包括马克思恩格斯文献30篇,列宁文献25篇。除此之外,我们还在卷帙浩繁的经典著述中摘录了散见于各处的有关文艺与文化的论述,并作了必要的梳理和适当的编排,以帮助读者更加全面地了解经典作家在这个重要领域的丰富思想和精辟见解。

一

　　马克思主义文艺理论是马克思主义关于文学艺术的本质特征、内在规律、社会价值和发展方向的学说,是马克思主义理论体系和科学内涵的有机组成部分。它以唯物史观和唯物辩证法为世界观和方法论基础,批判地继承了人类优秀的文艺理论和美学思想遗产,科学地总结了文艺活动的实践经验,明确地指出了无产阶级和人民大众文艺事业的前进方向。

　　马克思主义诞生以前,东西方各国一代又一代的思想家、文艺家、美学家曾就文学艺术的理论和实践问题进行过广泛深入、持续不断的探讨。他们关注的领域涵盖文艺的所有门类及其表现形态,涉及的问题包括文艺活动的各个环节及其发展历程。他们努力揭示文艺的性质和特征、阐述文艺的起源和流变、解析文艺的功能和影响、品鉴文艺的风采和境界,取得了丰富的研究成果,形成了异彩纷呈的文艺理论,其中不乏广为流传、脍炙人口的名篇佳作。这些思想遗产是世界文化宝库中的珍品,对推动各民族文艺实践和美学理念的演进起过重要作用,同时对整个人类的文化积累和文明进步也产生过积极影响。

　　然而从整体上看,以往的文艺理论研究者明显地存在着历史和阶级的局限性。在考察文艺的性质、特征、功用和发展规律的过程中,他们往往远离"每一历史时代的经济生产以及必然由此产生的社会结构"，也就是远离"该时代政治的和精神的历史的基础"（见本书第 111 页），因而没有摆脱唯心史观的束缚，不可能对一系列重大问题进行实事求是的辩证分析，得出切中肯綮的科学结论。马克思主义诞生以后，在文艺理论领域实现了革命性变革，人类历史上才第一次有了严谨、系统、科学的文艺理论。

马克思主义文艺理论是在 19 世纪 40 年代随着无产阶级科学世界观和方法论的创立而逐步形成的。这是欧洲资本主义迅速扩张、国际工人运动蓬勃发展的时期。在文艺领域，反映资本主义社会矛盾的现实主义创作形成了一个新的高峰，出现了以巴尔扎克及其《人间喜剧》为代表的现实主义作家和作品；与此同时，随着无产阶级革命运动的兴起，一些具有社会主义倾向的文艺作品相继问世，产生了强烈的社会反响。从全球范围来看，随着资本主义世界市场的开拓，民族与地域的界限被逐步打破，各个民族、各个国家之间的交往日益频繁，人们之间的联系日益密切；而"各民族的原始封闭状态""消灭得越是彻底"，"历史也就越是成为世界历史"（见《马克思恩格斯文集》第 1 卷第 540—541 页）。正是在这个过程中，人们的精神生活发生了深刻变化，文学艺术领域也随之出现了前所未有的巨变："各民族的精神产品成了公共的财产。民族的片面性和局限性日益成为不可能，于是由许多种民族的和地方的文学形成了一种世界的文学。"（见本书第 120 页）

面对范围如此广阔、情况如此复杂、影响如此深远的变化，那些在欧洲文坛和学界久负盛名、备受尊崇的文艺和美学理论体系，无论是古希腊罗马时期的古典主义、文艺复兴时期的人文主义，还是启蒙运动时期的自然主义,抑或是德国古典美学理论以及其他各种文艺思想,都无法从根本上完整准确地回答有关文艺发展的时代之问。

马克思说过:"问题是时代的格言,是表现时代自己内心状态的最实际的呼声。"(见《马克思恩格斯全集》中文第2版第1卷第203页)

在这个关键时刻,在涉及文艺理论和实践的精神领域,时代发出的"最实际的呼声"就是要求人们全面地揭示文艺的本质与规律,科学地阐明文艺实践发生变化的深层原因,清晰地分辨传统文艺理论和美学思想中的积极因素与消极影响,完整地论述现实主义文艺作品的思想成就和艺术特质,有力地引导具有社会主义倾向的文艺创作和文艺评论,逐步形成适应人民群众需求、鼓舞工人阶级斗志、反映历史发展方向、促进世界文明进步的新文艺。

积极回应这些要求,主动完成上述任务,是登上世界历史舞台的无产阶级在文艺领域面临的庄严使命,也是时代对进步的、科学的文艺理论研究提出的重大课题。

马克思主义文艺理论就是在这个伟大历史潮流中应运而生的科学理论。随着时代变迁和文明进步,随着马克思主义理论体系不断发展和广泛传播,马克思主义文艺理论也在社会变革和文艺活动的实践中不断丰富、持续深化。

二

在19世纪波澜壮阔的国际共产主义运动中,在革命事业不断向前发展的形势下,马克思和恩格斯作为无产阶级的杰出代表和导师,担当起了创建科学的文艺理论体系的重任。

他们之所以能够承担这个历史使命,首先是因为他们创立了唯物史观和唯物辩证法,在人类历史上第一次将文艺理论研究置于科学的思想基石之上,从而彻底摆脱了唯心史观和形而上学的羁绊;其次是因为他们密切关注文艺发展的悠久历史和最新趋向,重视文艺实践在人类进步事业中的作用与影响,探究进步的文艺活动与无产阶级革命斗争的关联,并结合重大的理论和实践问题对这一切进行深入考察;第三是因为他们毕生热爱文艺,不仅在青年时代怀着激情进行过文学创作和文艺评论,而且在长期的革命实践和理论研究中广泛涉猎欧洲历代杰出思想家、文艺家、美学家的著作,认真研究千百年来的欧洲文学史、艺术史,因而具有广博的美学知识、深厚的文艺修养、敏锐的审美悟性和很高的鉴赏水平。他们科学地评析、批判地继承欧洲美学思想和文艺理论的丰厚遗产,深入地考察现实社会的文艺活动,及时总结刚刚兴起的具有社会主义倾向的文艺创作经验,提出了一系列卓越的见解,为新文艺理论的形成和发展开辟了无限广阔的天地。

诚然,马克思和恩格斯并没有给我们留下文艺和美学方面的理论专著,但是,在他们的哲学、政治经济学、科学社会主义著作以及大量的时评、书信、演讲、手稿、笔记和批注中,蕴含着精湛的文艺思想和美学创见;而正是这一点,生动地折射出他们在这个研究领域的显著优势和鲜明特色:他们对文艺问题的考察从来就不是孤立的、静止的、片面的,也不是学究气的、教条式的、概念化的,而是同关注人民斗争实践、创立科学理论体系、推进人类解放事业有机地结合在一起的,是同深入研究既往历史和现实生活中的各种重大理论和实践问题紧密地联系在一起的。正因为他们运用正确的立场、观点和方法,凭借丰富鲜活的实践经验、恢弘深邃的历史眼光和广博丰厚的百科知识来探究文艺问题,所以他们能够准确地把握文艺的本质、规律和特征,深刻地揭示文艺的价值、功能和影响。

不仅如此,在文艺理论与美学的各个重要分支领域,他们也都勇于除旧布新、别开生面,善于融通古今、超越前人。

马克思恩格斯创立的无产阶级文艺理论,是一个精审、缜密、开放的科学体系,其中蕴涵着一系列意义深远、主旨鲜明、逻辑严谨的基本要素;这些要素相互联系、彼此呼应,环环相扣、层层深入,使整个体系彰显出科学真理的蓬勃生命力和巨大感召力,让历史永远铭记这两位伟大思想家的不朽贡献。

(一)马克思恩格斯创立了唯物史观和唯物辩证法,使文艺理论研究冲破历史迷雾,找到了科学的世界观和方法论作为根本遵循。

唯物史观透过繁芜丛杂的社会现象,揭示了历史发展的客观规律:"根据唯物史观,历史过程中的决定性因素归根到底是现实生活的生产和再生产"(见本书第 264 页);在各种各样的现实社会关系中,"经济关系不管受到其他关系——政治的和意识形态的——多大影响,归根到底还是具有决定意义的,它构成一条贯穿始终的、唯一有助于理解的红线。"(见本书第 256 页)这是历史唯物主义的基本原理,是被迄今为止的全部历史进程所证实的真理。恩格斯指出,这个基本原理"不仅对于经济学,而且对于一切历史科学(凡不是自然科学的科学都是历史科学)都是一个具有革命意义的发现"(见本书第 262 页)。确实,正是依靠这条"贯穿始终的、唯一有助于理解的红线",同时凭借分析复杂问题的强大思想武器——唯物辩证法,马克思恩格斯澄清了以往文艺理论中存在的唯心主义、神秘主义、机械唯物主义和形而上学的谬误,为构建无产阶级的革命文艺理论指明了符合历史规律的方向和途径。

（二）马克思恩格斯揭示了文艺发展与经济社会发展的辩证关系,阐述了文艺的社会地位和作用。

马克思恩格斯强调,文艺作为一种社会意识形态,是社会存在的反映;同政治思想、法律思想以及哲学、宗教、伦理道德等观念形态的上层建筑一样,文艺归根结底是对一定社会经济关系的反映,是对现实社会生活的反映,其发展进程在任何时候都必然受到经济基础的制约。随着经济基础的变更,作为上层建筑的文艺也必然相应地发生或快或慢的变化。实践证明,文艺的产生和发展离不开一定的社会经济条件。

但是,正如恩格斯郑重指出的那样,倘若把经济因素的作用加以曲解,说它是"唯一决定性的因素",那就会把历史唯物主义原理变成毫无内容的、抽象的、荒诞无稽的空话。（参看本书第264页）恩格斯反复强调:"经济状况是基础,但是对历史斗争的进程发生影响并且在许多情况下主要是决定着这一斗争的形式的,还有上层建筑的各种因素"（见本书第264页）。恩格斯阐述了"上层建筑的各种因素"之间的相互影响及其对经济基础的反作用,他指出:"政治、法、哲学、宗教、文学、艺术等等的发展是以经济发展为基础的。但是,它们又都互相作用并对经济基础发生作用。"（见本书第256页）

实践证明,文艺对经济社会发展具有十分明显的反作用。革命的、进步的、健康的文艺作品,能够通过对现实关系的真实反映、对社会矛盾的深刻揭露、对革命事业的热情讴歌、对远大理想和高尚品德的真诚礼赞，启发人们认识社会前进的方向、领悟历史发展的规律，同时产生激浊扬清、惩恶扬善、净化心灵、陶冶情操的积极作用，有力地促进经济基础的变革和整个社会的进步；而那些粉饰腐朽制度、颂扬反动阶级、鼓吹历史倒退、迎合低级趣味的作品，则必然产生阻碍社会变革和进步的消极影响。

（三）马克思恩格斯科学地分析了文艺的特点，阐述了文艺发展的特殊规律。

马克思对人类在精神上掌握世界的方式进行过深入研究，认为这样的方式至少有四种，即理论的方式、艺术的方式、宗教的方式和实践的方式。他指出："从抽象上升到具体的方法，只是思维用来掌握具体、把它当做一个精神上的具体再现出来的方式。但决不是具体本身的产生过程。……整体，当它在头脑中作为思想整体而出现时，是思维着的头脑的产物，这个头脑用它所专有的方式掌握世界，而这种方式是不同于对于世界的艺术精神的，宗教精神的，实践精神的掌握的。"（见本书第 147—148 页）可见，艺术作为人类在精神上掌握世界的一种重要方式，具有区别于理论方式以及其他各种方式的特殊性。文艺是文学艺术家依据一定的立场观点方法对社会生活所作的反映（包括用艺术的方式再现、诠释、提炼和评价社会生活的内涵），是凭借艺术创造、通过艺术形象、运用艺术语言对社会关系进行的整体把握。在马克思恩格斯看来，优秀的文艺作品是对现实的真切而又深刻的反映，这种反映不是简单机械地摹写各种表象，而是揭示复杂现象背后的本质特征。按照这个规律，进步的文艺家必须对社会关系和矛盾运动进行深入考察，对时代精神和发展趋势作出准确判断；同时，文艺家必须具有较高的创造能力,善于发挥艺术想象力的作用,善于塑造典型的艺术形象,善于运用富有独创性和感染力的艺术语言,善于探索并形成独树一帜的艺术风格。因此,在论述文艺的特点时,马克思恩格斯不仅着重指出其鲜明的实践属性,而且突出强调其特殊的审美属性。

马克思恩格斯指出,为了全面掌握文艺发展的特殊规律,还必须进一步深刻认识文艺与经济社会发展的平衡和不平衡关系。他们强调,文艺和经济社会发展在总体上是平衡的,但这种平衡并不是绝对的、一成不变的。每个时代的文艺都有自身的历史继承性,都是以先辈留下的文化遗产、思想资源和历史传统为出发点和前提的。恩格斯在谈到哲学的历史继承性时曾经指出:"每一个时代的哲学作为分工的一个特定的领域,都具有由它的先驱传给它而它便由此出发的特定的思想材料作为前提。因此,经济上落后的国家在哲学上仍然能够演奏第一小提琴"(见本书第247页)。文艺领域的情况也同样是如此,这就使它具有相对独立的发展方式和特殊的运动规律,因而与经济社会的发展不完全同步。

鉴于这种不平衡性,同时鉴于文艺与经济社会生活之间存在着社会心理、价值追求和情感因素等一系列中间环节,人们不可能根据经济基础的状况,对文艺作品的每一种表现形式产生和变化的原因直接作出一一对应的说明。因此,决不能机械地、孤立地、僵化地看待经济基础和文艺之间的关系,而应当在唯物史观和唯物辩证法的指引下,根据客观事实进行细致的考察和辩证的分析。只有这样,才能充分尊重和运用文艺实践的内在规律,更好地发挥文学艺术在社会发展进程中的积极作用。

马克思还运用历史唯物主义的原理和方法,在世界文艺理论史上首次提出了"艺术生产"的范畴,并联系各个时代文艺发展的实际,阐明了这一范畴的实践基础和科学内涵。他在《1844年经济学哲学手稿》中指出:"宗教、家庭、国家、法、道德、科学、艺术等等,都不过是生产的一些特殊的方式,并且受生产的普遍规律的支配。"(见本书第26页)后来,马克思在《〈政治经济学批判〉导言》等著作中进一步论述了有关艺术生产的观点。按照马克思的见解,人类社会发展到一定阶段,社会生产就会发生分化,形成物质生产和精神生产这两种类型;物质生产是精神生产的前提和基础。艺术生产属于精神生产领域,与物质生产既有紧密联系,又有明显区别。从总体上说,艺术生产受物质生产的制约;但艺术生产作为社会生产的一种特殊形态,又有自身发展的内在规律。事实证明,一定的艺术形式只有在特定历史发展阶段才会萌生,并且只有在特定历史条件下才能达到较高水平、产生深远影响;归根结底,这是由当时的社会生产方式、生活方式以及人们的社会实践和社会关系等因素决定的。

在资本主义社会,艺术生产一旦被纳入资本主义生产的轨道,就不可避免地受到商品生产的影响;而文学艺术家的身份也随之有了二重性:他们一方面是非生产劳动者,另一方面又是生产劳动者。马克思根据对资本主义制度的全面考察,基于对艺术创作本质特征的深刻认识,十分明确地指出:资本主义生产是"同某些精神生产部门如艺术和诗歌相敌对"的(见本书第160页);只有到了共产主义社会,文学艺术家才能彻底摒弃其二重性身份,成为不受物质利益的钳制和驱使而真正进行自由创作的人,艺术生产和艺术消费才能彻底摆脱资本的桎梏,成为人的自由全面发展的创造性活动。

（四）马克思恩格斯依据唯物史观和唯物辩证法，构建并阐明了关于人的科学理论，有力地推动了文艺理论领域的革命性变革。

文艺作品的创作者是人，鉴赏者和评论者是人，描写和刻画的主要对象也是人。因此，如何全面解读人的思想、情感、行为产生和变化的根本原因，如何准确定义人性和人的本质，就成了文艺理论界各家各派长期争论的焦点。在马克思主义诞生以前，唯心主义思想在文艺理论领域具有相当广泛的影响；在研究有关人的问题时，各种学派歧见迭出，但有一点却如出一辙，那就是他们都从概念、理念、观念出发，或从愿望、设想、印象出发，总之是"从意识出发，把意识看做是有生命的个人"（见本书第79页）。这种考察方式背离了客观事实，当然不可能得出正确的结论。

人到底是什么样的存在物，人具有哪些特性？这是人们十分关心的切身问题，却又是长期以来未能得到正确解答的理论命题，以致法国启蒙运动思想家让·雅克·卢梭慨然长叹："在人类所有的各种知识中，对我们最有用但是是我们掌握得最少的，是关于人的知识。"（卢梭：《论人与人之间不平等的起因和基础》，商务印书馆2009年版，第35页）直到马克思主义诞生以后，这个涉及"人"自身的历史性难题才得到圆满解决。

马克思恩格斯首先对剥削阶级鼓吹的唯心主义抽象人性论进行了批判。他们指出，"全部人类历史的第一个前提无疑是有生命的个人的存在"（见本书第73页），因此要研究与人相关的各种问题，就必须"从现实的、有生命的个人本身出发"（见本书第79页）。可以说，这是马克思主义人学理论研究的根本出发点。

针对唯心主义的抽象人性论，马克思恩格斯旗帜鲜明地指出：

"我们不是从人们所说的、所设想的、所想象的东西出发,也不是从口头说的、思考出来的、设想出来的、想象出来的人出发,去理解有血有肉的人。我们的出发点是从事实际活动的人"(见本书第79页)。

马克思恩格斯对"从事实际活动的人"做了清晰的界定和说明,他们强调:"这些个人是从事活动的,进行物质生产的,因而是在一定的物质的、不受他们任意支配的界限、前提和条件下活动着的"(见本书第78页);"他们受自己的生产力和与之相适应的交往的一定发展——直到交往的最遥远的形态——所制约。意识[das Bewußtsein]在任何时候都只能是被意识到了的存在[das bewußte Sein],而人们的存在就是他们的现实生活过程。"(见本书第78页)

这些无可辩驳的科学论断,为马克思主义的人学思想奠定了坚实的历史唯物主义基础,从而为人们打开文艺宝库之门,正确认识文艺的对象、本质和内在规律提供了钥匙。

马克思指出,人作为一种社会存在,是自然进化和社会演变的产物,"有意识的生命活动把人同动物的生命活动直接区别开来","而自由的有意识的活动恰恰就是人的类特性"(见本书第14页);马克思恩格斯强调,在这个演进过程中,人类的劳动实践发挥了极其重要的、不可或缺的作用,因此,理论研究应当真实反映人的丰富多彩的实践活动,特别是反映人的劳动实践活动。文艺理论研究必须从投身劳动实践的现实的人出发,只有这样,才能真正讲明审美意识、审美活动和文艺作品产生的根源,才能准确揭示文艺的本质和特征、作用和规律。在这样的理论指引下,文艺创作的实践及其成果才能贴近生活实际,顺应历史潮流,推动社会进步。

马克思对人的本质进行了科学的阐释,指出:"人的本质不是单个人所固有的抽象物,在其现实性上,它是一切社会关系的总和。"(见本书第 66 页)马克思恩格斯还对众说纷纭的人性问题进行了深入研究,在历史唯物主义思想体系内形成了以人的劳动实践为基础、以人的社会性为中心的科学的人性理论。根据他们的论述,人性特征是人的自然属性、社会属性和精神属性的统一,这三者相互联系、相互作用,而社会属性是人的根本属性。人性特征并不是人先天具有的,也不是一成不变的,它是在一定的历史条件下,特别是在人类历史各个发展阶段的生产方式和生活方式不断发展变化的条件下,经过人的长期社会实践逐步形成的。马克思恩格斯指出,由于人的社会实践和社会关系具有多样性和多层次性,这就决定了人性在历史进程中呈现出丰富多样和复杂多变的特征,"整个历史也无非是人类本性的不断改变而已"(见本书第 267 页)。在漫长的阶级社会里,现实的、具体的人性突出地表现为人的阶级性。阶级性是阶级社会中人的社会性的主要内容。

马克思恩格斯的这些深刻思想,第一次用科学的世界观和方法论解答了有关人的本质和人性的一系列理论难题。这些思想引导人们深刻地理解文艺实践、审美活动与社会生活的密切关联,准确地判断文艺作品的思想水准和艺术水准。

不仅如此,这些思想还进一步启迪人们去领悟共产主义的远大目标,认识人类文艺实践在未来的发展前景。马克思恩格斯在《共产党宣言》中科学地预见了未来共产主义社会的重要特征,他们特别指出:"代替那存在着阶级和阶级对立的资产阶级旧社会的,将是这样一个联合体,在那里,每个人的自由发展是一切人的自由发展的条件。"(见《马克思恩格斯文集》第 2 卷第 53 页)在《资本论》中,马克思进一步指出,未来共产主义社会是在生产力高度发展的基础上形成的,是"以每一个个人的全面而自由的发展为基本原则的社会形式"(见《马克思恩格斯文集》第 5 卷第 683 页)。在共产主义社会,每一个社会成员的独创精神、艺术才华和个性特征都将得到最充分的发挥,科学和文艺事业的繁荣必定在整体上超越先前任何一个时代。正是为了实现共产主义的崇高理想,马克思恩格斯率领工人阶级和劳苦大众进行不懈的奋斗。

(五)马克思恩格斯根据唯物史观和美的规律,在总结实践经验的基础上,阐明了现实主义文艺创作原则。

马克思批判地继承前人留下的美学思想遗产,从社会实践的观点和社会生产活动的实际出发,提出了人在劳动过程中"按照美的规律来构造"的科学命题(见本书第 15 页)。这一命题对于文艺活动具有重要指导意义。美的规律反映的是客观存在的美的事物的内在联系;正确把握这一规律,是成功地进行文艺创作、正确地开展文艺批评的基本要求。

马克思恩格斯运用唯物史观和"美的规律",对欧洲文艺发展史进行了深入考察,特别是对他们所处时代的文艺创作经验和教训进行了科学总结,提出了现实主义文艺创作原则。他们反复强调文艺作品必须真实地再现社会生活的本来面貌,为此,文艺家应当基于对复杂的社会关系和丰富的生活现象的认识,通过自己塑造的各种不同性格的人物及其矛盾冲突,来展现社会生活的本质特征和发展趋势;只有这样的创作,才是现实主义的文艺创作。恩格斯在致明娜·考茨基的信中论述了优秀的现实主义文艺作品的特点,他指出:"如果一部具有社会主义倾向的小说,通过对现实关系的真实描写,来打破关于这些关系的流行的传统幻想,动摇资产阶级世界的乐观主义,不可避免地引起对于现存事物的永恒性的怀疑,那么,即使作者没有直接提出任何解决办法,甚至有时并没有明确地表明自己的立场,我认为这部小说也完全完成了自己的使命。"(见本书第 237 页)

马克思恩格斯还结合对具体作品的分析,进一步阐明了现实主义文艺创作原则所包含的一系列要点。

首先,他们强调文艺家必须关注作品的思想性,同时也应当重视作品的艺术性,要努力实现"较大的思想深度和自觉的历史内容"同"情节的生动性和丰富性的完美融合"(见本书第 230 页)。马克思恩格斯认为,只有实现了这种"融合",新的文艺才有光辉的未来。为此,他们批评了某些作者在作品中进行抽象说教的做法。针对这种做法,恩格斯严肃地指出:"我认为,我们不应该为了观念的东西而忘掉现实主义的东西,为了席勒而忘掉莎士比亚"(见本书第 232 页)。

其次,马克思恩格斯把是否塑造出鲜明生动、令人信服的典型形象,视为评判小说等叙事文学作品思想水平和艺术质量的重要标准。恩格斯明确指出:"据我看来,现实主义的意思是,除细节的真实外,还要真实地再现典型环境中的典型人物。"(见本书第 238 页)他认为,如果没有塑造出典型环境中的典型人物,即便细节逼真、构思新颖、情节生动、语言活泼,也会使整部作品丧失真实的品格、偏离正确的方向,不可能具有真正有益的认识价值和审美价值,当然也就不可能产生积极的社会效果。

第三,马克思恩格斯坚持倾向性与真实性的辩证统一,明确反对把两者割裂开来甚至对立起来。文艺作品的倾向性是作者的政治立场、价值判断、是非观念、爱憎情感在作品中的反映。在阶级社会里,文艺的政治倾向性和思想倾向性在很大程度上表现为阶级性。迄今为止的人类文明史主要是在阶级社会中演进的;作为社会意识形态组成部分的文艺,必然会反映不同社会中不同阶级的利益、思想、愿望和感情。这是由社会的阶级关系和作者自身的阶级属性所决定的。

毫无疑问,马克思恩格斯赞成坚持人民立场、反映时代精神、顺应历史潮流、歌颂被压迫阶级正义斗争和革命精神的进步倾向性,但他们主张把这种倾向性生动自然地、合情合理地融汇于作品的内容之中。针对当时一些作品存在的标语口号式的偏向,马克思呼吁文艺创作者不要把作品中的人物变成"时代精神的单纯的传声筒"(见本书第227页),而应当着力塑造个性鲜明、真实可信的人物形象,"用最朴素的形式"表现"最现代的思想"(见本书第227页),努力让读者自己透过纷繁的社会现象去领悟时代的本质特征。恩格斯赞同马克思的观点,他指出:"我决不反对倾向诗本身","可是我认为,倾向应当从场面和情节中自然而然地流露出来,而无须特别把它指点出来;同时我认为,作者不必把他所描写的社会冲突的历史的未来的解决办法硬塞给读者。"(见本书第236—237页)

恩格斯不仅认为作者的倾向性应当在作品中"自然而然地流露出来",而且进一步强调:作者在真实反映社会生活的过程中,应当尽可能让自己的观点不露痕迹地隐蔽于质朴无华的描述之中,力求使整部作品呈现出自然、含蓄和内敛的境界。在恩格斯看来,只有这种淳厚的风格、清新的韵致,才更加契合现实主义文学创作的内在规律、更加贴近广大读者的审美需求,才能增强作品动人心弦的震撼力和发人深思的感召力。恩格斯曾以自己阅读巴尔扎克作品的切身体会为例,向英国女作家玛·哈克奈斯讲述自己的看法,他说:"作者的见解越隐蔽,对艺术作品来说就越好。我所指的现实主义甚至可以不顾作者的见解而表露出来。让我举一个例子。巴尔扎克,我认为他是比过去、现在和未来的一切左拉都要伟大得多的现实主义大师,他在《人间喜剧》里给我们提供了一部法国'社会',特别是巴黎上流社会的无比精彩的现实主义历史"(见本书第239页);"我从这里,甚至在经济细节方面(诸如革命以后动产和不动产的重新分配)所学到的东西,也要比从当时所有职业的史学家、经济学家和统计学家那里学到的全部东西还要多。"(见本书第239页)

正因为如此,恩格斯把巴尔扎克揭露资本主义社会矛盾和弊端的作品誉为"富有诗意的裁判",赞叹这些杰作体现了"多么了不起的勇气"、蕴含着"多么了不起的革命辩证法"!(见本书第292页)同恩格斯一样,马克思也称赞巴尔扎克是"以对现实关系具有深刻理解而著名"的作家(见《马克思恩格斯文集》第7卷第47页);在《资本论》中,马克思曾将资本主义社会的种种痼疾以及资本家的剥削行径同巴尔扎克作品披露的事实相对照,由此肯定巴尔扎克"曾对各色各样的贪婪作过透彻的研究"(见《马克思恩格斯文集》第5卷第680页注释28a)。

巴尔扎克本人在谈到自己的创作思路时曾明确表示:"我企图写出整个社会的历史。"(巴尔扎克《致〈星期报〉编辑意保利特·卡斯狄叶先生书》,《文艺理论译丛》1957年第2期第35页)

这句表白真切地印证了马克思恩格斯对这位杰出作家的理解和评价是多么中肯、多么透辟。

马克思恩格斯从正反两个方面完整准确地总结了文艺创作和文艺接受的经验,将科学性和实践性熔为一炉,使现实主义创作原则真正成为具有强大生命力的理论指针。

(六)马克思恩格斯坚持美学观点与历史观点的辩证统一,科学地阐述了文艺批评的标准和尺度。

马克思恩格斯十分重视深刻的文艺批评对于提升作者创作水平的推动作用,对于增强读者鉴赏能力的促进作用,以及对于引导社会舆论、思想观念和道德风尚的积极作用。

在涉及文艺批评标准的问题上,马克思恩格斯强调:一切进步的文艺都源于人民、为了人民、属于人民,因此判断某个作者成就的大小以及作品质量的高低,首先必须看他对人民群众采取什么态度,同时必须看人民群众对他的作品如何评价。马克思曾将这一深刻见解浓缩为一句简洁有力的话:"人民历来就是什么样的作者'够资格'和什么样的作者'不够资格'的唯一判断者。"(见《马克思恩格斯全集》中文第 2 版第 1 卷第 195—196 页)

马克思恩格斯指出,人民群众的劳动实践和斗争实践是历史前进的动力,"整个所谓世界历史不外是人通过人的劳动而诞生的过程,是自然界对人来说的生成过程"(见《马克思恩格斯文集》第 1 卷第 196 页)。劳动创造了人类社会的物质财富,也创造了包括文学艺术在内的精神财富;事实雄辩地证明,人民群众的社会实践从来就是并将永远是文学艺术繁荣发展的源泉。马克思恩格斯认为,正因为"历史活动是群众的活动,随着历史活动的深入,必将是群众队伍的扩大"(见本书第 44 页),所以毫无疑问,人民群众应当是一切进步的文学艺术着力表现和热情讴歌的主体;这一点,应当成为所有革命的、进步的作家和艺术家自觉坚守的信念和目标,成为各类优秀文艺作品的共同标志和本质特征。

马克思恩格斯一方面坚持"人民至上"的原则立场,一方面阐述了文艺批评的具体"尺度"。在 1847 年发表的《诗歌和散文中的德国社会主义》一文中,恩格斯围绕如何评价歌德及其作品的问题,指出必须坚决否定那些脱离艺术规律和历史真实的抽象评价"标准",必须彻底摒弃资产阶级和小资产阶级鼓吹的庸俗狭隘、颠倒是非的评价"标准"。恩格斯明确指出,应当以"美学和历史的观点"作为具体"尺度",来衡量一个作家及其作品。(参看本书第 107 页)1859 年 5 月 18 日,恩格斯在给拉萨尔的信中重申了这个主张,他强调指出:"从美学观点和史学观点"来衡量一部作品,这是文艺批评的"最高的标准"。(见本书第 234 页)

马克思恩格斯恪守"人民至上"的根本原则,按照"美学和历史的观点"相统一的尺度,对古往今来一系列著名作家和作品进行了深刻的分析和中肯的评论,为我们树立了文艺批评和文艺发展史研究的典范。

他们的分析和论述体现了唯物史观和唯物辩证法的精髓,阐明了文艺批评的思想标准和艺术标准之间的辩证关系,指出进步的思想内涵是作品的灵魂,卓越的艺术风采是作品的生命,只有使两者有机结合、相互辉映,才能锻造出深受工人阶级和广大人民群众欢迎的艺术精品。

三

列宁在帝国主义和无产阶级革命时代创造性地发展了马克思主义,把马克思恩格斯创立的科学理论体系推进到列宁主义阶段。在新的历史条件下,列宁建立了新型的无产阶级政党,领导广大人民群众取得了十月革命的胜利,创建了世界上第一个社会主义国家。这场伟大的革命实现了一次历史性飞跃,使社会主义从理论变成现实,从而开创了人类历史新纪元,开启了无产阶级革命新时代。苏维埃政权建立后,列宁对社会主义建设道路进行了卓有成效的探索,为世界社会主义运动的发展作出了划时代的贡献。

列宁领导无产阶级政党创造的辉煌业绩、积累的实践经验、熔铸的理论智慧,为马克思主义文艺思想的与时俱进奠定了牢固基础、注入了强劲动力。

在文艺理论领域,列宁深入考察了马克思恩格斯从未遇到过的新情况、新趋势、新任务,提出了两位导师没有论述过的新思路、新理念、新见解,对文艺的本质特征、内在规律和社会价值进行了更加广泛的研究、更加深入的阐释,从而丰富和发展了马克思主义文艺理论。

列宁继承和弘扬了俄国革命民主主义的文学传统,科学地总结了俄国进步作家的创作经验和优秀文艺理论家的研究成果,同时紧密联系无产阶级革命和社会主义建设的实际,及时地、深入地研究文艺战线出现的重要理论问题和实践问题,提出了具有针对性和前瞻性的科学论断。

列宁特别关注进步的文学艺术对于提高人的精神素质、满足群众文化需求、推动社会变革和发展所发挥的积极作用,尤其重视优秀文艺作品在启发群众觉悟、激发革命斗志、凝聚思想共识方面的价值和功能。因此,在革命的征途上,无论工作多么艰辛繁忙,列宁总要抽出时间,具体而微地了解文艺领域出现的重要情况,并对文艺创作和文艺评论的新动向、新特征、新进展作出精辟的分析。他锲而不舍地将文艺理论研究同革命事业大局紧密联系起来,并在这种联系中不断丰富马克思主义文艺理论的科学内涵。

列宁是无产阶级和人民大众文艺事业的领航人,同时又是文学艺术的真诚爱好者、文学作品的认真研读者、艺术成果的热心鉴赏者、美的规律的坚毅探求者。他既关注驰誉文坛的文艺名家,又敬重工农出身的普通作者;既重视传世的精品力作,又推崇优秀的民间文艺。列宁关于文艺问题的著述,一方面彰显出革命领导者的真知灼见和战略眼光,另一方面又反映了普通劳动者的朴素情感和精神追求。在列宁笔下,这两个方面交相辉映、融合无间,形成了一种独特的理论风格和思想境界。

在丰富和发展马克思主义文艺理论、引导和推进无产阶级文艺实践的伟大事业中,列宁作出了一系列具有鲜明时代特点和深远历史意义的独创性贡献。

(一)列宁指明了社会主义文艺事业的发展方向。

文艺创作实践和文艺理论研究的根本问题,是为什么人服务的问题;这个问题关系到整个社会主义文艺事业的发展方向。

1905 年,在俄国革命事业向前推进的关键时刻,一些资产阶级自由派文人和颓废派作家为了阻挡革命形势的发展,纷纷提出所谓"非党性"、"纯艺术"、"彻底中立"和"绝对的创作自由"等口号。列宁审时度势,高瞻远瞩,洞察了他们的真实意图和阶级本质,及时澄清了这类口号造成的思想混乱,阐明了无产阶级文艺的性质、特征和发展方向,号召进步作家明辨是非,勇敢地献身于革命事业。在《党的组织和党的出版物》这篇重要著作中,列宁第一次旗帜鲜明地提出了文艺事业必须为"千千万万劳动人民"服务的原则。(参看本书第 324 页)

列宁强调,社会主义文艺不同于封建专制和资本主义制度下的文艺,其根本区别就在于:社会主义文艺是无产阶级和人民大众的文艺,它承担着促进社会主义事业不断向前发展的神圣使命。要履行好这一使命,社会主义文艺就必须努力反映革命的历史经验,反映人民群众当前的革命斗争和社会生活,激励无产阶级和广大人民群众为夺取革命斗争的胜利、创建崭新的社会主义制度而努力奋斗。

列宁用斩钉截铁、掷地有声的语言指出,社会主义文艺"不是为饱食终日的贵妇人服务,不是为百无聊赖、胖得发愁的'一万个上层分子'服务,而是为千千万万劳动人民,为这些国家的精华、国家的力量、国家的未来服务"(见本书第 324 页)。

十月革命后,列宁进一步发展了这一思想。他强调:"艺术属于人民。它必须深深地扎根于广大劳动群众中间。它必须为群众所了解和爱好。它必须从群众的感情、思想和愿望方面把他们团结起来并使他们得到提高。它必须唤醒群众中的艺术家并使之发展。"(引自蔡特金《列宁印象记》,见《列宁论文学与艺术》,人民文学出版社 1983 年版,第 435 页)

列宁的这些重要论述,为发展社会主义文艺事业指出了正确方向。

(二)列宁阐明了加强无产阶级政党对文艺事业领导的重要方针。

列宁认为,进步的文艺事业应当成为无产阶级革命事业的有机组成部分,成为由整个工人阶级先锋队开动的巨大革命机器的"齿轮和螺丝钉"(见本书第320页)。正因为如此,文艺事业应当接受无产阶级政党的领导。

列宁指出,党要实现对文艺事业的领导,就必须尊重文艺发展的规律和特点,既要防止一些人以文艺的特殊性否定党的领导的必要性,又要防止另一些人只强调党性原则的重要性而无视文艺自身发展的规律性,决不能用机械刻板的行政手段和官僚主义方式来管理文艺事业。

列宁强调,无产阶级政党必须对旧的文艺乃至整个文化出版事业进行改造,要充分认识这一任务的重要性、艰巨性和复杂性。党在坚持党性原则的同时,应当尊重文艺创作自由。列宁指出:"无可争论,写作事业最不能作机械划一,强求一律,少数服从多数。无可争论,在这个事业中,绝对必须保证有个人创造性和个人爱好的广阔天地,有思想和幻想、形式和内容的广阔天地。"(见本书第321页)

列宁用马克思主义观点阐释了什么是真正的"创作自由"。他强调,真正意义上的创作自由不仅是指创作者摆脱反动专制政府的压迫,而且是指创作者摆脱资本的控制和诱惑,摆脱名位主义,摆脱资产阶级无政府主义的个人主义。(参看本书第322页)社会主义文艺工作者必须破除陈旧观念的束缚,冲决一己私利的藩篱,从无产阶级和广大人民群众的根本利益出发来进行创作。如果离开这个前提,鼓吹所谓"绝对自由",那就会走向反面,因为"生活在社会中却要离开社会而自由,这是不可能的",资产阶级"关于绝对自由的言论不过是一种伪善而已"(见本书第 323 页)。

列宁要求党的各级领导尊重广大文艺工作者,把一批又一批新生力量吸引到革命文艺队伍中来,引导他们提高思想觉悟,清除旧时代遗留下来的陈旧观念,把个人的创作和研究融入党和人民的伟大事业中,为实现无产阶级和广大人民群众的奋斗目标贡献自己的智慧和力量。

(三)列宁指出了文艺工作者在社会主义制度下必须坚持的正确道路。

无产阶级夺取政权以后,文艺工作者应当确立什么目标、选择什么道路,应当对社会主义革命和社会主义建设的新生活采取什么态度,这个重大问题不仅关系到文艺工作者自身的前途,而且关系到整个社会主义文艺事业的前景。

列宁科学地回答了这一新形势下的新问题。他指出,十月革命的胜利为进步的文艺工作者实现抱负、施展才华、建功立业开辟了广阔天地。社会主义文艺工作者要恪守服务人民事业、反映人民生活的正确方向;要认识到,社会主义文艺事业是"有组织的、有计划的、统一的党的工作的一个组成部分",而绝不是"个人或集团的赚钱工具",也不是"与无产阶级总的事业无关的个人事业"(见本书第 320、321 页)。因此,社会主义文艺工作者必须努力跟上时代前进的步伐,积极探索、自觉运用新的创作思路和创作方法;而要做到这一点,就必须主动深入到广大的工农群众之中,参与他们的斗争,体验他们的生活,领悟他们的情感,只有这样,才能创作出人民群众喜闻乐见的好作品。

列宁进一步指出,文艺工作者在深入考察社会生活的过程中,应当关注各种新生事物,要"仔细研究新事物的幼芽,对它们极其关切,千方百计地帮助它们成长和'护理'这些嫩弱的幼芽"(见《列宁全集》中文第2版增订版第37卷第17页)。列宁认为,这是文艺工作者的历史使命,也是社会主义文艺展现时代风貌、回应人民需求、赢得群众欢迎的关键所在。

列宁在领导革命文艺事业的过程中,始终同以高尔基为代表的俄国进步作家保持密切的联系。他引导这些作家学习马克思主义科学理论,树立正确的世界观和人生观;热情地勉励他们深入群众、深入生活,到斗争第一线去经受锻炼和考验;耐心地启发他们正视自己的缺点和差距,做到敢于坚持真理、勇于修正错误。列宁一贯真诚对待进步的文艺工作者,尊重他们从事的创造性劳动,重视他们提出的意见和建议,关心他们的生活和健康,使他们深受感动、备受鼓舞,增强了为党的事业奉献力量的信心和决心。

列宁的这些举措有力地推动了文艺队伍建设,为无产阶级政党制定和贯彻正确的政策、带领文艺工作者团结奋进树立了光辉榜样。

(四)列宁论述了批判地继承优秀传统文化遗产的重要意义和方法,指出了发展无产阶级先进文化的正确方向和途径,进一步阐明了马克思主义文艺批评的科学标准和尺度。

列宁强调发展社会主义文化不能割断历史。他坚决反对全盘否定传统文化遗产的论调,严厉批驳历史虚无主义的谰言。他指出:"无产阶级文化并不是从天上掉下来的,也不是那些自命为无产阶级文化专家的人杜撰出来的。""应当明确地认识到,只有确切地了解人类全部发展过程所创造的文化,只有对这种文化加以改造,才能建设无产阶级的文化,没有这样的认识,我们就不能完成这项任务。"(见本书第381页)

列宁认为,在传统文化遗产中,既有积极进步、光彩夺目的精华,又有消极落后、陈旧腐朽的糟粕;因此,必须在历史唯物主义理论指导下进行具体分析,以决定什么东西应当继承和弘扬,什么东西必须否定和摒弃。他指出:"如果一个共产主义者不下一番极认真、极艰苦而巨大的功夫,不弄清他必须用批判的态度来对待的事实,便想根据自己学到的共产主义的现成结论来炫耀一番,这样的共产主义者是很可悲的。"(见《列宁全集》中文第2版增订版第39卷第335页)

列宁不仅精辟地阐述了批判地继承优秀传统文化遗产、发展无产阶级先进文化的主张,而且亲自践行这一主张。

他对欧洲和俄国文艺史、学术史、思想史进行了深入研究,对各个历史时期的代表性人物和重大的问题进行了仔细考察。他遍览欧洲各国和俄国的文学名著,同时孜孜不倦地研究俄国著名文艺评论家和思想家别林斯基、车尔尼雪夫斯基、杜勃罗留波夫和皮萨列夫等人的著作,不仅拓展了理论视野,而且开启了崭新思路。在这个基础上,列宁以马克思主义理论为指导,全面地评析19世纪俄国革命民主主义的政治思潮、哲学思潮和文艺思潮。他发表的纪念和评价赫尔岑、车尔尼雪夫斯基等著名作家、理论家的文章,为后人树立了运用唯物史观研究思想史、哲学史和文艺理论史的范例。

从1908年到1911年,列宁撰写了《列夫·托尔斯泰是俄国革命的镜子》、《列·尼·托尔斯泰和现代工人运动》、《列·

尼·托尔斯泰和他的时代》等七篇文章。在这些文章中,列宁创造性地运用并进一步阐明了马克思恩格斯提出的文艺批评标准和衡量尺度,对托尔斯泰的思想和作品进行了全面的考察、辩证的分析和科学的评价。这些文章堪称马克思主义文艺批评史上的经典力作。

在广泛研究和大量实践的基础上,列宁指明了发展无产阶级先进文化的正确方向和途径。他反复强调,只有以马克思主义为指导,根据时代要求和人民愿望,在吸收、改造和更新优秀传统文化积极成果的基础上,通过艰辛的探索和勇敢的实践,才能逐步地创建和发展无产阶级先进文化。列宁指出,"共产主义是从人类知识的总和中产生出来的,马克思主义就是这方面的典范"(见本书第380页);同样,无产阶级先进文化也"应当是人类在资本主义社会、地主社会和官僚社会压迫下创造出来的全部知识合乎规律的发展。条条大道小路一向通往,而且还会通往无产阶级文化"(见本书第381页)。因此,列宁要求无产阶级战士清醒地认识到,"只有了解人类创造的一切财富以丰富自己的头脑,才能成为共产主义者"(见本书第382页)。基于这一高瞻远瞩的科学认识,列宁号召共产党人和革命群众高度重视传统文化的宝贵遗产和人类文明的思想资源,引导他们通过对这些遗产和资源的发掘利用、转化更新,扎扎实实地建设社会主义先进文化。

列宁曾用极其生动而又精炼的语言,说明了全面启动这项伟大工程的根本目的,这就是:"挖矿石,炼生铁,铸造马克思主义世界观以及与这一世界观相适应的上层建筑的纯钢。"(见《列宁全集》中文第2版增订版第20卷第95页)在社会主义建设实践中,列宁对这一重要思想作了进一步阐释。他郑重指出,不应当"臆造新的无产阶级文化"，而应当"根据马克思主义世界观和无产阶级在其专政时代的生活与斗争的条件的观点，发扬现有文化的优秀的典范、传统和成果"（见本书第418页）。

列宁的这些理论观点和战略思路，丰富和发展了马克思主义文化观，对于发展社会主义先进文化、繁荣社会主义文艺事业具有极为重要的指导意义。

四

马克思恩格斯列宁关于文学艺术的论述，是对人类文艺实践的丰富经验所做的科学总结和理论概括，是对传统文艺观念与美学思想进行精辟分析和划时代变革而产生的智慧结晶，是无产阶级和人民大众文艺事业的光辉灯塔，同时也是全人类共同的精神财富。这些论述受到了各国进步思想家和文艺家的重视。从20世纪以来，欧洲、亚洲、美洲的许多国家用各种语言文字相继出版了马克思恩格斯列宁论文艺的专题文集或普及读本，对文艺创作和美学研究产生了广泛深刻的影响。

在中国，马克思主义文艺理论始终是我们党领导文艺事业的根本指针。在实现中华民族伟大复兴的征途上，中国共产党人在文艺领域不仅矢志不渝地坚持和捍卫这个科学理论，而且创造性地运用这个理论来制定文艺方针、实施文艺政策、推进文艺创作、引导文艺研究、擘画文艺蓝图、建设文艺队伍，从而在各个历史时期的伟大实践中不断丰富和发展这个科学理论，形成了马克思主义文艺理论中国化时代化的一系列光辉成果，有力地推动党和人民的文艺事业不断呈现繁荣发展的新局面。

　　马克思恩格斯列宁关于文学艺术的重要论述在中国的传播，迄今已有一百多年历程。中国共产党成立后，高度重视、切实推进马克思主义经典著作编译事业，其中也包括认真部署、不断促进经典作家文艺理论的译介和研究工作。抗日战争时期，这种译介和研究马克思主义文艺理论的工作在延安取得了重要进展，产生了深远影响，最显著的成果是：1940 年，延安鲁迅艺术文学院出版了由曹葆华和天蓝翻译、周扬编校的《马克思恩格斯列宁论艺术》；1944 年，延安解放社出版了由周扬编校并经毛泽东同志审阅的《马克思主义与文艺》。就在同一期间，重庆读书出版社还于 1943 年刊行了萧三编译的《列宁论文化与艺术》。

　　新中国成立后，经典作家关于文艺问题重要论述的编译、研究、出版和传播事业呈现出繁荣景象，各种版本不断更新，其中影响较为广泛的有：1964 年人民出版社出版的《马克思恩格斯列宁斯大林论文艺》（共两册），中央编译局编译；1960—1966 年人民文学出版社出版的《马克思恩格斯论艺术》（四卷本），曹葆华译；1982—1983 年人民文学出版社出版的《马克思恩格斯论文学与艺术》（两卷本），陆梅林辑注；1983 年人民文学出版社出版的《列宁论文学与艺术》，中国社会科学院文学研究所文艺理论研究室编；1982—1985 年中国社会科学出版社出版的《马克思恩格斯论艺术》（四卷本），程代熙编；2010 年作家出版社出版的《马克思恩格斯列宁斯大林论文艺》，中央编译局与中国作家协会合编；2012 年中国社会科学出版社出版的《马克思恩格斯列宁斯大林论文艺与文化》（上下册），中国社会科学院"马克思主义经典作家专题摘编"编委会编。

　　为了做好本书选编工作，我们重新研读了经典作家的相关著述,认真学习了马克思主义文艺理论中国化时代化的一系列重要成果,同时借鉴了迄今为止国内外同类出版物的编纂经验,力求使本书在思想内容和编排形式上适应广大读者学习和研究马克思主义文艺理论的需要。

本书正文分为两个部分,第一部分为马克思恩格斯论文学艺术的文献,第二部分为列宁论文学艺术的文献。两个部分结构相同,均包含三个单元,其中第一单元是论著汇编,辑录了经典作家的相关著作、文章、笔记和手稿,按写作或发表的时间顺序编排;第二单元是书信选编,辑录了经典作家论述文学艺术的书信,按撰写时间顺序编排;第三单元是论述摘编,辑录了散见于经典著作中的关于文艺与文化问题的论述,按一定的逻辑顺序编排。

自 2014 年《马列主义经典作家文库》问世以来,我们第一次在同一本书中围绕同一个重要理论命题编纂马克思、恩格斯和列宁的著述。为了圆满完成任务,我们要求自己做到两点:

第一点是"精选",即紧紧围绕本书主旨,认真研究三位经典作家的著述,通过反复斟酌和讨论,确定本书所收文献的总体结构与具体篇目,努力使全书纂辑的著述准确体现马列主义经典作家文艺理论的思想精髓、实践品格和时代特色,以期更好地回应广大读者的需求。这里需要说明的是,本书第一部分汇编的马克思恩格斯文献,均为这两位革命家和思想家在彻底完成从唯心主义向唯物主义、从革命民主主义向共产主义的转变之后撰写的著作、文章、手稿和书信。

第二点是"精编",即认真反映经典著作编译工作的最新成果,对马克思恩格斯著作和列宁著作所附的相关资料进行整合,尽可能为广大读者的学习和研究提供必要的帮助。为此,我们不仅在正文后面附上了翔实的注释和人名索引,而且为每一篇文献专门编写了题注,使读者较为完整地了解相关文献的写作背景、理论内涵和流传情况,认识这些文献在马克思主义文艺理论形成和发展历程中的地位与贡献,领悟它们对中国特色社会主义文艺事业的指导意义。

本书辑录的马克思恩格斯文献的译文和资料,大都选自《马克思恩格斯文集》、《马克思恩格斯全集》中文第 2 版和《马克思恩格斯选集》第 3 版,只有少数文献选自《马克思恩格斯全集》中文第 1 版的相关卷次,我们对这些文献中的专有名词译名和资料进行了审核。书中收录的所有列宁文献的译文和资料,均选自《列宁全集》中文第 2 版增订版。

马克思恩格斯列宁论文学艺术

马克思恩格斯论文学艺术

论 著 汇 编

卡·马克思

*1844 年经济学哲学手稿[1]（节选）

笔 记 本 Ⅰ

［异化劳动和私有财产］

[ⅩⅩⅡ]我们是从国民经济学[2]的各个前提出发的。我们采用了它的语言和它的规律。我们把私有财产，把劳动、资本、土地的互相分离，工资、资本利润、地租的互相分离以及分工、竞争、交换价值概念等等当做前提。我们从国民经济学本身出发，用它自己的话指出，工人降低为商品，而且降低为最贱的商品；工人的贫困同他的生产的影响和规模成反比；竞争的必然结果是资本在少数人手中积累起来，也就是垄断的更惊人的恢复；最后，资本家和地租所得者之间、农民和工人之间的区别消失了，而整个社会必然分化为两个阶级，即**有产者**阶级和没有财产的**工人阶级**。

国民经济学从私有财产的事实出发。它没有给我们说明这个事实[3]。它把私有财产在现实中所经历的**物质**过程，放进一般的、抽象的公式，然后把这些公式当做**规律**。它不**理解**这些规律，就是说，它没有指明这些规律是怎样从私有财产的本质中产生出来的。国民经济学没有向我们说明劳动和资本分离以及资本和土地分离的原因。例如，当它确定工资和资本利润之间的关系时，它把资本

7

家的利益当做最终原因；就是说，它把应当加以阐明的东西当做前提。同样，竞争到处出现，对此它则用外部情况来说明。至于这种似乎偶然的外部情况在多大程度上仅仅是一种必然的发展过程的表现，国民经济学根本没有向我们讲明。我们已经看到，交换本身在它看来是偶然的事实。**贪欲以及贪欲者之间的战争即竞争**，是国民经济学家所推动的仅有的车轮。①

正因为国民经济学不理解运动的联系，所以才把例如竞争的学说同垄断的学说，经营自由的学说同同业公会的学说，地产分割的学说同大地产的学说重新对立起来。因为竞争、经营自由、地产分割仅仅被阐述和理解为垄断、同业公会和封建所有制的偶然的、蓄意的、强制的结果，而不是必然的、不可避免的、自然的结果。

因此，我们现在必须弄清楚私有制、贪欲以及劳动、资本、地产三者的分离之间，交换和竞争之间、人的价值和人的贬值之间、垄断和竞争等等之间以及这全部异化和**货币**制度之间的本质联系。

我们不要像国民经济学家那样，当他想说明什么的时候，总是置身于一种虚构的原始状态。这样的原始状态什么问题也说明不了。⁴国民经济学家只是使问题堕入五里雾中。他把应当加以推论的东西即两个事物之间的例如分工和交换之间的必然关系，假定为事实、事件。神学家也是这样用原罪来说明恶的起源，就是说，他把他应当加以说明的东西假定为一种具有历史形式的事实。

我们且从**当前的**国民经济的事实出发。

工人生产的财富越多，他的生产的影响和规模越大，他就越贫

———————————

① 手稿中这段话下面删去一句话："我们现在必须回顾上述财产的**物质**运动的本质。"——编者注

穷。[5]工人创造的商品越多,他就越变成廉价的商品。物的世界的**增值**同人的世界的**贬值**成正比。劳动生产的不仅是商品,它还生产作为**商品**的劳动自身和工人,而且是按它一般生产商品的比例生产的。

这一事实无非是表明:劳动所生产的对象,即劳动的产品,作为一种**异己的存在物**,作为**不依赖于生产者的力量**,同劳动相对立。劳动的产品是固定在某个对象中的、物化的劳动,这就是劳动的**对象化**。劳动的现实化就是劳动的对象化。在国民经济的实际状况中,劳动的这种现实化表现为工人的**非现实化**[6],对象化表现为**对象的丧失和被对象奴役**,占有表现为**异化、外化**[7]。

劳动的现实化竟如此表现为非现实化,以致工人非现实化到饿死的地步。对象化竟如此表现为对象的丧失,以致工人被剥夺了最必要的对象——不仅是生活的必要对象,而且是劳动的必要对象。甚至连劳动本身也成为工人只有通过最大的努力和极不规则的间歇才能加以占有的对象。对对象的占有竟如此表现为异化,以致工人生产的对象越多,他能够占有的对象就越少,而且越受自己的产品即资本的统治。

这一切后果包含在这样一个规定中:工人对**自己的劳动的产品**的关系就是对一个**异己的**对象的关系。因为根据这个前提,很明显,工人在劳动中耗费的力量越多,他亲手创造出来反对自身的、异己的对象世界的力量就越强大,他自身、他的内部世界就越贫乏,归他所有的东西就越少。宗教方面的情况也是如此。人奉献给上帝的越多,他留给自身的就越少。[8]工人把自己的生命投入对象;但现在这个生命已不再属于他而属于对象了。因此,这种活动越多,工人就越丧失对象。凡是成为他的劳动的产品的东西,就不再是他自身的东西。因此,这个产品越多,他自身的东西就越少。工人在他的产品中的**外化**,不仅意味着他的劳动成为对象,成为**外部的**存在,而且意味着他的劳动作为一种与他相异的东西不依赖于他而**在他之外**存在,并成为同他对立的独立力量;意味着他给予对象的生命是作为敌对的和相异的东西同他相对立。

[XXIII]现在让我们来更详细地考察一下**对象化**,即工人的生产,以及对象即工人的产品在对象化中的**异化**、**丧失**。

没有**自然界**,没有**感性的外部世界**,工人什么也不能创造。自然界是工人的劳动得以实现、工人的劳动在其中活动、工人的劳动从中生产出和借以生产出自己的产品的材料。

但是,自然界一方面在这样的意义上给劳动提供**生活资料**,即没有劳动加工的对象,劳动就不能**存在**,另一方面,也在更狭隘的意义上提供**生活资料**,即维持**工人**本身的肉体生存的手段。

因此,工人越是通过自己的劳动**占有**外部世界、感性自然界,他就越是在两个方面失去**生活资料**:第一,感性的外部世界越来越不成为属于他的劳动的对象,不成为他的劳动的**生活资料**;第二,感性的外部世界越来越不给他提供直接意义的**生活资料**,即维持工人的肉体生存的手段。

因此,工人在这两方面成为自己的对象的奴隶:首先,他得到**劳动的对象**,也就是得到**工作**;其次,他得到**生存资料**。因此,他首先是作为**工人**,其次是作为**肉体的主体**,才能够生存。这种奴隶状态的顶点就是:他只有作为**工人**才能维持自己作为**肉体的主体**,并且只有作为**肉体的主体**才能是工人。

(按照国民经济学的规律,工人在他的对象中的异化表现在:工人生产得越多,他能够消费的越少;他创造的价值越多,他自己越没有价值、越低贱;工人的产品越完美,工人自己越畸形;工人创造的对象越文明,工人自己越野蛮;劳动越有力量,工人越无力;劳动越机巧,工人越愚笨,越成为自然界的奴隶。)

国民经济学由于不考察工人(劳动)同产品的直接关系而掩盖劳动本质的异化。当然,劳动为富人生产了奇迹般的东西,但是为工人生产了赤贫。劳动生产了宫殿,但是给工人生产了棚舍。劳动生产了美,但是使工人变成畸形。劳动用机器代替了手工劳动,但是使一部分工人回到野蛮的劳动,并使另一部分工人变成机器。劳动生产了智慧,但是给工人生产了愚钝和痴呆。

劳动对它的产品的直接关系,是工人对他的生产的对象的关系。有产者对生产对象和生产本身的关系,不过是这前一种关系的**结果**,而且证实了这一点。对问题的这另一个方面我们将在后面加以考察。因此,当我们问劳动的本质关系是什么的时候,我们问的是**工人**对生产的关系。

以上我们只是从一个方面,就是从工人**对他的劳动产品的关系**这个方面,考察了工人的异化、外化。但是,异化不仅表现在结果上,而且表现在**生产行为**中,表现在**生产活动**本身中。如果工人不是在生产行为本身中使自身异化,那么工人活动的产品怎么会作为相异的东西同工人对立呢?产品不过是活动、生产的总结。因此,如果劳动的产品是外化,那么生产本身必然是能动的外化,活动的外化,外化的活动。在劳动对象的异化中不过总结了劳动活动本身的异化、外化。

那么,劳动的外化表现在什么地方呢?

首先,劳动对工人来说是**外在的东西**,也就是说,不属于他的本质;因此,他在自己的劳动中不是肯定自己,而是否定自己,不是感到幸福,而是感到不幸,不是自由地发挥自己的体力和智力,而是使自己的肉体受折磨、精神遭摧残。因此,工人只有在劳动之外才感到自在,而在劳动中则感到不自在,他在不劳动时觉得舒畅,而在劳动时就觉得不舒畅。因此,他的劳动不是自愿的劳动,而是被迫的**强制劳动**。因此,这种劳动不是满足一种需要,而只是满足劳动以外的那些需要的一种**手段**。劳动的异己性完全表现在:只要肉体的强制或其他强制一停止,人们就会像逃避瘟疫那样逃避劳动。外在的劳动,人在其中使自己外化的劳动,是一种自我牺牲、自我折磨的劳动。最后,对工人来说,劳动的外在性表现在:这种劳动不是他自己的,而是别人的;劳动不属于他;他在劳动中也不属于他自己,而是属于别人。在宗教中,人的幻想、人的头脑和人的心灵的自主活动对个人发生作用不取决于他个人,就是说,是作为某种异己的活动,神灵的或魔鬼的活动发生作用,同样,工人的活动也不是他的自主活动。**9**他的活动属于别人,这种活动是他自身的丧失。

因此,结果是,人(工人)只有在运用自己的动物机能——吃、喝、生殖,至多还有居住、修饰等等——的时候,才觉得自己在自由活动,而在运用人的机能时,觉得自己只不过是动物。动物的东西成为人的东西,而人的东西成为动物的东西。

吃、喝、生殖等等,固然也是真正的人的机能。但是,如果加以抽象,使这些机能脱离人的其他活动领域并成为最后的和唯一的终极目的,那它们就是动物的机能。

我们从两个方面考察了实践的人的活动即劳动的异化行为。第一,工人对**劳动产品**这个异己的、统治着他的对象的关系。这种关系同时也是工人对感性的外部世界、对自然对象——异己的与他敌对的世界——的关系。第二,在**劳动**过程中劳动对**生产行为**的关系。这种关系是工人对他自己的活动——一种异己的、不属于他的活动——的关系。在这里,活动是受动;力量是无力;生殖是去势;工人**自己的**体力和智力,他个人的生命——因为,生命如果不是活动,又是什么呢? ——是不依赖于他、不属于他、转过来反对他自身的活动。这是**自我异化**,而上面所谈的是**物**的异化。

[XXIV]我们现在还要根据在此以前考察的**异化劳动**的两个规定推出它的第三个规定。

人是类存在物,不仅因为人在实践上和理论上都把类——他自身的类以及其他物的类——当做自己的对象;而且因为——这只是同一种事物的另一种说法——人把自身当做现有的、有生命的类来对待,因为人把自身当做**普遍的**因而也是自由的存在物来对待。**10**

无论是在人那里还是在动物那里,类生活从肉体方面来说就在于人(和动物一样)靠无机界生活,而人和动物相比越有普遍性,人赖以生活的无机界的范围就越广阔。从理论领域来说,植物、动物、石头、空气、光等等,一方面作为自然科学的对象,一方面作为艺术的对象,都是人的意识的一部分,是人的精神的无机界,是人必须事先进行加工以便享用和消化的精神食粮;同样,从实践领域来说,这些东西也是人的生活和人的活动的一部分。人在肉体上只有靠这些自然产品才能生活,不管这些产品是以食物、燃料、衣着的形式还是以住房等等的形式表现出来。在实践上,人的普遍性正是表现为这样的普遍性,它把整个自然界——首先作为人的直接的生活资料,其次作为人的生命活动的对象(材料)①和

----

① 手稿中"材料"写在"对象"的上方。——编者注

工具——变成人的**无机的**身体。自然界,就它自身不是人的身体而言,是人的**无机的**身体。人靠自然界**生活**。这就是说,自然界是人为了不致死亡而必须与之处于持续不断的交互作用过程的、人的**身体**。所谓人的肉体生活和精神生活同自然界相联系,不外是说自然界同自身相联系,因为人是自然界的一部分。

异化劳动,由于(1)使自然界同人相异化,(2)使人本身,使他自己的活动机能,使他的生命活动同人相异化,因此,异化劳动也就使**类**同人相异化;对人来说,异化劳动把**类生活**变成维持个人生活的手段。第一,它使类生活和个人生活异化;第二,它把抽象形式的个人生活变成同样是抽象形式和异化形式的类生活的目的。**11**

因为,首先,劳动这种**生命活动**、这种**生产生活**本身对人来说不过是满足一种需要即维持肉体生存的需要的一种**手段**。而生产生活就是类生活。这是产生生命的生活。一个种的整体特性、种的类特性就在于生命活动的性质,而自由的有意识的活动恰恰就是人的类特性。生活本身仅仅表现为**生活的手段**。

动物和自己的生命活动是直接同一的。动物不把自己同自己的生命活动区别开来。它就是**自己的生命活动**。人则使自己的生命活动本身变成自己意志的和自己意识的对象。他具有有意识的生命活动。这不是人与之直接融为一体的那种规定性。有意识的生命活动把人同动物的生命活动直接区别开来。正是由于这一点,人才是类存在物。或者说,正因为人是类存在物,他才是有意识的存在物,就是说,他自己的生活对他来说是对象。仅仅由于这一点,他的活动才是自由的活动。异化劳动把这种关系颠倒过来,以致人正因为是有意识的存在物,才把自己的生命活动,自己的**本**

质变成仅仅维持自己**生存**的手段。

通过实践创造**对象世界**,**改造**无机界,人证明自己是有意识的类存在物,就是说是这样一种存在物,它把类看做自己的本质,或者说把自身看做类存在物。诚然,动物也生产。动物为自己营造巢穴或住所,如蜜蜂、海狸、蚂蚁等。但是,动物只生产它自己或它的幼仔所直接需要的东西;动物的生产是片面的,而人的生产是全面的;动物只是在直接的肉体需要的支配下生产,而人甚至不受肉体需要的影响也进行生产,并且只有不受这种需要的影响才进行真正的生产;动物只生产自身,而人再生产整个自然界;动物的产品直接属于它的肉体,而人则自由地面对自己的产品。动物只是按照它所属的那个种的尺度和需要来构造,而人却懂得按照任何一个种的尺度来进行生产,并且懂得处处都把固有的尺度运用于对象;因此,人也按照美的规律来构造。

因此,正是在改造对象世界的过程中,人才真正地证明自己是**类存在物**。这种生产是人的能动的类生活。通过这种生产,自然界才表现为**他的**作品和他的现实。因此,劳动的对象是**人的类生活的对象化**:人不仅像在意识中那样在精神上使自己二重化,而且能动地、现实地使自己二重化,从而在他所创造的世界中直观自身。因此,异化劳动从人那里夺去了他的生产的对象,也就从人那里夺去了他的**类生活**,即他的现实的类对象性,把人对动物所具有的优点变成缺点,因为人的无机的身体即自然界被夺走了。

同样,异化劳动把自主活动、自由活动贬低为手段,也就把人的类生活变成维持人的肉体生存的手段。

因此,人具有的关于自己的类的意识,由于异化而改变,以致类生活对他来说竟成了手段。

这样一来,异化劳动导致:

(3)**人的类本质**,无论是自然界,还是人的精神的类能力,都变成了对人来说是**异己的**本质,变成了维持他的**个人生存的手段**。异化劳动使人自己的身体同人相异化,同样也使在人之外的自然界同人相异化,使他的精神本质、他的**人的**本质同人相异化。

(4)人同自己的劳动产品、自己的生命活动、自己的类本质相异化的直接结果就是**人同人相异化**。当人同自身相对立的时候,他也同**他**人相对立。凡是适用于人对自己的劳动、对自己的劳动产品和对自身的关系的东西,也都适用于人对他人、对他人的劳动和劳动对象的关系。

总之,人的类本质同人相异化这一命题,说的是一个人同他人相异化,以及他们中的每个人都同人的本质相异化。

人的异化,一般地说,人对自身的任何关系,只有通过人对他人的关系才得到实现和表现。

因此,在异化劳动的条件下,每个人都按照他自己作为工人所具有的那种尺度和关系来观察他人。

[XXV]我们的出发点是国民经济事实即工人及其生产的异化。我们表述了这一事实的概念:**异化的、外化的**劳动。我们分析了这一概念,因而我们只是分析了一个国民经济事实。

现在让我们看一看,应该怎样在现实中去说明和表述异化的、外化的劳动这一概念。

如果劳动产品对我来说是异己的,是作为异己的力量面对着我,那么它到底属于谁呢?

如果我自己的活动不属于我,而是一种异己的活动、一种被迫的活动,那么它到底属于谁呢?

属于**另一个**有别于我的存在物。

这个存在物是谁呢？

是**神**吗？确实，起初主要的生产活动，如埃及、印度、墨西哥建造神庙的活动等等，不仅是为供奉神而进行的，而且产品本身也是属于神的。但是，神从来不是劳动的唯一主宰。**自然界**也不是。况且，在人通过自己的劳动使自然界日益受自己支配的情况下，在工业奇迹使神的奇迹日益变得多余的情况下，如果人竟然为讨好这些力量而放弃生产的乐趣和对产品的享受，那岂不是十分矛盾的事情。

劳动和劳动产品所归属的那个**异己的**存在物，劳动为之服务和劳动产品供其享受的那个存在物，只能是**人**自身。

如果劳动产品不是属于工人，而是作为一种异己的力量同工人相对立，那么这只能是由于产品属于**工人之外的他人**。如果工人的活动对他本身来说是一种痛苦，那么这种活动就必然给他人带来**享受**和生活乐趣。不是神也不是自然界，只有人自身才能成为统治人的异己力量。

还必须注意上面提到的这个命题：人对自身的关系只有通过他对他人的关系，才成为对他来说是**对象性的**、现实的关系。因此，如果人对自己的劳动产品的关系、对对象化劳动的关系，就是对一个**异己的**、敌对的、强有力的、不依赖于他的对象的关系，那么他对这一对象所以发生这种关系就在于有另一个异己的、敌对的、强有力的、不依赖于他的人是这一对象的主宰。如果人把他自己的活动看做一种不自由的活动，那么他是把这种活动看做替他人服务的、受他人支配的、处于他人的强迫和压制之下的活动。

人同自身以及同自然界的任何自我异化，都表现在他使自身、

使自然界跟另一些与他不同的人所发生的关系上。因此,宗教的
自我异化也必然表现在世俗人对僧侣或者世俗人对耶稣基督——
因为这里涉及精神世界——等等的关系上。在实践的、现实的世
界中,自我异化只有通过对他人的实践的、现实的关系才能表现出
来。异化借以实现的手段本身就是**实践的**。因此,通过异化劳动,
人不仅生产出他对作为异己的、敌对的力量的生产对象和生产行
为的关系,而且还生产出他人对他的生产和他的产品的关系,以及
他对这些他人的关系。正像他把他自己的生产变成自己的非现实
化,变成对自己的惩罚一样,正像他丧失掉自己的产品并使它变成
不属于他的产品一样,他也生产出不生产的人对生产和产品的支
配。正像他使他自己的活动同自身相异化一样,他也使与他相异
的人占有非自身的活动。

到目前为止,我们只是从工人方面考察了这一关系;下面我们
还要从非工人方面来加以考察。

总之,通过**异化的、外化的劳动**,工人生产出一个同劳动疏远
的、站在劳动之外的人对这个劳动的关系。工人对劳动的关系,生
产出资本家——或者不管人们给劳动的主宰起个什么别的名
字——对这个劳动的关系。

因此,**私有财产**是**外化劳动**即工人对自然界和对自身的外在
关系的产物、结果和必然后果。

因此,我们通过分析,从**外化劳动**这一概念,即从**外化的人**、异
化劳动、异化的生命、**异化的人**这一概念得出**私有财产**这一概念。

诚然,我们从国民经济学得到作为**私有财产运动**之结果的**外
化劳动**(**外化的生命**)这一概念。但是,对这一概念的分析表明,
尽管私有财产表现为外化劳动的根据和原因,但确切地说,它是外

化劳动的后果,正像神**原先**不是人类理智迷误的原因,而是人类理智迷误的结果一样。后来,这种关系就变成相互作用的关系。

私有财产只有发展到最后的、最高的阶段,它的这个秘密才重新暴露出来,就是说,私有财产一方面是外化劳动的**产物**,另一方面又是劳动借以外化的**手段**,是**这一外化的实现**。

这些论述使至今没有解决的各种矛盾立刻得到阐明。

(1)国民经济学虽然从劳动是生产的真正灵魂这一点出发,但是它没有给劳动提供任何东西,而是给私有财产提供了一切。蒲鲁东从这个矛盾得出了有利于劳动而不利于私有财产的结论。[12]然而,我们看到,这个表面的矛盾是**异化劳动**同自身的矛盾,而国民经济学只不过表述了异化劳动的规律罢了。

因此,我们也看到,**工资和私有财产**是同一的,因为用劳动产品、劳动对象来偿付劳动本身的工资,不过是劳动异化的必然后果,因为在工资中,劳动并不表现为目的本身,而表现为工资的奴仆。下面我们要详细说明这个问题,现在还只是作出几点[XXVI]结论。[13]

强制提高工资(且不谈其他一切困难,不谈强制提高工资这种反常情况也只有靠强制才能维持),无非是**给奴隶以较多工资**,而且既不会使工人也不会使劳动获得人的身份和尊严。

甚至蒲鲁东所要求的**工资平等**,也只能使今天的工人对自己的劳动的关系变成一切人对劳动的关系。这时社会就被理解为抽象的资本家。[14]

工资是异化劳动的直接结果,而异化劳动是私有财产的直接原因。因此,随着一方衰亡,另一方也必然衰亡。

(2)从异化劳动对私有财产的关系可以进一步得出这样的结论:社会从私有财产等等解放出来、从奴役制解放出来,是通过**工**

人解放这种**政治**形式来表现的,这并不是因为这里涉及的仅仅是工人的解放,而是因为工人的解放还包含普遍的人的解放;其所以如此,是因为整个的人类奴役制就包含在工人对生产的关系中,而一切奴役关系只不过是这种关系的变形和后果罢了。

正如我们通过**分析**从**异化的**、**外化的劳动**的概念得出**私有财产**的概念一样,我们也可以借助这两个因素来阐明国民经济学的一切**范畴**,而且我们将重新发现,每一个范畴,例如买卖、竞争、资本、货币,不过是这两个基本因素**特定的**、**展开了的表现**而已。

但是,在考察这些范畴的形成以前,我们还打算解决两个任务:

(1)从**私有财产**对**真正人的和社会的财产**的关系来规定作为异化劳动的结果的**私有财产**的普遍**本质**。

(2)我们已经承认**劳动的异化**、劳动的**外化**这个事实,并对这一事实进行了分析。现在要问,人是怎样使自己的**劳动外化**、**异化**的? 这种异化又是怎样由人的发展的本质引起的? 我们把**私有财产的起源**问题**变**为**外化劳动**对人类发展进程的关系问题,就已经为解决这一任务得到了许多东西。因为人们谈到**私有财产**时,总以为是涉及人之外的东西。而人们谈到劳动时,则认为是直接关系到人本身。问题的这种新的提法本身就已包含问题的解决。

补入(1) 私有财产的普遍本质以及私有财产对真正人的财产的关系。

在这里外化劳动分解为两个组成部分,它们互相制约,或者说,它们只是同一种关系的不同表现,**占有**表现为**异化**、**外化**,而外化表现为**占有**,**异化**表现为真正**得到公民权**。

我们已经考察了一个方面,考察了**外化劳动**对**工人本身**的关系,也就是说,考察了**外化劳动对自身**的关系。我们发现,这一关系的产物或必然结果是**非工人对工人和劳动的财产关系**。**私有财产**作为外化劳动的物质的、概括的表现,包含着这两种关系:**工人对劳动、对自己的劳动产品和对非工人的关系**,以及**非工人对工人和工人的劳动产品**的关系。

我们已经看到,对于通过劳动而**占有**自然界的工人来说,占有表现为异化,自主活动表现为替他人活动和表现为他人的活动,生命的活跃表现为生命的牺牲,对象的生产表现为对象的丧失,即对象转归异己力量、**异己的**人所有。现在我们就来考察一下这个同劳动和工人**疏远的**人对工人、劳动和劳动对象的关系。

首先必须指出,凡是在工人那里表现为**外化的、异化的活动**的东西,在非工人那里都表现为**外化的、异化的状态**。

其次,工人在生产中的**现实的、实践的态度**,以及他对产品的态度(作为一种内心状态),在同他相对立的非工人那里表现为**理论的态度**。

[XXVII]**第三**,凡是工人做的对自身不利的事,非工人都对工人做了,但是,非工人做的对工人不利的事,他对自身却不做。

我们来进一步考察这三种关系。

[笔 记 本 III]

[对笔记本 II 第 XXXIX 页的补充]

[私有财产和共产主义]

×补入第 **XXXIX** 页。但是,**无产**和**有产**的对立,只要还没有把它理解为**劳动**和**资本**的对立,它还是一种无关紧要的对立,一种没有从它的**能动关系**上、它的**内在**关系上来理解的对立，还没有作为**矛盾**来理解的对立。[15]这种对立即使没有私有财产的前进运动也能以**最初的**形式表现出来，如在古罗马、土耳其等。因此，它还不**表现为**由私有财产本身设定的对立。但是，作为对财产的排除的劳动，即私有财产的主体本质，和作为对劳动的排除的资本，即客体化的劳动，——这就是作为发展了的矛盾关系、因而也就是作为促使矛盾得到解决的能动关系的**私有财产**。

　　××补入同一页。自我异化的扬弃同自我异化走的是同一条道路。最初，对**私有财产**只是从它的客体方面来考察，——但是劳动仍然被看成它的本质。因此，它的存在形式就是"本身"应被消灭的**资本**。（蒲鲁东。）或者，劳动的**特殊方式**，即划一的、分散的因而是不自由的劳动，被理解为私有财产的**有害性**的根源，理解为私有财产同人相异化的存在的根源——**傅立叶**，他和重农学派一样，也把**农业劳动**看成至少是**最好的**劳动，[16]而**圣西门**则相反，他把**工业劳动**本身说成本质，因此他渴望工业家**独占**统治，渴望改善工人状况。① 最后，**共产主义**是被扬弃了的私有财产的**积极表现**；起先它是作为**普遍的**私有财产出现的。由于这种共产主义是从私有财产的**普遍性**来看私有财产关系的，所以共产主义

　　（1）在它的最初的形态中不过是私有财产关系的**普遍化**和**完成**。[17]而作为这种关系的普遍化和完成，共产主义是以双重的形态表现出来的：首先，**实物**财产的统治在这种共产主义面前显得如此强大，以致它想把不能被所有的人作为**私有财产**占有的**一切**都消

————————————

① 昂·圣西门的这些论点，见他的《实业家问答》1823 — 1824 年巴黎版。——编者注

灭;它想用**强制的**方法把才能等等抛弃。在这种共产主义看来,物质的直接的**占有**是生活和存在的唯一目的;**工人**这个规定并没有被取消,而是被推广到一切人身上;私有财产关系仍然是共同体同物的世界的关系;最后,这个用普遍的私有财产来反对私有财产的运动是以一种动物的形式表现出来的:用**公妻制**——也就是把妇女变为**公有的**和**共有的**财产——来反对**婚姻**(它确实是一种**排他性的私有财产的形式**)。人们可以说,**公妻制**这种思想是这个还相当粗陋的和毫无思想的共产主义的**昭然若揭的秘密**。[18]正像妇女从婚姻转向普遍卖淫一样,财富——也就是人的对象性的本质——的整个世界,也从它同私有者的排他性的婚姻的关系转向它同共同体的普遍卖淫关系。这种共产主义——由于它到处否定人的**个性**——只不过是私有财产的彻底表现,私有财产就是这种否定。普遍的和作为权力而形成的**忌妒**,是**贪欲**所采取的并且只是用**另一种**方式使自己得到满足的隐蔽形式。任何私有财产本身所产生的思想,**至少对于比自己更富足的**私有财产都含有忌妒和平均主义欲望,这种忌妒和平均主义欲望甚至构成竞争的本质。粗陋的共产主义者不过是充分体现了这种忌妒和这种从**想象的**最低限度出发的平均主义。他具有一个**特定的**、**有限制的**尺度。对整个文化和文明的世界的抽象否定,向**贫穷的**、需求不高的人——他不仅没有超越私有财产的水平,甚至从来没有达到私有财产的水平——的**非自然的**[IV]简单状态的倒退,恰恰证明对私有财产的这种扬弃决不是真正的占有。[19]

共同性只是**劳动**的共同性以及由共同的资本——作为普遍的资本家的**共同体**——所支付的**工资**的平等的共同性。相互关系的两个方面被提高到**想象的**普遍性:**劳动**是为每个人设定的天职,而

资本是共同体的公认的普遍性和力量。

把**妇女**当做共同淫欲的**虏获物**和婢女来对待,这表现了人在对待自身方面的无限的退化,因为这种关系的秘密在**男人对妇女**的关系上,以及在对**直接的、自然的**类关系的理解方式上,都**毫不含糊地**、确凿无疑地、**明显地**、露骨地表现出来。人对人的直接的、自然的、必然的关系是**男人对妇女的关系**。在这种**自然的**类关系中,人对自然的关系直接就是人对人的关系,正像人对人的关系直接就是人对自然的关系,就是他自己的**自然的**规定。因此,这种关系通过**感性的**形式,作为一种显而易见的**事实,表现出**人的本质在何种程度上对人来说成为自然,或者自然在何种程度上成为人具有的人的本质。因此,从这种关系就可以判断人的整个文化教养程度。从这种关系的性质就可以看出,**人**在何种程度上对自己来说成为并把自身理解为**类存在物、人**。男人对妇女的关系是人对人**最自然的**关系。因此,这种关系表明人的**自然的**行为在何种程度上是**合乎人性的**,或者,**人**的本质在何种程度上对人来说成为**自然的**本质,他的**人的本性**在何种程度上对他来说成为**自然**。这种关系还表明,人的**需要**在何种程度上成为**合乎人性的**需要,就是说,**别人**作为人在何种程度上对他来说成为需要,他作为最具有个体性的存在在何种程度上同时又是社会存在物。

由此可见,对私有财产的最初的积极的扬弃,即**粗陋的**共产主义,不过是私有财产的卑鄙性的一种**表现形式**,这种私有财产力图把自己设定为**积极的共同体**。

(2)共产主义(α)还具有政治性质,是民主的或专制的;(β)是废除国家的,但同时是尚未完成的,并且仍然处于私有财产即人的异化的影响下。这两种形式的共产主义都已经认识到自己是人向自身的还原或复归,是人的自我异化的扬弃;但是,因为它还没有理解私有财产的积极的本质,也还不了解需要所具有的**人的本性**,所以它还受私有财产的束缚和感染。它虽然已经理解私有财产这一概念,但是还不理解它的本质。

(3)**共产主义**是对**私有财产即人的自我异化的积极的扬弃**,因而是通过人并且为了人而对**人的本质**的真正**占有**;因此,它是人向自身、也就是向**社会的**即合乎人性的人的复归,这种复归是完全的复归,是自觉实现并在以往发展的全部财富的范围内实现的复归。这种共产主义,作为完成了的自然主义,等于人道主义,而作为完成了的人道主义,等于自然主义,它是人和自然界之间、人和人之间的矛盾的**真正解决**,是存在和本质、对象化和自我确证、自由和必然、个体和类之间的斗争的真正解决。它是历史之谜的解答,而且知道自己就是这种解答。[20]

[Ⅴ]因此,历史的全部运动,既是这种共产主义的**现实的**产生活动,即它的经验存在的诞生活动,同时,对它的思维着的意识来说,又是它的**被理解和被认识到的生成**运动;而上述尚未完成的共产主义则从个别的与私有财产相对立的历史形态中为自己寻找**历史的**证明,在现存的事物中寻找证明,它从运动中抽出个别环节(卡贝、维尔加德尔等人尤其喜欢卖弄这一套),把它们作为自己是历史的纯种的证明固定下来;但是,它这样做恰好说明:历史运动的绝大部分是同它的论断相矛盾的,如果它曾经存在过,那么它的这种**过去的**存在恰恰反驳了对**本质**的奢求。

不难看到,整个革命运动必然在**私有财产**的运动中,即在经济的运动中,为自己既找到经验的基础,也找到理论的基础。

这种**物质的**、直接**感性的**私有财产,是**异化了的人的**生命的物

质的、感性的表现。私有财产的运动——生产和消费——是迄今
为止全部生产的运动的**感性**展现,就是说,是人的实现或人的现
实。宗教、家庭、国家、法、道德、科学、艺术等等,都不过是生产的
一些**特殊的**方式,并且受生产的普遍规律的支配。因此,对**私有财
产**的积极的扬弃,作为对**人的生命**的占有,是对一切异化的积极的
扬弃,从而是人从宗教、家庭、国家等等向自己的**合乎人性的**存在
即**社会的**存在的复归。宗教的异化本身只是发生在**意识**领域、人
的内心领域,而经济的异化是**现实生活**的异化,——因此对异化的
扬弃包括两个方面。不言而喻,在不同的民族那里,运动从哪个领
域**开始**,这要看一个民族的真正的、**公认的**生活主要是在意识领域
还是在外部世界进行,这种生活更多地是观念的生活还是现实的
生活。共产主义是径直从无神论开始的(**欧文**)[21],而无神论最初
还根本不是**共产主义**;那种无神论主要还是一个抽象。——因此,
无神论的博爱最初还只是**哲学的**、抽象的博爱,而共产主义的博爱
则径直是**现实的**和直接追求**实效的**。——

我们已经看到,在被积极扬弃的私有财产的前提下,人如何生
产人——他自己和别人;直接体现他的个性的对象如何是他自己
为别人的存在,同时是这个别人的存在,而且也是这个别人为他的
存在。但是,同样,无论是劳动的材料还是作为主体的人,都既是
运动的结果,又是运动的出发点(并且二者必须是这个**出发点**,私
有财产的历史**必然性**就在于此)。因此,**社会性质**是整个运动的
普遍性质;**正像**社会本身生产作为**人的人**一样,社会也是由人**生产**
的。活动和享受,无论就其内容或就其**存在方式**来说,都是**社会的**
活动和**社会的**享受。自然界的**人的**本质只有对**社会的**人来说才是
存在的;因为只有在社会中,自然界对人来说才是人与**人联系的纽**

带,才是他为别人的存在和别人为他的存在,只有在社会中,自然界才是人自己的**合乎人性的**存在的**基础**,才是人的现实的生活要素。只有在社会中,人的**自然的**存在对他来说才是人的**合乎人性的**存在,并且自然界对他来说才成为人。因此,**社会**是人同自然界的完成了的本质的统一,是自然界的真正复活,是人的实现了的自然主义和自然界的实现了的人道主义。①

......

//因此,对私有财产的扬弃,是人的一切感觉和特性的彻底**解放**;但这种扬弃之所以是这种解放,正是因为这些感觉和特性无论在主体上还是在客体上都成为**人的**。眼睛成为**人的**眼睛,正像眼睛的**对象**成为社会的、**人的**、由人并为了人创造出来的对象一样。因此,**感觉**在自己的实践中直接成为**理论家**。感觉为了物而同**物**发生关系,但物本身是对自身和对人的一种**对象性的**、**人的**关系,反过来也是这样。// //当物按人的方式同人发生关系时,我才能在实践上按人的方式同物发生关系。因此,需要和享受失去了自己的**利己主义**性质,而自然界失去了自己的纯粹的**有用性**,因为效用成了**人的**效用。

同样,别人的感觉和精神也为我**自己**所占有。因此,除了这些直接的器官以外,还以社会的**形式**形成**社会的**器官。例如,同他人直接交往的活动等等,成为我的**生命表现**的器官和对**人的**生命的一种占有方式。

---

① 马克思在这一页结尾标示的通栏线下面写了一句话:"卖淫不过是**工人普遍**卖淫的一个**特殊**表现,因为卖淫是一种关系,这种关系不仅包括卖淫者,而且包括逼人卖淫者——后者的下流无耻尤为严重——,因此,资本家等等也包括在卖淫这一范畴中。"——编者注

不言而喻，**人的**眼睛与野性的、非人的眼睛得到的享受不同，人的**耳朵**与野性的耳朵得到的享受不同，如此等等。

我们知道，只有当对象对人来说成为**人的**对象或者说成为对象性的人的时候，人才不致在自己的对象中丧失自身。只有当对象对人来说成为**社会的**对象，人本身对自己来说成为社会的存在物，而社会在这个对象中对人来说成为本质的时候，这种情况才是可能的。//

//因此，一方面，随着对象性的现实在社会中对人来说到处成为人的本质力量的现实，成为人的现实，因而成为人**自己的**本质力量的现实，一切**对象**对他来说也就成为他自身的**对象化**，成为确证和实现他的个性的对象，成为**他的**对象，这就是说，对象成为**他自身**。对象**如何**对他来说成为他的对象，这取决于**对象的性质**以及与之相适应的**本质力量**的性质；因为正是这种关系的**规定性**形成一种特殊的、**现实的**肯定方式。**眼睛**对对象的感觉不同于**耳朵**，眼睛的对象**是**不同于**耳朵**的对象的。每一种本质力量的独特性，恰好就是这种本质力量的**独特的本质**，因而也是它的对象化的独特方式，是它的**对象性的**、**现实的**、**活生生的存在**的独特方式。因此，人不仅通过思维，[Ⅷ]而且以**全部**感觉在对象世界中肯定自己。

另一方面，即从主体方面来看：只有音乐才激起人的音乐感；对于没有音乐感的耳朵来说，最美的音乐也**毫无意义，不是**对象，因为我的对象只能是我的一种本质力量的确证，就是说，它只能像我的本质力量作为一种主体能力自为地存在着那样才对我而存在，因为任何一个对象对我的意义（它只是对那个与它相适应的感觉来说才有意义）恰好都以**我的**感觉所及的程度为限。因此，社会的人的**感觉不同于**非社会的人的感觉。只是由于人的本质客观地展开的丰富性,主体的、**人的**感性的丰富性,如有音乐感的耳朵、能感受形式美的眼睛,总之,那些能成为人的享受的感觉,即确证自己是**人**的本质力量的**感觉**,才一部分发展起来,一部分产生出来。因为,不仅五官感觉,而且连所谓精神感觉、实践感觉(意志、爱等等),一句话,**人**的感觉、感觉的人性,都是由于**它的**对象的存在,由于**人化的**自然界,才产生出来的。

五官感觉的**形成**是迄今为止全部世界历史的产物。囿于粗陋的实际需要的**感觉**,也只具有**有限的**意义。//对于一个忍饥挨饿的人来说并不存在人的食物形式,而只有作为食物的抽象存在;食物同样也可能具有最粗糙的形式,而且不能说,这种进食活动与**动物的**进食活动有什么不同。忧心忡忡的、贫穷的人对最美丽的景色都没有什么**感觉**;经营矿物的商人只看到矿物的商业价值,而看不到矿物的美和独特性;他没有矿物学的感觉。因此,一方面为了使人的**感觉**成为**人的**,另一方面为了创造同人的本质和自然界的本质的全部丰富性相适应的**人的感觉**,无论从理论方面还是从实践方面来说,人的本质的对象化都是必要的。

通过**私有财产**及其富有和贫困——或物质的和精神的富有和贫困——的运动,正在生成的社会发现这种**形成**所需的全部材料;//**同样,已经**生成的社会创造着具有人的本质的这种全部丰富性的人,创造着**具有丰富的、全面而深刻的感觉**的人作为这个社会的恒久的现实。——//

我们看到,主观主义和客观主义,唯灵主义和唯物主义,活动和受动,只是在社会状态中才失去它们彼此间的对立,从而失去它们作为这样的对立面的存在;我们看到,//**理论的**对立本身的解决,**只有**通过**实践**方式,只有借助于人的实践力量,才是可能的;因此,这种对立的解决绝对不只是认识的任务,而是**现实生活的任务**,而**哲学**未能解决这个任务,正是因为哲学把这**仅仅**看做理论的任务。——//

//我们看到,**工业**的历史和工业的已经生成的**对象性的**存在,是一本**打开了的关于人的本质力量**的书,是感性地摆在我们面前的人的**心理学**;对这种心理学人们至今还没有从它同人的**本质的**联系,而总是仅仅从外在的有用性这种关系来理解,因为在异化范围内活动的人们仅仅把人的普遍存在,宗教,或者具有抽象普遍本质的历史,如政治、艺术和文学等等,[Ⅸ]理解为人的本质力量的现实性和**人的类活动**。在**通常的、物质的工业**中(人们可以把这种工业理解为上述普遍运动的一部分,正像可以把这个运动本身理解为工业的一个**特殊**部分一样,因为全部人的活动迄今为止都是劳动,也就是工业,就是同自身相异化的活动),人的**对象化的本质力量**以**感性的、异己的、有用的对象**的形式,以异化的形式呈现在我们面前。如果**心理学**还没有打开这本书即历史的这个恰恰最容易感知的、最容易理解的部分,那么这种心理学就不能成为内容确实丰富的和**真正的**科学。//如果科学从人的活动的如此广泛的丰富性中只知道那种可以用"**需要**"、"**一般需要!**"的话来表达的东西,那么人们对于这种**高傲地**撇开人的劳动的这一巨大部分而不感觉自身不足的科学究竟应该怎样想呢? ——

自然科学展开了大规模的活动并且占有了不断增多的材料。而哲学对自然科学始终是疏远的,正像自然科学对哲学也始终是疏远的一样。过去把它们暂时结合起来,不过是**离奇的幻想**。存在着结合的意志,但缺少结合的能力。甚至历史编纂学也只是顺便地考虑到自然科学,仅仅把它看做是启蒙、有用性和某些伟大发现的因素。然而,自然科学却通过工业日益**在实践上**进入人的生活,改造人的生活,并为人的解放作准备,尽管它不得不直接地使非人化充分发展。**工业**是自然界对人,因而也是自然科学对人的**现实的**历史关系。因此,如果把工业看成人的**本质力量**的**公开的**展示,那么自然界的**人的本质**,或者人的**自然的**本质,也就可以理解了;因此,自然科学将抛弃它的抽象物质的方向,或者更确切地说,是抛弃唯心主义方向,从而成为**人的科学**的基础,正像它现在已经——尽管以异化的形式——成了真正人的生活的基础一样;说生活还有**别的**什么基础,**科学**还有别的什么基础——这根本就是谎言。//在人类历史中即在人类社会的形成过程中生成的自然界,是人的**现实的**自然界;因此,通过工业——尽管以**异化**的形式——形成的自然界,是真正的、**人本学的**自然界。——//

……

[片　　断]

[货　　币]

[XLI]如果人的**感觉**、激情等等不仅是[本来]意义上的人本学规定,而且是对本质(自然)的真正**本体论的**肯定;如果感觉、激情等等仅仅因为它们的**对象**对它们是**感性地**存在的而真正地得到肯定,那么不言而喻:(1)对它们的肯定方式决不是同样的,相反,不同的肯定方式构成它们的存在的、它们的生命的特殊性;对象对它们的存在方式,就是它们的**享受**的特有方式;(2)如果感性的肯定是对采取独立形式的对象的直接扬弃(吃、喝、对象的加工,等等),那么这就是对对象的肯定;(3)只要人是**合乎人性的**,因而他

的感觉等等也是**合乎人性的**,那么对象为别人所肯定,这同样也就是他自己的享受;(4)只有通过发达的工业,也就是以私有财产为中介,人的激情的本体论本质才既在其总体上、又在其人性中存在;因此,关于人的科学本身是人在实践上的自我实现的产物;(5)私有财产的意义——撇开私有财产的异化——就在于**本质的对象**——既作为享受的对象,又作为活动的对象——对人的**存在**。——

货币,因为它具有购买一切东西的**特性**,因为它具有占有一切对象的特性,所以是最突出的**对象**。货币的**特性**的普遍性是货币的本质的万能;因此,它被当成万能之物……   货币是需要和对象之间、人的生活和生活资料之间的**牵线人**。但是,在我和**我的**生活之间充当中介的**那个东西**,也在**我**和对我来说的他人的存在之间**充当中介**。对我来说**他人**就是这个意思。

> "见鬼! 脚和手,
> 还有屁股和头,当然都归你所有!
> 可我获得的一切实在的享受,
> 难道不同样也为我所拥有?
>
> 假如我能付钱买下六匹骏马,
> 我不就拥有了它们的力量?
> 我骑着骏马奔驰,我这堂堂男儿
> 真好像生就二十四只脚一样。"

　　　　歌德《浮士德》(靡菲斯特斐勒司的话)①

　　莎士比亚在《雅典的泰门》中说:

---

① 　歌德《浮士德》第1部第4场《书斋》。——编者注

"金子？黄黄的、发光的、宝贵的金子？

不，天神们啊，

我不是无聊的拜金客。

……

这东西，只这一点点儿，

就可以使黑的变成白的，丑的变成美的；

错的变成对的，卑贱变成尊贵，

老人变成少年，懦夫变成勇士。

这东西会把……祭司和仆人从你们的身旁拉走，

把壮汉头颅底下的枕垫抽去；

这黄色的奴隶可以使异教联盟，同宗分裂；

它可以使受咒诅的人得福，

使害着灰白色的癞病的人为众人所敬爱；

它可以使窃贼得到高爵显位，和元老们分庭抗礼；

它可以使鸡皮黄脸的寡妇重做新娘，

即使她的尊容会使那身染恶疮的人见了呕吐，

有了这东西也会恢复三春的娇艳。

该死的土块①，你这人尽可夫的娼妇，

你惯会在乱七八糟的列国之间挑起纷争。"

并且下面又说：

"啊，你可爱的凶手，

帝王逃不过你的掌握，

亲生的父子会被你离间！

你灿烂的奸夫，

淫污了纯洁的婚床！

你勇敢的玛尔斯！

你永远年轻韶秀、永远被人爱恋的娇美的情郎，

---

① 马克思引用的是莎士比亚《雅典的泰门》德文版，此处为"Metall"（金属）。——编者注

> 你的羞颜可以融化黛安娜女神膝上的冰雪!
>
> 你有形的神明,
>
> 你会使冰炭化为胶漆,仇敌互相亲吻!
>
> [XLII]为了不同的目的,
>
> 你会说任何的方言!
>
> 你这动人心坎的宝物啊!
>
> 你的奴隶,那些人类,要造反了,
>
> 快快运用你的法力,让他们互相砍杀,
>
> 留下这个世界来给兽类统治吧!"①

莎士比亚把**货币**的本质描绘得十分出色。为了理解他,我们首先从解释歌德那几行诗句开始。

依靠**货币**而对我存在的东西,我能为之付钱的东西,即货币能购买的东西,那**是我**——货币占有者本身。货币的力量多大,我的力量就多大。货币的特性就是我的——货币占有者的——特性和本质力量。因此,我**是**什么和我**能够**做什么,决不是由我的个人特征决定的。我**是**丑的,但我能给我买到**最美的**女人。可见,我并不**丑**,因为**丑**的作用,丑的吓人的力量,被货币化为乌有了。我——就我的个人特征而言——是个**跛子**,可是货币使我获得二十四只脚;可见,我并不是跛子。我是一个邪恶的、不诚实的、没有良心的、没有头脑的人,可是货币是受尊敬的,因此,它的占有者也受尊敬。货币是最高的善,因此,它的占有者也是善的。此外,货币使我不用费力就能进行欺诈,因为我事先就被认定是诚实的。我是**没有头脑的**,但货币是万物的**实际的头脑**,货币占有者又怎么会没有头脑呢?再说他可以给自己买到颇有头脑的人,而能够支配颇

---

① 莎士比亚《雅典的泰门》第 4 幕第 3 场。——编者注

有头脑者的人,他不是比颇有头脑者更有头脑吗? 既然我有能力凭借货币得到人心所渴望的**一切**,那我不是具有人的一切能力了吗? 这样,我的货币不是就把我的种种无能变成它们的对立物了吗?

如果**货币**是把我同**人的**生活,同社会,同自然界和人联结起来的纽带,那么货币难道不是一切**纽带**的纽带吗? 它难道不能够把一切纽带解开和联结在一起吗? 因此,它难道不也是通用的**分离剂**吗? 它既是地地道道的**辅币**①,也是地地道道的**黏合剂**;它是社会的[……]②**化合力**。

莎士比亚特别强调了货币的两个特性:

(1)它是有形的神明,它使一切人的和自然的特性变成它们的对立物,使事物普遍混淆和颠倒;它能使冰炭化为胶漆。

(2)它是人尽可夫的娼妇,是人们和各民族的普遍牵线人。

使一切人的和自然的性质颠倒和混淆,使冰炭化为胶漆,货币的这种**神力**包含在它的**本质**中,即包含在人的异化的、外化的和外在化的**类本质**中。它是**人类的**外化的**能力**。

凡是我作为**人**所不能做到的,也就是我个人的一切本质力量所不能做到的,我凭借**货币**都能做到。因此,货币把这些本质力量的每一种都变成它本来不是的那个东西,即变成它的**对立物**。

当我渴望食物或者我因无力步行而想乘邮车的时候,货币就使我获得食物和乘上邮车,就是说,它把我的那些愿望从观念的东西,把那些愿望从它们的想象的、表象的、期望的存在改变成和转

---

① "辅币"原文是 Scheidemünze,其构成与前一句中的 Scheidungsmittel(分离剂)一样,都同动词 scheiden(分离)相联系。——编者注

② 手稿此处缺损。——编者注

化成它们的**感性的**、**现实的**存在,从观念转化成生活,从想象的存在转化成现实的存在。作为这样的中介,货币是**真正的创造力**。

当然,没有货币的人也有**需求**,但他的需求是纯粹观念的东西,它对我、对第三者、对[其他人][XLIII]是不起任何作用的,是不存在的,因而对于我本人依然是**非现实的**,**无对象的**。以货币为基础的有效需求和以我的需要、我的激情、我的愿望等等为基础的无效需求之间的差别,是**存在和思维**之间的差别,是只在我心中**存在的**观念和那作为**现实对象**在我之外对我而存在的观念之间的差别。

如果我没有供旅行用的货币,那么我也就没有旅行的**需要**,就是说,没有现实的和可以实现的旅行的需要。如果我有进行研究的**本领**,而没有进行研究的货币,那么我也就**没有**进行研究的本领,即没有进行研究的**有效的**、**真正的**本领。相反,如果我实际上**没有**进行研究的本领,但我有愿望**和**货币,那么我也就有进行研究的**有效的**本领。**货币**是一种外在的、并非从作为人的人和作为社会的人类社会产生的、能够把观念变成**现实**而把现实变成**纯观念**的普遍**手段**和**能力**,它把人的和自然界的现实的**本质力量**变成纯抽象的观念,并因而变成**不完善性**和充满痛苦的幻象;另一方面,同样地把**现实的不完善性和幻象**,个人的实际上无力的、只在个人想象中存在的本质力量,变成**现实的本质力量**和能力。因此,仅仅按照这个规定,货币就已经是**个性**的普遍颠倒:它把个性变成它们的对立物,赋予个性以与它们的特性相矛盾的特性。

其次,对于个人和对于那些以独立**本质**自居的、社会的和其他的联系,货币也是作为这种**起颠倒作用的**力量出现的。它把坚贞变成背叛,把爱变成恨,把恨变成爱,把德行变成恶行,把恶行变成德行,把奴隶变成主人,把主人变成奴隶,把愚蠢变成明智,把明智变成愚蠢。

因为货币作为现存的和起作用的价值概念把一切事物都混淆了、替换了,所以它是一切事物的普遍的**混淆**和**替换**,从而是颠倒的世界,是一切自然的品质和人的品质的混淆和替换。

谁能买到勇气,谁就是勇敢的,即使他是胆小鬼。因为货币所交换的不是特定的品质,不是特定的事物,不是人的本质力量,而是人的、自然的整个对象世界,所以,从货币占有者的观点看来,货币能把任何特性和任何对象同其他任何即使与它相矛盾的特性和对象相交换,货币能使冰炭化为胶漆,能迫使仇敌互相亲吻。

我们现在假定**人**就是**人**,而人对世界的关系是一种人的关系,那么你就只能用爱来交换爱,只能用信任来交换信任,等等。如果你想得到艺术的享受,那你就必须是一个有艺术修养的人。如果你想感化别人,那你就必须是一个实际上能鼓舞和推动别人前进的人。你对人和对自然界的一切关系,都必须是你的**现实的个人生活**的、与你的意志的对象相符合的**特定表现**。如果你在恋爱,但没有引起对方的爱,也就是说,如果你的爱作为爱没有使对方产生相应的爱,如果你作为恋爱者通过你的**生命表现**没有使你成为**被爱的人**,那么你的爱就是无力的,就是不幸。

卡·马克思大约写于 1844 年
5 月底 6 月初—8 月

第一次发表于《马克思恩格斯全集》1932 年历史考证版第 1 部分第 3 卷

原文是德文

选自《马克思恩格斯文集》第 1 卷第 155—169、182—187、190—193、242—248 页

卡·马克思和弗·恩格斯

神圣家族，
或对批判的批判所做的批判

驳布鲁诺·鲍威尔及其伙伴[22]（节选）

第 六 章
绝对的批判的批判
或布鲁诺先生所体现的批判的批判

（1）绝对批判的第一次征讨

（a）"精神"和"群众"

到目前为止，批判的批判看来或多或少是对各种各样的**群众性**的对象进行批判的研究。现在我们却发现它正在研究绝对批判的对象，即**它自己**。到目前为止，它一直是靠批判地贬低、否定和改变**一定的**群众性的对象和人物来取得自己的相对荣誉。现在它却靠批判地贬低、否定和改变普遍的群众来取得自己的**绝对**荣誉。过去，相对的批判同相对的界限相对立。现在，绝对的批判同绝对的界限，群众的界限，即作为界限的群众相对立。同一定的界限相对立的相对的批判本身必然是**有限的**个体。而同普遍的界限即界限本身相对立的绝对的批判必然是**绝对的**个体。正像各种各样的群众性的对象和人物汇聚在"**群众**"这一锅**不纯**的稀粥里一样,表面上还是对象性的和人物性的批判变成了"**纯粹的批判**"。先前,批判看来或多或少是赖沙特、埃德加、孚赫等等这些批判的个体的**特征**。现在,批判却是**主体**,而布鲁诺先生则是它的化身。

先前,**群众性**看来或多或少是被批判的多种对象和多种人物的特性;现在,多种对象和多种人物却变成了"**群众**",而"**群众**"则变成了一种对象和一种人物。以前的一切批判的关系都已化为绝对的批判的英明同绝对的群众性的愚蠢的关系。这种**基本的关系**现在表现为到目前为止的批判行动和批判斗争的**意图**、**趋向**、**解答**。

"纯粹的"批判根据其绝对的性质在登场时将立即发表与众不同的"**箴言**",但是尽管如此,作为绝对的精神,它必定要经历一个辩证的过程。它的原初概念,只有在它的天体运行的终点上才会真正得到实现(见黑格尔《哲学全书》①)。

> 绝对的批判宣告说:"还在几个月以前群众就以为自己是强大有力的,是注定要统治世界的,他们认为能够扳着指头计算这一天的到来。"**23**

正是**布鲁诺·鲍威尔**先生在《自由的正义事业》(自然是"**他自己的**"事业)、《犹太人问题》**24**等著作中扳着指头计算过统治世界的日子的到来,虽然他也曾承认不能够确切地指出这个日期。他竟把他自己的一大堆罪过列入群众的罪行录。

---

① 黑格尔《哲学全书纲要》1830 年海德堡第 3 版。——编者注

"过去群众以为自己掌握了许多对他们说来是不言而喻的真理"。"但是，只有当人们依靠**真理**的论据始终追随**真理**的时候，……人们才完全地**掌握了真理**。"

真理对鲍威尔先生来说也像对黑格尔一样，是一台自己证明自己的**自动机器**。人应该**追随**真理。现实发展的结果，也像在黑格尔那里一样，不外是**被证明了的即被意识到了的真理**。因此，绝对的批判可以用最褊狭固执的神学家的腔调问道：

"如果历史的任务不正是要**证明**一切真理中的这些最简单的真理（例如地球围绕太阳运行），那么还要**历史干什么呢？**"

正像在从前的目的论者看来，植物所以存在，是为了给动物充饥的；动物所以存在，是为了给人类充饥的；同样，历史所以存在，也是为了给理论的充饥（即**证明**）这种消费行为服务的。人为了历史能存在而存在，而历史则为了**真理的论据**能存在而存在。在这种**批判的**庸俗化的形式中重复着思辨的英明：人所以存在，历史所以存在，是为了使**真理**达到**自我意识**。

因此，**历史**也和**真理**一样变成了特殊的人物，即形而上学的主体，而现实的人类个体倒仅仅是这一形而上学的主体的体现者。所以，绝对的批判使用了下面这些空洞的说法：

"**历史**不容许别人对它漠然置之，**历史**在这方面尽了**它的**最大努力，**历史**已经承担了任务，否则还要**历史**干什么呢？**历史**明确地向我们提供证明；**历史**把真理提出来讨论"云云。

如果按照绝对的批判的说法，到现在为止，历史的任务只是证明这样**几条**终归是不言而喻的最简单的真理，那么，绝对的批判把人类过去的全部经验说得如此贫乏，这首先只是证明了绝对的批判**自己的**贫乏。相反，从非批判的观点来看，历史达到的结果是，最复杂的真理最终是不言而喻的，一切真理的总和，即**人**，最终是不言而喻的。

绝对的批判继续声称："但是，群众却**觉得**种种真理是如此一目了然，以至它们**一开始**就是不言而喻的……以至群众认为证明真理是多余的事，因此，这些真理不值得让历史明确地对它们提供证明；它们根本就不是历史要设法加以解决的那些任务的一部分。"

绝对的批判在对群众大发一通神圣的雷霆之怒的同时，又向群众巧言奉承了一番。的确，如果因为群众**觉得**真理一目了然，真理就真**是**一目了然，如果历史按照群众的**这种态度**来**对待**真理，那么这样一来，群众的判断就是绝对的，准确无误的，是历史的**规律**，而历史只是要证明，什么东西对于群众来说还**不**是一目了然因而是需要加以证明的。所以，群众给历史规定了它的"任务"和它的"活动"。

绝对的批判谈的是"**一开始**就是不言而喻的真理"。它凭着自己的批判的天真想法，臆造出了绝对的"**一开始**"和抽象的不变的"**群众**"。在绝对的批判的心目中，16 世纪群众的"**一开始**"和 19 世纪群众的"**一开始**"，就像这两个世纪的群众本身一样，是没有什么差别的。一种已经成为**真实**和**明显**的、不言而喻的真理的特点，正在于它"**一开始**就是不言而喻的"。绝对的批判对一开始就是不言而喻的真理的抨击，就是对完全"不言而喻"的真理的抨击。

对绝对的批判以及对神妙的**辩证法**说来，不言而喻的真理已丧失了它的精神实质、意义和**价值**。它像一潭死水一样，变得浑浊不清了。所以，绝对的批判一方面**证明**一切不言而喻的东西，以及许多幸而难于理解因而永远不会不言而喻的东西;另一方面,对它来说,凡是需要阐明的东西都是不言而喻的。为什么呢? 因为**不言而喻,现实的任务都不是**不言而喻的。

因为"**真理**"和历史一样,是超凡脱俗的、脱离物质群众的主体,所以,它不是面向经验的人,而是面向"**心灵的深处**",为了"**真正被认识**",真理不去接触住在英国地下室深层或法国高高的屋顶阁楼里的人的**粗糙的躯体**,而是"完完全全"在人的唯心主义的肠道中"蠕动"。诚然,绝对的批判向"群众"提出证据证明,到现在为止,群众曾用自己的方式即肤浅的方式被那些由历史仁慈地"提出来讨论"的真理所触动;但同时绝对的批判又预言道:

"群众同历史进步的关系将发生彻底的改变。"

这一批判预言的隐秘含义立即就"使我们感到一目了然"了。

我们且听:"到现在为止,历史上的一切伟大的活动之所以**一开始**就是不合时宜的和没有取得富有影响的成效,正是因为群众对这些活动**表示关注**和**怀有热情**。换句话说,这些活动之所以必然落得个悲惨的结局,是因为在这些活动中,重要的是这样一种思想,这种思想必须满足于对自己的肤浅理解,因而也就是指望博得群众的喝彩。"

看来,一种理解只有满足于一种思想,因而符合一种思想,才不再是肤浅的理解。布鲁诺先生只是**为了装样子**,才把思想同对它的**理解**之间的**关系**搬出来;正像他只是**为了装样子**,才把不合时宜的历史**活动**同**群众的关系**搬出来一样。如果绝对的批判因此而谴责某个对象是"肤浅的",那么这个对象就是迄今为止的全部历史,因为历史的活动和思想就是"群众"的思想和活动。绝对的批判摒弃**群众的**历史并打算用**批判的**历史取而代之(见茹尔·孚赫先生论英国热点问题的文章①)。此外,根据以往的**非批判的**历史,即不是按照绝对批判的意愿编纂的历史,应该严格地分清:**群众**对目的究竟"**关注**"到什么程度,群众对这些目的究竟怀有多大"**热情**"。"**思想**"一旦离开"**利益**",就一定会使自己出丑。另一方面,不难理解,任何在历史上能够实现的群众性的"**利益**",在最初出现于世界舞台时,在"**思想**"或"**观念**"中都会远远超出自己的现实界限,而同一般的**人的**利益混淆起来。这种错觉构成傅立叶所谓的每个历史时代的**色调**。资产阶级在 1789 年革命中的利益决不是"**不合时宜的**",它"**赢得了**"一切,并且有过"**极有影响的成效**",尽管"**激情**"已经烟消云散,尽管这种利益用来装饰自己摇篮的"**热情的**"花朵也已经枯萎。这种**利益**是如此强大有力,以至胜利地征服了马拉的笔、恐怖主义者的断头台、拿破仑的剑,以及钉在十字架上的耶稣受难像和波旁王朝的纯血统。这场革命只有对于**那样一些群众**来说才是"**不合时宜的**",那些群众认为在**政治**"**思想**"中并没有体现关于他们的现实"**利益**"的思想,所以他们的真正的根本原则和这场革命的根本原则并不是一致的,他们获得解放的现实条件和资产阶级借以解放自身和社会的那些条件是根本不同的。所以,如果说这场能够代表一切伟大的历史"**活动**"的革命是不合时宜的,那么,它之所以不合时宜,是因为它在本质上仍然停留在那样一种群众生活条件的范围内,而那种群众是**仅仅由少数人组成的**、不是把全体居民包括在内的、**有限的**群众。如果

---

① 茹·孚赫《英国热点问题》,载于 1844 年 6、7 月《文学总汇报》第 7、8 期。——编者注

说这场革命是不合时宜的,那么,并不是因为群众对革命"**怀有热情**"和表示"**关注**",而是因为人数众多的、与资产阶级不同的那部分群众认为,在革命的原则中并没有体现他们的**现实**利益,并没有体现**他们自己的**革命原则,而**仅仅**包含一种"**思想**",也就是仅仅包含一个激起暂时**热情**和掀起表面**风潮**的对象罢了。

因此,历史活动是群众的活动,随着历史活动的深入,必将是群众队伍的扩大。在批判的历史中,事情当然必定是以另一种方式发生的,批判的历史认为,在历史活动中重要的不是行动着的群众,不是经验的活动,也不是这一活动的经验的**利益**,相反,"在这些活动中","**重要的**"仅仅是"**一种思想**"。

批判教导我们说:"**精神的真正敌人应该到群众中去寻找**,而不是像以前的自由主义的代言人所认为的那样**到别的地方**去寻找。"

在群众以外的进步之敌恰恰是独立存在的、具有**自己的**生命的、**群众的自轻自贱、自暴自弃和自我外化的产物**。所以,群众用反对他们的**自轻自贱**的独立存在的**产物**的办法来反对他们**本身的**缺点,就像一个人用反对上帝存在的办法来反对他**自己的宗教热忱**一样。但是,因为群众的这些**实际的**自我外化以外在的方式存在于现实世界中,所以群众必须同时以**外在的**方式同它们进行斗争。群众决不会把自己的自我外化的这些产物仅仅看做**观念**的幻影,看做**自我意识**的单纯的**外化**,同时也不想通过纯粹**内在的**唯灵**论的**活动来消灭**物质的**外化。早在 1789 年路斯达洛编辑的刊物[25]上就有过这样的警句:

"伟人们在我们看来显得伟大,
只是因为我们跪着。

让我们站起来吧！"

但是，要想站起来，仅仅**在思想中**站起来，而让用思想所无法摆脱的那种**现实的**、**感性的**枷锁依然套在**现实的**、**感性的**头上，那是不够的。可是，**绝对的批判**从黑格尔的《现象学》①中至少学会了**这样一种技艺**，即把存在于**我身外的现实的**、**客观的链条**转变成**纯观念的**、**纯主观的**、只存在于**我身内的**链条，因而也就把一切**外在的感性的斗争**都转变成纯粹的思想斗争。

这种批判的转变**奠定了批判的批判和书报检查机关之间的先定的和谐**。从批判的观点看来，作家和书报检查官之间的斗争并不是"人与人"之间的斗争。相反，书报检查官只不过体现了我自己的、由早有防备的警察机关为了我而加以**人格化的机智**，也就是与我的不机智和非批判性进行斗争的我自己的机智。作家和书报检查官的斗争只不过是装样子的，只有在卑劣的感性看来，这种斗争才是某种跟作家**与他自己进行的内心斗争**不同的东西。**如果说书报检查官是在现实上、在个体上与我不同的**，用外在的与事物格格不入的标准来糟蹋我的精神产品的**警察刽子手**，那么，这样的书报检查官正是**群众性的想象**，是**非批判的幻想**。如果说费尔巴哈的《哲学改革纲要》**[26]**曾遭到书报检查机关的查禁，那么罪过并不在于书报检查机关的官方的野蛮，而在于费尔巴哈的《纲要》的不文明。没有被任何群众和物质所玷污的"**纯粹的**"批判认为，书报检查官也是纯粹的、"超凡脱俗的"、脱离一切群众性现实的形象。

……

---

① 黑格尔《精神现象学》1841 年柏林第 2 版。——编者注

第 八 章

批判的批判走进尘寰并改变形象，
或盖罗尔施泰因公爵鲁道夫①
所体现的批判的批判

（8）鲁道夫，"一切秘密本身的
被揭露了的秘密"

使鲁道夫能够实现其全部救世事业和神奇治疗的万应灵丹不是他的漂亮话，而是他的**现钱**。道学家们就是这样的——傅立叶说。要模仿他们心目中的英雄，就必须是百万富翁。

道德就是"**行动上的软弱无力**"②。它一和恶习斗争，就遭到失败。而鲁道夫甚至还没有提高到至少是建立在**人类尊严**这种意识之上的独立道德的观点。相反地，他的道德是建立在人类软弱无力这种意识之上的。他是**神学**道德的代表。我们已经详细考察了鲁道夫用衡量世界的**基督教的固执**观念（诸如"慈善事业"、"无比忠顺"、"克己"、"忏悔"、"善与恶"、"赏与罚"、"可怕的惩治"、"隐遁"、"拯救灵魂"，等等）所建立的英雄业绩，也表明了所有这些都不过是滑稽戏而已。现在我们只要再分析一下鲁道夫这个

---

① 欧仁·苏的小说《巴黎的秘密》中的主人公。——编者注
② 引自沙·傅立叶的著作《关于四种运动和普遍命运的理论》第二部的跋。——编者注

"一切秘密本身的被揭露了的秘密"或被揭露了的"纯批判"的秘密的**个人性格**就够了。

还在我们这位批判的海格立斯的少年时代，"善"与"恶"的对立就已经以两个化身——鲁道夫的两位教师**穆尔弗**和**波利多里**——出现在他的面前。前者教他行善，而且本人是"**善人**"。后者教他作恶，而且本人是"**恶人**"。为了使这种构思在平庸方面不逊于其他伦理小说的类似构思，"**善人**"穆尔弗必须被描写为不太"有学问"、"在智能方面"不"特别突出"的人。可是他**诚实**、**单纯**、**沉默寡言**，常常以高贵的姿态，用**可耻**、**下流**之类的字眼来痛斥邪恶的事情，对**卑鄙下贱的行为**感到深恶痛绝。如果用黑格尔的话来说，可以说他是诚实地把善和真的旋律变成了各种音调的平均化的东西，也就是变成了**一个音符**。

相反地，**波利多里**却是一个聪明绝顶、学识渊博、教养有素的奇才，但同时也是一个"最没有道德"的人，并且满脑子都是"**最可怕的怀疑论**"，作为年轻的虔诚的法国资产阶级的代表，欧仁·苏对此是不能等闲视之的。对于欧仁·苏和他的主人公的精力和教养，可以根据**怀疑论**使他们感到惊惶失措这一点来加以判断。

> 塞利加先生说："穆尔弗同时就意味着 1 月 13 日的永世难忘的罪过和通过无比爱戴鲁道夫这个人物并为他作自我牺牲来永远赎补这个罪过。"①

就跟鲁道夫是全世界的解围之神②和耶稣基督一样，穆尔弗

---

① 此处和以下两段引文均出自塞利加《评欧仁·苏〈巴黎的秘密〉》，载于 1844 年 6 月《文学总汇报》第 7 期。——编者注

② 解围之神的原文是：deus ex machina，直译是："从机器里出来的神"（在古代剧院中，扮演神的演员是借助特别的机械装置而出现在舞台上的）；转义是：突然出现的挽救危局的人。——编者注

也是鲁道夫个人的解围之神和耶稣基督。

"鲁道夫和拯救人类、鲁道夫和实现人类本质的完美,这对于穆尔弗来说是统一的、不可分割的整体,他献身于这个统一的整体不是出于那种愚蠢如狗的奴隶般的忠顺,而是有充分的自觉和自主的。"

可见,穆尔弗是一个文明的、自觉的、自主的奴隶。像公爵的每个奴仆一样,他把自己的主人看做人类的救主。**格劳恩**①奉承穆尔弗,称他为"**勇敢无畏的护从**"。鲁道夫自己称他为**仆人的模范**,而他也确实是个**模范的仆人**。欧仁·苏告诉我们,他私下总是严格不苟地称鲁道夫为"殿下"。有旁人在场时,为了保守匿名微行的秘密,他口里虽然叫"**先生**",但心中还是称"殿下"。

"穆尔弗揭开了秘密的秘幕,但这只是为了鲁道夫。他帮助了摧毁秘密本身的实力的工作。"

关于把穆尔弗跟最简单的人世关系隔绝开来的秘幕之严密,可以从他跟格劳恩公使的一席谈话中得出一个印象。穆尔弗以必不得已的情况下的法定自卫权为由,得出结论说,鲁道夫有权以**秘密刑法官**的身份来弄瞎绑得紧紧的和"赤手空拳的""校长"②。他描述鲁道夫将怎样在法庭面前陈述自己的"高尚"行为,将以怎样华丽的词句来炫耀自己,将怎样吐露自己的伟大心思;这种种描述,说明他够得上做一个刚刚读完席勒的《强盗》的文科中学生。穆尔弗让世界来解决的唯一秘密,就是这个问题:他在扮演运煤工人的角色时用什么东西涂在自己脸上,是用煤灰呢,还是用黑颜料。

---

① 《巴黎的秘密》中的人物,鲁道夫的驻法公使。——编者注
② 《巴黎的秘密》中的人物。——编者注

"天使要出来，从义人中把恶人分别出来。"（《马太福音》第 13 章第 49 节）"将患难、困苦加给一切作恶的人；将荣耀、尊贵、平安加给一切行善的人。"（《罗马人书》第 2 章第 9—10 节）

鲁道夫自己把自己当做这种**天使**。他降临人世，以便从义人中把恶人分别出来，奖赏善人，惩罚恶人。善恶的观念在他那虚弱的头脑中铭刻极深，以至于他竟相信真有魔鬼，并且像昔日波恩的**扎克**教授那样，竟想活捉恶魔。相反地，另一方面他又企图把魔与**神**的对立以缩图的形式复制出来。他爱"起一些天命的作用"。正像在**现实**中**一切**差别日益汇合为**贫富**之间的差别一样，在**观念**中**一切**贵族的差别也在变成**善恶**之间的对立。这种差别是贵族给自己的偏见所赋予的最后形式。鲁道夫把自己归入善人之列，而恶人之存在，是为了使他能因**自身**的完美而怡然自得。现在我们再进一步观察这个"善人"。

鲁道夫先生的行善和挥霍就跟《一千零一夜》中巴格达的哈利发一模一样。如果他不像吸血鬼一样吸尽他那小小的德意志公国的膏血，他就不能过这样的生活。根据欧仁·苏先生本人的描写，鲁道夫要是没有一个法国**侯爵**的庇护因而免于被迫退位，那么他已经属于那些沦为附庸的德国公爵[27]之列了。根据这个事实就可以判断他那个公国的大小。其次，鲁道夫对**他自身的地位**的估价**批判**到何种程度，可以从下述事实看出：他这个小小的德国诸侯，竟认为在巴黎必须半匿名微行，以免引起别人对自己的注意。他有意随身携带一名**宰相**同行，其批判的目的就是要这个宰相为他代表"自主权力的戏剧性的和儿戏的一面"；好像一个小小的诸侯除了自己和自己的镜子以外，还需要第三个什么自主权力的戏剧性的和儿戏的一面的代表似的。鲁道夫也影响了自己的从人们,使他们同样**批判地不了解**自己的作用和意义。例如,仆从**穆尔弗**和公使**格劳恩**就没有发觉,巴黎代办**巴第诺**①先生怎样嘲弄他们,假装把他们的私人委托看做国家大事,并且讥讽地信口开河,大谈其

"在各种非常不同的利益和**国家的命运**之间可能存在的玄妙关系"。"是的"——鲁道夫的公使报告说——"有时他竟厚颜无耻地对我说:'在管理国家的事业中有多少为人民所不知道的错综复杂的纠葛呵!没有人会说,男爵先生,我呈交给您的报告书对于**欧洲事务**的进程有影响,可是事实的确如此。'"②

公使和穆尔弗认为厚颜无耻的事不是有人期望他们去影响欧洲事务,而是巴第诺把自己的卑贱职业理想化到这种程度。

我们先来回忆一下**鲁道夫**的家庭生活中的一个场面。鲁道夫告诉穆尔弗说,他"现在突然间感到很骄傲和快乐"。可是马上他又发起脾气来了,因为穆尔弗不想回答他一个问题。他对穆尔弗喊道:"我命令你说话!"穆尔弗请求他不要命令。鲁道夫对他说:"我不喜欢沉默无言。"他不能自制,竟然有失身份地说起粗话来。他提醒穆尔弗说,对于他的一切效劳他都是**有报酬**的。一直到穆尔弗提醒他 1 月 13 日那件事以后,他才平静下来。在这场风波以后,穆尔弗的奴才本性又显露了出来,他只是在一刹那间才让自己忘其所以的。他揪自己的"头发",不过幸好他没有头发;他感到心灰意懒,因为他曾一度对自己那位显贵的老爷表现得有些粗野,而这位老爷是把他称为"仆人的模范",称为"我的善良、老成、忠

① 《巴黎的秘密》中的人物。——编者注
② 此处和以下的引文均出自欧仁·苏《巴黎的秘密》1843 年布鲁塞尔版。——编者注

实的穆尔弗"的。

鲁道夫并未因他自己有这些邪恶的表现而感到惶惑不安，他随后又重复他那固执的"善""恶"观念，并且宣扬他在行善中所做出的成绩。他把施舍和怜悯称为他那受到创伤的心灵的纯洁而虔诚的慰藉。对于被唾弃的卑贱的众生滥加施舍和怜悯，据说是一种非常可怕的、离经叛道的**亵渎圣物的**行为。道理很清楚，怜悯和施舍是**他的**心灵的慰藉，因此玷污它们就是亵渎圣物。这就等于"引起人们对上帝的怀疑；而凡有所施，均应感化人们信仰上帝"。对被唾弃者加以施舍，这真是不可思议的事呵！

鲁道夫认为自己的心灵的每一个运动都具有无限的重要性。因此，他经常对它们进行观察和评价。例如，在上面提到的那个场面中，狂人对穆尔弗发了一阵脾气，但他却聊以自慰地说，他之所以这样，是因为玛丽花的遭遇使他感到很伤心。"我伤心到流出了眼泪，可是人们还责备我漠不关心、冷酷无情、无动于衷！"他这样证明了**自己固有的善良**以后，就对"邪恶"、对玛丽的无人知晓的母亲的恶行痛斥了一番，并且尽量装出郑重其事的样子对穆尔弗说："你知道，我非常重视某种复仇行为，非常珍贵某种痛苦。"同时他还扮出一副恶魔的怪相，吓得这个忠实的奴仆大声惊叫起来："唉哟，殿下！"这位显贵的老爷很像"**青年英国**"[28]社的活动家，他们也想改革世界，建立丰功伟绩，并且染上了类似的歇斯底里症。

关于鲁道夫进行的种种猎奇和他经历的种种遭遇，我们首先可以在他那**热衷于猎奇的天性**中找到缘由。他喜爱"风流韵事、消遣、猎奇、乔装"；他的"好奇心"是"贪得无厌"的；他感到"需要生气蓬勃的、火热的激情"，他"热烈地渴求**强烈的神经激动**"。

他这些天生的癖性,在他那想**起天命的作用**和想按照自己的固执的幻想来改革世界的渴望中获得了支持。

决定他对别人的态度的,不是某种抽象的固执观念,就是一些完全个人的、偶然的动机。

例如,他解救黑人医生大卫及其情妇,不是出于这些人的命运所引起的直接的人类同情心,不是为了解放**他们本身**,而是为了要对奴隶主威利斯起**天命**的作用和惩罚他的**不信上帝**。例如,对他说来,"校长"是他为了**运用**自己早已炮制出来的刑罚理论所欲得之物。另一方面,穆尔弗跟格劳恩公使的一席谈话也使我们有可能更深入地观察那些决定鲁道夫的高尚行为的纯个人动机。

殿下所以关心玛丽花,正如穆尔弗所说,"如果撇开"穷人的命运所引起的怜悯不谈,是因为他的女儿(他因为失去了她而感到十分悲痛)如果还在的话这时也是这么大年龄了。鲁道夫对达尔维尔侯爵夫人的同情,"如果撇开"他那博爱的怪癖不谈,是由于这样一种个人性质的原因:如果没有老达尔维尔侯爵及其和亚历山大皇帝的友谊,鲁道夫的父亲早就被排除于德国君主的行列之外了。

他对若尔日夫人的仁慈和对她儿子热尔曼的关心也是由于同一原因。若尔日夫人属于达尔维尔家族。

> "可怜的若尔日夫人之不断受到殿下的恩惠,与其说是由于**这种族谊关系**,还不如说是由于她自己的不幸和自己的德行。"

辩护士穆尔弗竭力用"主要是"、"如果撇开不谈"、"还不如说"这样一些词句来掩饰鲁道夫的暧昧的动机。

最后,鲁道夫的整个性格完全表现为一种"**纯粹的**"伪善,正因为这样，所以他竟可以当自己的面和当别人的面，巧妙地把**自己的邪恶的情欲的发泄**描述为**对恶人的情欲的愤怒**。这种手法使我们想起了批判的批判的类似手法；批判的批判也是把**自身的愚蠢**硬说成**群众的愚蠢**，把自己对世界在它之外的发展所进行的恶毒攻击，硬说成是这个世界对发展所进行的恶毒攻击，最后，把自己的利己主义（它以为自己汲取了、吸收了全部精神）硬说成群众对精神的利己主义式的抵抗。

我们将说明**鲁道夫**的"纯粹的"伪善怎样表现在他对"校长"、对**萨拉·麦克格莱哥尔伯爵夫人**以及对公证人**雅克·弗兰**的行为中。

鲁道夫劝诱"校长"到他的住所去偷盗，以便将他诱入圈套并将他捕获。这时他所考虑的远不是全人类的利益，而是纯个人的利益。"校长"持有**麦克格莱哥尔伯爵夫人的文书夹**，而鲁道夫很想把**这个文书夹**弄到自己手里。关于鲁道夫私下对"校长"的打算，在小说中有这样一段明显的描述：

> "鲁道夫感到了难以忍受的忧虑。如果他**放过了这个捕获'校长'的有利机会**，那么，毫无疑问，这样的机会就决不会再碰到了。而鲁道夫非常想占有的**那一切秘密**，则都会被这个强盗**随身带走**。"

鲁道夫捕获了"**校长**"，也就等于获得了麦克格莱哥尔伯爵夫人的**文书夹**。他**捕获**"校长"是出于个人利益。他**弄瞎**"校长"的**眼睛**也是出于个人的激情。

"刺客"①对鲁道夫讲述"校长"同穆尔弗的争斗，并且认为"校长"之所以顽强抵抗是由于他知道什么命运将落到他的头上。

---

① 《巴黎的秘密》中的人物。——编者注

这时,鲁道夫回答说:"他不知道。"他在说这句话的时候,"神色很忧郁,脸也由于前面谈到的那种近于凶恶的表情而显得变了样"。复仇的念头完全控制了他,他预先尝到了野蛮地惩罚"校长"的那种粗野的乐趣。

于是,当被鲁道夫定为**复仇**工具的黑人医生大卫出现的时候,鲁道夫就高喊:"复仇!……**复仇!**……"鲁道夫是在"**酷烈的盛怒**"之下喊出这几个字的。

他心中充满了酷烈的盛怒。于是他附着医生的耳朵密授他的计谋,当医生因恐怖而战栗的时候,他便马上巧妙地大谈其"纯"理论的动机来掩饰**个人的复仇心**。他说,这只是"**运用**"那早就时常闪现在他的高尚的头脑中的"**观念**",并且他还没忘记油腔滑调地补充一句:"他将来还是有悔改的无限境界的。"他这是模仿西班牙宗教裁判所的做法,这类宗教裁判所在把判定有罪的人交给世俗的法庭烧死的同时,总是要来一套虚伪的祈祷,祈求赐予悔过的罪人以仁慈。

自然,当审讯和惩处"校长"的时候,殿下就坐在自己那间异常舒适的私室里,穿一件长长的、黑得异常的袍子,脸色苍白得非常刺目,并且,为了完全和法庭的情景一模一样,他面前还摆着一张长桌,桌上陈列着各种物证。先前当他把弄瞎眼睛的计谋通知"刺客"和医生时所显露出的那种野蛮和复仇的表情,现在当然应该从他脸上消逝得无影无踪。现在他在我们面前必须表现得"沉静、忧愁而审慎",摆出一副非常可笑的郑重其事的姿态,俨然以世界法官自居。

为了使人们对弄瞎眼睛一事的动机的"纯洁性"没有任何怀疑的余地,愚钝的**穆尔弗**对格劳恩公使表白了一番:

"严厉惩罚'校长'的目的**主要是**替我向这个**阴险的杀人犯报仇**。"

当鲁道夫单独跟穆尔弗在一起的时候，他吐露了自己的心思：

"我对恶徒们的憎恨……更加强烈了，我对**萨拉**的厌恶愈来愈增长，当然啰，这是随着我女儿的死所给予我的悲痛的加深而增长的。"

鲁道夫告诉我们，他对恶徒们的憎恨是很强烈的。自然，他的憎恨是批判的、纯粹的、道德的憎恨，是对恶人的憎恨，**因为**他们是邪恶的。因此他把这种憎恨看做他在行善方面的一个进步。

但是马上就暴露出，道德憎恨的这种加深无非是一种**伪善的口实**，他就用这种口实来掩饰他对萨拉的**个人厌恶**的增长。不确定的道德的幻影——对恶人的憎恨的加深，只不过是确定的不道德的事实——对萨拉的厌恶的增长——的掩饰罢了。引起这种厌恶的是一种十分自然、十分个人性质的原因，即他个人的悲痛。这种悲痛也就是他的厌恶的尺度。当然啰！

鲁道夫在跟临终的麦克格莱哥尔伯爵夫人会面时，表现了更加令人憎恶的伪善。

在揭露了玛丽花是鲁道夫和伯爵夫人的女儿这个秘密以后，鲁道夫"做出威胁的、残忍的样子"走近伯爵夫人身边。伯爵夫人祈求他的怜悯。

他回答说："对你没有怜悯，你该死……你这个恶魔，我和我的家族的恶魔！"

这样看来，他是想为"家族"报仇了。接着他告诉伯爵夫人：他为了赎补弑父的罪过，发誓要周游世界，在世界上赏善罚恶。鲁道夫折磨伯爵夫人，他**忿激**如狂，但是在他**自己**的眼中，他只是在执行他在 1 月 13 日以后给自己提出的任务——"严究邪恶"。

当他起身走出门的时候，萨拉喊叫起来："可怜可怜我吧，我快死啦！"

"'死就死吧，该死的东西！'鲁道夫怒不可遏地说。"

最后这句话——"**怒不可遏**"——给我们揭示了鲁道夫的种种行为的纯粹的、批判的和道德的动机。正是这种盛怒使他对他那——如塞利加先生所说——**已经归天的**父亲挥动过宝剑。作为一个纯粹的批判家，他不同自己身上的这种邪恶作斗争，而是竭力去制服别人身上的邪恶。

最后，鲁道夫自己取消了他的天主教刑罚理论。他想废除死刑，想把惩罚变为忏悔，但这只是在杀人犯杀害别人和不触犯鲁道夫的家属的时候才是如此。只要鲁道夫的亲属中有一个人遭到杀害，他马上便会采用死刑；他需要双重的立法：一种适用于他这个伟人，另一种适用于凡人。

他从萨拉那里知道雅克·弗兰对玛丽花之死负有罪责。他自言自语地说：

"不，这不够……复仇的火焰在我心中燃烧着！……真是嗜血的欲望！……真是不动声色的深思熟虑的盛怒！……**在我还不知道**这个坏蛋害死的人当中**有一个**是**我的孩子**的时候，我还对自己说，弄死这个人没有好处……生活而没有钱，生活而不能满足他那疯狂的情欲，这将是长久的、加倍的折磨……**但这是我的女儿呀！**……我要**杀死**这个人！"

他冲过去杀害雅克·弗兰，但是他发现雅克·弗兰已处于无需杀害的景况中了。

好一个"善良的"鲁道夫呵！他那狂热的复仇心，他那嗜血的欲望，他那不动声色的深思熟虑的盛怒，他那诡诈地掩饰自己心灵的每一种恶念的伪善，凡此种种，正是他用来作为挖出别人眼睛的罪名的那些**邪恶的**情欲。只是因为幸运、金钱和官衔，这个"**善人**"才得以免受**牢狱之灾**。

为了弥补这位唐·吉诃德在其他各方面的渺小，"**批判的威力**"使他成了"**善良的房客**"、"**善良的邻居**"、"**善良的朋友**"、"**善良的父亲**"、"**善良的资产者**"、"**善良的公民**"、"**善良的君主**"；而且，塞利加先生的赞歌的这个音阶还在那里回响不已。**这比"人类在其整个历史上"**所获得的**全部成果还要多**。单是这，就足以使**鲁道夫**两次**拯救**"**世界**"于"**灭亡**"了。①

卡·马克思和弗·恩格斯写于
1844 年 9—11 月

1845 年 2 月在美因河畔法兰克福
出版

原文是德文

选自《马克思恩格斯文集》第 1 卷
第 282—289 页和《马克思恩格斯
全集》中文第 1 版第 2 卷第 255—
266 页

---

① 塞利加《评欧仁·苏〈巴黎的秘密〉》，载于 1844 年 6 月《文学总汇报》
第 7 期。——编者注

弗·恩格斯

共产主义在德国的迅速进展[29]（节选）

一

现在给贵报[30]寄上短文一篇，想来贵国同胞听到我们的共同事业在海峡这边进展的消息一定会感到高兴。同时我也高兴我能够指出，虽然德国人通常在讨论社会改革问题方面总是相当落后，但是他们现在正在努力弥补自己虚度了的时间。的确，社会主义在我国传播之快简直是一个奇迹。四年前这里总共只有两个人对社会问题感兴趣，一年前才出版了第一个社会主义的刊物[31]。在国外，德国共产主义者确实有几百人，但是他们都是工人，他们的影响不大，不可能在"上层阶级"中推广他们的刊物。此外，社会主义在自己前进的道路上还遇到重重的障碍：政府实行书报检查，集会和结社没有自由，政府颁布专制法令，设置秘密法庭，雇佣法官惩办一切胆敢用任何方式促使群众思考问题的人。尽管障碍这样多，但是德国现在的情况怎样呢？过去只有两个人为那些完全不了解社会主义或者对这个问题毫无兴趣的群众写文章介绍社会主义，现在我们已经有几十个有才干的作家向成千个渴望知道有关这方面的一切的人宣传新的学说。我们有几家激进（在书报检查制度所容许的范围内是最激进的）社会主义的报纸，其中首推《特里尔日报》[32]和威塞尔的《发言人报》[33]；在巴黎，我们在出版自由的情况下发行了一张报纸[34]。除了直接受政府影响的期刊外，没有一个刊物不是每天都在颂扬社会主义和社会主义者。我们的死敌没有勇气公开反对我们，甚至政府也不得不客客气气地对待一切具有社会主义倾向的运动，只要这些运动在形式上是**合法的**就行。到处都出现了改善劳动者的处境以及帮助他们进行自我教育的协会，并且还有些普鲁士政府的高级官员也积极地参加了这些协会的活动。总而言之，社会主义在德国已经是一个提到日程上来的问题了。一年来已经有一大批社会主义者成长起来；各个政党都对他们表示尊敬，我国的自由主义者尤其在他们面前讨好卖乖。到目前为止我们的力量仍然靠中等阶级，——这一事实或许会使英国读者大为吃惊，假使他们不明了德国的中等阶级远没有英国中等阶级那么自私、偏颇和愚笨（这只是因为他们不那么富有）的话。但是我们希望很快就在工人阶级中找到支柱；显然不论何时何地工人阶级都应当是社会主义政党所依靠的堡垒和力量，而且工人阶级已经被穷困、压迫、失业以及西里西亚和波希米亚工业区的起义所惊醒，他们不再那样昏睡不醒了。因此请允许我提一下优秀的德国画家许布纳尔的一幅画；从宣传社会主义这个角度来看，这幅画所起的作用要比一百本小册子大得多。它画的是一群向厂主交亚麻布的西里西亚织工，画面异常有力地把冷酷的富有和绝望的穷困作了鲜明的对比。厂主胖得像一只猪，红铜色的脸上露出一副冷酷相，他轻蔑地把一个妇人的一块麻布抛在一边，那妇人眼看出售无望，便昏倒了；她旁边围着两个小孩，一

个老头吃力地扶着她；管事的在检验另外一块麻布，这块布的
主人正在焦灼地等候检验的结果；一个青年正在把自己的劳动
换来的可怜的收入给失望的母亲看；在石头的长凳上坐着一个
老头、一个姑娘和一个男孩，他们在等着轮到自己；两个男人，
一个人背着一块没有验上的麻布，正从房子里出来，其中一个
怒气冲冲地摇晃着拳头，另一个把手搁在他的同伴的肩上，指
着天，好像在说：别生气，自有老天爷来惩罚他。所有这些情
景都出现在一间冷冷清清的、像是没有人住的外厅中，外厅的
地面是石头铺的，只有厂主一个人是站在一块小毡垫上。在画
面的远处，在柜台后面展现出来的是一个陈设极其讲究的账房，
华丽的窗帘，明亮的镜子；几个办事员正在那里写什么，丝毫没
有注意他们背后所发生的事情；老板的儿子，一个年轻的花花公
子斜倚着柜台，手里拿着马鞭，嘴里叼着雪茄，冷眉冷眼地瞧着
这些不幸的织工。这幅画在德国好几个城市里展览过，当然给
不少人灌输了社会的思想。同时我们也非常满意地看到，我国
优秀的历史画画家卡尔·莱辛已经站到社会主义方面来了。事
实上社会主义今天在德国所占的地位已经比它在英国所占的地
位优越十倍。就是今天早晨，我在一张自由派的报纸（《科隆日
报》³⁵）上读到一篇文章①，该文作者由于某种原因遭到了社会
主义者的攻击，作者就在这篇文章中为自己辩护。但是他怎样
辩护呢？他说他是社会主义者，就只有一点不同，那就是他希望
从政治改革着手，而我们却希望立刻取得一切。但是要知道，

---

① 指《"社会主义的"魔影》，载于 1844 年 11 月 9 日《科隆日报》第 314 号
　附刊。——编者注

《科隆日报》就其影响和发行面来说是德国第二大报。奇怪的是（至少在德国北部是如此）无论在轮船上、火车车厢里或是邮车中都会碰到这样的人：他们至少在一定程度上吸收了社会的思想，同意必须采取某种措施来改造社会。我刚从附近的几个城市旅行归来，没有一个地方我没有碰到五个以至十个彻底的社会主义者。在我自己的家——这是一个真正虔诚而善良的家庭——中，我就可以数出六个甚至更多的社会主义者，而且每一个都不是因为受其余的人的影响而转变的。我们在各种人当中，在商人、厂主、律师、官吏、军官、医生、编辑、土地承租人等等当中都有我们的支持者；我们的大量的刊物正在印刷中，虽然暂时还只出了三四种。如果我们能在最近四五年内取得像这一年当中所取得的那样的成就，那么我们就能够迅速地建立共产主义的移民区。你知道，我们这些德国理论家都正在成为实践的事业家。事实上我们当中已经有一个人受托参照欧文、傅立叶等人的计划并利用美洲各移民区及你们的"和谐"移民区[36]（我希望它繁荣壮大）的经验来拟定一个组织及管理共产主义移民区的具体计划。这个计划将发到各地去讨论，并将和各地提出的修正意见一起发表。德国社会主义者当中最积极的作家有：巴黎的卡尔·马克思博士，现在在科隆的莫·赫斯博士，巴黎的卡·格律恩博士，巴门（在莱茵普鲁士）的弗里德里希·恩格斯，雷达（在威斯特伐利亚）的奥·吕宁博士，科隆的海·皮特曼博士等等。此外，德国当代最杰出的诗人亨利希·海涅也参加了我们的队伍，他出版了一本政治诗集，其中也收集了几篇宣传社会主义的诗作。他是著名的《西里西亚织工之歌》的作者；我把这首歌译成散文寄给你，但是我担心它在英国会被认为是侮辱

宗教的。不管怎样我还是要引证它,我只指出一点,那就是这首
歌暗中针对着 1813 年普鲁士人的战斗叫嚣:"国王和祖国与上
帝同在!",这种叫嚣从那时起就是保皇党人心爱的口号。下面
就是这首歌[37]:

> 在他们悲愤的眼里不见一滴泪珠,
> 他们坐在织机旁,绝望的愤怒呈现在脸上。
> "我们已饱经折磨和冻饿;
> 古老的德意志呵!我们正为你织着寿衣,
> 把三个诅咒织在寿衣上。
> 　　　　　　我们织呵,织呵!

> "一是诅咒上帝,那耳聋眼瞎的上帝。
> 我们信赖他,像孩子信赖他们的父亲,
> 我们对他满怀着希望和信任,
> 可是他却嘲笑我们,欺骗我们。
> 　　　　　　我们织呵,织呵!

> "二是诅咒那富人的国王,
> 我们的苦楚丝毫不能打动他那铁石心肠。
> 他抢走了我们的最后一文钱,
> 还要派兵来把我们当狗一样枪杀。
> 　　　　　　我们织呵,织呵!

> "还要诅咒那虚伪的祖国,
> 它给我们的只是痛苦和耻辱,
> 我们在它那里饱经饥饿和困苦,
> 古老的德意志呵!我们正为你织着寿衣。
> 　　　　　　我们织呵,织呵!"

　　这首歌的德文原文是我所知道的最有力的诗歌之一;这次我

也就此和你告别;希望不久我就能告诉你有关我们的进展和社会
著作的消息。

您的诚挚的德国老朋友

弗·恩格斯写于 1844 年 11 月 9 日
前后

载于 1844 年 12 月 13 日《新道德
世界》第 25 号

原文是英文

选自《马克思恩格斯全集》中文第 1 版
第 2 卷第 588—592 页

卡·马克思

关于费尔巴哈的提纲[38]

1. 关于费尔巴哈①

一

从前的一切唯物主义(包括费尔巴哈的唯物主义)的主要缺点是:对对象、现实、感性,只是从**客体**的**或者直观**的形式去理解,而不是把它们当做**感性的人的活动**,当做**实践**去理解,不是从主体方面去理解。因此,和唯物主义相反,唯心主义却把**能动的**方面抽象地发展了,当然,唯心主义是不知道现实的、感性的活动本身的。费尔巴哈想要研究跟思想客体确实不同的感性客体,但是他没有把人的活动本身理解为**对象性的**[gegenständliche]活动。因此,他在《基督教的本质》②中仅仅把理论的活动看做是真正人的活动,而对于实践则只是从它的卑污的犹太人的表现形式去理解和确定。因此,他不了解"革命的"、"实践批判的"活动的意义。

---

① 马克思1845年的稿本。——编者注
② 路·费尔巴哈《基督教的本质》1841年莱比锡版。——编者注

二

人的思维是否具有客观的[gegenständliche]真理性，这不是一个理论的问题，而是一个**实践的**问题。人应该在实践中证明自己思维的真理性，即自己思维的现实性和力量，自己思维的此岸性。关于思维——离开实践的思维——的现实性或非现实性的争论，是一个纯粹**经院哲学**[39]的问题。

三

关于环境和教育起改变作用的唯物主义学说忘记了：环境是由人来改变的，而教育者本人一定是受教育的。因此，这种学说必然会把社会分成两部分，其中一部分凌驾于社会之上。

环境的改变和人的活动或自我改变的一致，只能被看做是并合理地理解为**革命的实践**。

四

费尔巴哈是从宗教上的自我异化，从世界被二重化为宗教世界和世俗世界这一事实出发的。他做的工作是把宗教世界归结于它的世俗基础。但是，世俗基础使自己从自身中分离出去，并在云霄中固定为一个独立王国，这只能用这个世俗基础的自我分裂和自我矛盾来说明。因此，对于这个世俗基础本身应当在自身中、从它的矛盾中去理解，并且在实践中使之发生革命。因此，例如，自从发现神圣家族的秘密在于世俗家庭之后,世俗家庭本身就应当在理论上和实践中被消灭。

五

费尔巴哈不满意**抽象的思维**而喜欢**直观**;但是他把感性不是看做**实践的**、人的感性的活动。

六

费尔巴哈把宗教的本质归结于**人的**本质。但是,人的本质不是单个人所固有的抽象物,在其现实性上,它是一切社会关系的总和。

费尔巴哈没有对这种现实的本质进行批判,因此他不得不:

(1)撇开历史的进程,把宗教感情固定为独立的东西,并假定有一种抽象的——**孤立的**——人的个体。

(2)因此,本质只能被理解为"类",理解为一种内在的、无声的、把许多个人**自然地**联系起来的普遍性。

七

因此,费尔巴哈没有看到,"宗教感情"本身是社会的产物,而他所分析的抽象的个人,是属于一定的社会形式的。

八

全部社会生活在本质上是**实践的**。凡是把理论引向神秘主义的神秘东西,都能在人的实践中以及对这种实践的理解中得到合理的解决。

九

直观的唯物主义,即不是把感性理解为实践活动的唯物主义,至多也只能达到对单个人和市民社会[40]的直观。

十

旧唯物主义的立脚点是市民社会,新唯物主义的立脚点则是人类社会或社会的人类。

十一

哲学家们只是用不同的方式**解释**世界,问题在于**改变**世界。

卡·马克思写于 1845 年春   原文是德文

选自《马克思恩格斯选集》第 3 版
第 1 卷第 133—136 页

马克思论费尔巴哈①

一

从前的一切唯物主义——包括费尔巴哈的唯物主义——的主要缺点是：对对象、现实、感性，只是从**客体**的或者**直观**的形式去理解，而不是把它们当做**人的感性活动**，当做**实践**去理解，不是从主体方面去理解。因此，结果竟是这样，和唯物主义相反，唯心主义却把**能动的**方面发展了，但只是抽象地发展了，因为唯心主义当然是不知道现实的、感性的活动本身的。费尔巴哈想要研究跟思想客体确实不同的感性客体，但是他没有把人的活动本身理解为**对象性的**[gegenständliche]活动。因此，他在《基督教的本质》中仅仅把理论的活动看做是真正人的活动，而对于实践则只是从它的卑污的犹太人的表现形式去理解和确定。因此，他不了解"革命的"、"实践批判的"活动的意义。

二

人的思维是否具有客观的[gegenständliche]真理性，这不是一个理论的问题，而是一个**实践的**问题。人应该在实践中证明自己思维的真理性，即自己思维的现实性和力量，自己思维的此岸性。

---

① 恩格斯 1888 年发表的稿本。——编者注

关于离开实践的思维的现实性或非现实性的争论,是一个纯粹**经院哲学的**问题。

三

有一种唯物主义学说,认为人是环境和教育的产物,因而认为改变了的人是另一种环境和改变了的教育的产物,——这种学说忘记了:环境正是由人来改变的,而教育者本人一定是受教育的。因此,这种学说必然会把社会分成两部分,其中一部分凌驾于社会之上。(例如,在罗伯特·欧文那里就是如此。)

环境的改变和人的活动的一致,只能被看做是并合理地理解为**变革的实践**。

四

费尔巴哈是从宗教上的自我异化,从世界被二重化为宗教的、想象的世界和现实的世界这一事实出发的。他做的工作是把宗教世界归结于它的世俗基础。他没有注意到,在做完这一工作之后,主要的事情还没有做。因为,世俗基础使自己从自身中分离出去,并在云霄中固定为一个独立王国,这一事实,只能用这个世俗基础的自我分裂和自我矛盾来说明。因此,对于这个世俗基础本身首先应当从它的矛盾中去理解,然后用消除矛盾的方法在实践中使之发生革命。因此,例如,自从发现神圣家族的秘密在于世俗家庭之后,对于世俗家庭本身就应当从理论上进行批判,并在实践中加以变革。

五

费尔巴哈不满意**抽象的思维**而诉诸**感性的直观**；但是他把感性不是看做**实践的**、人的感性的活动。

六

费尔巴哈把宗教的本质归结于**人的**本质。但是，人的本质不是单个人所固有的抽象物，在其现实性上，它是一切社会关系的总和。

费尔巴哈没有对这种现实的本质进行批判，因此他不得不：

（1）撇开历史的进程，把宗教感情固定为独立的东西，并假定有一种抽象的——**孤立的**——人的个体；

（2）因此，他只能把人的本质理解为"类"，理解为一种内在的、无声的、把许多个人纯粹**自然地**联系起来的普遍性。

七

因此，费尔巴哈没有看到，"宗教感情"本身是**社会的产物**，而他所分析的抽象的个人，实际上是属于一定的社会形式的。

八

社会生活在本质上是**实践的**。凡是把理论诱入神秘主义的神秘东西,都能在人的实践中以及对这种实践的理解中得到合理的解决。

九

直观的唯物主义,即不是把感性理解为实践活动的唯物主义,至多也只能做到对"市民社会"中的单个人的直观。

十

旧唯物主义的立脚点是"**市民**"社会;新唯物主义的立脚点则是**人类**社会或社会化的人类。

十一

哲学家们只是用不同的方式**解释**世界,而问题在于**改变**世界。

卡·马克思写于 1845 年春　　　　　　原文是德文

第一次作为附录发表于《路德维　　　　选自《马克思恩格斯选集》第 3 版
希·费尔巴哈和德国古典哲学的　　　　第 1 卷第 137—140 页
终结》1888 年版单行本

卡·马克思和弗·恩格斯

德意志意识形态

对费尔巴哈、布·鲍威尔和施蒂纳所代表的
现代德国哲学以及各式各样
先知所代表的德国社会主义的批判**41**(节选)

第一卷第一章
费 尔 巴 哈
唯物主义观点和唯心主义观点的对立

[I]

一 费尔巴哈

1.一般意识形态,特别是德国哲学

A.①

我们开始要谈的前提不是任意提出的,不是教条,而是一些只

---

① 手稿中删去以下一段话:"我们仅仅知道一门唯一的科学,即历史科学。历史可以从两方面来考察,可以把它划分为自然史和人类史。但这两方面是不可分割的;只要有人存在,自然史和人类史就彼此相互制约。自然史,即所谓自然科学,我们在这里不谈;我们需要深入研究的是人类史,因为几乎整个意识形态不是曲解人类史,就是完全撇开人类史。意识形态本身只不过是这一历史的一个方面。"——编者注

有在臆想中才能撇开的现实前提。这是一些现实的个人,是他们的活动和他们的物质生活条件,包括他们已有的和由他们自己的活动创造出来的物质生活条件。因此,这些前提可以用纯粹经验的方法来确认。

全部人类历史的第一个前提无疑是有生命的个人的存在。①因此,第一个需要确认的事实就是这些个人的肉体组织以及由此产生的个人对其他自然的关系。当然,我们在这里既不能深入研究人们自身的生理特性,也不能深入研究人们所处的各种自然条件——地质条件、山岳水文地理条件、气候条件以及其他条件。②任何历史记载都应当从这些自然基础以及它们在历史进程中由于人们的活动而发生的变更出发。

可以根据意识、宗教或随便别的什么来区别人和动物。一当人开始**生产**自己的生活资料,即迈出由他们的肉体组织所决定的这一步的时候,人本身就开始把自己和动物区别开来。人们生产自己的生活资料,同时间接地生产着自己的物质生活本身。

人们用以生产自己的生活资料的方式,首先取决于他们已有的和需要再生产的生活资料本身的特性。这种生产方式不应当只从它是个人肉体存在的再生产这方面加以考察。更确切地说,它是这些个人的一定的活动方式,是他们表现自己生命的一定方式、他们的一定的**生活方式**。个人怎样表现自己的生命,他们自己就

---

① 手稿中删去以下这句话:"这些个人把自己和动物区别开来的第一个**历史**行动不在于他们有思想,而在于他们开始**生产自己的生活资料**。"——编者注

② 手稿中删去以下这句话:"但是,这些条件不仅决定着人们最初的、自然形成的肉体组织,特别是他们之间的种族差别,而且直到如今还决定着肉体组织的整个进一步发展或不发展。"——编者注

是怎样。因此,他们是什么样的,这同他们的生产是一致的——既和他们生产**什么**一致,又和他们**怎样**生产一致。因而,个人是什么样的,这取决于他们进行生产的物质条件。

这种生产第一次是随着**人口的增长**而开始的。而生产本身又是以个人彼此之间的**交往**[*Verkehr*]**42**为前提的。这种交往的形式又是由生产决定的。

————

各民族之间的相互关系取决于每一个民族的生产力、分工和内部交往的发展程度。这个原理是公认的。然而不仅一个民族与其他民族的关系,而且这个民族本身的整个内部结构也取决于自己的生产以及自己内部和外部的交往的发展程度。一个民族的生产力发展的水平,最明显地表现于该民族分工的发展程度。任何新的生产力,只要它不是迄今已知的生产力单纯的量的扩大(例如,开垦土地),都会引起分工的进一步发展。

一个民族内部的分工,首先引起工商业劳动同农业劳动的分离,从而也引起**城乡**的分离和城乡利益的对立。分工的进一步发展导致商业劳动同工业劳动的分离。同时,由于这些不同部门内部的分工,共同从事某种劳动的个人之间又形成不同的分工。这种种分工的相互关系取决于农业劳动、工业劳动和商业劳动的经营方式(父权制、奴隶制、等级、阶级)。在交往比较发达的条件下,同样的情况也会在各民族间的相互关系中出现。

分工的各个不同发展阶段,同时也就是所有制的各种不同形式。这就是说,分工的每一个阶段还决定个人在劳动材料、劳动工具和劳动产品方面的相互关系。

第一种所有制形式是部落[Stamm]**43**所有制。这种所有制与生产的不发达阶段相适应,当时人们靠狩猎、捕鱼、畜牧,或者最多靠耕作为生。在人们靠耕作为生的情况下,这种所有制是以有大量未开垦的土地为前提的。在这个阶段,分工还很不发达,仅限于家庭中现有的自然形成的分工的进一步扩大。因此,社会结构只限于家庭的扩大:父权制的部落首领,他们管辖的部落成员,最后是奴隶。潜在于家庭中的奴隶制,是随着人口和需求的增长,随着战争和交易这种外部交往的扩大而逐渐发展起来的。

第二种所有制形式是古典古代的公社所有制和国家所有制。这种所有制首先是由于几个部落通过契约或征服联合为一个**城市**而产生的。在这种所有制下仍然保存着奴隶制。除公社所有制以外,动产私有制以及后来的不动产私有制已经发展起来,但它们是作为一种反常的、从属于公社所有制的形式发展起来的。公民仅仅共同拥有支配自己那些做工的奴隶的权力,因此受公社所有制形式的约束。这是积极公民的一种共同私有制,他们面对着奴隶不得不保存这种自然形成的联合方式。因此,建筑在这个基础上的整个社会结构,以及与此相联系的人民权力,随着私有制,特别是不动产私有制的发展而逐渐趋向衰落。分工已经比较发达。城乡之间的对立已经产生,后来,一些代表城市利益的国家同另一些代表乡村利益的国家之间的对立出现了。在城市内部存在着工业和海外贸易之间的对立。公民和奴隶之间的阶级关系已经充分发展。

随着私有制的发展,这里第一次出现了这样的关系,这些关系我们在考察现代私有制时还会遇见,不过规模更为巨大而已。一方面是私有财产的集中,这种集中在罗马很早就开始了(李奇尼乌斯土地法[44]就是证明),从内战[45]发生以来,尤其是在帝政时期,发展得非常迅速;另一方面是由此而来的平民小农向无产阶级的转化,然而,后者由于处于有产者公民和奴隶之间的中间地位,并未获得独立的发展。

第三种形式是封建的或等级的所有制。古代的起点是**城市**及其狭小的领域,中世纪的起点则是**乡村**。地旷人稀,居住分散,而征服者也没有使人口大量增加,——这种情况决定了起点有这样的变化。因此,与希腊和罗马相反,封建制度的发展是在一个宽广得多的、由罗马的征服以及起初就同征服联系在一起的农业的普及所准备好了的地域中开始的。趋于衰落的罗马帝国的最后几个世纪和蛮族对它的征服本身,使得生产力遭到了极大的破坏;农业衰落了,工业由于缺乏销路而一蹶不振,商业停滞或被迫中断,城乡居民减少了。这些情况以及受其制约的进行征服的组织方式,在日耳曼人的军事制度**46**的影响下,发展了封建所有制。这种所有制像部落所有制和公社所有制一样,也是以一种共同体为基础的。但是作为直接进行生产的阶级而与这种共同体对立的,已经不是与古典古代的共同体相对立的奴隶,而是小农奴。随着封建制度的充分发展,也产生了与城市对立的现象。土地占有的等级结构以及与此相联系的武装扈从制度使贵族掌握了支配农奴的权力。这种封建结构同古典古代的公社所有制一样,是一种联合,其目的在于对付被统治的生产者阶级;只是联合的形式和对于直接生产者的关系有所不同,因为出现了不同的生产条件。

在**城市**中与这种土地占有的封建结构相适应的是同业公会所有制,即手工业的封建组织。在这里财产主要在于个人的劳动。联合起来反对成群搭伙的掠夺成性的贵族的必要性,在实业家同时又是商人的时期对公共商场的需要,流入当时繁华城市的逃亡农奴的竞争的加剧,全国的封建结构,——所有这一切产生了**行会**;个别手工业者逐渐积蓄起少量资本,而且在人口不断增长的情况下他们的人数没有什么变动,这就使得帮工制度和学徒制度发展起来,而这种制度在城市里产生了一种和农村等级制相似的等级制。

这样,封建时代的所有制的主要形式,一方面是土地所有制和束缚于土地所有制的农奴劳动,另一方面是拥有少量资本并支配着帮工劳动的自身劳动。这两种所有制的结构都是由狭隘的生产关系——小规模的粗陋的土地耕作和手工业式的工业——决定的。在封建制度的繁荣时代,分工是很少的。每一个国家都存在着城乡之间的对立;等级结构固然表现得非常鲜明,但是除了在乡村里有王公、贵族、僧侣和农民的划分,在城市里有师傅、帮工、学徒以及后来的平民短工的划分之外,就再没有什么大的分工了。在农业中,分工因土地的小块耕作而受到阻碍,与这种耕作方式同时产生的还有农民自己的家庭工业;在工业中,各手工业内部根本没有实行分工,而各手工业之间的分工也是非常少的。在比较老的城市中,工业和商业早就分工了;而在比较新的城市中,只是在后来当这些城市彼此发生了关系的时候,这样的分工才发展起来。

比较广大的地区联合为封建王国,无论对于土地贵族或城市来说,都是一种需要。因此,统治阶级的组织即贵族的组织到处都在君主的领导之下。

———

由此可见,事情是这样的:以一定的方式进行生产活动的一定的个人①,发生一定的社会关系和政治关系。经验的观察在任何

————

① 手稿的最初方案是:"在一定的生产关系下的一定的个人"。——编者注

情况下都应当根据经验来揭示社会结构和政治结构同生产的联系,而不应当带有任何神秘和思辨的色彩。社会结构和国家总是从一定的个人的生活过程中产生的。但是,这里所说的个人不是他们自己或别人想象中的那种个人,而是**现实中的**个人,也就是说,这些个人是从事活动的,进行物质生产的,因而是在一定的物质的、不受他们任意支配的界限、前提和条件下活动着的。①

　　思想、观念、意识的生产最初是直接与人们的物质活动,与人们的物质交往,与现实生活的语言交织在一起的。人们的想象、思维、精神交往在这里还是人们物质行动的直接产物。表现在某一民族的政治、法律、道德、宗教、形而上学等的语言中的精神生产也是这样。人们是自己的观念、思想等等的生产者,②但这里所说的人们是现实的、从事活动的人们,他们受自己的生产力和与之相适应的交往的一定发展——直到交往的最遥远的形态——所制约。意识[das Bewußtsein]在任何时候都只能是被意识到了的存在[das bewußte Sein],而人们的存在就是他们的现实生活过程。如

① 手稿中删去以下这段话:"这些个人所产生的观念,或者是关于他们对自然界的关系的观念,或者是关于他们之间的关系的观念,或者是关于他们自身的状况的观念。显然,在这几种情况下,这些观念都是他们的现实关系和活动、他们的生产、他们的交往、他们的社会组织和政治组织有意识的表现,而不管这种表现是现实的还是虚幻的。相反的假设,只有在除了现实的、受物质制约的个人的精神以外还假定有某种特殊的精神的情况下才能成立。如果这些个人的现实关系的有意识的表现是虚幻的,如果他们在自己的观念中把自己的现实颠倒过来,那么这又是由他们狭隘的物质活动方式以及由此而来的他们狭隘的社会关系造成的。"——编者注

② 手稿中删去以下这句话:"而且人们是受他们的物质生活的生产方式,他们的物质交往和这种交往在社会结构和政治结构中的进一步发展所制约的。"——编者注

果在全部意识形态中,人们和他们的关系就像在照相机中一样是倒立成像的,那么这种现象也是从人们生活的历史过程中产生的,正如物体在视网膜上的倒影是直接从人们生活的生理过程中产生的一样。

德国哲学从天国降到人间;和它完全相反,这里我们是从人间升到天国。这就是说,我们不是从人们所说的、所设想的、所想象的东西出发,也不是从口头说的、思考出来的、设想出来的、想象出来的人出发,去理解有血有肉的人。我们的出发点是从事实际活动的人,而且从他们的现实生活过程中还可以描绘出这一生活过程在意识形态上的反射和反响的发展。甚至人们头脑中的模糊幻象也是他们的可以通过经验来确认的、与物质前提相联系的物质生活过程的必然升华物。因此,道德、宗教、形而上学和其他意识形态,以及与它们相适应的意识形式便不再保留独立性的外观了。它们没有历史,没有发展,而发展着自己的物质生产和物质交往的人们,在改变自己的这个现实的同时也改变着自己的思维和思维的产物。不是意识决定生活,而是生活决定意识。前一种考察方法从意识出发,把意识看做是有生命的个人。后一种符合现实生活的考察方法则从现实的、有生命的个人本身出发,把意识仅仅看做是**他们的**意识。

这种考察方法不是没有前提的。它从现实的前提出发,它一刻也不离开这种前提。它的前提是人,但不是处在某种虚幻的离群索居和固定不变状态中的人,而是处在现实的、可以通过经验观察到的、在一定条件下进行的发展过程中的人。只要描绘出这个能动的生活过程,历史就不再像那些本身还是抽象的经验主义者所认为的那样,是一些僵死的事实的汇集,也不再像唯心主义者所认为的那样,是想象的主体的想象活动。

在思辨终止的地方,在现实生活面前,正是描述人们实践活动和实际发展过程的真正的实证科学开始的地方。关于意识的空话将终止,它们一定会被真正的知识所代替。对现实的描述会使独立的哲学失去生存环境,能够取而代之的充其量不过是从对人类历史发展的考察中抽象出来的最一般的结果的概括。这些抽象本身离开了现实的历史就没有任何价值。它们只能对整理历史资料提供某些方便,指出历史资料的各个层次的顺序。但是这些抽象与哲学不同,它们绝不提供可以适用于各个历史时代的药方或公式。相反,只是在人们着手考察和整理资料——不管是有关过去时代的还是有关当代的资料——的时候,在实际阐述资料的时候,困难才开始出现。这些困难的排除受到种种前提的制约,这些前提在这里是根本不可能提供出来的,而只能从对每个时代的个人的现实生活过程和活动的研究中产生。这里我们只举出几个我们用来与意识形态相对照的抽象,并用历史的实例来加以说明。

[**III**]

统治阶级的思想在每一时代都是占统治地位的思想。这就是说,一个阶级是社会上占统治地位的**物质**力量,同时也是社会上占统治地位的**精神**力量。支配着物质生产资料的阶级,同时也支配着精神生产资料,因此,那些没有精神生产资料的人的思想,一般地是隶属于这个阶级的。占统治地位的思想不过是占统治地位的物质关系在观念上的表现,不过是以思想的形式表现出来的占统治地位的物质关系;因而,这就是那些使某一个阶级成为统治阶级的关系在观念上的表现,因而这也就是这个阶级的统治的思想。此外,构成统治阶级的各个个人也都具有意识,因而他们也会思维;既然他们作为一个阶级进行统治,并且决定着某一历史时代的整个面貌,那么,不言而喻,他们在这个历史时代的一切领域中也会这样做,就是说,他们还作为思维着的人,作为思想的生产者进行统治,他们调节着自己时代的思想的生产和分配;而这就意味着他们的思想是一个时代的占统治地位的思想。例如,在某一国家的某个时期,王权、贵族和资产阶级为夺取统治而争斗,因而,在那里统治是分享的,那里占统治地位的思想就会是关于分权的学说,于是分权就被宣布为"永恒的规律"。

我们在上面(第[162—165]页①)已经说明分工是迄今为止历史的主要力量之一,现在,分工也以精神劳动和物质劳动的分工的形式在统治阶级中间表现出来,因此在这个阶级内部,一部分人是作为该阶级的思想家出现的,他们是这一阶级的积极的、有概括能力的意识形态家,他们把编造这一阶级关于自身的幻想当做主要的谋生之道,而另一些人对于这些思想和幻想则采取比较消极的态度,并且准备接受这些思想和幻想,因为在实际中他们是这个阶级的积极成员,并且很少有时间来编造关于自身的幻想和思想。在这一阶级内部,这种分裂甚至可以发展成为这两部分人之间的某种程度的对立和敌视,但是一旦发生任何实际冲突,即当这一阶级本身受到威胁的时候,当占统治地位的思想好像不是统治阶级的思想而且这种思想好像拥有与这一阶级的权力不同的权力这种假象也趋于消失的时候,这种对立和敌视便会自行消失。一定时代的革命思

---

① 指《马克思恩格斯选集》第 3 版第 1 卷的页码。——编者注

想的存在是以革命阶级的存在为前提的,关于这个革命阶级的前提所必须讲的,在前面(第[164—167,170—171]页①)已经讲过了。

然而,在考察历史进程时,如果把统治阶级的思想和统治阶级本身分割开来,使这些思想独立化,如果不顾生产这些思想的条件和它们的生产者而硬说该时代占统治地位的是这些或那些思想,也就是说,如果完全不考虑这些思想的基础——个人和历史环境,那就可以这样说:例如,在贵族统治时期占统治地位的概念是荣誉、忠诚,等等,而在资产阶级统治时期占统治地位的概念则是自由、平等,等等。一般说来,统治阶级总是自己为自己编造出诸如此类的幻想。所有的历史编纂学家,主要是 18 世纪以来的历史编纂学家所共有的这种历史观,必然会碰到这样一种现象:占统治地位的将是越来越抽象的思想,即越来越具有普遍性形式的思想。因为每一个企图取代旧统治阶级的新阶级,为了达到自己的目的不得不把自己的利益说成是社会全体成员的共同利益,就是说,这在观念上的表达就是:赋予自己的思想以普遍性的形式,把它们描绘成唯一合乎理性的、有普遍意义的思想。进行革命的阶级,仅就它对抗另一个**阶级**而言,从一开始就不是作为一个阶级,而是作为全社会的代表出现的;它以社会全体群众的姿态反对唯一的统治阶级②。它之所以能这样做,是因为它的利益在开始时的确同其余一切非统治阶级的共同利益还有更多的联系,在当时存在的那些关系的压力下还不能够发展为特殊阶级的特殊利益。因此,这一阶级的胜利对

---

① 指《马克思恩格斯选集》第 3 版第 1 卷的页码。——编者注
② 马克思加了边注:"(普遍性符合于:(1)与等级相对的阶级;(2)竞争、世界交往等等;(3)统治阶级的人数众多;(4)**共同**利益的幻想,起初这种幻想是真实的;(5)意识形态家的欺骗与分工。)"——编者注

于其他未能争得统治地位的阶级中的许多个人来说也是有利的,但这只是就这种胜利使这些个人现在有可能升入统治阶级而言。当法国资产阶级推翻了贵族的统治之后,它使许多无产者有可能升到无产阶级之上,但是只有当他们变成资产者的时候才达到这一点。由此可见,每一个新阶级赖以实现自己统治的基础,总比它以前的统治阶级所依赖的基础要宽广一些;可是后来,非统治阶级和正在进行统治的阶级之间的对立也发展得更尖锐和更深刻。这两种情况使得非统治阶级反对新统治阶级的斗争在否定旧社会制度方面,又要比过去一切争得统治的阶级所作的斗争更加坚决、更加彻底。

只要阶级的统治完全不再是社会制度的形式,也就是说,只要不再有必要把特殊利益说成是普遍利益,或者把"普遍的东西"说成是占统治地位的东西,那么,一定阶级的统治似乎只是某种思想的统治这整个假象当然就会自行消失。

把占统治地位的思想同进行统治的个人分割开来,主要是同生产方式的一定阶段所产生的各种关系分割开来,并由此得出结论说,历史上始终是思想占统治地位,这样一来,就很容易从这些不同的思想中抽象出"**思想**"、观念等等,并把它们当做历史上占统治地位的东西,从而把所有这些个别的思想和概念说成是历史上发展着的**概念**的"自我规定"。在这种情况下,从人的概念、想象中的人、人的本质、**人**中能引申出人们的一切关系,也就很自然了。思辨哲学就是这样做的。黑格尔本人在《历史哲学》的结尾承认,他"所考察的仅仅是**概念**的前进运动",他在历史方面描述了"真正的**神正论**"(第 446 页)。[1] 这样一

---

① 黑格尔《历史哲学讲演录》1837 年柏林版(《黑格尔全集》第 9 卷)。——编者注

来,就可以重新回复到"概念"的生产者,回复到理论家、意识形态家**47**和哲学家,并得出结论说:哲学家、思维着的人本身自古以来就是在历史上占统治地位的。这个结论,如我们所看到的,早就由黑格尔表述过了。这样,证明精神在历史上的最高统治(施蒂纳的教阶制)的全部戏法,可以归结为以下三个手段:

第一,必须把进行统治的个人——而且是由于种种经验的原因、在经验的条件下和作为物质的个人进行统治的个人——的思想同这些进行统治的个人本身分割开来,从而承认思想或幻想在历史上的统治。

第二,必须使这种思想统治具有某种秩序,必须证明,在一个个相继出现的占统治地位的思想之间存在着某种神秘的联系,而要做到这一点,就得把这些思想看做是"概念的自我规定"(所以能这样做,是因为这些思想凭借自己的经验的基础,彼此确实是联系在一起的,还因为它们被**仅仅**当做思想来看待,因而就变成自我差别,变成由思维产生的差别)。

第三,为了消除这种"自我规定着的概念"的神秘外观,便把它变成某种人物——"自我意识";或者,为了表明自己是真正的唯物主义者,又把它变成在历史上代表着"概念"的许多人物——"思维着的人"、"哲学家"、意识形态家,而这些人又被看做是历史的制造者、"监护人会议"、统治者①。这样一来,就把一切唯物主义的因素从历史上消除了,就可以任凭自己的思辨之马自由奔驰了。

要说明这种曾经在德国占统治地位的历史方法,以及说明它

———————

① 马克思加了边注:"**人**='思维着的人的精神'"。——编者注

为什么主要在德国占统治地位的原因,就必须从它与一切意识形态家的幻想,例如,与法学家、政治家(包括实际的国务活动家)的幻想的联系出发,必须从这些家伙的独断的玄想和曲解出发。而从他们的实际生活状况、他们的职业和分工出发,是很容易说明这些幻想、玄想和曲解的。

在日常生活中任何一个小店主都能精明地判别某人的假貌和真相,然而我们的历史编纂学却还没有获得这种平凡的认识,不论每一时代关于自己说了些什么和想象了些什么,它都一概相信。

卡·马克思和弗·恩格斯写于
1845 年 10 月至 1847 年 4—5 月

第一次用俄文发表于《马克思恩格斯文库》1924 年版第 1 卷

原文是德文

选自《马克思恩格斯选集》第 3 版第 1 卷第 146—153、178—183 页

第一卷和第二卷重要论述摘编

空想共产主义的社会现实基础

"真正的社会主义"发表了自己关于一般体系的意见之后，当然就不必费力去了解共产主义体系本身了。它一下子就不仅超越了《伊加利亚》①，而且超越了从亚里士多德到黑格尔的一切哲学体系、《自然体系》②以及林耐和朱西厄的植物体系，甚至太阳系学说。至于说到体系本身，那么，差不多所有的体系都是在共产主义运动开始时出现的，当时它们通过民间小说的形式来为宣传事业服务，这些民间小说同刚刚参加到运动中来的无产者的尚未成熟的意识是完全符合的。卡贝本人把他的《伊加利亚》称为哲学小说，我们在把卡贝作为一派首领来评价时，不应当根据他的体系，而应当根据他的论战性的著作，总之，根据他的整个活动。在这些小说中，有一些，例如傅立叶的体系，带有真正的诗意；另外一些，例如欧文和卡贝的体系，则没有任何幻想，而只有商人的斤斤计较，或者从法律上狡猾地迎合那个需要感化的阶级的观点。在派别的发展过程中，这些体系失去了任何意义，最多不过在名义上作

①　埃·卡贝《伊加利亚旅行记。哲学和社会小说》1842 年巴黎第 2
　　版。——编者注
②　保·昂·迪·霍尔巴赫《自然体系，或物质世界和精神世界的规律》
　　1770 年伦敦版。——编者注

为口号保留下来。在法国谁会去相信伊加利亚,而在英国又有谁会去相信欧文鼓吹的、他自己根据时势变化或为了对特定阶级进行宣传而修改的各种计划呢？这些体系的实际内容根本不在于它们的体系的形式,关于这一点,从《和平民主日报》[48]的正统傅立叶派的例子看得最清楚,虽然他们有正统观念,但他们是与傅立叶根本相反的人,是资产阶级的空论家。一切划时代的体系的真正的内容都是产生这些体系的时代的需要。每个这样的体系都是以本国过去的整个发展,以阶级关系的历史形式及其政治的、道德的、哲学的和其他的结果为基础的。只是说所有的体系都是专断独裁的,这丝毫没有说明共产主义体系的这种基础和内容。德国人没有英国人和法国人的那种发达的阶级关系。所以,德国共产主义者只能从他们出身的那个等级的生活条件中获取自己的体系的基础。因此,唯一存在着的德国共产主义体系是法国思想在受小手工业者生活条件限制的那种世界观范围内的复制,这是十分自然的事。

（《马克思恩格斯全集》中文第 1 版第 3 卷第 543—544 页；马列主义经典作家文库著作单行本《德意志意识形态》（节选本）第 90—91 页）

共产主义与消灭私有制

如果目光短浅的资产者对共产主义者说,你们消灭财产即消灭我作为资本家、地主、工厂主的存在以及你们作为工人的存在,你们也就消灭我的以及你们的个性;你们使我失去剥削你们工人的可能,使我失去获取利润、利息或地租的可能,你们也就使我失去作为个人而存在的可能。这就是说，如果资产者向共产主义者声明，你们消灭我**作为资产者**的存在，你们也就消灭我**作为个人**的存在；如果资产者这样把作为资产者的自身和作为个人的自身等同起来，那么，在这里至少得承认资产者的直言不讳和厚颜无耻。在资产者看来，情况确实如此；他认为只有当他是资产者时自己才是个人。

但是，只有当资产阶级的理论家们出场，并对这种论断作一般表述时，只有当他们力图在理论上也把资产者的财产和个性等同起来，并对这种等同进行逻辑论证时，这种谬论才变得庄严而神圣。

"施蒂纳"在上面驳斥共产主义消灭私有财产这一论点时采用的办法是：首先把私有财产变为"有"，然后又把"有"这个动词说成是不可缺少的字眼、是永恒真理，因为在共产主义社会中也会发生施蒂纳"有"肚子痛这样的事。这里他正是这样来论证私有财产的不可废除，他把私有财产变为财产的概念，利用 Eigentum［财产］和 eigen［自己特有的］这两个词的语源学上的联系，把"自己特有的"这个词说成是永恒真理，因为在共产主义制度下也会发生他"自己特有的"肚子痛这样的事。如果不是把共产主义者所要消灭的现实的私有财产变为"财产"这个抽象概念，那么，这种在语源学中寻找自己避难所的整个谬论，是不能成立的。这样一变，一方面对现实的私有财产就不必费力稍加说明，甚至无须有所了解，另一方面，也就可以很容易地在共产主义中发现矛盾，因为，**在消灭（现实的）财产之后**当然不难在共产主义中发现许多可以归入"财产"的东西。但实际上，事情恰恰相反。实际上，我只有在有可以出卖的东西的时候才有私有财产，而我自己的特有性却是根本不能出卖的。我的大礼服,只有当我至少还能将它变卖、抵押或出售时,只有当它还可以出卖时,才是我的私有财产。它失去这一特性,成为破衣服之后,对我来说,它还会保留一些特性,这些特性使它成为**对我**还有价值的东西,它甚至能成为我的特性,把我变成衣衫褴褛的个人。但是,没有一个经济学家会想到把这件大礼服列为我的私有财产,因为它不能使我支配任何甚至是最少量的他人劳动。也许只有维护私有财产的法学家和意识形态家还能瞎扯这类东西。私有财产不仅使人的个性异化,而且也使物的个性异化。土地与地租没有任何关系,机器与利润没有任何关系。对于土地占有者来说,土地的意义仅仅在于地租,他把他的土地出租,并收取租金;土地可以失去这一特性,但并不失去它任何固有的特性,例如任何一点肥力;这一特性的度,甚至它的存在,都取决于社会关系,而这些社会关系是不依赖于个别土地占有者的作用而产生和消灭的。机器也是如此。金钱是财产的最一般的形式,它与个人的独特性毫无关系,甚至直接对立,关于这一点,莎士比亚要比我们那些满口理论的小资产者知道得更清楚:

> "这东西①,只这一点儿,
> 就可以使黑的变成白的,丑的变成美的;
> 错的变成对的,卑贱变成尊贵,
> 老人变成少年,懦夫变成勇士。
> 这黄色的奴隶……
> 使害着灰白色的癫病的人为众人所敬爱;
> 它可以使鸡皮黄脸的寡妇重做新娘,
> 即使她的尊容会使那身染恶疮的人见了呕吐,

① 指金子。——编者注

有了这东西也会恢复三春的娇艳。

……

你有形的神明，

你会使冰炭化为胶漆，

仇敌互相亲吻！"①

总之，地租、利润等这些私有财产的现实存在形式是**社会的**、与生产的一定阶段相适应的**关系**，它们只有在还没有成为现有生产力的桎梏时，才是"**个人的**"。

（《马克思恩格斯全集》中文第 1 版第 3 卷第 252—255 页；马列主义经典作家文库著作单行本《德意志意识形态》（节选本）第 116—118 页）

共产主义与人的自由全面的发展

个人的全面发展，只有到了外部世界对个人才能的实际发展所起的推动作用为个人本身所驾驭的时候，才不再只是作为理想、作为职责等等存在于想象之中，而这也正是共产主义者所向往的。

（《马克思恩格斯全集》中文第 1 版第 3 卷第 330 页；马列主义经典作家文库著作单行本《德意志意识形态》（节选本）第 119 页）

桑乔②希望，或者更确切地说，他**以为**是希望：个人彼此之间应进行纯粹私人交往，他们的交往不应通过某个第三者，通过某物

---

① 莎士比亚《雅典的泰门》第 4 幕第 3 场。——编者注

② 指麦·施蒂纳。——编者注

（参看《竞争》）。这里的第三者是"特殊的东西"，或者是特殊的、非绝对的对立，也就是现代社会关系所决定的个人彼此之间的地位。比如说，桑乔并不希望两个个人以资产者和无产者的身份彼此处于"对立"的地位，他反对资产者比无产者"优先拥有"的那种"特殊的东西"；他希望他们保持一种纯粹私人的关系，希望他们彼此作为单纯的个人进行交往。他没有考虑到：在分工的范围内，私人关系必然地、不可避免地会发展为阶级关系，并作为阶级关系固定下来；因此，他的全部空谈可归结为一种单纯的虔诚愿望，他打算实现这种愿望，办法是劝告这些阶级的个人把关于他们的"对立"和他们的"特殊的""特权"的观念从头脑中挤出去。在上面引证的桑乔的这些命题中，全部关键仅仅在于：人们把**自己看做**什么人，**他**把他们看做什么人；**人们**希望什么，**他**希望什么。似乎只要改变一下"**看法**"和"**愿望**"，"对立"和"特殊的东西"就会消灭。

今天，甚至某一个个人本身比另一个个人优先拥有的那种东西也是社会的产物，并且在其实现时一定又表现为一种特权，这一点我们在分析竞争问题时已经向桑乔指出过了。其次，就个人本身来考察个人，他屈从于分工，分工使他变成片面的、畸形的、受限制的人。

桑乔所谓的对立的尖锐化和特殊性的消灭，在最好的情况下，可归结为什么呢？可归结为：个人之间的关系应当表现为他们彼此如何**对待**，而他们的相互区别应当表现为他们的**自我区分**（即：一个经验的我使**自己**区别于另一个我）。这两种说法或者像桑乔所做的那样是对**现存状况**的意识形态的释义，因为个人的关系在任何情况下只**能**是他们的相互关系，而他们的区别也只**能**是他们的自我区分；或者是虔诚的愿望：**但愿**他们**这样地**相互对待、**这样地**相互区别，以致他们的关系不再作为一种不以他们的意志为转移的社会关系而独立存在；**但愿**他们彼此间的区别不再具有那种已经具有而且还将天天具有的客观的（不以个人意志为转移的）性质。

在任何情况下，个人总是"**从自己出发的**"，但是，他们不是**唯一**的，意即他们彼此不是不需要发生任何联系的，他们的**需要**即他们的本性和满足自身需要的方式，把他们彼此联系起来（两性关系、交换、分工），因而他们**必然要**发生相互关系。此外，他们不是作为纯粹的**我**，而是作为处在他们的生产力和需要的一定发展阶段上的个人而发生交往的，同时这种交往又决定着生产和需要，因而正是个人间的这种私人的、个人的关系，他们作为个人的相互关系，创造了并且每天都在重新创造着现存的关系。他们是以原来的身份互相交往的，他们是从原来的"自己"出发的，至于他们抱有什么样的"人生观"，则是无所谓的。这种"人生观"——即使是被哲学家所曲解的——当然总是由他们的现实生活决定的。由此可见：一个人的发展取决于和他直接或间接进行交往的其他一切人的发展；彼此发生关系的个人的世世代代是相互联系的，后代的肉体的存在是由他们的前代决定的，后代继承着前代积累起来的生产力和交往形式，从而决定他们这一代的相互关系。总之，我们可以看到，发展不断地进行着，单个人的历史决不能脱离他以前的或同时代的个人的历史，而是由这种历史决定的。

个人关系向它的对立面即向纯粹的物的关系的转变，个人自己对个性和偶然性的区分，正如我们已经指出的，是一个历史过程，在不同发展阶段上具有不同的、日益尖锐和普遍的形式。在现代，物的关系对个人的统治、偶然性对个性的压抑,已具有最尖锐最普遍的形式,这样就给现有的个人提出了十分明确的任务。这种情况向他们提出了这样的任务:以个人对偶然性和关系的统治来代替关系和偶然性对个人的统治。这种情况并没有像桑乔所想象的那样要求"**我**发展**自身**"(即使没有桑乔的忠告,每一个个人也一直是这样做的),而是规定必须摆脱一种完全确定的发展方式。这个由现代关系规定的任务是和按共产主义原则组织社会的任务一致的。

我们在前面已经指出,要消灭关系对个人的独立化、个性对偶然性的屈从、个人的私人关系对共同的阶级关系的屈从等等,归根到底都取决于分工的消灭。我们也曾指出,分工的消灭取决于交往和生产力的发展达到这样普遍的程度,以致私有制和分工变成了阻碍它们发展的桎梏。我们还曾指出,私有制只有在个人得到全面发展的条件下才能消灭,因为现存的交往和现存的生产力是全面的,而只有全面发展的个人才可能掌握它们,即把它们变成这些个人生命的自由活动。我们也曾指出,现代的**个人必须**消灭私有制,因为生产力和交往形式已经发展到这样的程度,以致它们在私有制的统治下竟成了破坏力量,还因为阶级对立已登峰造极。最后,我们曾指出,私有制和分工的消灭同时也就是个人在现代生产力和世界交往所奠定的基础上的联合。

在共产主义社会中,即在个人的独创的和自由的发展不再是一句空话的唯一的社会中,这种发展正是取决于个人间的联系,而这种联系部分地表现在经济前提中,部分地表现在一切人自由发展的必要的团结一致中,最后表现在以当时的生产力为基础的个人多种多样的活动方式中。因此,这里谈的是一定历史发展阶段上的个人,而决不是随便什么样的偶然的个人;至于必然会发生的共产主义革命就更不用说了,它本身就是个人自由发展的共同条件。当然,个人关于个人间的相互关系的意识也会完全不同,因此,它既不会是"爱的原则"或自我牺牲精神,也不会是利己主义。

> (《马克思恩格斯全集》中文第 1 版第 3 卷第 513——516 页;马列主义经典作家文库著作单行本《德意志意识形态》(节选本)第 119——122 页)

共产主义的社会组织将消除
由旧的分工造成的弊端

他①以为,所谓的劳动组织者[49]希望把每一个人的全部活动都组织起来,其实,正是他们把应当组织起来的直接生产劳动同非直接生产劳动区别开来了。讲到这两种劳动时,劳动组织者根本没有像桑乔所想象的那样认为,每个人都应当从事拉斐尔的劳动,而是认为,每一个有拉斐尔才能的人都应当可以不受阻碍地得到发展。桑乔以为,拉斐尔绘画的出现跟罗马当时的分工无关。如果桑乔把拉斐尔同莱奥纳多·达·芬奇和提香比较一下,他就会发现,拉斐尔的艺术作品在很大程度上取决于当时在佛罗伦萨影响下形成的罗马繁荣,达·芬奇的艺术作品则在很大程度上取决于佛罗伦萨的环境,而后来出现的提香的艺术作品则在很大程度上取决于全然不同的威尼斯的发展情况。和其他任何一个艺术家一样,拉斐尔也受到他以前的艺术所达到的技术成就、社会组织、当地的分工以及与当地有交往的各国的分工的制约。像拉斐尔这

---

① 指麦·施蒂纳。——编者注

样的个人是否能发挥他的才能,这完全取决于需求,而这种需求又取决于分工以及由分工产生的人们所受教育的条件。

施蒂纳宣布科学劳动和艺术劳动的唯一性,在这里他远远落后于资产阶级。把这种"唯一者的"活动组织起来,现在已经被认为是必需的了。如果奥拉斯·韦尔内把他的画看做"只有这种唯一者才能完成"的工作,那么他连创作他的画的十分之一的时间也都没有。巴黎对通俗喜剧和小说的大量需求,促使生产这种商品的劳动组织的出现,这种组织提供的东西比在德国同它竞争的"唯一者"所提供的无论如何要好一些。在天文学方面,阿拉戈、赫歇尔、恩克和贝塞尔等人都认为必须组织起来共同观测,并且也只是从组织起来之后才获得了一些较好的成果。在历史编纂学方面,"唯一者"是绝对不可能做出什么成绩的,而在这方面,法国人也由于有了劳动组织,早就超过了其他国家。但是很明显,所有这些以现代分工为基础的劳动组织所获得的成果还是极其有限的,它们只是同以往的狭隘的单干比较起来,是个进步。

此外,还必须特别提醒注意:桑乔把劳动组织同共产主义混为一谈,甚至对于"共产主义"没有就他对劳动组织的疑虑作出回答感到惊奇。这就像加斯科尼的农家孩子对阿拉戈不能告诉他上帝是在哪一颗星星上盖了他的宫殿而表示惊奇一样。

艺术才能在个别人身上的排他性集中以及与此相关联的广大群众艺术才能的受压抑,是分工的结果。即使在一定的社会条件下,每一个人都可能成为出色的画家,这也决不排斥每一个人都可能成为独创性的画家,因此,"人的"劳动和"唯一者的"劳动的区别在这里也纯属无稽之谈。在共产主义的社会组织中,纯粹由分工造成的艺术家屈从于地方局限性和民族局限性的现象无论如何会消失,而且个人屈从于这种特定艺术的现象也会消失,这种现象表现为他仅仅是一个画家、雕刻家等等,而这种称呼就足以表明他的职业发展的局限性和他对分工的依赖。在共产主义社会里,没有画家,至多存在着既从事其他工作而又作画的人。

> (《马克思恩格斯全集》中文第 1 版第 3 卷第 458—
> 460 页;马列主义经典作家文库著作单行本《德意志
> 意识形态》(节选本)第 122—124 页)

思想和语言都只是现实生活的表现

对哲学家们说来,从思想世界降到现实世界是最困难的任务之一。**语言**是思想的直接现实。哲学家们已经使思维独立化,同样,他们也一定要使语言独立化而成为一个特殊的王国。这就是哲学语言的秘密,在哲学语言里,思想作为言语具有自己本身的内容。从思想世界降到现实世界的问题,变成了从语言降到生活的问题。

我们已经指出,思想和观念的独立化是个人之间的私人关系和联系独立化的结果。我们已经指出,意识形态家和哲学家对这些思想进行专门的系统的研究,从而使这些思想系统化,这是分工的结果;具体地说,德国哲学是德国小资产阶级关系的结果。哲学家们只要把自己的语言还原为它从中抽象出来的普通语言,就可以认清他们的语言是现实世界的被歪曲了的语言,就可以懂得,无论是思想还是语言都不能独自组成特殊的王国,它们只是现实生活的**表现**。

> (《马克思恩格斯全集》中文第 1 版第 3 卷第 525 页;
> 马列主义经典作家文库著作单行本《德意志意识形
> 态》(节选本)第 127 页)

　　我们看到,从思维过渡到现实,也就是从语言过渡到生活的整个问题,只存在于哲学幻想中;也就是说,只有在那种不可能明白自己在想象中脱离生活的性质和根源的哲学意识看来,提出这个问题才是合理的。

　　　　　　　　(《马克思恩格斯全集》中文第 1 版第 3 卷第 528 页;
马列主义经典作家文库著作单行本《德意志意识形态》(节选本)第 127—128 页)

弗·恩格斯

诗歌和散文中的德国社会主义[50]（节选）

一　卡尔·倍克《穷人之歌》[①]，或
"真正的社会主义"的诗歌

《穷人之歌》的第一首歌是献给一个富有的家族的。

致路特希尔德家族

为了避免误解，诗人称上帝为"HERR"，称路特希尔德家族为"Herr"[②]。

一开始他就表现出他所固有的小资产阶级的幻想，认为黄金是"按照"路特希尔德的"脾气进行统治"的；这种幻想引出了一系列关于路特希尔德家族的势力的荒诞想象。

诗人并没有威吓说，要消灭路特希尔德的实际势力，消灭作为这一势力的基础的社会关系；他只是希望比较人道地来运用这一势力。他抱怨银行家不是社会主义博爱家，不是幻想家，不是人类

①　卡·倍克《穷人之歌》1846年莱比锡版。——编者注
②　"Herr"这个词有宗教意义的"主"，也有一般的"老爷"、"主人"、"先生"等意思。——编者注

的善士,而仅仅是银行家而已。倍克歌颂胆怯的小市民的鄙俗风气。歌颂"穷人",歌颂耻于乞讨的穷人——怀着卑微的、虔诚的和互相矛盾的愿望的人,歌颂各种各样的"小人物",然而并不歌颂倔强的、叱咤风云的和革命的无产者。倍克对路特希尔德家族大加威吓和责难,尽管作者的意图是好的,但给读者的印象却比一位卡普勤教士的说教①还要滑稽可笑。所以会有这样的威吓和责难,是由于对路特希尔德家族的势力抱着幼稚的幻想,完全不了解这一势力和现存各种关系之间的联系,对路特希尔德家族为了成为一种势力并永远保存这种势力而必须使用的那些手段持有非常错误的见解。怯懦和愚蠢、妇人般的多情善感、可鄙的小资产阶级的庸俗气,这就是拨动诗人心弦的缪斯②,她们竭力使自己显得威严可怕,然而却徒劳无益,只是显得可笑而已。她们压低嗓子唱出来的男低音经常嘶裂成可笑的尖声怪叫;在她们的戏剧性的描绘下恩泽拉德[51]的伟大斗争变成了滑稽小丑的翻跟斗。

战 鼓 之 歌

在这首诗中,我们的社会主义诗人又一次表明,他由于已陷入德国小市民的鄙俗风气中,就总是把他给人留下的那点微弱的印象破坏了。

一团队伍在战鼓声中出发了。人民号召兵士和他们一起参加共同的事业。令人兴奋的是,诗人终于鼓起了勇气。但是很可惜,

---

① 卡普勤教派是天主教圣方济会的一支。"卡普勤教士的说教"充满一本正经的道德教诲。——编者注
② 希腊神话中司文学和艺术的女神,共九个。——编者注

最后我们才了解到，这里所谈的仅仅是皇帝的命名日和人民的呼唤，而这个呼唤也不过是一个参加典礼的青年（也许是个中学生）偷偷地作下的一首幻想的即兴诗：

> 一个青年这样做梦，火烧着他的心。

情节大致相同的同样的题材，在海涅的笔下会变成对德国人的极辛辣的讽刺；而在倍克那里仅仅成了对于把自己和无力地沉溺于幻想的青年人看做同一个人的诗人本身的讽刺。在海涅那里，市民的幻想被故意捧到高空，是为了再故意把它们抛到现实的地面。而在倍克那里，诗人自己同这种幻想一起翱翔，自然，当他跌落到现实世界上的时候，同样是要受伤的。前者以自己的大胆激起了市民的愤怒，后者则因自己和市民意气相投而使市民感到慰藉。不过，布拉格的起义⁵²使他有机会来描写和这种滑稽剧完全不同的另外一种东西。

假　　腿

诗人本想叙述故事，但是却失败得实在悲惨。整本书中所表现出来的这种对叙述和描写的完全无能为力，是"真正的社会主义"的诗篇的特征。"真正的社会主义"由于本身模糊不定，不可能把要叙述的事实同一般的环境联系起来，并从而使这些事实中所包含的一切特出的和意味深长的方面显露出来。因此，"真正的社会主义者"在自己的散文中也极力避免叙述故事。在他们无法规避的时候，他们不是满足于按哲学结构组织一番，就是枯燥无味地记录个别的不幸事件和**社会现象**。而他们所有的人，无论是散文家或者是诗人，都缺乏一种讲故事的人所必需的才能，这是由于他们的整个世界观模糊不定的缘故。

不 要 偷 窃

一个俄国人的道德高尚的仆人（仆人自己把这个俄国人叫做善良的老爷）为了接济他的年迈的父亲，在夜里偷了他那个似乎在打瞌睡的主人的钱。这个俄国人悄悄地跟在他后面，从背后偷看了仆人写给他父亲的信，信的内容如下：

> 你收下这点钱！是我偷来的！
> 父亲，你向救世主祈祷吧，
> 求他将来从他的宝座上
> 对我的罪给以赦免！
> 我要多多工作而且挣钱，
> 从草席上赶走睡眠，
> 直到我能够给我善良的主人
> 补偿上这笔偷盗了的钱。

这个道德高尚的仆人的善良的老爷被这个吓人的自白感动得一句话也说不出来，他把自己的一只手放在仆人的头上，为他祝福。

> 但是这是一个**死尸**——
> **在恐怖中他的心都裂开了。**

还有谁能写出比这更滑稽可笑的东西来吗？倍克在这里降到了科策布和伊夫兰德的水平以下；这出仆人的悲剧比市侩的悲剧更胜一筹。

新的神灵和旧的痛苦

这首诗嘲笑（往往很中肯）的是隆格、"光明之友"[53]、新一代犹太人、理发师、洗衣妇、抱有温和的自由思想的莱比锡市民。最后，诗人在庸人面前替自己辩白，因为他们将要因这一点而控告他，虽然他

> 在风暴和黑夜里唱出了
> 这首光明的歌。

然后他讲述了一篇用社会主义的词句修饰过的、以特殊的自然神论为基础的、关于博爱和实践宗教的教义，从而把自己的敌人的一种性质和他们的另一种性质对立起来。这样一来，倍克就怎么也收不了场，直到他再次断送自己为止，因为他自己已深深地陷到德国的鄙俗风气中，并且过多地考虑自己，考虑沉溺于自己诗中的诗人。我们的诗人在**现代**抒情诗人眼中又成了一个把自己打扮得奇奇怪怪的、妄自尊大的人物。他不是在现实世界中生活和创作诗歌的活动着的人，而是一个飘浮在云雾中的"诗人"，但这些云雾不过是德国市民的朦胧的幻想罢了。倍克经常由极度夸张的高谈阔论转到干巴巴的小市民的散文，从一种向现状开火的小幽默转到和现状实行感伤的和解。他常常忽然发觉他自己原来就是所讲到的那个人。因此，他的诗歌所起的并不是革命的作用，而是

> "止血用的
> 三包沸腾散"（第 293 页）。

所以，用下面这样一些表示恭顺的无力的悲叹作为整本书的结尾，是很合适的：

> **什么时候在这世界上，**
> **啊上帝，会变得协调？**
> 在渴望上我是双重地愉快，
> 在忍耐上我是双重地疲劳。

倍克无疑地比德国文坛上的大多数小卒具有更大的才能和更多的天赋的精力。他的唯一的不幸就是德国人的鄙俗气，他那装模作样的哭哭泣泣的社会主义和青年德意志派[54]的影响，是这种鄙俗气在理论上的表现。在社会矛盾还没有因为阶级的明确分化和资产阶级迅速夺取政权而在德国采取较尖锐的形式以前，德国诗人在德国本部是根本没有出路的。一方面，他在德国社会中不可能以革命的姿态出现，因为革命分子本身还太微弱；另一方面，由四面八方包围着他的长期存在的鄙俗气起着使他衰弱无力的作用，他即使能够暂时超越它，摆脱它和嘲笑它，可是过一会却又重新跌进它的陷阱里面去了。对于一切多少有些才能的德国诗人暂时还只能有一个劝告，即搬到文明的国家去住。

二 卡尔·格律恩《从人的观点论歌德》

......

然而，格律恩先生宁愿详细地向我们证明革命的无用，这种证明最后就归结为一种绝无仅有的、但却是非常严重的责难：革命"没有研究'人'这个概念"。这样的粗枝大叶真是不可饶恕。假如革命研究了"人"这个概念,那就既不会有热月九日的事件,也不会有雾月十八日的事件了[55]。拿破仑也会满足于将军的官衔,也许在晚年还会"从人的观点"写出一本军队勤务条令来。其次,从关于"革命的意义"的说明中我们知道了,自然神论[56]和唯物主义基本上没有差别,并且也知道了为什么没有差别。这使我们可以满意地确信,格律恩先生还没有完全忘记他的黑格尔。例如,请对照一下黑格尔的《哲学史》第三部第二版第 458、459、463 页①。其次,还是为了说明"革命的意义",很详细地谈到了竞争(最主要的地方我们已经在前面叙述过了),然后为了证明他所说的犯罪是国家存在的结果,又从霍尔巴赫的著作中作了长篇的引证;同样又从托马斯·莫尔的《乌托邦》②中摘录了大量的话来说明"革命的意义",而关于这本书又解释说,这本书有先见之明,在 1516年就极其精确地描绘了正好是"**今天的英国**"(第 225 页)。在整整的三十六页上东拉西扯地谈完了这一切见解和论断之后,终于在第 226 页上下了最后的判词:"革命就是马基雅弗利主义的实现。"这真是对所有一切还没有研究过"人"这个概念的人们敲起的一声警钟!

为了安慰除马基雅弗利主义之外就一无所得的可怜的法国人,在第 73 页上格律恩先生给他们吃了一粒宽心丸:

"18 世纪的法国人民是各族人民中的普罗米修斯,他用**人权**来对抗神权。"③

---

① 黑格尔《哲学史讲演录》1844 年柏林第 2 版第 3 部(《黑格尔全集》第 15 卷)。——编者注
② 托·莫尔《乌托邦》1516 年卢万版。——编者注
③ 卡·格律恩《从人的观点论歌德》1846 年达姆施塔特版。——编者注

这样说来，"'人'这个概念"就应该是被"研究"过的了，而人权也不是同神权，而是同国王、贵族和僧侣的权利"相对立"，关于这些我们不打算多加考虑，这些都是小事情，不必管它，我们感到十分沉痛的是，在这里格律恩先生本人犯了"人的"毛病。

这就是格律恩先生忘记了，在他的比较早期的著作里（例如，请参看《莱茵年鉴》第一卷中所载的论"社会运动"的文章[57]及其他等等），他不仅广泛地阐述了《德法年鉴》[31]中关于人权的著名论断[58]，使它"通俗化"，而且甚至以道地的剽窃者的热心加以夸张，把它变成了荒谬的东西。他忘记了，他在那里咒骂过人权，说它是小商人、小市民等等的权利，而现在却突然把它们变成了"**人的权利**"，变成了"人"所固有的权利。在第 251 和 252 页上格律恩先生也犯了同样的毛病，他把从《浮士德》中抄袭来的"可惜谁也不肯照管的我们的天赋人权"变成了"你的自然权，你的人权，从内心决定自己的行动和享受自己的成果的权利"，虽然歌德把这个权利直接同"像恶病样**遗传**的法律和制度"①对立起来，即同旧制度的传统的权利对立起来，而同后者相对立的只是"**天赋的**、不以时效为转移的、不可让渡的人权"，即革命所宣布的人权，而绝不是"**人**"所固有的权利。这一次格律恩先生当然应当把过去所写的东西忘掉，以便使歌德不失去人的观点。

……

关于歌德本人我们当然无法在这里详谈。我们要注意的只有一点。歌德在自己的作品中，对当时的德国社会的态度是带有两

---

① 歌德《浮士德》第 1 部第 4 场《书斋》。——编者注

重性的。有时他对它是敌视的；如在《伊菲姬妮亚》①里和在意大利旅行的整个期间，他讨厌它，企图逃避它；他像葛兹，普罗米修斯和浮士德一样地反对它，向它投以靡菲斯特斐勒司的辛辣的嘲笑。有时又相反，如在《温和的讽刺诗》诗集里的大部分诗篇中和在许多散文作品中，他亲近它，"迁就"它，在《化装游行》里他称赞它，特别是在所有谈到法国革命的著作里，他甚至保护它，帮助它抵抗那向它冲来的历史浪潮。问题不仅仅在于，歌德承认德国生活中的某些方面而反对他所敌视的另一些方面。这常常不过是他的各种情绪的表现而已；在他心中经常进行着天才诗人和法兰克福市议员的谨慎的儿子、可敬的魏玛的枢密顾问之间的斗争；前者厌恶周围环境的鄙俗气，而后者却不得不对这种鄙俗气妥协，迁就。因此，歌德有时非常伟大，有时极为渺小；有时是叛逆的、爱嘲笑的、鄙视世界的天才，有时则是谨小慎微、事事知足、胸襟狭隘的庸人。连歌德也无力战胜德国的鄙俗气；相反，倒是鄙俗气战胜了他；鄙俗气对最伟大的德国人所取得的这个胜利，充分地证明了"从内部"战胜鄙俗气是根本不可能的。歌德过于博学，天性过于活跃，过于富有血肉，因此不能像席勒那样逃向康德的理想来摆脱鄙俗气；他过于敏锐，因此不能不看到这种逃跑归根到底不过是以夸张的庸俗气来代替平凡的鄙俗气。他的气质、他的精力、他的全部精神意向都把他推向实际生活，而他所接触的实际生活却是很可怜的。他的生活环境是他应该鄙视的，但是他又始终被困在这个他所能活动的唯一的生活环境里。歌德总是面临着这种进退维谷的境地，而且愈到晚年，这个伟大的诗人就愈是疲于斗争，愈是向平

---

① 歌德《伊菲姬妮亚在陶里斯》。——编者注

庸的魏玛大臣让步。我们并不像白尔尼和门采尔那样责备歌德不是自由主义者,我们是嫌他有时居然是个庸人;我们并不是责备他没有热心争取德国的自由,而是嫌他由于对当代一切伟大的历史浪潮所产生的庸人的恐惧心理而牺牲了自己有时从心底出现的较正确的美感;我们并不是责备他做过宫臣,而是嫌他在拿破仑清扫德国这个庞大的奥吉亚斯的牛圈①的时候,竟能郑重其事地替德意志的一个微不足道的小宫廷做些毫无意义的事情和寻找 menus plaisirs②。我们决不是从道德的、党派的观点来责备歌德,而只是从美学和历史的观点来责备他;我们并不是用道德的、政治的或"人的"尺度来衡量他。我们在这里不可能结合着他的整个时代、他的文学前辈和同代人来描写他,也不能从他的发展上和结合着他的社会地位来描写他。因此,我们仅限于纯粹叙述事实而已。

……

弗·恩格斯写于 1846 年底—1847 年初

载于 1847 年 9 月 12 和 16 日,11 月 21、25 和 28 日,12 月 2、5 和 9 日《德意志—布鲁塞尔报》第 73、74、93、94、95、96、97 和 98 号

原文是德文

选自《马克思恩格斯全集》中文第 1 版第 4 卷第 223—224、236、237、241—243、250—251、256—257 页

---

① 希腊神话中奥吉亚斯王的巨大的极其肮脏的牛圈。意思是指极端肮脏的地方。——编者注
② 原意是:"小小的乐趣";转意是:花在各种怪癖上的额外费用。——编者注

卡·马克思

道德化的批判和批判化的道德

论德意志文化的历史,驳卡尔·海因岑①[59](节选)

在宗教改革[60]以前不久和宗教改革期间,德国人创立了一种独特的、单是名称就够骇人的文学——**粗俗**文学。目前我们正处在类似 16 世纪的革命时代的前夜。粗俗文学重新出现在德国人面前是并不奇怪的。对历史发展发生的兴趣,不难克服这类作品在那些甚至鉴赏力不高的人们中间所引起的、并且早在 15、16 世纪就已引起的美学上的反感。

16 世纪的粗俗文学是:平淡无味,废话连篇,大言不惭,像伏拉松[61]一样夸夸其谈,攻击别人时狂妄粗暴,对别人的粗暴则歇斯底里地易动感情;费力地举起大刀,吓人地一挥,后来却用刀平着拍一下;不断宣扬仁义道德,又不断将它们破坏;把激昂之情同庸俗之气滑稽地结合一起;自称只关心问题的本质,但又经常忽视问题的本质;以同样自高自大的态度把市侩式的书本上的一知半解同人民的智慧相对立,把所谓"人的理智"同科学相对立;轻率自

---

① 马克思在这里加了一个注:"我回答海因岑先生并不是为了击退他对恩格斯的进攻。海因岑先生的文章[62]值不得回答。我之所以回答是因为海因岑宣言为分析提供了有趣的材料。"——编者注

满,大发无边无际的空论;给市侩的内容套上平民的外衣;反对文学的语言,给语言赋予纯粹肉体的性质(如果可以这样说的话);喜欢在字里行间显示著者本人的形象:他磨拳擦掌,使人知道他的力气,他炫耀宽肩,向谁都摆出勇士的架子;宣扬健康的精神是寓于健康的肉体,其实已经受到16世纪极无谓的争吵和肉体欲念的感染而不自知;为狭隘而僵化的概念所束缚,并在同样的程度上诉诸极微末的实践以对抗一切理论;既不满于反动,又反对进步;无力使敌手出丑,就滑稽地对他破口大骂;萨洛蒙和马科尔夫**63**,唐·吉诃德和桑乔·潘萨,幻想家和庸人,两者集于一身;卤莽式的愤怒,愤怒式的卤莽;庸夫俗子以自己的道德高尚而自鸣得意,**这种深信无疑的**意识像大气一样飘浮在这一切之上。如果我们没有记错,德国人民的智慧已用《**海涅卡——力大无穷的仆人**》这首歌为它立下了一座抒情纪念碑。海因岑先生是复活这种粗俗文学的功臣之一,在这方面,可以说他是象征着各国人民的春天即将来临的一只德国燕子。

……

背弃!批判化的庸人可以丝毫不懂这个词的含义而用这个词来辱骂任何一种发展;他可以郑重其事地把自己无发展能力的发育不全完全相反地说成是道德上的十全十美。例如各国人民的宗教幻想把无罪的时代、黄金时代列在**史前时期**(当时还根本没有任何历史发展,因此也没有任何否定、任何背弃),从而辱骂了整个**历史**。又如在轰轰烈烈的革命时代,在强烈的、激情的否定和背弃的时代,例如18世纪,出现了正直而善良的大丈夫,出现了以停滞状态的**田园生活**来同历史的颓废相对抗的素有教养、作风正派的**盖斯纳**之类的色鬼。但是为了嘉奖这些田园诗人(他们也是一些批判化的道德家和道德化的批判家），应当说，他们在评定牧人和山羊两者在道德方面谁数第一时所表现的那种犹豫不决的态度是诚恳的。

……

卡·马克思写于 1847 年 10 月底

载于 1847 年 10 月 28、31 日和 11 月 11、18、25 日《德意志—布鲁塞尔报》第 86、87、90、92 和 94 号

原文是德文

选自《马克思恩格斯选集》第 1 版第 1 卷第 162—163、169 页

卡·马克思和弗·恩格斯

共产党宣言[64]（节选）

1883 年德文版序言[65]

本版序言不幸只能由我一个人署名了。马克思这位比其他任何人都更应受到欧美整个工人阶级感谢的人物，已经长眠于海格特公墓，他的墓上已经初次长出了青草。在他逝世以后，就更谈不上对《宣言》作什么修改或补充了。因此，我认为更有必要在这里再一次明确地申述下面这一点。

贯穿《宣言》的基本思想：每一历史时代的经济生产以及必然由此产生的社会结构，是该时代政治的和精神的历史的基础；因此（从原始土地公有制解体以来）全部历史都是阶级斗争的历史，即社会发展各个阶段上被剥削阶级和剥削阶级之间、被统治阶级和统治阶级之间斗争的历史；而这个斗争现在已经达到这样一个阶段，即被剥削被压迫的阶级（无产阶级），如果不同时使整个社会永远摆脱剥削、压迫和阶级斗争，就不再能使自己从剥削它压迫它的那个阶级（资产阶级）下解放出来。——这个基本思想完全是属于马克思一个人的。①

----

① 恩格斯在 1890 年德文版转载该序言时在此处加了一个注："我在英译本序言中说过：'在我看来这一思想对历史学必定会起到像达尔文学说对生物学所起的那样的作用，我们两人早在 1845 年前的几年中就已

这一点我已经屡次说过,但正是现在必须在《宣言》正文的前面也写明这一点。

弗·恩格斯

1883 年 6 月 28 日于伦敦

弗·恩格斯写于 1883 年 6 月 28 日

载于 1883 年在霍廷根—苏黎世出版的德文版《共产主义宣言》一书

原文是德文

选自《马克思恩格斯选集》第 3 版第 1 卷第 380—381 页

经逐渐接近了这个思想。当时我个人独自在这方面达到什么程度,我的《英国工人阶级状况》一书就是最好的说明。但是到 1845 年春我在布鲁塞尔再次见到马克思时,他已经把这个思想考虑成熟,并且用几乎像我在上面所用的那样明晰的语句向我说明了。'"——编者注

1893 年意大利文版序言[66]

致意大利读者

《共产党宣言》的发表，可以说正好碰上 1848 年 3 月 18 日这个日子，碰上米兰和柏林发生革命，这是两个民族的武装起义[67]，其中一个处于欧洲大陆中心，另一个处于地中海各国中心；这两个民族在此以前都由于分裂和内部纷争而被削弱并因而遭到外族的统治。意大利受奥皇支配，而德国则受到俄国沙皇那种虽然不那么直接，但是同样可以感觉得到的压迫。1848 年 3 月 18 日的结果使意大利和德国免除了这种耻辱；如果说，这两个伟大民族在 1848—1871 年期间得到复兴并以这种或那种形式重新获得独立，那么，这是因为，正如马克思所说，那些镇压 1848 年革命的人违反自己的意志充当了这次革命的遗嘱执行人。[68]

这次革命到处都是由工人阶级干的；构筑街垒和流血牺牲的都是工人阶级。只有巴黎工人在推翻政府的同时也抱有推翻资产阶级统治的明确意图。但是，虽然他们已经认识到他们这个阶级和资产阶级之间存在着不可避免的对抗，然而无论法国经济的进展或法国工人群众的精神的发展，都还没有达到可能实现社会改造的程度。因此，革命的果实最终必然被资本家阶级拿去。在其他国家，在意大利、德国、奥地利，工人从一开始就只限于帮助资产阶级取得政权。但是在任何国家,资产阶级的统治离开民族独立都是不行的。因此,1848年革命必然给那些直到那时还没有统一和独立的民族——意大利、德国、匈牙利——带来统一和独立。现在轮到波兰了。

由此可见,1848年革命虽然不是社会主义革命,但它毕竟为社会主义革命扫清了道路,为这个革命准备了基础。最近45年来,资产阶级制度在各国引起了大工业的飞速发展,同时造成了人数众多的、紧密团结的、强大的无产阶级;这样它就产生了——正如《宣言》所说——它自身的掘墓人。不恢复每个民族的独立和统一,那就既不可能有无产阶级的国际联合,也不可能有各民族为达到共同目的而必须实行的和睦的与自觉的合作。试想想看,在1848年以前的政治条件下,哪能有意大利工人、匈牙利工人、德意志工人、波兰工人、俄罗斯工人的共同国际行动!

可见,1848年的战斗并不是白白进行的。从这个革命时期起直到今日的这45年,也不是白白过去的。这个革命时期的果实已开始成熟,而我的唯一愿望是这个意大利文译本的出版能成为良好的预兆,成为意大利无产阶级胜利的预兆,如同《宣言》原文的出版成了国际革命的预兆一样。

《宣言》十分公正地评价了资本主义在先前所起过的革命作用。意大利是第一个资本主义民族。封建的中世纪的终结和现代资本主义纪元的开端,是以一位大人物为标志的。这位人物就是意大利人但丁,他是中世纪的最后一位诗人,同时又是新时代的最初一位诗人。现在也如1300年那样,新的历史纪元正在到来。意大利是否会给我们一个新的但丁来宣告这个无产阶级新纪元的诞生呢?

弗·恩格斯

1893 年 2 月 1 日于伦敦

弗·恩格斯写于 1893 年 1 月 31 日—2 月 1 日

载于 1893 年在米兰出版的意大利文版《共产党宣言》一书

原文是法文

选自《马克思恩格斯选集》第 3 版第 1 卷第 396—398 页

共产党宣言

一　资产者和无产者①

　　至今一切社会的历史②都是阶级斗争的历史。

　　自由民和奴隶、贵族和平民、领主和农奴、行会师傅③和帮工，一句话，压迫者和被压迫者，始终处于相互对立的地位，进行不断的、有时隐蔽有时公开的斗争，而每一次斗争的结局都是整个社会

---

① 恩格斯在 1888 年英文版上加了一个注："资产阶级是指占有社会生产资料并使用雇佣劳动的现代资本家阶级。无产阶级是指没有自己的生产资料，因而不得不靠出卖劳动力来维持生活的现代雇佣工人阶级。"——编者注

② 恩格斯在 1888 年英文版上加了一个注："这是指有**文字**记载的全部历史。在 1847 年，社会的史前史、成文史以前的社会组织，几乎还没有人知道。后来，哈克斯特豪森发现了俄国的土地公有制，毛勒证明了这种公有制是一切条顿族的历史起源的社会基础，而且人们逐渐发现，农村公社是或者曾经是从印度到爱尔兰的各地社会的原始形态。最后，摩尔根发现了**氏族**的真正本质及其对**部落**的关系，这一卓绝发现把这种原始共产主义社会的内部组织的典型形式揭示出来了。随着这种原始公社的解体，社会开始分裂为各个独特的、终于彼此对立的阶级。关于这个解体过程，我曾经试图在《家庭、私有制和国家的起源》(1886 年斯图加特第 2 版)中加以探讨。"——编者注

③ 恩格斯在 1888 年英文版上加了一个注："行会师傅就是在行会中享有全权的会员，是行会内部的师傅，而不是行会的首领。"——编者注

受到革命改造或者斗争的各阶级同归于尽。

在过去的各个历史时代，我们几乎到处都可以看到社会完全划分为各个不同的等级，看到社会地位分成多种多样的层次。在古罗马，有贵族、骑士、平民、奴隶，在中世纪，有封建主、臣仆、行会师傅、帮工、农奴，而且几乎在每一个阶级内部又有一些特殊的阶层。

从封建社会的灭亡中产生出来的现代资产阶级社会并没有消灭阶级对立。它只是用新的阶级、新的压迫条件、新的斗争形式代替了旧的。

但是，我们的时代，资产阶级时代，却有一个特点：它使阶级对立简单化了。整个社会日益分裂为两大敌对的阵营，分裂为两大相互直接对立的阶级：资产阶级和无产阶级。

从中世纪的农奴中产生了初期城市的城关市民；从这个市民等级中发展出最初的资产阶级分子。

美洲的发现、绕过非洲的航行，给新兴的资产阶级开辟了新天地。东印度和中国的市场、美洲的殖民化、对殖民地的贸易、交换手段和一般商品的增加，使商业、航海业和工业空前高涨，因而使正在崩溃的封建社会内部的革命因素迅速发展。

以前那种封建的或行会的工业经营方式已经不能满足随着新市场的出现而增加的需求了。工场手工业代替了这种经营方式。行会师傅被工业的中间等级排挤掉了；各种行业组织之间的分工随着各个作坊内部的分工的出现而消失了。

但是，市场总是在扩大，需求总是在增加。甚至工场手工业也不再能满足需要了。于是，蒸汽和机器引起了工业生产的革命。现代大工业代替了工场手工业；工业中的百万富翁、一支一支产业大军的首领、现代资产者,代替了工业的中间等级。

大工业建立了由美洲的发现所准备好的世界市场。世界市场使商业、航海业和陆路交通得到了巨大的发展。这种发展又反过来促进了工业的扩展,同时,随着工业、商业、航海业和铁路的扩展,资产阶级也在同一程度上发展起来,增加自己的资本,把中世纪遗留下来的一切阶级排挤到后面去。

由此可见,现代资产阶级本身是一个长期发展过程的产物,是生产方式和交换方式的一系列变革的产物。

资产阶级的这种发展的每一个阶段,都伴随着相应的政治上的进展①。它在封建主统治下是被压迫的等级,在公社②里是武装的和自治的团体,在一些地方组成独立的城市共和国③,在另一些地方组成君主国中的纳税的第三等级④;后来,在工场手工业时期,它是等级君主国⑤或专制君主国中同贵族抗衡的势力,而且是大君主国的主要基础;最后,从大工业和世界市场建立的时候起,它在现代的代议制国家里夺得了独占的政治统治。现代的国家政

---

① "相应的政治上的进展"在 1888 年英文版中是"这个阶级的相应的政治上的进展"。——编者注
② 恩格斯在 1888 年英文版上加了一个注:"法国的新兴城市,甚至在它们从封建主手里争得地方自治和'第三等级'的政治权利以前,就已经称为'公社'了。一般说来,这里是把英国当做资产阶级经济发展的典型国家,而把法国当做资产阶级政治发展的典型国家。"
  恩格斯在 1890 年德文版上加了一个注:"意大利和法国的市民,从他们的封建主手中买得或争得最初的自治权以后,就把自己的城市共同体称为'公社'。"——编者注
③ 在 1888 年英文版中这里加上了"(例如在意大利和德国)"。——编者注
④ 在 1888 年英文版中这里加上了"(例如在法国)"。——编者注
⑤ "等级君主国"在 1888 年英文版中是"半封建君主国"。——编者注

权不过是管理整个资产阶级的共同事务的委员会罢了。

资产阶级在历史上曾经起过非常革命的作用。

资产阶级在它已经取得了统治的地方把一切封建的、宗法的和田园诗般的关系都破坏了。它无情地斩断了把人们束缚于天然尊长的形形色色的封建羁绊，它使人和人之间除了赤裸裸的利害关系，除了冷酷无情的"现金交易"，就再也没有任何别的联系了。它把宗教虔诚、骑士热忱、小市民伤感这些情感的神圣发作，淹没在利己主义打算的冰水之中。它把人的尊严变成了交换价值，用**一种**没有良心的贸易自由代替了无数特许的和自力挣得的自由。总而言之，它用公开的、无耻的、直接的、露骨的剥削代替了由宗教幻想和政治幻想掩盖着的剥削。

资产阶级抹去了一切向来受人尊崇和令人敬畏的职业的神圣光环。它把医生、律师、教士、诗人和学者变成了它出钱招雇的雇佣劳动者。

资产阶级撕下了罩在家庭关系上的温情脉脉的面纱，把这种关系变成了纯粹的金钱关系。

资产阶级揭示了，在中世纪深受反动派称许的那种人力的野蛮使用，是以极端怠惰作为相应补充的。它第一个证明了，人的活动能够取得什么样的成就。它创造了完全不同于埃及金字塔、罗马水道和哥特式教堂的奇迹；它完成了完全不同于民族大迁徙[69]和十字军征讨[70]的远征。

资产阶级除非对生产工具，从而对生产关系，从而对全部社会关系不断地进行革命，否则就不能生存下去。反之，原封不动地保持旧的生产方式，却是过去的一切工业阶级生存的首要条件。生产的不断变革，一切社会状况不停的动荡，永远的不安定和变动，这就是资产阶级时代不同于过去一切时代的地方。一切固定的僵化的关系以及与之相适应的素被尊崇的观念和见解都被消除了，一切新形成的关系等不到固定下来就陈旧了。一切等级的和固定的东西都烟消云散了，一切神圣的东西都被亵渎了。人们终于不得不用冷静的眼光来看他们的生活地位、他们的相互关系。

不断扩大产品销路的需要，驱使资产阶级奔走于全球各地。它必须到处落户，到处开发，到处建立联系。

资产阶级，由于开拓了世界市场，使一切国家的生产和消费都成为世界性的了。使反动派大为惋惜的是，资产阶级挖掉了工业脚下的民族基础。古老的民族工业被消灭了，并且每天都还在被消灭。它们被新的工业排挤掉了，新的工业的建立已经成为一切文明民族的生命攸关的问题；这些工业所加工的，已经不是本地的原料，而是来自极其遥远的地区的原料；它们的产品不仅供本国消费，而且同时供世界各地消费。旧的、靠本国产品来满足的需要，被新的、要靠极其遥远的国家和地带的产品来满足的需要所代替了。过去那种地方的和民族的自给自足和闭关自守状态，被各民族的各方面的互相往来和各方面的互相依赖所代替了。物质的生产是如此，精神的生产也是如此。各民族的精神产品成了公共的财产。民族的片面性和局限性日益成为不可能，于是由许多种民族的和地方的文学形成了一种世界的文学①。

资产阶级，由于一切生产工具的迅速改进，由于交通的极其便利，把一切民族甚至最野蛮的民族都卷到文明中来了。它的

---

① “文学”一词德文是“Literatur”，这里泛指科学、艺术、哲学、政治等等方面的著作。——编者注

商品的低廉价格，是它用来摧毁一切万里长城、征服野蛮人最顽强的仇外心理的重炮。它迫使一切民族——如果它们不想灭亡的话——采用资产阶级的生产方式；它迫使它们在自己那里推行所谓的文明，即变成资产者。一句话，它按照自己的面貌为自己创造出一个世界。

资产阶级使农村屈服于城市的统治。它创立了巨大的城市，使城市人口比农村人口大大增加起来，因而使很大一部分居民脱离了农村生活的愚昧状态。正像它使农村从属于城市一样，它使未开化和半开化的国家从属于文明的国家，使农民的民族从属于资产阶级的民族，使东方从属于西方。

资产阶级日甚一日地消灭生产资料、财产和人口的分散状态。它使人口密集起来，使生产资料集中起来，使财产聚集在少数人的手里。由此必然产生的结果就是政治的集中。各自独立的、几乎只有同盟关系的、各有不同利益、不同法律、不同政府、不同关税的各个地区，现在已经结合为一个拥有**统一的**政府、**统一的**法律、**统一的**民族阶级利益和**统一的**关税的**统一的**民族。

资产阶级在它的不到一百年的阶级统治中所创造的生产力，比过去一切世代创造的全部生产力还要多，还要大。自然力的征服，机器的采用，化学在工业和农业中的应用，轮船的行驶，铁路的通行，电报的使用，整个整个大陆的开垦，河川的通航，仿佛用法术从地下呼唤出来的大量人口——过去哪一个世纪料想到在社会劳动里蕴藏有这样的生产力呢？

由此可见，资产阶级赖以形成的生产资料和交换手段，是在封建社会里造成的。在这些生产资料和交换手段发展的一定阶段上，封建社会的生产和交换在其中进行的关系，封建的农业和工场手工业组织,一句话,封建的所有制关系,就不再适应已经发展的生产力了。这种关系已经在阻碍生产而不是促进生产了。它变成了束缚生产的桎梏。它必须被炸毁,它已经被炸毁了。

起而代之的是自由竞争以及与自由竞争相适应的社会制度和政治制度、资产阶级的经济统治和政治统治。

现在,我们眼前又进行着类似的运动。资产阶级的生产关系和交换关系,资产阶级的所有制关系,这个曾经仿佛用法术创造了如此庞大的生产资料和交换手段的现代资产阶级社会,现在像一个魔法师一样不能再支配自己用法术呼唤出来的魔鬼了。几十年来的工业和商业的历史,只不过是现代生产力反抗现代生产关系、反抗作为资产阶级及其统治的存在条件的所有制关系的历史。只要指出在周期性的重复中越来越危及整个资产阶级社会生存的商业危机就够了。在商业危机期间,总是不仅有很大一部分制成的产品被毁灭掉,而且有很大一部分已经造成的生产力被毁灭掉。在危机期间,发生一种在过去一切时代看来都好像是荒唐现象的社会瘟疫,即生产过剩的瘟疫。社会突然发现自己回到了一时的野蛮状态;仿佛是一次饥荒、一场普遍的毁灭性战争,使社会失去了全部生活资料;仿佛是工业和商业全被毁灭了。这是什么缘故呢? 因为社会上文明过度,生活资料太多,工业和商业太发达。社会所拥有的生产力已经不能再促进资产阶级文明和资产阶级所有制关系的发展;相反,生产力已经强大到这种关系所不能适应的地步,它已经受到这种关系的阻碍;而它一着手克服这种障碍,就使整个资产阶级社会陷入混乱,就使资产阶级所有制的存在受到威胁。资产阶级的关系已经太狭窄了,再容纳不了它本身所造成的财富了。资产阶级用什么办法来克服这种危机呢? 一方面不得不消灭大量生产力,另一方面夺取新的市场,更加彻底地利用旧的市场。这究竟是怎样的一种办法呢? 这不过是资产阶级准备更全面更猛烈的危机的办法,不过是使防止危机的手段越来越少的办法。

资产阶级用来推翻封建制度的武器,现在却对准资产阶级自己了。

但是,资产阶级不仅锻造了置自身于死地的武器;它还产生了将要运用这种武器的人——现代的工人,即**无产者**。

随着资产阶级即资本的发展,无产阶级即现代工人阶级也在同一程度上得到发展;现代的工人只有当他们找到工作的时候才能生存,而且只有当他们的劳动增殖资本的时候才能找到工作。这些不得不把自己零星出卖的工人,像其他任何货物一样,也是一种商品,所以他们同样地受到竞争的一切变化、市场的一切波动的影响。

由于推广机器和分工,无产者的劳动已经失去了任何独立的性质,因而对工人也失去了任何吸引力。工人变成了机器的单纯的附属品,要求他做的只是极其简单、极其单调和极容易学会的操作。因此,花在工人身上的费用,几乎只限于维持工人生活和延续工人后代所必需的生活资料。但是,商品的价格,从而劳动的价格**71**,是同它的生产费用相等的。因此,劳动越使人感到厌恶,工资也就越减少。不仅如此,机器越推广,分工越细致,劳动量①也就越增加,这或者是由于工作时间的延长,或者是由于在一定时间内所要求的劳动的增加,机器运转的加速,等等。

现代工业已经把家长式的师傅的小作坊变成了工业资本家的大工厂。挤在工厂里的工人群众就像士兵一样被组织起来。他们

---

① "劳动量"在 1888 年英文版中是"劳动负担"。——编者注

是产业军的普通士兵,受着各级军士和军官的层层监视。他们不仅仅是资产阶级的、资产阶级国家的奴隶,他们每日每时都受机器、受监工、首先是受各个经营工厂的资产者本人的奴役。这种专制制度越是公开地把营利宣布为自己的最终目的,它就越是可鄙、可恨和可恶。

手的操作所要求的技巧和气力越少,换句话说,现代工业越发达,男工也就越受到女工和童工的排挤。对工人阶级来说,性别和年龄的差别再没有什么社会意义了。他们都只是劳动工具,不过因为年龄和性别的不同而需要不同的费用罢了。

当厂主对工人的剥削告一段落,工人领到了用现钱支付的工资的时候,马上就有资产阶级中的另一部分人——房东、小店主、当铺老板等等向他们扑来。

以前的中间等级的下层,即小工业家、小商人和小食利者,手工业者和农民——所有这些阶级都降落到无产阶级的队伍里来了,有的是因为他们的小资本不足以经营大工业,经不起较大的资本家的竞争;有的是因为他们的手艺已经被新的生产方法弄得不值钱了。无产阶级就是这样从居民的所有阶级中得到补充的。

无产阶级经历了各个不同的发展阶段。它反对资产阶级的斗争是和它的存在同时开始的。

最初是单个的工人,然后是某一工厂的工人,然后是某一地方的某一劳动部门的工人,同直接剥削他们的单个资产者作斗争。他们不仅仅攻击资产阶级的生产关系,而且攻击生产工具本身①;

————————

① 这句话在 1888 年英文版中是"他们不是攻击资产阶级的生产关系,而是攻击生产工具本身"。——编者注

他们毁坏那些来竞争的外国商品,捣毁机器,烧毁工厂,力图恢复已经失去的中世纪工人的地位。

在这个阶段上,工人是分散在全国各地并为竞争所分裂的群众。工人的大规模集结,还不是他们自己联合的结果,而是资产阶级联合的结果,当时资产阶级为了达到自己的政治目的必须而且暂时还能够把整个无产阶级发动起来。因此,在这个阶段上,无产者不是同自己的敌人作斗争,而是同自己的敌人的敌人作斗争,即同专制君主制的残余、地主、非工业资产者和小资产者作斗争。因此,整个历史运动都集中在资产阶级手里;在这种条件下取得的每一个胜利都是资产阶级的胜利。

但是,随着工业的发展,无产阶级不仅人数增加了,而且结合成更大的集体,它的力量日益增长,而且它越来越感觉到自己的力量。机器使劳动的差别越来越小,使工资几乎到处都降到同样低的水平,因而无产阶级内部的利益、生活状况也越来越趋于一致。资产者彼此间日益加剧的竞争以及由此引起的商业危机,使工人的工资越来越不稳定;机器的日益迅速的和继续不断的改良,使工人的整个生活地位越来越没有保障;单个工人和单个资产者之间的冲突越来越具有两个阶级的冲突的性质。工人开始成立反对资产者的同盟①;他们联合起来保卫自己的工资。他们甚至建立了经常性的团体,以便为可能发生的反抗准备食品。有些地方,斗争爆发为起义。

工人有时也得到胜利,但这种胜利只是暂时的。他们斗争的真正成果并不是直接取得的成功,而是工人的越来越扩大的联合。

① 在1888年英文版中这里加上了"(工联)"。——编者注

这种联合由于大工业所造成的日益发达的交通工具而得到发展，这种交通工具把各地的工人彼此联系起来。只要有了这种联系，就能把许多性质相同的地方性的斗争汇合成全国性的斗争，汇合成阶级斗争。而一切阶级斗争都是政治斗争。中世纪的市民靠乡间小道需要几百年才能达到的联合，现代的无产者利用铁路只要几年就可以达到了。

无产者组织成为阶级，从而组织成为政党这件事，不断地由于工人的自相竞争而受到破坏。但是，这种组织总是重新产生，并且一次比一次更强大、更坚固、更有力。它利用资产阶级内部的分裂，迫使他们用法律形式承认工人的个别利益。英国的十小时工作日法案**72**就是一个例子。

旧社会内部的所有冲突在许多方面都促进了无产阶级的发展。资产阶级处于不断的斗争中：最初反对贵族；后来反对同工业进步有利害冲突的那部分资产阶级；经常反对一切外国的资产阶级。在这一切斗争中，资产阶级都不得不向无产阶级呼吁，要求无产阶级援助，这样就把无产阶级卷进了政治运动。于是，资产阶级自己就把自己的教育因素①即反对自身的武器给予了无产阶级。

其次，我们已经看到，工业的进步把统治阶级的整批成员抛到无产阶级队伍里去，或者至少也使他们的生活条件受到威胁。他们也给无产阶级带来了大量的教育因素②。

---

① "教育因素"在 1888 年英文版中是"政治教育和普通教育的因素"。——编者注
② "大量的教育因素"在 1888 年英文版中是"启蒙和进步的新因素"。——编者注

最后，在阶级斗争接近决战的时期，统治阶级内部的、整个旧社会内部的瓦解过程，就达到非常强烈、非常尖锐的程度，甚至使得统治阶级中的一小部分人脱离统治阶级而归附于革命的阶级，即掌握着未来的阶级。所以，正像过去贵族中有一部分人转到资产阶级方面一样，现在资产阶级中也有一部分人，特别是已经提高到能从理论上认识整个历史运动的一部分资产阶级思想家，转到无产阶级方面来了。

在当前同资产阶级对立的一切阶级中，只有无产阶级是真正革命的阶级。其余的阶级都随着大工业的发展而日趋没落和灭亡，无产阶级却是大工业本身的产物。

中间等级，即小工业家、小商人、手工业者、农民，他们同资产阶级作斗争，都是为了维护他们这种中间等级的生存，以免于灭亡。所以，他们不是革命的，而是保守的。不仅如此，他们甚至是反动的，因为他们力图使历史的车轮倒转。如果说他们是革命的，那是鉴于他们行将转入无产阶级的队伍，这样，他们就不是维护他们目前的利益，而是维护他们将来的利益，他们就离开自己原来的立场，而站到无产阶级的立场上来。

流氓无产阶级是旧社会最下层中消极的腐化的部分，他们在一些地方也被无产阶级革命卷到运动里来，但是，由于他们的整个生活状况，他们更甘心于被人收买，去干反动的勾当。

在无产阶级的生活条件中，旧社会的生活条件已经被消灭了。无产者是没有财产的；他们和妻子儿女的关系同资产阶级的家庭关系再没有任何共同之处了；现代的工业劳动，现代的资本压迫，无论在英国或法国，无论在美国或德国，都是一样的，都使无产者失去了任何民族性。法律、道德、宗教在他们看来全都是资产阶级偏见,隐藏在这些偏见后面的全都是资产阶级利益。

过去一切阶级在争得统治之后,总是使整个社会服从于它们发财致富的条件,企图以此来巩固它们已经获得的生活地位。无产者只有废除自己的现存的占有方式,从而废除全部现存的占有方式,才能取得社会生产力。无产者没有什么自己的东西必须加以保护,他们必须摧毁至今保护和保障私有财产的一切。

过去的一切运动都是少数人的,或者为少数人谋利益的运动。无产阶级的运动是绝大多数人的,为绝大多数人谋利益的独立的运动。无产阶级,现今社会的最下层,如果不炸毁构成官方社会的整个上层,就不能抬起头来,挺起胸来。

如果不就内容而就形式来说,无产阶级反对资产阶级的斗争首先是一国范围内的斗争。每一个国家的无产阶级当然首先应该打倒本国的资产阶级。

在叙述无产阶级发展的最一般的阶段的时候,我们循序探讨了现存社会内部或多或少隐蔽着的国内战争,直到这个战争爆发为公开的革命,无产阶级用暴力推翻资产阶级而建立自己的统治。

我们已经看到,至今的一切社会都是建立在压迫阶级和被压迫阶级的对立之上的。但是,为了有可能压迫一个阶级,就必须保证这个阶级至少有能够勉强维持它的奴隶般的生存的条件。农奴曾经在农奴制度下挣扎到公社成员的地位,小资产者曾经在封建专制制度的束缚下挣扎到资产者的地位。现代的工人却相反,他们并不是随着工业的进步而上升,而是越来越降到本阶级的生存条件以下。工人变成赤贫者，贫困比人口和财富增长得还要快。由此可以明显地看出，资产阶级再不能做社会的统治阶级了，再不能把自己阶级的生存条件当做支配一切的规律强加于社会了。资产阶级不能统治下去了，因为它甚至不能保证自己的奴隶维持奴隶的生活，因为它不得不让自己的奴隶落到不能养活它反而要它来养活的地步。社会再不能在它统治下生存下去了，就是说，它的生存不再同社会相容了。

资产阶级生存和统治的根本条件，是财富在私人手里的积累，是资本的形成和增殖；资本的条件是雇佣劳动。雇佣劳动完全是建立在工人的自相竞争之上的。资产阶级无意中造成而又无力抵抗的工业进步，使工人通过结社而达到的革命联合代替了他们由于竞争而造成的分散状态。于是，随着大工业的发展，资产阶级赖以生产和占有产品的基础本身也就从它的脚下被挖掉了。它首先生产的是它自身的掘墓人。资产阶级的灭亡和无产阶级的胜利是同样不可避免的。

二　无产者和共产党人

……

从宗教的、哲学的和一切意识形态的观点对共产主义提出的种种责难，都不值得详细讨论了。

人们的观念、观点和概念，一句话，人们的意识，随着人们的生活条件、人们的社会关系、人们的社会存在的改变而改变，这难道需要经过深思才能了解吗？

思想的历史除了证明精神生产随着物质生产的改造而改造，还证明了什么呢？任何一个时代的统治思想始终都不过是统治阶级的思想。

当人们谈到使整个社会革命化的思想时，他们只是表明了一个事实：在旧社会内部已经形成了新社会的因素，旧思想的瓦解是同旧生活条件的瓦解步调一致的。

当古代世界走向灭亡的时候，古代的各种宗教就被基督教战胜了。当基督教思想在18世纪被启蒙思想击败的时候，封建社会正在同当时革命的资产阶级进行殊死的斗争。信仰自由和宗教自由的思想，不过表明自由竞争在信仰领域①里占统治地位罢了。

"但是"，有人会说，"宗教的、道德的、哲学的、政治的、法的观念等等在历史发展的进程中固然是不断改变的，而宗教、道德、哲学、政治和法在这种变化中却始终保存着。

此外，还存在着一切社会状态所共有的永恒真理，如自由、正义等等。但是共产主义要废除永恒真理，它要废除宗教、道德，而不是加以革新，所以共产主义是同至今的全部历史发展相矛盾的。"

这种责难归结为什么呢？至今的一切社会的历史都是在阶级对立中运动的，而这种对立在不同的时代具有不同的形式。

但是，不管阶级对立具有什么样的形式，社会上一部分人对另一部分人的剥削却是过去各个世纪所共有的事实。因此，毫不奇怪，各个世纪的社会意识，尽管形形色色、千差万别，总是在某些共同的形式中运动的，这些形式，这些意识形式，只有当阶级对立完

---

① "信仰领域"在1872、1883和1890年德文版中是"知识领域"。——编者注

全消失的时候才会完全消失。

共产主义革命就是同传统的所有制关系实行最彻底的决裂；毫不奇怪，它在自己的发展进程中要同传统的观念实行最彻底的决裂。

……

卡·马克思和弗·恩格斯写于
1847 年 12 月—1848 年 1 月底

1848 年 2 月以小册子形式在
伦敦出版

原文是德文

选自《马克思恩格斯选集》第 3 版
第 1 卷第 400—413、419—421 页

卡·马克思

路易·波拿巴的雾月十八日⁷³（节选）

1869 年第二版序言

我的早逝的朋友**约瑟夫·魏德迈**①曾打算从 1852 年 1 月 1 日起在纽约出版一个政治周刊。他曾请求我给这个刊物写政变⁷⁴的历史。因此，我直到 2 月中旬为止每周都在为他撰写题为《路易·波拿巴的雾月十八日》的论文。这时，魏德迈原来的计划遭到了失败。作为变通办法，他在 1852 年春季开始出版名为《革命》⁷⁵的月刊，月刊第一期的内容就是我的《雾月十八日》。那时这一刊物已有数百份输送到德国，不过没有在真正的书籍市场上出售过。当我向一个行为极端激进的德国书商建议销售这种刊物时，他带着真正的道义上的恐惧拒绝了这种"不合时宜的要求"。

从上述事实中就可以看出，本书是在形势的直接逼迫下写成的，而且其中的历史材料只截止到（1852 年）2 月。现在把它再版发行，一方面是由于书籍市场上的需求，另一方面是由于我那些在德国的朋友们的催促。

---

① 马克思在这里加了一个注："约·魏德迈在美国内战时期担任过圣路易斯区的军事指挥官。"——编者注

在与我这部著作差不多**同时**出现的、论述同一问题的著作中，值得注意的只有两部：**维克多·雨果**的《**小拿破仑**》①和**蒲鲁东**的《**政变**》②。

维克多·雨果只是对政变的主要发动者作了一些尖刻的和机智的痛骂。事变本身在他笔下被描绘成了一个晴天霹雳。他认为这个事变只是某一个人的暴力行为。他没有觉察到，当他说这个人表现了世界历史上空前强大的个人主动性时，他就不是把这个人写成小人物而是写成巨人了。蒲鲁东呢，他想把政变描述成以往历史发展的结果。但是，在他那里关于政变的历史构想不知不觉地变成了对政变主角所作的历史辩护。这样，他就陷入了我们的那些所谓**客观**历史编纂学家所犯的错误。相反，我则是证明，法国**阶级斗争**怎样造成了一种局势和条件，使得一个平庸而可笑的人物有可能扮演了英雄的角色。

现在如果对本书加以修改，就会使它失掉自己的特色。因此，我只限于改正印错的字，并去掉那些现在已经不再能理解的暗示。

我这部著作的结束语："但是，如果皇袍终于落在路易·波拿巴身上，那么拿破仑的铜像就将从旺多姆圆柱⁷⁶顶上倒塌下来。"——这句话已经实现了。

沙尔腊斯上校在他论述 1815 年会战的著作③中，开始攻击对拿破仑的崇拜。从那时起，特别是在最近几年中，法国的出版物借

---

① 　维·雨果《小拿破仑》1852 年伦敦版。——编者注
② 　即皮·约·蒲鲁东《从十二月二日政变看社会革命》1852 年巴黎版。——编者注
③ 　即让·巴·沙尔腊斯《1815 年滑铁卢会战史》1857 年布鲁塞尔版。——编者注

助历史研究、批评、讽刺和诙谐等等武器彻底破除了关于拿破仑的奇谈。在法国境外,这种与传统的民众信仰的断然决裂,这个非同寻常的精神革命,很少有人注意,更不为人所理解。

最后,我希望,我这部著作对于清除那种特别是现今在德国流行的所谓**凯撒主义**的书生用语,将会有所帮助。在作这种肤浅的历史对比时,人们忘记了主要的一点,即在古罗马,阶级斗争只是在享有特权的少数人内部进行,只是在富有的自由民与贫穷的自由民之间进行,而从事生产的广大民众,即奴隶,则不过为这些斗士充当消极的舞台台柱。人们忘记了**西斯蒙第**所说的一句名言:罗马的无产阶级依靠社会过活,现代社会则依靠无产阶级过活。① 由于古代阶级斗争同现代阶级斗争在物质经济条件方面存在这样的根本区别,由这种斗争所产生的政治怪物之间的共同点也就不可能比坎特伯雷大主教与最高祭司撒母耳之间的共同点更多。

卡尔·马克思

1869 年 6 月 23 日于伦敦

卡·马克思写于 1869 年 6 月 23 日

载于 1869 年 7 月在汉堡出版的《路易·波拿巴的雾月十八日》第 2 版

原文是德文

选自《马克思恩格斯选集》第 3 版第 1 卷第 663—665 页

---

① 参看德·西斯蒙第《政治经济学概论》1837 年巴黎版第 1 卷第 35 页。——编者注

恩格斯写的 1885 年第三版序言

《雾月十八日》在初版问世 33 年后还需要印行新版,证明这部著作就是在今天也还丝毫没有失去自己的价值。

的确,这是一部天才的著作。当时事变像晴天霹雳一样震惊了整个政治界,有的人出于道义的愤怒大声诅咒它,有的人把它看做是脱离革命险境的办法和对于革命误入迷途的惩罚,但是所有的人对它都只是感到惊异,而没有一个人理解它;紧接着这一事变之后,马克思立即写出一篇简练的讽刺作品,叙述了二月事变[77]以来法国历史的全部进程的内在联系,揭示了 12 月 2 日的奇迹[74]就是这种联系的自然和必然的结果,而他在这样做的时候对政变的主角除了给予其应得的蔑视以外,根本不需要采取别的态度。这幅图画描绘得如此高明,以致后来每一次新的揭露,都只是提供出新的证据,证明这幅图画是多么忠实地反映了实际。他对活生生的时事有这样卓越的理解,他在事变刚刚发生时就对事变有这样透彻的洞察,的确是无与伦比。

但是要做到这一点,就需要像马克思那样深知法国历史。法国是这样一个国家,在那里历史上的阶级斗争,比起其他各国来每一次都达到更加彻底的结局;因而阶级斗争借以进行、阶级斗争的结果借以表现出来的变换不已的政治形式,在那里也表现得最为鲜明。法国在中世纪是封建制度的中心,从文艺复兴时代起是统一的等级君主制的典型国家,它在大革命中粉碎了封建制度,建立了纯粹的资产阶级统治,这种统治所具有的典型性是欧洲任何其他国家所没有的。而正在上升的无产阶级反对占统治地位的资产阶级的斗争,在这里也以其他各国所没有的尖锐形式表现出来。正因为如此,马克思不仅特别热衷于研究法国过去的历史,而且还考察了法国时事的一切细节,搜集材料以备将来使用。因此,各种事变从未使他感到意外。

此外还有另一个情况。正是马克思最先发现了重大的历史运动规律。根据这个规律,一切历史上的斗争,无论是在政治、宗教、哲学的领域中进行的,还是在其他意识形态领域中进行的,实际上只是或多或少明显地表现了各社会阶级的斗争,而这些阶级的存在以及它们之间的冲突,又为它们的经济状况的发展程度、它们的生产的性质和方式以及由生产所决定的交换的性质和方式所制约。这个规律对于历史,同能量转化定律对于自然科学具有同样的意义。这个规律在这里也是马克思用以理解法兰西第二共和国历史的钥匙。在这部著作中,他用这段历史检验了他的这个规律;即使已经过了 33 年,我们还是必须承认,这个检验获得了辉煌的成果。

弗·恩·

弗·恩格斯写于 1885 年 2 月中以前

载于 1885 年在汉堡出版的《路易·波拿巴的雾月十八日》第 3 版

原文是德文

选自《马克思恩格斯选集》第 3 版第 1 卷第 666—667 页

路易·波拿巴的雾月十八日

一

　　黑格尔在某个地方说过，一切伟大的世界历史事变和人物，可以说都出现两次。他忘记补充一点：第一次是作为悲剧出现，第二次是作为笑剧出现。[78]科西迪耶尔代替丹东，路易·勃朗代替罗伯斯比尔，1848—1851 年的山岳党代替 1793—1795 年的山岳党[79]，侄子代替伯父。在使雾月十八日事变得以再版的种种情况中，也可以看出一幅同样的漫画！①

---

①　在 1852 年版中这一段是这样写的："黑格尔在某个地方说过，一切伟大的世界历史事变和人物，可以说都出现两次。他忘记补充一点：第一次是作为伟大的悲剧出现，第二次是作为卑劣的笑剧出现。科西迪耶尔代替丹东，路易·勃朗代替罗伯斯比尔，1848—1851 年的山岳党代替 1793—1795 年的山岳党，伦敦的特别警察和十来个负债累累的尉官代替小军士及其一桌元帅[80]！白痴的雾月十八日代替天才的雾月十八日！在使雾月十八日事变得以再版的种种情况中，也可以看出一幅同样的漫画。第一次是法国站在破产的边缘，这一次是波拿巴自己站在债务监狱的边缘；当初是大国联盟站在边境，这一次是卢格和达拉什联盟在英国，金克尔和布伦坦诺联盟在美国；当初是爬过一座圣伯纳德山[81]，这一次是派一个中队宪兵越过汝拉山脉[82]；当初是不止获得一个马伦戈，这一次是应当得到圣安德烈大十字勋章[83]和丧失柏林《国民报》[84]的尊敬。"——编者注

137

　　人们自己创造自己的历史,但是他们并不是随心所欲地创造,并不是在他们自己选定的条件下创造,而是在直接碰到的、既定的、从过去承继下来的条件下创造。一切已死的先辈们的传统,像梦魇一样纠缠着活人的头脑。当人们好像刚好在忙于改造自己和周围的事物并创造前所未有的事物时,恰好在这种革命危机时代,他们战战兢兢地请出亡灵来为自己效劳,借用它们的名字、战斗口号和衣服,以便穿着这种久受崇敬的服装,用这种借来的语言,演出世界历史的新的一幕。例如,路德换上了使徒保罗**[85]**的服装,1789—1814 年的革命依次穿上了罗马共和国和罗马帝国的服装,而 1848 年的革命就只知道拙劣地时而模仿 1789 年,时而又模仿 1793—1795 年的革命传统。就像一个刚学会一种新语言的人总是要把它翻译成本国语言一样;只有当他能够不必在心里把新语言翻译成本国语言,能够忘掉本国语言而运用新语言的时候,他才算领会了新语言的精神,才算是运用自如。

　　在观察世界历史上这些召唤亡灵的行动时,立即就会看出它们之间的显著差别。旧的法国革命时的英雄卡米耶·德穆兰、丹东、罗伯斯比尔、圣茹斯特、拿破仑,同旧的法国革命时的党派和人民群众一样,都穿着罗马的服装,讲着罗马的语言来实现当代的任务,即解除桎梏和建立现代**资产阶级**社会。前几个人打碎了封建制度的基础,割去了长在这个基础上的封建头脑;另一个人在法国内部创造了一些条件,从而才保证有可能发展自由竞争,经营分成小块的地产,利用解除了桎梏的国内的工业生产力,而他在法国境外则到处根据需要清除各种封建的形式,为的是要给法国资产阶级社会在欧洲大陆上创造一个符合时代要求的适当环境。但是,新的社会形态一形成,远古的巨人连同复活的罗马古董——所有这些布鲁土斯们、格拉古们、普卜利科拉们、护民官们、元老们以及凯撒本人就都消失不见了。冷静务实的资产阶级社会把萨伊们、库辛们、鲁瓦耶-科拉尔们、本杰明·贡斯当们和基佐们当做自己真正的翻译和代言人;它的真正统帅坐在营业所的办公桌后面,它的政治首领是肥头肥脑的路易十八。资产阶级社会完全埋头于财富的创造与和平竞争,竟忘记了古罗马的幽灵曾经守护过它的摇篮。但是,不管资产阶级社会怎样缺少英雄气概,它的诞生却是需要英雄行为,需要自我牺牲、恐怖、内战和民族间战斗的。在罗马共和国的高度严格的传统中,资产阶级社会的斗士们找到了理想和艺术形式,找到了他们为了不让自己看见自己的斗争的资产阶级狭隘内容、为了要把自己的热情保持在伟大历史悲剧的高度上所必需的自我欺骗。例如,在100年前,在另一个发展阶段上,克伦威尔和英国人民为了他们的资产阶级革命,就借用过旧约全书中的语言、热情和幻想。当真正的目的已经达到,当英国社会的资产阶级改造已经实现时,洛克就排挤了哈巴谷[86]。

由此可见,在这些革命中,使死人复生是为了赞美新的斗争,而不是为了拙劣地模仿旧的斗争;是为了在想象中夸大某一任务,而不是为了回避在现实中解决这个任务;是为了再度找到革命的精神,而不是为了让革命的幽灵重行游荡。

在1848—1851年间,只有旧革命的幽灵在游荡,从改穿了老巴伊的服装的戴黄手套的共和党人马拉斯特,到用拿破仑的死人铁面具把自己的鄙陋可厌的面貌掩盖起来的冒险家①。自以为借

---

① 路易·波拿巴。——编者注

助革命加速了自己的前进运动的整个民族,忽然发现自己被拖回到一个早已死亡的时代;而为了不致对倒退产生错觉,于是就使那些早已成为古董的旧的日期、旧的纪年、旧的名称、旧的敕令以及好像早已腐朽的旧宪兵复活起来。一个民族的感觉,就好像贝德勒姆①那里的一个癫狂的英国人的感觉一样,他设想自己生活在古代法老的时代,每天悲痛地埋怨繁重的劳役,因为他要在地下监狱般的埃塞俄比亚矿场挖掘金矿,头顶一盏暗淡的油灯,背后站着手持长鞭的奴隶监工,洞口站着一群乱哄哄的野蛮士兵,他们既不了解矿山苦役犯,相互之间也不了解,因为大家讲着不同的语言。疯癫的英国人叹道:"我这个生来自由的不列颠人被迫忍受这一切,为的是要替古代法老找金子。"法兰西民族则叹道:"为的是要替波拿巴家族还债。"这个英国人在头脑清醒的时候总不能撇开找金子这种固定观念。而法国人在从事革命的时候总不能摆脱对拿破仑的追念,12 月 10 日的选举[87]就证明了这一点。由于害怕革命的危险,他们曾怀念埃及的肉锅[88],1851 年十二月二日事件便是对于这一点的回答。他们所得到的不只是一幅老拿破仑的漫画,他们得到的是漫画化的老拿破仑本身,是在 19 世纪中叶所应当出现的老拿破仑。

19 世纪的社会革命不能从过去,而只能从未来汲取自己的诗情。它在破除一切对过去的迷信以前,是不能开始实现自己的任务的。从前的革命需要回忆过去的世界历史事件,为的是向自己隐瞒自己的内容。19 世纪的革命一定要让死人去埋葬他们的死

---

① 伦敦的疯人院。——编者注

人①,为的是自己能弄清自己的内容。从前是辞藻胜于内容,现在是内容胜于辞藻。

……

卡·马克思大约写于 1851 年 12 月中—1852 年 3 月 25 日

载于 1852 年 5 月《革命。不定期刊物》第 1 期

原文是德文

选自《马克思恩格斯选集》第 3 版第 1 卷第 668—671 页

---

① 参看《新约全书·马太福音》第 8 章第 22 节。——编者注

卡·马克思

在《人民报》创刊纪念会上的演说[89]

1856 年 4 月 14 日在伦敦

所谓的 1848 年革命，只不过是一些微不足道的事件，是欧洲社会干硬外壳上的一些细小的裂口和缝隙。但是它们却暴露出了外壳下面的一个无底深渊。在看来似乎坚硬的外表下面，现出了一片汪洋大海，只要它动荡起来，就能把由坚硬岩石构成的大陆撞得粉碎。那些革命吵吵嚷嚷、模模糊糊地宣布了无产阶级解放这个 19 世纪的秘密，本世纪革命的秘密。

的确，这个社会革命并不是 1848 年发明出来的新东西。蒸汽、电力和自动走锭纺纱机甚至是比巴尔贝斯、拉斯拜尔和布朗基诸位公民更危险万分的革命家。但是，尽管我们生活在其中的大气把两万磅重的压力加在每一个人身上，你们可感觉得到吗？同样，欧洲社会在 1848 年以前也没有感觉到从四面八方包围着它、压抑着它的革命气氛。

这里有一件可以作为我们 19 世纪特征的伟大事实，一件任何政党都不敢否认的事实。一方面产生了以往人类历史上任何一个时代都不能想象的工业和科学的力量；而另一方面却显露出衰颓的征兆，这种衰颓远远超过罗马帝国末期那一切载诸史册的可怕情景。

在我们这个时代，每一种事物好像都包含有自己的反面。我们看到，机器具有减少人类劳动和使劳动更有成效的神奇力量，然而却引起了饥饿和过度的疲劳。财富的新源泉，由于某种奇怪的、不可思议的魔力而变成贫困的源泉。技术的胜利，似乎是以道德的败坏为代价换来的。随着人类愈益控制自然，个人却似乎愈益成为别人的奴隶或自身的卑劣行为的奴隶。甚至科学的纯洁光辉仿佛也只能在愚昧无知的黑暗背景上闪耀。我们的一切发明和进步，似乎结果是使物质力量成为有智慧的生命，而人的生命则化为愚钝的物质力量。现代工业和科学为一方与现代贫困和衰颓为另一方的这种对抗，我们时代的生产力与社会关系之间的这种对抗，是显而易见的、不可避免的和毋庸争辩的事实。有些党派可能为此痛哭流涕；另一些党派可能为了要摆脱现代冲突而希望抛开现代技术；还有一些党派可能以为工业上如此巨大的进步要以政治上同样巨大的倒退来补充。可是我们不会认错那个经常在这一切矛盾中出现的狡狯的精灵。我们知道，要使社会的新生力量很好地发挥作用，就只能由新生的人来掌握它们，而这些新生的人就是工人。工人也同机器本身一样，是现代的产物。在那些使资产阶级、贵族和可怜的倒退预言家惊慌失措的现象当中，我们认出了我们的勇敢的朋友好人儿罗宾，这个会迅速刨土的老田鼠、光荣的工兵——革命。英国工人是现代工业的头一个产儿。他们在支援这种工业所引起的社会革命方面肯定是不会落在最后的，这种革命意味着他们的本阶级在全世界的解放，这种革命同资本的统治和雇佣奴隶制具有同样的普遍性质。我知道英国工人阶级从上世纪中叶以来进行了多么英勇的斗争，这些斗争只是因为资产阶级历史学家把它们掩盖起来和隐瞒不说才不为世人所熟悉。为了报复统治阶级的罪行,在中世纪的德国曾有过一种叫做"菲默法庭"[90]的秘密法庭。如果某一所房子画上了一个红十字,大家就知道,这所房子的主人受到了"菲默法庭"的判决。现在,欧洲所有的房子都画上了神秘的红十字。历史本身就是审判官,而无产阶级就是执刑者。

载于 1856 年 4 月 19 日《人民报》第 207 期

原文是英文

选自《马克思恩格斯选集》第 3 版第 1 卷第 775—777 页

卡·马克思

《政治经济学批判》导言⁹¹<small>（节选）</small>

I. 生产、消费、分配、交换（流通）⁹²

1. 生　产

［M—1］（α）摆在面前的对象，首先是**物质生产**。

在社会中进行生产的个人，——因而，这些个人的一定社会性质的生产，当然是出发点。被斯密和李嘉图当做出发点的单个的孤立的猎人和渔夫，⁹³属于18世纪的缺乏想象力的虚构。这是鲁滨逊一类的故事，这类故事决不像文化史家想象的那样，仅仅表示对过度文明的反动和要回到被误解了的自然生活中去。同样，卢梭的通过契约来建立天生独立的主体之间的关系和联系的"社会契约"⁹⁴，也不是以这种自然主义为基础的。这是假象，只是大大小小的鲁滨逊一类故事所造成的美学上的假象。其实，这是对于16世纪以来就作了准备、而在18世纪大踏步走向成熟的"市民社会"⁴⁰的预感。在这个自由竞争的社会里，单个的人表现为摆脱了自然联系等等，而在过去的历史时代，自然联系等等使他成为一定的狭隘人群的附属物。这种18世纪的个人，一方面是封建社会形式解体的产物，另一方面是16世纪以来新兴生产力的产物，而在18世纪的预言家看来（斯密和李嘉图还完全以这些预言家为依据），这种个人是曾在过去存在过的理想；在他们看来，这种个人不是历史的结果，而是历史的起点。因为按照他们关于人性的观念，这种合乎自然的个人并不是从历史中产生的，而是由自然造成的。这样的错觉是到现在为止的每个新时代所具有的。斯图亚特在许多方面同 18 世纪对立并作为贵族比较多地站在历史基础上，从而避免了这种局限性。

……

［M—14］3. 政治经济学的方法

当我们从政治经济学的角度考察某一国家的时候，我们从该国的人口，人口的阶级划分，人口在城乡、海洋、在不同生产部门的分布，输出和输入，全年的生产和消费，商品价格等等开始。

从实在和具体开始，从现实的前提开始，因而，例如在经济学上从作为全部社会生产行为的基础和主体的人口开始，似乎是正确的。但是，更仔细地考察起来，这是错误的。如果我，例如，抛开构成人口的阶级，人口就是一个抽象。如果我不知道这些阶级所依据的因素，如雇佣劳动、资本等等，阶级又是一句空话。而这些因素是以交换、分工、价格等等为前提的。比如资本，如果没有雇佣劳动、价值、货币、价格等等，它就什么也不是。因此，如果我从人口着手，那么，这就是关于整体的一个混沌的表象，并且通过更切近的规定我就会在分析中达到越来越简单的概念；从表象中的具体达到越来越稀薄的抽象，直到我达到一些最简单的规定。于是行程又得从那里回过头来，直到我最后又回到人口，但是这回人口已不是关于整体的一个混沌的表象，而是一个具有许多规定和关系的丰富的总体了。

第一条道路是经济学在它产生时期在历史上走过的道路。例如,17世纪的经济学家总是从生动的整体,从人口、民族、国家、若干国家等等开始;但是他们最后总是从分析中找出一些有决定意义的抽象的一般的关系,如分工、货币、价值等等。这些个别要素一旦多少确定下来和抽象出来,从劳动、分工、需要、交换价值等等这些简单的东西上升到国家、国际交换和世界市场的各种经济学体系就开始出现了。

后一种方法显然是科学上正确的方法。具体之所以具体,因为它是许多规定的综合,因而是多样性的统一。因此它在思维中表现为综合的过程,表现为结果,而不是表现为起点,虽然它是现实的起点,因而也是直观和表象的起点。在第一条道路上,完整的表象蒸发为抽象的规定;在第二条道路上,抽象的规定在思维行程中导致具体的再现。

因此,黑格尔陷入幻觉,把实在理解为自我综合、自我深化和自我运动的思维的结果,其实,从抽象上升到具体的方法,只是思维用来掌握具体、把它当做一个精神上的具体再现出来的方式。但决不是具体本身的产生过程。举例来说,最简单的经济范畴,如交换价值,是以人口即在一定关系中进行生产的人口为前提的;也是以[M—15]某种家庭、公社或国家等为前提的。交换价值只能作为一个具体的、生动的既定整体的抽象的单方面的关系而存在。相反,作为范畴,交换价值却有一种洪水期前的存在。因此,在意识看来(而哲学意识就是被这样规定的:在它看来,正在理解着的思维是现实的人,而被理解了的世界本身才是现实的世界),范畴的运动表现为现实的生产行为(只可惜它从外界取得一种推动),

而世界是这种生产行为的结果;这——不过又是一个同义反复——只有在下面这个限度内才是正确的:具体总体作为思想总体、作为思想具体,事实上是思维的、理解的产物;但是,决不是处于直观和表象之外或驾于其上而思维着的、自我产生着的概念的产物,而是把直观和表象加工成概念这一过程的产物。整体,当它在头脑中作为思想整体而出现时,是思维着的头脑的产物,这个头脑用它所专有的方式掌握世界,而这种方式是不同于对于世界的艺术精神的,宗教精神的,实践精神的掌握的。实在主体仍然是在头脑之外保持着它的独立性;只要这个头脑还仅仅是思辨地、理论地活动着。因此,就是在理论方法上,主体,即社会,也必须始终作为前提浮现在表象面前。

　　……

　　［M—21］**4. 生产。**

　　　　　　　生产资料和生产关系。

　　　　　　　生产关系和交往关系。

　　　　　　　国家形式和意识形式

　　　　　　　同生产关系和交往关系的关系。

　　　　　　　法的关系。家庭关系

　　……

　　（6）物质生产的发展例如同艺术发展的不平衡关系。进步这个概念决不能在通常的抽象意义上去理解。就艺术等等而言,理解这种不平衡还不像理解实际社会关系本身内部的不平衡那样重要和那样困难。例如教育。**美国**同欧洲的关系。可是,这里要说明的真正困难之点是:生产关系作为法的关系怎样进入了不平衡的发展。例如罗马私法(在刑法和公法中这种情形较少)同现代生产的关系。

(7)**这种见解表现为必然的发展**。但承认偶然。怎样。(对自由等也是如此。)(交通工具的影响。世界史不是过去一直存在的;作为世界史的历史是结果。)

(8)**出发点当然是自然规定性**;主观地和客观地。部落、种族等。

(1)**[95]** 关于艺术,大家知道,它的一定的繁盛时期决不是同社会的一般发展成比例的,因而也决不是同仿佛是社会组织的骨骼的物质基础的一般发展成比例的。例如,拿希腊人或莎士比亚同现代人相比。就某些艺术形式,例如史诗来说,甚至谁都承认:当艺术生产一旦作为艺术生产出现,它们就再不能以那种在世界史上划时代的、古典的形式创造出来;因此,在艺术本身的领域内,某些有重大意义的艺术形式只有在艺术发展的不发达阶段上才是可能的。如果说在艺术本身的领域内部的不同艺术种类的关系中有这种情形,那么,在整个艺术领域同社会一般发展的关系上有这种情形,就不足为奇了。困难只在于对这些矛盾作一般的表述。一旦它们的特殊性被确定了,它们也就被解释明白了。

[M—22]我们例如先说希腊艺术同现代的关系,再说莎士比亚同现代的关系。大家知道,希腊神话不只是希腊艺术的武库,而且是它的土壤。成为希腊人的幻想的基础、从而成为希腊[艺术]的基础的那种对自然的观点和对社会关系的观点,能够同走锭精纺机、铁道、机车和电报并存吗? 在罗伯茨公司**[96]**面前,武尔坎又在哪里? 在避雷针面前,丘必特又在哪里? 在动产信用公司**[97]**面

前,海尔梅斯又在哪里？任何神话都是用想象和借助想象以征服自然力,支配自然力,把自然力加以形象化;因而,随着这些自然力实际上被支配,神话也就消失了。在印刷所广场[98]旁边,法玛还成什么？希腊艺术的前提是希腊神话,也就是已经通过人民的幻想用一种不自觉的艺术方式加工过的自然和社会形式本身。这是希腊艺术的素材。不是随便一种神话,就是说,不是对自然(这里指一切对象的东西,包括社会在内)的随便一种不自觉的艺术加工。埃及神话决不能成为希腊艺术的土壤或母胎。但是无论如何总得是**一种**神话。因此,决不是这样一种社会发展,这种发展排斥一切对自然的神话态度,一切把自然神话化的态度;因而要求艺术家具备一种与神话无关的幻想。

从另一方面看:阿基里斯能够同火药和铅弹并存吗？或者,《伊利亚特》[99]能够同活字盘甚至印刷机并存吗？随着印刷机的出现,歌谣、传说和诗神缪斯岂不是必然要绝迹,因而史诗的必要条件岂不是要消失吗？

但是,困难不在于理解希腊艺术和史诗同一定社会发展形式结合在一起。困难的是,它们何以仍然能够给我们以艺术享受,而且就某方面说还是一种规范和高不可及的范本。

一个成人不能再变成儿童,否则就变得稚气了。但是,儿童的天真不使成人感到愉快吗？他自己不该努力在一个更高的阶梯上把儿童的真实再现出来吗？在每一个时代,它固有的性格不是以其纯真性又活跃在儿童的天性中吗？为什么历史上的人类童年时代,在它发展得最完美的地方,不该作为永不复返的阶段而显示出永久的魅力呢？有粗野的儿童和早熟的儿童。古代民族中有许多是属于这一类的。希腊人是正常的儿童。他们的艺术对我们所产生的魅力,同这种艺术在其中生长的那个不发达的社会阶段并不矛盾。这种艺术倒是这个社会阶段的结果,并且是同这种艺术在其中产生而且只能在其中产生的那些未成熟的社会条件永远不能复返这一点分不开的。

卡·马克思写于 1857 年 8 月下旬

第一次用德文发表于 1902 — 1903 年《新时代》第 21 年卷第 1 册第 23 — 25 期

原文是德文

选自《马克思恩格斯选集》第 3 版第 2 卷第 683 — 684、700 — 702、710 — 712 页

卡·马克思

《政治经济学批判》序言[100]

我考察资产阶级经济制度是按照以下的顺序：**资本、土地所有制、雇佣劳动；国家、对外贸易、世界市场**。在前三项下，我研究现代资产阶级社会分成的三大阶级的经济生活条件；其他三项的相互联系是一目了然的。第一册论述资本，其第一篇由下列各章组成：(1)商品；(2)货币或简单流通；(3)资本一般。前两章构成本分册的内容。我面前的全部材料[101]形式上都是专题论文，它们是在相隔很久的几个时期内写成的，目的不是为了付印，而是为了自己弄清问题，至于能否按照上述计划对它们进行系统整理，就要看环境如何了。

我把已经起草的一篇总的导言[102]压下了，因为仔细想来，我觉得预先说出正要证明的结论总是有妨害的，读者如果真想跟着我走，就要下定决心，从个别上升到一般。不过在这里倒不妨谈一下我自己研究政治经济学的经过。

我学的专业本来是法律，但我只是把它排在哲学和历史之次当做辅助学科来研究。1842—1843 年间，我作为《莱茵报》[103]的编辑，第一次遇到要对所谓物质利益发表意见的难事。莱茵省议会关于林木盗窃和地产析分的讨论，当时的莱茵省总督冯·沙培尔先生就摩泽尔农民状况同《莱茵报》展开的官方论战，最后，关于自由贸易和保护关税的辩论，是促使我去研究经济问题的最初动因。[104]另一方面,在善良的"前进"愿望大大超过实际知识的当时,在《莱茵报》上可以听到法国社会主义和共产主义的带着微弱哲学色彩的回声。我曾表示反对这种肤浅言论,但是同时在和奥格斯堡《总汇报》[105]的一次争论中坦率承认,我以往的研究还不容许我对法兰西思潮的内容本身妄加评判。我倒非常乐意利用《莱茵报》发行人以为把报纸的态度放温和些就可以使那已经落在该报头上的死刑判决撤销的幻想,以便从社会舞台退回书房。

为了解决使我苦恼的疑问,我写的第一部著作是对黑格尔法哲学的批判性的分析,这部著作的导言曾发表在1844年巴黎出版的《德法年鉴》[31]上。我的研究得出这样一个结果:法的关系正像国家的形式一样,既不能从它们本身来理解,也不能从所谓人类精神的一般发展来理解,相反,它们根源于物质的生活关系,这种物质的生活关系的总和,黑格尔按照18世纪的英国人和法国人的先例,概括为"市民社会"[40],而对市民社会的解剖应该到政治经济学中去寻求。我在巴黎开始研究政治经济学,后来因基佐先生下令驱逐而移居布鲁塞尔[106],在那里继续进行研究。我所得到的,并且一经得到就用于指导我的研究工作的总的结果,可以简要地表述如下:人们在自己生活的社会生产中发生一定的、必然的、不以他们的意志为转移的关系,即同他们的物质生产力的一定发展阶段相适合的生产关系。这些生产关系的总和构成社会的经济结构,即有法律的和政治的上层建筑竖立其上并有一定的社会意识形式与之相适应的现实基础。物质生活的生产方式制约着整个社会生活、政治生活和精神生活的过程。不是人们的意识决定人们的存在,相反,是人们的社会存在决定人们的意识。社会的物质生产力发展到一定阶段,便同它们一直在其中运动的现存生产关系或财产关系(这只是生产关系的法律用语)发生矛盾。于是这些关系便由生产力的发展形式变成生产力的桎梏。那时社会革命的时代就到来了。随着经济基础的变更，全部庞大的上层建筑也或慢或快地发生变革。在考察这些变革时，必须时刻把下面两者区别开来：一种是生产的经济条件方面所发生的物质的、可以用自然科学的精确性指明的变革，一种是人们借以意识到这个冲突并力求把它克服的那些法律的、政治的、宗教的、艺术的或哲学的，简言之，意识形态的形式。我们判断一个人不能以他对自己的看法为根据，同样，我们判断这样一个变革时代也不能以它的意识为根据；相反，这个意识必须从物质生活的矛盾中，从社会生产力和生产关系之间的现存冲突中去解释。无论哪一个社会形态，在它所能容纳的全部生产力发挥出来以前，是决不会灭亡的；而新的更高的生产关系，在它的物质存在条件在旧社会的胎胞里成熟以前，是决不会出现的。所以人类始终只提出自己能够解决的任务，因为只要仔细考察就可以发现，任务本身，只有在解决它的物质条件已经存在或者至少是在生成过程中的时候，才会产生。大体说来，亚细亚的、古希腊罗马的、封建的和现代资产阶级的生产方式可以看做是经济的社会形态演进的几个时代。资产阶级的生产关系是社会生产过程的最后一个对抗形式，这里所说的对抗，不是指个人的对抗，而是指从个人的社会生活条件中生长出来的对抗；但是，在资产阶级社会的胎胞里发展的生产力，同时又创造着解决这种对抗的物质条件。因此，人类社会的史前时期就以这种社会形态而告终。

　　自从弗里德里希·恩格斯批判经济学范畴的天才大纲①（在

---

① 指恩格斯的《国民经济学批判大纲》，见《马克思恩格斯选集》第3版第1卷。——编者注

《德法年鉴》上)发表以后,我同他不断通信交换意见,他从另一条道路(参看他的《英国工人阶级状况》①)得出同我一样的结果。当1845年春他也住在布鲁塞尔时,我们决定共同阐明我们的见解与德国哲学的意识形态的见解的对立,实际上是把我们从前的哲学信仰清算一下。这个心愿是以批判黑格尔以后的哲学的形式来实现的。两厚册八开本的原稿②早已送到威斯特伐利亚的出版所,后来我们才接到通知说,由于情况改变,不能付印。既然我们已经达到了我们的主要目的——自己弄清问题,我们就情愿让原稿留给老鼠的牙齿去批判了。在我们当时从这方面或那方面向公众表达我们见解的各种著作中,我只提出恩格斯与我合著的《共产党宣言》和我自己发表的《关于自由贸易的演说》③。我们见解中有决定意义的论点,在我的1847年出版的为反对蒲鲁东而写的著作《哲学的贫困》①中第一次作了科学的、虽然只是论战性的概述。我用德文写的关于《雇佣劳动》④一书,汇集了我在布鲁塞尔德意志工人协会[107]上对于这个问题的讲演,这本书的印刷由于二月革命[77]和我因此被迫离开比利时而中断。

1848年和1849年《新莱茵报》[108]的出版以及随后发生的一些事变,打断了我的经济研究工作,到1850年我才能在伦敦重新进行这一工作。英国博物馆中堆积着政治经济学史的大量资料,伦敦对于考察资产阶级社会是一个方便的地点,最后,随着加利福

---

① 见《马克思恩格斯选集》第3版第1卷。——编者注
② 指马克思和恩格斯的《德意志意识形态》手稿。——编者注
③ 即马克思《关于自由贸易问题的演说》,见《马克思恩格斯选集》第3版第1卷。——编者注
④ 即马克思《雇佣劳动与资本》,见《马克思恩格斯选集》第3版第1卷。——编者注

尼亚和澳大利亚金矿的发现,资产阶级社会看来进入了新的发展阶段,这一切决定我再从头开始,批判地仔细钻研新的材料。这些研究一部分自然要涉及似乎完全属于本题之外的学科,在这方面不得不多少费些时间。但是使我所能够支配的时间特别受到限制的,是谋生的迫切需要。八年来,我一直为第一流的美国英文报纸《纽约每日论坛报》[109]撰稿(写作真正的报纸通讯在我只是例外),这使我的研究工作必然时时间断。然而,由于评论英国和大陆突出经济事件的论文在我的投稿中占很大部分,我不得不去熟悉政治经济学这门科学本身范围以外的实际的细节。

我以上简短地叙述了自己在政治经济学领域进行研究的经过,这只是要证明,我的见解,不管人们对它怎样评论,不管它多么不合乎统治阶级的自私的偏见,却是多年诚实研究的结果。但是在科学的入口处,正像在地狱的入口处一样,必须提出这样的要求:

"这里必须根绝一切犹豫;

这里任何怯懦都无济于事。"①

卡尔·马克思

1859 年 1 月于伦敦

卡·马克思写于 1859 年 1 月　　　　原文是德文

载于 1859 年 6 月在柏林出版的　　　选自《马克思恩格斯选集》第 3 版
《政治经济学批判。第一分册》　　　第 2 卷第 1—5 页
一书

---

① 但丁《神曲·地狱篇》第 3 部第 14—15 行。——编者注

卡·马克思

政治经济学批判
（1861 — 1863 年手稿）[110]（节选）

［Ⅵ—220］（5）剩余价值理论

（c）亚当·斯密

收入和资本的交换

……

生产和消费是**内在地**不可分离的。由此可以得出结论：因为它们在资本主义生产体系内实际上是分离的，所以它们的统一要通过它们的对立来恢复，就是说，如果 A 必须为 B 生产，B 就必须为 A 消费。正如每个资本家从他这方面说，都希望分享他的收入的人进行挥霍一样，整个老重商主义体系也是以这样的观念为根据：一个国家从自己这方面必须节俭，但是必须为别的沉湎于享受的国家生产奢侈品。这里始终是这样的观念：一方是为生产而生产，因此另一方就是消费他人的产品。这种重商主义体系的观念在**佩利博士的**《道德哲学》一书第二卷第十一章中也表现出来：

"节俭而勤劳的民族，用自己的活动去满足沉湎于奢侈的富有国家的需要。"**111**

德斯杜特说："他们〈我们的政治家，即加尔涅等人〉提出这样的总原则：

消费是生产的原因，因而消费越多越好。他们硬说，正是这一点造成社会经济和私人经济之间的巨大差别。"（同上，第 249—250 页）

下面这句话也很好：

"在**贫国**，人民是安乐的；在**富国**，人民通常是贫苦的。"（同上，第 231 页）

昂利·施托尔希《政治经济学教程》，让·巴·萨伊出版，1823 年巴黎版（这是为尼古拉大公讲授的讲义，完成于 1815 年。）**第三卷**。

在加尔涅之后，施托尔希事实上是第一个试图以新的论据来反驳斯密对生产劳动和非生产劳动的区分的人。

他把"**内在财富**即文明要素"同物质生产的组成部分——物质财富区别开，"文明论"应该研究文明要素的生产规律（同上，第 3 卷第 217 页）。

（"显然，人在没有内在财富之前，即在尚未发展其体力、智力和道德力之前，是决不会生产财富的，而要发展这些能力，必须先有手段，如各种社会设施等等。因此，一国人民越文明，该国国民财富就越能增加。反过来也一样。同上，第 1 卷第 136 页"）

他反对斯密说：

"斯密……把一切不直接参加财富生产的人排除在生产劳动之外；不过他所指的只是国民财富…… 他的错误在于，他没有对非物质价值和财富作出应有的区分。"（第 3 卷第 218 页）

问题其实就此结束了。生产劳动和非生产劳动的区分，对于斯密所考察的东西——物质财富的生产，而且是这种生产的一定形式即资本主义生产方式——具有决定性的意义。在精神生产中，表现为生产劳动的是另一种劳动，但斯密没有考察它。最后，两种生产的相互作用和内在联系,也不在斯密的考察范围之内;而且,两种生产的相互作用和内在联系只有在物质生产就其自身的形式被考察时,才不致流于空谈。如果说斯密曾谈到非直接的生产劳动者,那只是因为这些人**直接**参加物质财富的消费,而不是参加物质财富的生产。

从施托尔希的著作本身来看,他的"**文明论**"虽然有一些机智的见解,例如说物质分工是精神分工的前提,但是依然脱不掉陈词滥调。**仅仅**由**一个**情况就可以看出,施托尔希的著作**必然**会如此,他甚至连**表述**这个问题都还远远没有做到,更不用说解决这个问题了。要研究精神生产[IX—409]和物质生产之间的联系,首先必须把这种物质生产本身不是当做一般范畴来考察,而是从**一定的历史的**形式来考察。例如,与资本主义生产方式相适应的精神生产,就和与中世纪生产方式相适应的精神生产不同。如果物质生产本身不从它的**特殊的历史的**形式来看,那就不可能理解与它相适应的精神生产的特征以及这两种生产的相互作用。这样就不能超出庸俗的见解。这都是因为"文明"的空话引起的。

其次,从物质生产的一定形式产生:第一,一定的社会结构;第二,人对自然的一定关系。人们的国家制度和人们的观念由这两者决定。因而,人们的精神生产的方式也由这两者决定。

最后,施托尔希所理解的精神生产,还包括专门执行社会职能的统治阶级的各种职业活动。这些阶层的存在以及他们的职能,只有根据他们生产关系的一定的历史结构才能够理解。

因为施托尔希不是**历史地**考察物质生产本身,他把物质生产当做一般的物质财富的生产来考察,而不是当做这种生产的一定的、历史地发展的和特殊的形式来考察,所以他就抽去了自己立足的基础,而只有在这种基础上,才能够既理解统治阶级的意识形态组成部分,也理解这种一定社会形态的自由的精神生产。他没有能够超出泛泛的毫无内容的空谈。而且,这种关系本身也完全不像他原先设想的那样简单。例如,资本主义生产就同某些精神生产部门如艺术和诗歌相敌对。不考虑这些,就会坠入莱辛巧妙地嘲笑过的 18 世纪法国人的幻想。[112]既然我们在力学等等方面已经远远超过了古代人,为什么我们不能也创作出自己的史诗来呢?于是出现了《亨利亚德》[113]来代替《伊利亚特》[99]。

但是,施托尔希在专门反对加尔涅这个最早对斯密进行**这种**反驳的人的时候,所强调指出的东西则是正确的。那就是:他强调指出反对斯密的人把问题完全弄错了。

"批评斯密的人做些什么呢?他们完全没有弄清这种区分〈"非物质价值"和"财富"之间的区分〉,他们把这两种显然不同的价值完全混淆起来。〈他们硬说,精神产品的生产或服务的生产就是**物质**生产。〉他们把非物质劳动看做生产劳动,认为这种劳动生产〈即直接生产〉财富,即物质的、可交换的价值;其实,这种劳动只生产非物质的、直接的价值;批评斯密的人则根据这样的假定,即非物质劳动的产品也像物质劳动的产品一样,受同一规律支配;其实,支配前者的原则和支配后者的原则并不相同。"(第 3 卷第 218 页)

我们要指出施托尔希的下面这些被后来的著作家抄引的论点:

"因为内在财富有一部分是服务的产品,所以人们便断言,内在财富不比服务本身更耐久,它们必然是随生产随消费。"(第 3 卷第 234 页)"原始的[内在]财富决不会因为它们被使用而消灭,它们会由于不断运用而增加并扩大起来,所以,它们的消费本身会增加它们的价值。"(同上,第 236 页)"内在财富也像一般财富一样,可以积累起来,能够形成资本,而这种资本可以用来进行再生产等等。"(同上,第 236 页)"在人们能够开始考虑非物质劳动的分工

以前,必须先有[物质]劳动的分工和[物质]劳动产品的积累。"(第241页)

这一切只不过是精神财富和物质财富之间的最一般的表面的类比和对照。例如他的下面那种说法也是如此,他说,不发达的国家从外国**吸取**自己的精神资本,就像物质上不发达的国家从外国吸取自己的物质资本一样(同上,第306页);他还说,非物质劳动的分工决定于对这种劳动的需求,一句话,决定于市场,等等(第246页)。

下面这些话是直接抄来的:

[IX—410]"内在财富的生产决不会因为它所需要的物质产品的消费而使国民财富减少,相反,它是促进国民财富增加的有力手段",反过来也是一样,"财富的生产也是增进文明的有力手段"。(同上,第517页)"正是这两种生产的均衡促进了国家的繁荣。"(同上,第521页)

按照施托尔希的看法,医生生产健康(但也生产疾病),教授和作家生产文化(但也生产蒙昧),诗人、画家等等生产趣味(但也生产乏味),道德家等等生产道德,传教士生产宗教,君主的劳动生产安全,等等(第247—250页)。但是同样完全可以说,疾病生产医生,愚昧生产教授和作家,乏味生产诗人和画家,不道德生产道德家,迷信生产传教士,普遍的不安全生产君主。这种说法事实上是说,所有这些活动,这些"服务",都生产现实的或想象的使用价值;后来的著作家不断重复这种说法,用以证明上述这些人都是斯密所谓的生产劳动者,也就是说,他们直接生产的不是特殊种类的产品,而是物质劳动的产品,所以他们直接生产财富。在施托尔希的书中还没有这种荒谬说法。其实这种荒谬说法可以归结为以下两个方面:

（1）在资产阶级社会中，各种职能是互为前提的；

（2）物质生产领域中的对立，使得由各个意识形态阶层构成的上层建筑成为必要，这些阶层的活动不管是好是坏，因为是必要的，所以是好的；

（3）一切职能都是为资本家服务，都为了资本家"好"；

（4）连最高的精神生产，也只是由于被描绘为、被错误地解释为物质财富的直接生产者，才得到承认，在资产者眼中才成为可以**原谅的**。

……

［插入部分。］休谟和约·马西

（K）资本的生产性。生产
劳动和非生产劳动

……

同一种劳动可以是**生产劳动**，也可以是**非生产劳动**。

例如，弥尔顿创作《失乐园》得到 5 镑，他是**非生产劳动者**。相反，为书商提供工厂式劳动的作家，则是**生产劳动者**。弥尔顿出于同春蚕吐丝一样的原因而创作《失乐园》。那是**他的**天性的表现。后来，他把作品卖了 5 镑。但是，在书商指示下编写书籍（例如经济学大纲）的莱比锡的一位无产者作家却是**生产劳动者**，因为他的生产从一开始就从属于资本，只是为了使资本增殖价值才进行的。一个自行卖唱的歌女是**非生产劳动者**。但是，同一个歌女，被剧院老板雇用，老板为了赚钱而让她去唱歌，她就是**生产劳**

动者,因为她生产资本。

……

某些**服务**,或者说,作为某些活动或劳动的结果的**使用价值**,体现为**商品**,相反,另外一些服务却不留下任何可以捉摸的、同提供这些服务的人**分开存在的**结果,或者说,这些服务的结果不是**可以出卖的商品**。例如,一个歌唱家为我提供的服务,满足了我的审美的需要;但是,我所享受的,只是同歌唱家本身分不开的活动,他的劳动即歌唱一停止,我的享受也就结束;我所享受的是活动本身,是它引起的我的听觉的反应。这些服务本身,同我买的商品一样,可以是确实必要的,或者仅仅看来是必要的,例如士兵、医生和律师的服务,——或者它们可以是给我提供享受的服务。但是,这丝毫不改变它们的经济规定性。如果我身体健康,用不着医生,或者我有幸不必去打官司,那我就会像避开瘟疫一样,避免把货币花在医生或律师的服务上。[XXI—1328]①**服务**也可以是强加于人的,如**官吏的服务**等等。

……

在非物质生产中,甚至当这种生产纯粹为交换而进行,因而纯粹生产**商品**的时候,也可能有两种情况:(1)生产的结果是**商品**,是使用价值,它们具有离开生产者和消费者而独立的形态,因而能在生产和消费之间的一段时间内存在,能在这段时间内作为**可以出卖的商品**而流通,如书、画,总之,所有与艺术家所进行的艺术活动相分离的艺术品。在这里,资本主义生产只能非常有限地被运用,例如,一个作家在编一部多人的共同著作百科全书时,把其他

---

① 马克思在编页码时漏掉了 1327。——编者注

许多作家当做辅助工人[114]来剥削。

[XXI—1330]这里的大多数情况,都还是向资本主义生产**过渡的形式**,就是说,从事各种科学或艺术的生产者,工匠或专家,为共同的商人资本即书商而劳动,这种关系同真正的资本主义生产方式无关,甚至在形式上也还没有从属于它。在这些过渡形式中,恰恰对劳动的剥削最大,但这一点并不会使事情发生变化。(2)产品同生产行为不可分离,如一切表演艺术家、演说家、演员、教师、医生、牧师等等的情况。在这里,资本主义生产方式也只是在很小的范围内进行,而且按照事物的性质只能在某些部门内发生。例如,在学校中,教师对于学校老板,可以是纯粹的雇佣劳动者,这种教育工厂在英国数量很多。这些教师对学生来说虽然不是**生产工人**,但是对雇用他们的老板来说却是生产工人。老板用他的资本交换教师的劳动能力,通过这个过程使自己发财。戏院、娱乐场所等等的老板也是如此。在这里,演员对观众说来,是艺术家,但是对自己的企业主说来,是**生产工人**。资本主义生产在这个领域中的所有这些表现,同整个生产比起来是微不足道的,因此可以完全置之不理。

……

卡·马克思写于1861年8月— 1863年7月

第一次用俄文发表于《马克思恩格斯全集》俄文第2版第26卷第Ⅰ、Ⅱ、Ⅲ册和第47、48卷

原文是德文

选自《马克思恩格斯全集》中文第2版第33卷第344—348页和第37卷第332、336、340—341页

弗·恩格斯

爱尔兰歌曲集代序[115]

　　爱尔兰的民间歌曲一部分产生于古代,另一部分产生于近三四百年间,其中有许多是上一世纪才产生的;创作特别多的是当时最后一批爱尔兰弹唱诗人中的卡罗兰。这些弹唱诗人或竖琴手(他们既是诗人,又是作曲家,又是歌手)以前为数很多,每一个爱尔兰首领在他的城堡中都有自己的弹唱诗人。不少弹唱诗人也作为流浪歌手,飘泊在全国各地,遭受着英国人的迫害;英国人把他们看做民族的、反英格兰的传统的主要代表者,并不是毫无根据的。这些弹唱诗人使人民始终鲜明地记得那些歌唱芬恩·麦库尔(麦克弗森在他的完全根据这些爱尔兰歌曲编成的《奥西恩》[116]中,从爱尔兰人那里剽窃了这个人物,易名为芬戈尔,并改为苏格兰人)的胜利、古代塔腊王宫的豪华、布里安·博卢国王的英雄事迹的古代歌曲,以及稍后一些的关于爱尔兰首领同 Sassenach(英国人)作战的歌曲,弹唱诗人在他们的歌曲中也颂扬了他们同时代的为独立而战的爱尔兰首领们的功勋。但是,到十七世纪时,伊丽莎白、詹姆斯一世、奥利弗·克伦威尔和荷兰的威廉使爱尔兰人民完全沦为奴隶,掠夺他们,把他们的土地抢去给英国征服者,使爱尔兰人失去法律的保护,成为一个备受压迫的民族,这时流浪歌手们也像天主教神甫们一样遭到了迫害;到本世纪初,他们已经逐渐绝迹了。他们的名字被遗忘,他们的诗歌只留下一些片断;他们给自己被奴役的但是没有被征服的爱尔兰人民留下的最宝贵的遗产,就是他们的歌曲。

所有用爱尔兰文写的诗,每一节都是四行;因此,这种四行一节的格式,虽然往往不大明显,通常还是大多数歌曲、特别是古老的歌曲的基础;此外还常常附有叠句或竖琴弹奏的尾声。目前,在爱尔兰的大部分地区已经只有老年人才懂得爱尔兰语,或者已经谁也不懂得爱尔兰语,但即使在这个时候,有许多这种古老的爱尔兰歌曲,人们还是只知道它们的爱尔兰文名称或者开头的歌词。大部分比较晚近的歌曲,则已经有了英文名称和英文歌词了。

这些歌曲大部分充满着深沉的忧郁,这种忧郁直到今天也还是民族情绪的表现。当统治者的压迫手段日益翻新、日益现代化的时候,难道这个被统治的民族还能有其他的表现吗?四十年前第一次使用而在近二十年间达到顶点的最新手段,就是把爱尔兰人大批地驱逐出他们的故土,而在爱尔兰,这就等于驱逐出国境。从1841年起,爱尔兰的人口减少了250万,有300万以上的爱尔兰人流亡国外。这一切都是由于来自英格兰的大地主追求利润和强行勒索而造成的。如果这种情况再继续三十年,爱尔兰人恐怕只有在美洲才能找得到了。

弗·恩格斯写于1870年7月5日前后

第一次发表于1955年《工人运动》杂志第2期

原文是德文

选自《马克思恩格斯全集》中文第1版第16卷第574—575页

弗·恩格斯

论住宅问题[117]（节选）

第　一　篇
蒲鲁东怎样解决住宅问题

……

27 年以前，我（在《英国工人阶级状况》一书中）正好对 18 世纪英国所发生的劳动者被逐出自己家园的过程的主要特征进行过描写①。此外，当时土地所有者和工厂主所干出的无耻勾当，这种驱逐行动必然首先对当事的劳动者在物质上和精神上造成的危害，在那里也作了如实的描写。但是，我能想到要把这种可能是完全必然的历史发展过程看成一种退步，后退到"比野蛮人还低下"吗？绝对不能。1872 年的英国无产者的发展程度比 1772 年的有自己的"家园"的农村织工不知要高出多少。有自己的洞穴的原始人，有自己的土屋的澳洲人，有自己的家园的印第安人，难道能够在什么时候举行六月起义[118]或建立巴黎公社吗？

自从资本主义生产被大规模采用时起，工人的物质状况总的来讲是更为恶化了，对于这一点只有资产者才表示怀疑。但是，难

---

① 见《马克思恩格斯选集》第 3 版第 1 卷第 87—103 页。——编者注

道我们因此就应当深切地眷恋（也是很贫乏的）埃及的肉锅[88]，眷恋那仅仅培养奴隶精神的农村小工业或者眷恋"野蛮人"吗？恰恰相反。只有现代大工业所造成的、摆脱了一切历来的枷锁、也摆脱了将其束缚在土地上的枷锁并且被一起赶进大城市的无产阶级，才能实现消灭一切阶级剥削和一切阶级统治的伟大社会变革。有自己家园的旧日农村手工织工永远不能做到这一点，他们永远不会产生这种想法，更说不上希望实现这种想法。

相反，在蒲鲁东看来，近百年来的全部工业革命、蒸汽力、用机器代替手工劳动并把劳动生产力增加千倍的大生产，却是一种极其可恶的事情，一种本来不应当发生的事情。小资产者蒲鲁东向往的世界是这样的：每个人制造各自的产品，可以立即用来消费，也可以拿到市场上去交换；如果那时每个人能以另一种产品补偿自己劳动的十足价值，那么"永恒公平"就得到满足，而最好的世界就建立起来了。但是，这个蒲鲁东向往的最好的世界在萌芽状态就已经被不断前进的工业发展的脚步踏碎了。这种工业发展早已在大工业的一切部门中消灭了单独劳动，并且在较小的和最小的部门中日益消灭着这种劳动，而代之以依靠机器和已可利用的自然力来进行的社会劳动，它所生产的可以立即用来交换或消费的产品是许多人共同劳动的成果。这种产品必须经过许多人的手才能生产出来。正是由于这种工业革命，人的劳动生产力才达到了相当高的水平，以致在人类历史上破天荒第一次创造了这样的可能性：在所有的人实行明智分工的条件下，不仅生产的东西可以满足全体社会成员丰裕的消费和造成充足的储备，而且使每个人都有充分的闲暇时间去获得历史上遗留下来的文化——科学、艺术、社交方式等等——中一切真正有价值的东西；并且不仅是去获得,而且还要把这一切从统治阶级的独占品变成全社会的共同财富并加以进一步发展。关键就在这里。人的劳动生产力既然已发展到这样高的水平,统治阶级存在的任何借口便都被打破了。为阶级差别辩护的最终理由总是说:一定要有一个阶级无须为生产每天的生活必需品操劳,以便有时间为社会从事脑力劳动。这种废话在此以前曾有其充分的历史合理性,而现在被近百年来的工业革命一下子永远根除了。统治阶级的存在,日益成为工业生产力发展的障碍,同样也日益成为科学和艺术发展,特别是文明社交方式发展的障碍。从来也没有比我们现代的资产者更无知的人了。

但是,这一切同朋友蒲鲁东毫不相干。他只要"永恒公平",旁的什么都不要。每个人应当用自己的产品换得自己的十足的劳动所得、自己的劳动的十足价值。但是,在现代工业产品上进行这样的计算,却不是一件容易的事情。单个人在总产品中所占的份额,在先前单独手工劳动的条件下自然而然表现在生产出的产品中,而现代工业则正好把这个份额掩蔽起来了。其次,现代工业日益消灭着作为蒲鲁东全部体系基础的单独交换,即互相换取产品来供自己消费的两个生产者间的直接交换。因此,整个蒲鲁东主义都渗透着一种反动的特性:厌恶工业革命,时而公开时而隐蔽地表示希望把全部现代工业、蒸汽机、纺纱机以及其他一切坏东西统统抛弃,而返回到旧日的规规矩矩的手工劳动。哪怕这样做我们会丧失千分之九百九十九的生产力,整个人类注定会陷入极可怕的劳动奴隶状态,饥饿将成为一种常规,那也没什么了不起,只要我们能搞好交换,使每个人都能得到"十足的劳动所得"并且能实现"永恒公平"就行了! Fiat justitia, pereat mundus!

但有公平常在,哪怕世界毁灭!

如果蒲鲁东的这种反革命的东西确实能付诸实现,世界是要毁灭的。

然而,不言而喻,就是在受现代大工业制约的社会生产的条件下,每个人也是有可能保证获得"自己的十足的劳动所得"的,只要这句话还有某种意义的话。但是,这句话只有作更广义的理解才有意义,即必须理解成这样:不是每一单个工人成为这种"自己的十足的劳动所得"的所有者,而是纯粹由工人组成的整个社会成为他们劳动的总产品的所有者,由这个社会把总产品的一部分分配给自己的成员去消费,一部分用以补偿和增加自己的生产资料,一部分储存起来作为生产和消费的后备基金。

......

弗·恩格斯写于 1872 年 5 — 12 月

载于 1872 年 6 月 26 和 29 日,7 月 3 日,12 月 25 和 28 日《人民国家报》第 51、52、53、103 和 104 号;1873 年 1 月 4 和 8 日,2 月 8、12、19 和 22 日《人民国家报》第 2、3、12、13、15 和 16 号

原文是德文

选自《马克思恩格斯选集》第 3 版第 3 卷第 198—201 页

弗·恩格斯

反 杜 林 论

（欧根·杜林先生在科学中实行的变革）[119]（节选）

引　论

一　概　论

……

当我们通过思维来考察自然界或人类历史或我们自己的精神活动的时候，首先呈现在我们眼前的，是一幅由种种联系和相互作用无穷无尽地交织起来的画面，其中没有任何东西是不动的和不变的，而是一切都在运动、变化、生成和消逝。这种原始的、素朴的、但实质上正确的世界观是古希腊哲学的世界观，而且是由赫拉克利特最先明白地表述出来的：一切都存在而又不存在，因为一切都在**流动**，都在不断地变化，不断地生成和消逝。但是，这种观点虽然正确地把握了现象的总画面的一般性质，却不足以说明构成这幅总画面的各个细节；而我们要是不知道这些细节，就看不清总画面。为了认识这些细节，我们不得不把它们从自然的或历史的联系中抽出来，从它们的特性、它们的特殊的原因和结果等等方面来分别加以研究。这首先是自然科学和历史研究的任务；而这些研究部门，由于十分明显的原因，在古典时代的希腊人那里只占有从属的地位,因为他们首先必须搜集材料。精确的自然研究只是在亚历山大里亚时期[120]的希腊人那里才开始,而后来在中世纪由阿拉伯人继续发展下去;可是,真正的自然科学只是从15世纪下半叶才开始,从这时起它就获得了日益迅速的进展。把自然界分解为各个部分,把各种自然过程和自然对象分成一定的门类,对有机体的内部按其多种多样的解剖形态进行研究,这是最近400年来在认识自然界方面获得巨大进展的基本条件。但是,这种做法也给我们留下了一种习惯:把各种自然物和自然过程孤立起来,撇开宏大的总的联系去进行考察,因此,就不是从运动的状态,而是从静止的状态去考察;不是把它们看做本质上变化的东西,而是看做固定不变的东西;不是从活的状态,而是从死的状态去考察。这种考察方式被培根和洛克从自然科学中移植到哲学中以后,就造成了最近几个世纪所特有的局限性,即形而上学的思维方式。

在形而上学者看来,事物及其在思想上的反映即概念,是孤立的、应当逐个地和分别地加以考察的、固定的、僵硬的、一成不变的研究对象。他们在绝对不相容的对立中思维;他们的说法是:"是就是,不是就不是;除此以外,都是鬼话。"①在他们看来,一个事物要么存在,要么就不存在;同样,一个事物不能同时是自身又是别的东西。正和负是绝对互相排斥的;原因和结果也同样是处于僵硬的相互对立中。初看起来,这种思维方式对我们来说似乎是极为可信的,因为它是合乎所谓常识的。然而,常识在日常应用的范围内虽然是极可尊敬的东西,但它一跨入广阔的研究领域,就会碰

---

① 参看《新约全书·马太福音》第5章第37节。——编者注

到极为惊人的变故。形而上学的考察方式,虽然在相当广泛的、各依对象性质而大小不同的领域中是合理的,甚至必要的,可是它每一次迟早都要达到一个界限,一超过这个界限,它就会变成片面的、狭隘的、抽象的,并且陷入无法解决的矛盾,因为它看到一个一个的事物,忘记它们互相间的联系;看到它们的存在,忘记它们的生成和消逝;看到它们的静止,忘记它们的运动;因为它只见树木,不见森林。例如,在日常生活中,我们知道并且可以肯定地说,某一动物存在还是不存在;但是,在进行较精确的研究时,我们就发现,这有时是极其复杂的事情。这一点法学家们知道得很清楚,他们为了判定在子宫内杀死胎儿是否算是谋杀,曾绞尽脑汁去寻找一条合理的界限,结果总是徒劳。同样,要确定死亡的那一时刻也是不可能的,因为生理学证明,死亡并不是突然的、一瞬间的事情,而是一个很长的过程。同样,任何一个有机体,在每一瞬间都既是它本身,又不是它本身;在每一瞬间,它消化着外界供给的物质,并排泄出其他物质;在每一瞬间,它的机体中都有细胞在死亡,也有新的细胞在形成;经过或长或短的一段时间,这个机体的物质便完全更新了,由其他物质的原子代替了,所以,每个有机体永远是它本身,同时又是别的东西。在进行较精确的考察时,我们也发现,某种对立的两极,例如正和负,既是彼此对立的,又是彼此不可分离的,而且不管它们如何对立,它们总是互相渗透的;同样,原因和结果这两个概念,只有应用于个别场合时才有其本来的意义;可是,只要我们把这种个别的场合放到它同宇宙的总联系中来考察,这两个概念就交汇起来,融合在普遍相互作用的看法中,而在这种相互作用中,原因和结果经常交换位置;在此时或此地是结果,在彼时或彼地就成了原因,反之亦然。

　　所有这些过程和思维方法都是形而上学思维的框子所容纳不下的。相反,对辩证法来说,上述过程正好证明它的方法是正确的,因为辩证法在考察事物及其在观念上的反映时,本质上是从它们的联系、它们的联结、它们的运动、它们的产生和消逝方面去考察的。自然界是检验辩证法的试金石,而且我们必须说,现代自然科学为这种检验提供了极其丰富的、与日俱增的材料,并从而证明了,自然界的一切归根到底是辩证地而不是形而上学地发生的。可是,由于学会辩证地思维的自然科学家到现在还屈指可数,所以,现在理论自然科学中普遍存在的并使教师和学生、作者和读者同样感到绝望的那种无限混乱的状态,完全可以从已经发现的成果和传统的思维方式之间的这个冲突中得到说明。

　　因此,要精确地描绘宇宙、宇宙的发展和人类的发展,以及这种发展在人们头脑中的反映,就只有用辩证的方法,只有不断地注意生成和消逝之间、前进的变化和后退的变化之间的普遍相互作用才能做到。近代德国哲学一开始就是以这种精神进行活动的。康德一开始他的学术生涯,就把牛顿的稳定的太阳系和太阳系经过有名的第一推动后的永恒存在变成了历史的过程,即太阳和一切行星由旋转的星云团产生的过程。同时,他已经作出了这样的结论:太阳系的产生也预示着它将来的不可避免的灭亡。过了半个世纪,他的观点由拉普拉斯从数学上作出了证明;又过了半个世纪,分光镜证明了,在宇宙空间存在着凝聚程度不同的炽热的气团。**121**

　　这种近代德国哲学在黑格尔的体系中完成了,在这个体系中,黑格尔第一次——这是他的伟大功绩——把整个自然的、历史的和精神的世界描写为一个过程,即把它描写为处在不断的运动、变化、转变和发展中，并企图揭示这种运动和发展的内在联系①。从这个观点来看，人类的历史已经不再是乱七八糟的、统统应当被这时已经成熟了的哲学理性的法庭所唾弃并最好尽快被人遗忘的毫无意义的暴力行为，而是人类本身的发展过程，而思维的任务现在就是要透过一切迷乱现象探索这一过程的逐步发展的阶段，并且透过一切表面的偶然性揭示这一过程的内在规律性。

　　黑格尔没有解决这个任务，这在这里没有多大关系。他的划时代的功绩是提出了这个任务。这不是任何个人所能解决的任务。虽然黑格尔和圣西门一样是当时最博学的人物，但是他毕竟受到了限制，首先是他自己的必然有限的知识的限制，其次是他那个时代的在广度和深度方面都同样有限的知识和见解的限制。但是，除此以外还有第三种限制。黑格尔是唯心主义者，就是说，在他看来，他头脑中的思想不是现实的事物和过程的或多或少抽象的反映，相反，在他看来，事物及其发展只是在世界出现以前已经在某个地方存在着的"观念"的现实化的反映。这样，一切都被头足倒置了，世界的现实联系完全被颠倒了。所以，不论黑格尔如何正确地和天才地把握了一些个别的联系，但由于上述原因，就是在细节上也有许多东西不能不是牵强的、造作的、虚构的，一

————————

① 在《引论》的草稿中，对黑格尔哲学作了如下的描述："就哲学被看做是凌驾于其他一切科学之上的特殊科学来说，黑格尔体系是哲学的最后的最完善的形式。全部哲学都随着这个体系没落了。但是留下的是辩证的思维方式以及关于自然的、历史的和精神的世界是一个无止境地运动着和转变着的、处在不断的生成和消逝过程中的世界的观点。现在不再向哲学，而是向**一切**科学提出这样的要求：在自己的特殊领域内揭示这个不断的转变过程的运动规律。而这就是黑格尔哲学留给它的继承者的遗产。"——编者注

句话,被歪曲的。黑格尔的体系作为体系来说,是一次巨大的流产,但也是这类流产中的最后一次。就是说,它还包含着一个无法解决的内在矛盾:一方面,它以历史的观点作为基本前提,即把人类的历史看做一个发展过程,这个过程按其本性来说在认识上是不能由于所谓绝对真理的发现而结束的;但是另一方面,它又硬说它自己就是这种绝对真理的化身。关于自然和历史的无所不包的、最终完成的认识体系,是同辩证思维的基本规律相矛盾的;但是,这样说决不排除,相反倒包含下面一点,即对整个外部世界的有系统的认识是可以一代一代地取得巨大进展的。

一旦了解到以往的德国唯心主义是完全荒谬的,那就必然导致唯物主义,但是要注意,并不是导致 18 世纪的纯粹形而上学的、完全机械的唯物主义。同那种以天真的革命精神简单地抛弃以往的全部历史的做法相反,现代唯物主义把历史看做人类的发展过程,而它的任务就在于发现这个过程的运动规律。无论在 18 世纪的法国人那里,还是在黑格尔那里,占统治地位的自然观都认为,自然界是一个沿着狭小的圆圈循环运动的、永远不变的整体,牛顿所说的永恒的天体和林耐所说的不变的有机物种也包含在其中。同这种自然观相反,现代唯物主义概括了自然科学的新近的进步,从这些进步来看,自然界同样也有自己的时间上的历史,天体和在适宜条件下生存在天体上的有机物种都是有生有灭的;至于循环,即使能够存在,其规模也要大得无比。在这两种情况下,现代唯物主义本质上都是辩证的,而且不再需要任何凌驾于其他科学之上的哲学了。一旦对每一门科学都提出要求,要它们弄清它们自己在事物以及关于事物的知识的总联系中的地位,关于总联系的任何特殊科学就是多余的了。于是,在以往的全部哲学中仍然独立存在的,就只有关于思维及其规律的学说——形式逻辑和辩证法。其他一切都归到关于自然和历史的实证科学中去了。

但是,自然观的这种变革只能随着研究工作提供相应的实证的认识材料而实现,而在这期间一些在历史观上引起决定性转变的历史事实却老早就发生了。1831 年在里昂发生了第一次工人起义**122**;在 1838—1842 年,第一次全国性的工人运动,即英国宪章派的运动**123**,达到了高潮。无产阶级和资产阶级之间的阶级斗争一方面随着大工业的发展,另一方面随着资产阶级新近取得的政治统治的发展,在欧洲最先进的国家的历史中升到了重要地位。事实日益令人信服地证明,资产阶级经济学关于资本和劳动的利益一致、关于自由竞争必将带来普遍和谐和人民的普遍福利的学说完全是撒谎。① 对所有这些事实都再也不能置之不理了,同样,对作为这些事实的理论表现(虽然是极不完备的表现)的法国和英国的社会主义也不能再置之不理了。但是,旧的、还没有被排除掉的唯心主义历史观不知道任何基于物质利益的阶级斗争,而且根本不知道任何物质利益;生产和一切经济关系,在它那里只是被当做“文化史”的从属因素顺便提一下。

新的事实迫使人们对以往的全部历史作一番新的研究,结果发现:以往的**全部**历史,都是阶级斗争的历史**124**;这些互相斗争的社会阶级在任何时候都是生产关系和交换关系的产物,一句话,都

---

① 在《引论》的草稿中,接着有下面一段话:“在法国,1834 年的里昂起义也宣告了无产阶级反对资产阶级的斗争。英国和法国的社会主义理论获得了历史价值,并且也必然在德国引起反响和评论,虽然在德国,生产还只是刚刚开始摆脱小规模的经营。因此,现在与其说在德国还不如说在德国人中间形成的理论的社会主义,其全部材料都不得不是进口的……”——编者注

是自己时代的**经济**关系的产物;因而每一时代的社会经济结构形成现实基础,每一个历史时期的由法的设施和政治设施以及宗教的、哲学的和其他的观念形式所构成的全部上层建筑,归根到底都应由这个基础来说明。这样一来,唯心主义从它的最后的避难所即历史观中被驱逐出去了,一种唯物主义的历史观被提出来了,用人们的存在说明他们的意识,而不是像以往那样用人们的意识说明他们的存在这样一条道路已经找到了。

可是,以往的社会主义同这种唯物主义历史观是不相容的,正如法国唯物主义的自然观同辩证法和近代自然科学不相容一样。以往的社会主义固然批判了现存的资本主义生产方式及其后果,但是,它不能说明这个生产方式,因而也就不能对付这个生产方式;它只能简单地把它当做坏东西抛弃掉。但是,问题在于:一方面应当说明资本主义生产方式的历史联系和它在一定历史时期存在的必然性,从而说明它灭亡的必然性;另一方面应当揭露这种生产方式的一直还隐蔽着的内在性质,因为以往的批判主要是针对有害的后果,而不是针对事物的进程本身。这已经由于**剩余价值**的发现而完成了。已经证明,无偿劳动的占有是资本主义生产方式和通过这种生产方式对工人进行的剥削的基本形式;即使资本家按照劳动力作为商品在商品市场上所具有的全部价值来购买他的工人的劳动力,他从这种劳动力榨取的价值仍然比他对这种劳动力的支付要多;这种剩余价值归根到底构成了有产阶级手中日益增加的资本量由以积累起来的价值量。这样就说明了资本主义生产和资本生产的过程。

这两个伟大的发现——唯物主义历史观和通过剩余价值揭开资本主义生产的秘密,都应当归功于**马克思**。由于这两个发现,社会主义变成了科学,现在首先要做的是对这门科学的一切细节和联系作进一步的探讨。

……

弗·恩格斯写于 1876 年 9 月——1878 年 6 月

载于 1877 年 1 月 3 日— 1878 年 7 月 7 日《前进报》

原文是德文

选自《马克思恩格斯全集》中文第 2 版第 26 卷第 23—30 页

弗·恩格斯

自然辩证法[125]（节选）

［历 史 导 论］

［98］

［导　　言］[126]

现代的自然研究不同于古代人的天才的自然哲学的直觉，也不同于阿拉伯人的非常重要的、但是零散的并且大部分都无果而终的发现，它是唯一得到科学的、系统的、全面的发展的自然研究——现代的自然研究同整个近代史一样，发端于这样一个伟大的时代，这个时代，我们德国人根据我们当时所遭遇的民族不幸称之为宗教改革，法国人称之为文艺复兴，而意大利人则称之为16世纪，但这些名称没有一个能把这个时代充分地表达出来。这个时代是从15世纪下半叶开始的。王权依靠市民摧毁了封建贵族的权力，建立了巨大的、实质上以民族为基础的君主国，而现代的欧洲国家和现代的资产阶级社会就在这种君主国里发展起来；当市民和贵族还在互相争斗时，德国农民战争就预告了未来的阶级斗争，因为德国农民战争不仅把起义的农民引上了舞台——这已经不是什么新鲜事了——，而且在农民之后，把现代无产阶级的先驱也引上了舞台，他们手持红旗，高喊财产公有的要求。拜占庭灭亡时抢救出来的手稿,罗马废墟中发掘出来的古代雕像,在惊讶的西方面前展示了一个新世界——希腊古代;在它的光辉的形象面前,中世纪的幽灵消逝了;意大利出现了出人意料的艺术繁荣,这种艺术繁荣好像是古典古代的反照,以后就再也不曾达到过。在意大利、法国、德国都产生了新的文学,即最初的现代文学;英国和西班牙跟着很快进入了自己的古典文学时代。旧世界的界限被打破了;直到这个时候才真正发现了地球,奠定了以后的世界贸易以及从手工业过渡到工场手工业的基础,而工场手工业则构成现代大工业的起点。教会的精神独裁被摧毁了,日耳曼语各民族大部分都直截了当地抛弃了它,接受了新教,同时,在罗曼语各民族那里,一种从阿拉伯人那里吸收过来并从新发现的希腊哲学那里得到营养的开朗的自由思想,越来越深地扎下了根,为18世纪的唯物主义做了准备。

这是人类以往从来没有经历过的一次最伟大的、进步的变革,是一个需要巨人并且产生了巨人的时代,那是一些在思维能力、激情和性格方面,在多才多艺和学识渊博方面的巨人。给资产阶级的现代统治打下基础的人物,决没有市民局限性。相反,这些人物都不同程度地体现了那种勇于冒险的时代特征。那时,几乎没有一个著名人物不曾作过长途的旅行,不会说四五种语言,不在好几个专业上放射出光芒。莱奥纳多·达·芬奇不仅是大画家,而且也是大数学家、力学家和工程师,他在物理学的各种不同分支中都有重要的发现。阿尔布雷希特·丢勒是画家、铜版雕刻家、雕塑家、建筑师,此外还发明了一种筑城学体系,这种筑城学体系已经包含了一些在很久以后又被蒙塔朗贝尔和近代德国筑城学采用的观念。马基雅弗利是政治家、历史编纂学家、诗人,同时又是第一个值得一提的近代军事著作家。路德不但清扫了教会这个奥吉亚斯的牛圈,而且也清扫了德国语言这个奥吉亚斯的牛圈,创造了现代德国散文,并且创作了成为 16 世纪《马赛曲》的充满胜利信心的赞美诗的词和曲。[127]那个时代的英雄们还没有成为分工的奴隶,而分工所产生的限制人的、使人片面化的影响,在他们的后继者那里我们是常常看到的。而尤其突出的是,他们几乎全都置身于时代运动中,在实际斗争中意气风发,站在这一方面或那一方面进行斗争,有人用舌和笔,有人用剑,有些人则两者并用。因此他们具有成为全面的人的那种性格上的丰富和力量。书斋里的学者是例外:他们不是二流或三流的人物,就是唯恐烧着自己手指的小心翼翼的庸人。

……

[自然界和社会]

[99]
劳动在从猿到人的转变中的作用[128]

政治经济学家说:劳动是一切财富的源泉。其实,劳动和自然界在一起才是一切财富的源泉,自然界为劳动提供材料,劳动把材料转变为财富。但是劳动的作用还远不止于此。劳动是整个人类生活的第一个基本条件,而且达到这样的程度,以致我们在某种意义上不得不说:劳动创造了人本身。

在好几十万年以前,在地质学家叫做第三纪的那个地质时代的某个还不能确切肯定的时期,大概是在这个时代的末期,在热带的某个地方——可能是现在已经沉入印度洋底的一大片陆地上，生活着一个异常高度发达的类人猿的种属。达尔文曾经向我们大致地描述了我们的这些祖先：它们浑身长毛，有胡须和尖耸的耳朵，成群地生活在树上。①

这种猿类，大概首先由于它们在攀援时手干着和脚不同的活这样一种生活方式的影响，在平地上行走时也开始摆脱用手来帮忙的习惯，越来越以直立姿势行走。由此就**迈出了从猿过渡到人的具有决定意义的一步**。

现在还活着的一切类人猿，都能直立起来并且单凭两脚向前运动。但是只有在迫不得已时才会如此，并且非常笨拙。它们的自然的步态是采取半直立的姿势，而且用手来帮忙。大多数的类人猿是以握成拳头的手指骨支撑地面，两腿收起，身体在长臂之间摆动前进，就像跛子撑着双拐行走一样。一般说来，我们现在还可以在猿类中间观察到从用四肢行走到用两条腿行走的一切过渡阶段。但是一切猿类都只是在迫不得已时才用两条腿行走。

如果说我们的遍体长毛的祖先的直立行走一定是先成为习惯，并且随着时间的推移才成为必然，那么这就必须有这样的前提：手在此期间已经越来越多地从事其他活动了。在猿类中，手和脚的使用也已经有某种分工了。正如我们已经说过的，在攀援时手和脚的使用方式是不同的。手主要是用来摘取和抓住食物，就像低级哺乳动物用前爪所做的那样。有些猿类用手在树上筑巢，或者如黑猩猩甚至在树枝间搭棚以避风雨。它们用手拿着木棒抵

① 参看查·达尔文《人类起源和性的选择》第1卷第6章《论人类的血缘和谱系》。——编者注

御敌人,或者以果实和石块掷向敌人。它们在被圈养的情况下用手做出一些简单的模仿人的动作。但是,正是在这里我们看到,甚至和人最相似的猿类的不发达的手,同经过几十万年的劳动而高度完善化的人手相比,竟存在着多么大的差距。骨节和筋肉的数目和一般排列,两者是相同的,然而即使最低级的野蛮人的手,也能做任何猿手都模仿不了的数百种动作。任何一只猿手都不曾制造哪怕是一把最粗笨的石刀。

因此,我们的祖先在从猿过渡到人的好几十万年的过程中逐渐学会的使自己的手能做出的一些动作,在开始时只能是非常简单的。最低级的野蛮人,甚至那种可以认为已向更近乎兽类的状态倒退而同时躯体也退化了的野蛮人,也远远高于这种过渡性的生物。在人用手把第一块石头做成石刀以前,可能已经过了一段漫长的时间,和这段时间相比,我们所知道的历史时间就显得微不足道了。但是具有决定意义的一步迈出了:**手变得自由了**,并能不断掌握新的技能,而由此获得的更大的灵活性便遗传下来,并且一代一代地增加着。

所以,手不仅是劳动的器官,**它还是劳动的产物**。只是由于劳动,由于总是要去适应新的动作,由于这样所引起的肌肉、韧带以及经过更长的时间引起的骨骼的特殊发育遗传下来,而且由于这些遗传下来的灵巧性不断以新的方式应用于新的越来越复杂的动作,人的手才达到这样高度的完善,以致像施魔法一样产生了拉斐尔的绘画、托瓦森的雕刻和帕格尼尼的音乐。

但是手并不是单独存在的。它只是整个具有极其复杂的结构的机体的一个肢体。凡是有益于手的,也有益于手所服务的整个身体,而且这是以二重的方式发生的。

首先这是由于达尔文所称的生长相关律。依据这一规律,一个有机生物的个别部分的特定形态,总是和其他部分的某些形态息息相关,哪怕在表面上和这些形态似乎没有任何联系。例如,一切具有无细胞核的红血球并以一对关节(髁状突)来联结后脑骨和第一节脊椎骨的动物,无例外地也都长有乳腺来哺养幼仔。又如,在哺乳动物中,偶蹄通常是和进行反刍的多囊的胃相联系的。身体的某些特定形态的改变,会引起其他部分的形态的改变,虽然我们还不能解释这种联系。蓝眼睛的纯白猫总是或差不多总是聋的。人手的逐渐灵巧以及与之相应的脚适应直立行走的发育,由于上述相关律的作用,无疑会反过来影响机体的其他部分。但是这种影响现在研究得还太少,所以我们在这里只能作一般的叙述。

更加重要得多的是手的发展对机体其余部分的直接的、可证明的反作用。我们已经说过,我们的猿类祖先是一种群居的动物,人,一切动物中最爱群居的动物,显然不可能来源于某种非群居的最近的祖先。随着手的发展、随着劳动而开始的人对自然的支配,在每一新的进展中扩大了人的眼界。他们在自然对象中不断地发现新的、以往所不知道的属性。另一方面,劳动的发展必然促使社会成员更紧密地互相结合起来,因为劳动的发展使互相支持和共同协作的场合增多了,并且使每个人都清楚地意识到这种共同协作的好处。一句话,这些正在生成中的人,已经达到彼此间**不得不说些什么**的地步了。需要也就造成了自己的器官:猿类的不发达的喉头,由于音调的抑扬顿挫的不断加多,缓慢地然而肯定无疑地得到改造,而口部的器官也逐渐学会发出一个接一个的清晰的音节。

语言是从劳动中并和劳动一起产生出来的,这个解释是唯一正确的,拿动物来比较,就可以证明。动物,甚至高度发达的动物,彼此要传递的信息很少,不用分音节的语言就可以互通信息。在自然状态下,没有一种动物会感到不能说话或不能听懂人的语言是一种缺陷。它们经过人的驯养,情形就完全不同了。狗和马在和人的接触中所养成的对于分音节的语言的听觉十分敏锐,以致它们在它们的想象力所及的范围内,能够很容易地学会听懂任何一种语言。此外,它们还获得了如对人表示依恋、感激等等的表达感受的能力,而这种能力是它们以前所没有的。和这些动物经常接触的人几乎不能不相信:有足够的情况表明,这些动物**现在**感到没有说话能力是一个缺陷。不过,它们的发音器官可惜过分地专门朝特定方向发展了,再也无法补救这种缺陷。但是,只要有发音器官,这种不能说话的情形在某种限度内是可以克服的。鸟的口部器官和人的口部器官肯定是根本不同的,然而鸟是唯一能学会说话的动物,而且在鸟里面叫声最令人讨厌的鹦鹉说得最好。人们别再说鹦鹉不懂得它自己所说的是什么了。它一连几个小时唠唠叨叨重复它那几句话,的确纯粹是出于喜欢说话和喜欢跟人交往。但是在它的想象力所及的范围内,它也能学会懂得它所说的是什么。如果我们把骂人话教给鹦鹉,使它能够想象到这些话的意思(这是从热带回来的水手们的一种主要娱乐),然后惹它发怒,那么我们马上会看到,它会像柏林卖菜的女贩一样正确地使用它的骂人话。它在乞求美味食品时也有这样的情形。

首先是劳动,然后是语言和劳动一起,成了两个最主要的推动力,在它们的影响下,猿脑就逐渐地过渡到人脑;后者和前者虽然十分相似,但是要大得多和完善得多。随着脑的进一步的发育,脑的最密切的工具,即感觉器官,也进一步发育起来。正如语言的逐渐发展必然伴随有听觉器官的相应的完善化一样,脑的发育也总是伴随有所有感觉器官的完善化。鹰比人看得远得多,但是人的眼睛识别东西远胜于鹰。狗比人具有锐敏得多的嗅觉,但是它连被人当做各种物的特定标志的不同气味的百分之一也辨别不出来。至于触觉,在猿类中刚刚处于最原始的萌芽状态,只是由于劳动才随着人手本身而一同形成。——脑和为它服务的感官、越来越清楚的意识以及抽象能力和推理能力的发展,又反作用于劳动和语言,为这二者的进一步发展不断提供新的推动力。这种进一步的发展,并不是在人同猿最终分离时就停止了,而是在此以后大体上仍然大踏步地前进着,虽然在不同的民族和不同的时代就程度和方向来说是不同的,有时甚至由于局部的和暂时的退步而中断;由于随着完全形成的人的出现又增添了新的因素——**社会**,这种发展一方面便获得了强有力的推动力,另一方面又获得了更加确定的方向。

……

由于手、说话器官和脑不仅在每个人身上,而且在社会中发生共同作用,人才有能力完成越来越复杂的动作,提出并达到越来越高的目的①。劳动本身经过一代又一代变得更加不同、更加完善和更加多方面了。除打猎和畜牧外,又有了农业,农业之后又有了纺纱、织布、冶金、制陶和航海。伴随着商业和手工业,最后出现了艺术和科学;从部落发展成了民族和国家。法和政治发展起来了,而且和它们一起,人间事物在人的头脑中的虚幻的反映——宗教,也发展起来了。在所有这些起初表现为头脑的产物并且似乎支配

① 恩格斯在此处页边上写着:"感觉器官"。——编者注

着人类社会的创造物面前,劳动的手的较为简陋的产品退到了次要地位;何况能作出劳动计划的头脑在社会发展的很早的阶段上(例如,在简单的家庭中),就已经能不通过自己的手而是通过别人的手来完成计划好的劳动了。迅速前进的文明完全被归功于头脑,归功于脑的发展和活动;人们已经习惯于用他们的思维而不是用他们的需要来解释他们的行为(当然,这些需要是反映在头脑中,是进入意识的)。这样,随着时间的推移,便产生了唯心主义世界观,这种世界观,特别是从古典古代世界没落时起,就支配着人的头脑。它现在还非常有力地支配着人的头脑,甚至达尔文学派的唯物主义自然科学家们对于人类的产生也不能提出明确的看法,因为他们在那种意识形态的影响下,认识不到劳动在这中间所起的作用。

……

弗·恩格斯写于 1873—1882 年

第一次以德文和俄译文对照的形式全文发表于 1925 年莫斯科出版的《马克思恩格斯文库》第 2 卷

原文是德文

选自《马克思恩格斯全集》中文第 2 版第 26 卷第 465—467、759—764、766—767 页

弗·恩格斯

卡尔·马克思[129]

　　第一个给社会主义,因而也给现代整个工人运动提供了科学基础的人——卡尔·马克思,于1818年生在特里尔。起初他在波恩和柏林攻读法学,但不久就专心致力于研究历史和哲学,并且在1842年曾准备争取当大学哲学教师,然而弗里德里希-威廉三世死后所发生的政治运动[130],使他走上了另一条生活道路。在他的协助下,莱茵省自由派资产阶级领袖康普豪森和汉泽曼等人,在科隆创办了《莱茵报》[103],由于马克思对莱茵省议会辩论的批评引起了极大的注意[131],1842年秋他被聘为该报的主笔。《莱茵报》的出版当然是经过检查的,但书报检查机关对它没有办法①。《莱茵报》差不多总是能登载那些重要的文章;先是给书报检查官送一些次要的材料让他去删除,一直到他自行让步,或者在第二天出不了报纸的威胁下不得不让步为止。如果有十家报纸有《莱茵报》这样的勇

---

① 恩格斯在这里加了一个注:"第一个对《莱茵报》进行检查的是警务顾问多里沙尔,就是他曾把《科隆日报》[35]上关于菲拉莱泰斯(后来的萨克森国王约翰)翻译的但丁《神曲》一书的广告删去,并且批示说'不应拿神圣的东西搞喜剧'。"——编者注

气,而出版人又不惜额外花上几百塔勒排版费的话,那么德国的①书报检查早在 1843 年就行不通了。可是德国的报馆老板都是些卑微胆怯的庸人,所以《莱茵报》是孤军作战。它把书报检查官一个个都弄得一筹莫展。最后,它要受双重检查,在第一次检查之后,行政区长官还要最后检查一次。但是这样也无济于事。1843 年初,政府声称对这个报纸无可奈何,就干脆把它查封了。

马克思(这时他已经同后来的反动大臣冯·威斯特华伦的妹妹结婚)迁到了巴黎,在那里和阿·卢格一起出版《德法年鉴》[31],他以在该刊物上发表的《黑格尔法哲学批判》②为开端,陆续写了一系列社会主义的文章。后来他和恩格斯共同出版了《神圣家族。驳布鲁诺·鲍威尔及其伙伴》③,这是针对当时德国哲学唯心主义的最后一种表现形式所作的讽刺性的批判。

马克思除了研究政治经济学和法国大革命史,还总是腾出时间利用适当机会抨击普鲁士政府;普鲁士政府对他进行了报复,1845年春天,它促使基佐内阁下令把马克思驱逐出法国[132]。据说亚历山大·冯·洪堡先生在这件事情上扮演了中间人的角色。[133]马克思移居布鲁塞尔,并于 1847 年和 1848 年在那里用法文先后发表了《哲学的贫困》,即对蒲鲁东的《贫困的哲学》一书的批判,以及《关于自由贸易问题的演说》。④ 同时,他在布鲁塞尔抓住时机创立了德意志工人

---

① 本文在 1891 年纽约《先驱者。人民历书画刊》上发表时,这里删去了"德国的"一词。——编者注
② 指马克思《〈黑格尔法哲学批判〉导言》,见《马克思恩格斯选集》第 3 版第 1 卷。——编者注
③ 见《马克思恩格斯文集》第 1 卷。——编者注
④ 见《马克思恩格斯选集》第 3 版第 1 卷。——编者注

协会[107],从而开始了实际的鼓动工作。自从 1847 年他和他的政治上的朋友加入已存在多年的秘密的"共产主义者同盟"[134]后,实际的鼓动工作对于他就具有更重要的意义了。同盟的全部组织这时已得到根本的改造;这个先前多少是密谋性的团体,现在变成了一个平常的、只是不得已才是秘密的共产主义宣传组织,变成了德国社会民主党的**第一个**组织。凡是有德意志工人协会的地方,就有同盟;英国、比利时、法国、瑞士的几乎所有工人协会的领导成员,以及德国很多工人协会的领导成员,都加入了同盟,同盟在初生的德国工人运动中力量很大。同时我们的同盟第一个强调指出了整个工人运动的国际性质,并且在实践中实现了这点;它的成员中有英国人、比利时人、匈牙利人、波兰人和其他国籍的人,并且还举行了(特别是在伦敦)多次国际工人会议。

在 1847 年召开的两次代表大会上,同盟进行了改组。第二次代表大会决定委托马克思和恩格斯两人起草一篇宣言,把党的基本原则规定下来并公布于世。《共产党宣言》就是这样产生的,它在 1848 年二月革命[77]前不久第一次发表,后来被译成欧洲几乎所有的文字。

马克思曾为《德意志—布鲁塞尔报》[135]撰稿,该报无情地揭露了祖国在警察统治下的太平盛世,普鲁士政府又以此为借口要求把马克思驱逐出境,不过没有成功。可是,当布鲁塞尔由于二月革命影响也开始发生民众运动,看来比利时的时局就要发生突变的时候,比利时政府便毫不客气地把马克思逮捕起来并把他驱逐出境了。这时法国临时政府通过弗洛孔邀请他重返巴黎,他接受了这个邀请。

当时在巴黎的德国人策划把在法国的德国工人编成武装军团,利用这种军团把革命和共和制度输入德国。马克思到了巴黎,首先就反对这种盲目行动。因为一方面,德国应该自己来实现自己的革命;另一方面,在法国组织的任何外籍的革命军团,都会被临时政府的拉马丁之流当即出卖给所要推翻的那个政府,比利时和巴登就发生过这样的事情。

三月革命**136**以后,马克思迁到科隆,在那里创办了《**新莱茵报**》**108**。这家报纸从 1848 年 6 月 1 日出版到 1849 年 5 月 19 日,是当时民主运动中唯一代表无产阶级观点的报纸。单从它对 1848 年 6 月巴黎起义者表示无条件声援的事实中就可以明白看出这点,为此,差不多全体股东都脱离了这家报纸。《十字报》**137**曾指责《新莱茵报》攻击一切神圣的东西的行为是"粗鲁无礼的钦博拉索山"**138**,因为上自国王①和帝国摄政王②,下至宪兵都遭到该报攻击,而这一切是发生在一个当时拥有 8 000 兵员的守备部队的普鲁士要塞内;突然变得反动的莱茵省自由主义庸人们表示了愤怒;1848 年秋天科隆的戒严状态迫使《新莱茵报》停刊很久;法兰克福的帝国司法部曾就该报一篇又一篇的文章告知科隆的检察官,要求进行法律追究,——这一切都无济于事,报纸在警察的眼皮底下仍然从容地继续编辑和印行,它的销行和声誉随着它对政府和资产阶级的尖锐攻击愈益扩大了。当 1848 年 11 月普鲁士发生政变时,《新莱茵报》在每号报头上号召人民抗税,以暴力对抗暴力。1849 年春天,报纸曾因为这一点,另外还因为一篇文章,被告到陪审法庭,但两次都被宣判无罪**139**。最后,1849 年德累斯顿和莱茵省的五月起义被镇压下去了**140**,在集结和动员相当大的兵力以后,普鲁士开始了对巴登-普法尔茨起义**141**的讨伐,这时政府认为自己已经十分巩固,足以采用暴力来消灭《新莱茵报》了。该报在 5 月

---

①　弗里德里希-威廉四世。——编者注
②　奥地利大公约翰。——编者注

19 日用红色油墨印了最后的一号。

马克思又到了巴黎，但在 1849 年 6 月 13 日示威**142**以后几个星期，法国政府迫使他选择一条路：要么迁到布列塔尼，要么离开法国。他选择了后一条路，迁到伦敦，在这里一直住到现在。

以评论性杂志形式继续出版《新莱茵报》**143**的尝试（1850 年于汉堡），不久就因反动势力日益猖獗而只好放弃。1851 年 12 月法国发生政变以后不久，马克思发表了《路易·波拿巴的雾月十八日》①（1852年纽约版；第二版于 1869 年，即战争以前不久在汉堡发行）。1853 年间他写了《揭露科隆共产党人案件》②（最初在巴塞尔，其后在波士顿，近年又在莱比锡印行）。

共产主义者同盟的盟员在科隆被判罪**144**以后，马克思离开了政治鼓动工作，一方面在 10 年内专心研究英国博物馆图书馆中政治经济学方面的丰富藏书，另一方面又为《纽约每日论坛报》**109**写稿，该报在美国国内战争爆发以前，不仅经常刊载由他署名的通讯，而且发表了他写的许多论欧洲和亚洲形势的社论。他根据对英国官方文件的仔细研究而写成的抨击帕麦斯顿勋爵的文章，在伦敦被翻印成小册子。

他多年研究经济学的最初成果，就是 1859 年问世的《政治经济学批判。第一分册》③（柏林敦克尔出版社版）。这部著作第一次系统地阐述了马克思的价值理论，包括货币学说在内。在意大利战争期间，马克思在伦敦出版的德文报纸《人民报》**145**上，既反对当时涂上自由主义色彩、装扮成被压迫民族解放者的波拿巴主义，也反对当时普鲁

---

① 见《马克思恩格斯选集》第 3 版第 1 卷。——编者注
② 见《马克思恩格斯全集》中文第 2 版第 11 卷。——编者注
③ 见《马克思恩格斯全集》中文第 2 版第 31 卷。——编者注

士企图在中立的幌子下浑水摸鱼的政策。同时他还得反击卡尔·福格特先生,因为此人在当时受拿破仑亲王(普隆-普隆)委托,由路易-拿破仑支薪来进行鼓动,以争取德国持中立的,甚至同情的立场。福格特蓄意制造最卑鄙的谣言大肆诬蔑马克思,而马克思便以《福格特先生》①一书(1860年伦敦版)来回击他。在这本书里,马克思揭露了福格特和帝国的假民主集团中其他先生们的面目,并且根据内部和外部的材料证明福格特已被十二月帝国**146**所收买。整整10年以后,这件事被证实了:1870年在土伊勒里宫发现的并为九月政府公布的波拿巴雇佣人员名单里,在字母V②下面写着:"福格特——1859年8月付给他4万法郎。"③

最后,1867年在汉堡出版了《资本论。政治经济学批判》第一卷。这是马克思的主要著作,这部著作叙述了他的经济学观点和社会主义观点的基础以及他对现存社会、资本主义生产方式及其后果进行的批判的基本要点。这一划时代的著作的第二版于1872年问世,现在作者正进行第二卷的定稿工作。

这时欧洲各国的工人运动又十分壮大了,以致马克思有可能来考虑实现他的夙愿:创立一个把欧美最先进国家都包括进来的工人协会,这个协会无论在工人自己面前或是在资产者及各国政府面前,都会成为社会主义运动的国际性质的可以说是活生生的体现,会使无产阶级受到鼓舞,变得坚强,使无产阶级的敌人感到恐惧。1864年9月28日在伦敦圣马丁堂为声援当时再次遭到俄国蹂躏的波兰而召开的

① 见《马克思恩格斯全集》中文第2版第19卷。——编者注
② "福格特"德文的第一个字母是V。——编者注
③ 见《皇室文件和通信》(两卷集)1870—1871年巴黎版第2卷第161页。——编者注

群众大会,为提出这项建议创造了条件,建议被热烈地通过了。**国际工人协会**[147]成立了;大会选出了一个临时总委员会,驻在地设在伦敦。从这一届起到海牙代表大会[148]时止,每届总委员会的灵魂都是马克思。国际总委员会所发表的一切文件,从 1864 年的成立宣言①直到 1871 年关于法兰西内战的宣言②,几乎都是由他起草的。叙述马克思在国际中的活动,就等于撰写欧洲工人还记忆犹新的这个协会本身的历史。

巴黎公社的失败,使国际陷于无法存在下去的境地。国际被推到欧洲历史舞台的前台的时候,也正是它在各地都无法再展开任何有成效的实际行动的时候。事变把它提到第七强国[149]的地位,同时又不允许它动员并运用自己的战斗力量,否则就必然招致失败和使工人运动遭受几十年的压制。况且从各方面还出现了一些分子,企图利用协会迅速提高的声誉来满足个人的功名欲或个人的虚荣心,而不了解或无视国际的真正处境。当时必须作出一种勇敢的决定,而作出这种决定并使之在海牙代表大会上得到通过的又正是马克思。国际郑重决定,它不对那些丧失理智的、卑鄙龌龊的分子的中坚——巴枯宁主义者的行动负任何责任;其次,鉴于国际在普遍反动的局势下不可能满足仍对它提出的过高的要求,而要照旧充分展开活动,就非使工人运动付出许多流血牺牲的代价不可——鉴于这种形势,它暂时退出舞台,决定把总委员会迁到美国。后来的情况证明这个在当时和后来曾常常受到指责的决定是多么正确。这样,一方面任何想假借国际的名

---

① 指马克思《国际工人协会成立宣言》,见《马克思恩格斯选集》第 3 版第 3 卷第 1—11 页。——编者注
② 指马克思《法兰西内战。国际工人协会总委员会宣言》,见《马克思恩格斯选集》第 3 版第 3 卷第 75—131 页。——编者注

义策划无谓暴动的企图被制止了;另一方面,各国社会主义工人党之间从未间断过的密切联系证明,国际所唤起的对于各国无产阶级利益一致和相互团结的觉悟,即使没有一个正式的国际联合组织这样一条纽带,仍然能够发挥作用,而这样一条纽带在当时已经变成了一种束缚。

在海牙代表大会以后,马克思终于得到了宁静和空暇来重新开始他的理论工作,他的《资本论》第二卷可望不久就能付印。

在马克思使自己的名字永垂科学史册的许多重要发现中,这里我们只能谈两点。

第一点就是他在整个世界史观上实现了变革。以前所有的历史观,都以下述观念为基础:一切历史变动的最终原因,应当到人们变动着的思想中去寻求,并且在一切历史变动中,最重要的、支配全部历史的又是政治变动。可是,人的思想是从哪里来的,政治变动的动因是什么——关于这一点,没有人发问过。只有在法国历史编纂学家和部分英国历史编纂学家的新学派中,才产生了一种信念,认为至少从中世纪起,欧洲历史的动力是新兴资产阶级为争取社会的和政治的统治而同封建贵族所作的斗争。现在马克思则证明,至今的全部历史都是阶级斗争的历史,在全部纷繁复杂的政治斗争中,问题的中心仅仅是社会阶级的社会的和政治的统治,即旧的阶级要保持统治,新兴的阶级要争得统治。可是,这些阶级又是由于什么而产生和存在的呢? 是由于当时存在的基本的物质条件,即各个时代社会借以生产和交换必要生活资料的那些条件。中世纪的封建统治依靠的是自给自足的小规模的农民公社的经济,这种经济自己生产几乎所有必需品,几乎不进行交换。农民公社由好战的贵族保护它们不受外敌侵害并使它们具有民族的或者甚至是政治的联系。当城市产生,而独立的手工业和最初在国内后来在国际上的商业交往也随之产生的时候,城市资产阶级就发展起来了,这个资产阶级早在中世纪时期,就已经在反对贵族的斗争中争得了在封建制度内同样跻身于特权等级的地位。可是随着15世纪中叶以后欧洲以外的世界的发现,资产阶级得到了一个更广大得多的通商区域,从而也得到了发展自己工业的新刺激;在一些最重要的生产部门中,手工业被已经具有工厂性质的工场手工业所排挤,工场手工业又被大工业所排挤,而这种大工业是由于前一世纪的各种发明,特别是由于蒸汽机的发明才有可能建立的。大工业又反过来影响商业,它在落后国家里排挤旧式手工劳动,在比较发达的国家里,创造出现代的新式交通工具——轮船、铁路和电报。这样,资产阶级日益把社会财富和社会权力集中在自己手里,虽然它在长时期内还被排除于政权之外,政权仍然操在贵族和靠贵族支持的王权手里。但到了一定的发展阶段——在法国是从大革命起——它把政权也夺到手了,于是它对于无产阶级和小农说来就成了统治阶级。从这个观点来看,在充分认识了该阶段社会经济状况(而我们那些专业历史编纂学家当然完全没有这种认识)的条件下,一切历史现象都可以用最简单的方法来说明,同样,每一历史时期的观念和思想也可以极其简单地由这一时期的经济的生活条件以及由这些条件决定的社会关系和政治关系来说明。历史破天荒第一次被置于它的真正基础上;一个很明显的而以前完全被人忽略的事实,即人们首先必须吃、喝、住、穿,就是说首先必须**劳动**,然后才能争取统治,从事政治、宗教和哲学等等,——这一很明显的事实在历史上的应有之义此时终于获得了承认。

这种新的历史观,对于社会主义的观点有极其重要的意义。它证明了:至今的全部历史都是在阶级对立和阶级斗争中发展的;统治阶级和被统治阶级,剥削阶级和被剥削阶级是一直存在的;大多数人总是注定要从事艰苦的劳动而很少能得到享受。为什么会这样呢?这只是因为在人类发展的以前一切阶段上,生产还很不发达,以致历史的发展只能在这种对立形式中进行,历史的进步整个说来只是成了极少数特权者的事,广大群众则注定要终生从事劳动,为自己生产微薄的必要生活资料,同时还要为特权者生产日益丰富的生活资料。对历史的这种考察方法通过上述方式对至今的阶级统治作了自然而合理的解释,不然这种阶级统治就只能用人的恶意来解释;可是这同一种考察方法还使我们认识到:由于现时生产力如此巨大的发展,就连把人分成统治者和被统治者、剥削者和被剥削者的最后一个借口,至少在最先进的国家里也已经消失了;居于统治地位的大资产阶级已经完成了它的历史使命,它不但不能再领导社会,甚至变成了生产发展的障碍,如各国的商业危机,尤其是最近的一次大崩溃[150]以及工业不振的状态就是证明;历史的领导权已经转到无产阶级手中,而无产阶级由于自己的整个社会地位,只有完全消灭一切阶级统治、一切奴役和一切剥削,才能解放自己;社会生产力已经发展到资产阶级不能控制的程度,只等待联合起来的无产阶级去掌握它,以便建立这样一种制度,使社会的每一成员不仅有可能参加社会财富的生产,而且有可能参加社会财富的分配和管理,并通过有计划地经营全部生产,使社会生产力及其成果不断增长,足以保证每个人的一切合理的需要在越来越大的程度上得到满足。

马克思的第二个重要发现,就是彻底弄清了资本和劳动的关系,换句话说,就是揭示了在现代社会内,在现存资本主义生产方式下,资本家对工人的剥削是怎样进行的。自从政治经济学提出了劳动是一切财富和一切价值的源泉这个原理以后,就不可避免地产生了一个问题:雇佣工人拿到的不是他的劳动所生产的价值总额,而必须把其中的一部分交给资本家,这一情况怎么能和上面的原理相容呢? 不论是资产阶级经济学家或是社会主义者都力图对这个问题作出有科学根据的答复,但都徒劳无功,直到最后才由马克思作出了解答。他的解答如下:现代资本主义生产方式是以两个社会阶级的存在为前提的,一方面是资本家,他们占有生产资料和生活资料;另一方面是无产者,他们被排除于这种占有之外而仅有一种商品即自己的劳动力可以出卖,因此他们不得不出卖这种劳动力以占有生活资料。但是一个商品的价值是由体现在该商品的生产中,从而也体现在它的再生产中的社会必要劳动量决定的;所以,一个平常人一天、一月或一年的劳动力的价值,是由体现在维持这一天、一月或一年的劳动力所必需的生活资料量中的劳动量来决定的。假定一个工人一天的生活资料需要6小时的劳动来生产,或者也可以说,它们所包含的劳动相当于6小时的劳动量;在这种场合,一天的劳动力的价值就表现为同样体现6小时劳动的货币量。再假定说,雇用这个工人的资本家付给他这个数目,即付给他劳动力的全部价值。这样,如果工人每天给这个资本家做6小时的工,那他就完全抵偿了资本家的支出,即以6小时的劳动抵偿了6小时的劳动①。在这种场合,这个资本家当然是什么也没有得到;因此,他对事情有完全不同的想法。他说,我购买这个工人的劳动力不是6个小时,而是一整天。因此他就根据情况让工人劳动8小时、10小时、12小时、14小时或者更多的时间,所以第7小时、第8小时和以后各小时的产品就是无酬劳动的产品,首先落到资本家的腰包

---

① 本文在1891年纽约《先驱者。人民历书画刊》上发表时,这里的"劳动"一词改为"报酬"。——编者注

里。这样,给这个资本家做事的工人,不仅再生产着他那由资本家付酬的劳动力的价值,而且除此之外还生产**剩余价值**,这个剩余价值首先被这个资本家所占有,然后按一定的经济规律在整个资本家阶级中进行分配,构成地租、利润、资本积累的基础,总之,即非劳动阶级所消费或积累的一切财富的基础。这样也就证明了,现代资本家,也像奴隶主或剥削徭役劳动的封建主一样,是靠占有他人无酬劳动发财致富的,而所有这些剥削形式彼此不同的地方只在于占有这种无酬劳动的方式有所不同罢了。这样一来,有产阶级胡说现代社会制度盛行公道、正义、权利平等、义务平等和利益普遍和谐这一类虚伪的空话,就失去了最后的立足之地,而现代资产阶级社会就像以前的各种社会一样真相大白:它也是人数不多并且仍在不断缩减的少数人剥削绝大多数人的庞大机构。

现代科学社会主义就是以这两个重要事实为依据的。在《资本论》第二卷中,这两个发现以及有关资本主义社会制度的其他同样重要的科学发现,将得到进一步的阐述,从而政治经济学中那些在第一卷还没有涉及到的方面,也会发生根本变革。愿马克思不久就能把第二卷付印。

弗·恩格斯写于 1877 年 6 月中　　　　　原文是德文

载于 1878 年在不伦瑞克发行的　　　　　选自《马克思恩格斯选集》第 3 版
《人民历书》　　　　　　　　　　　　　第 3 卷第 715—726 页

弗·恩格斯

*格奥尔格·维尔特[151]

帮 工 之 歌

格奥尔格·维尔特(1846年)

樱桃花盛开的时节，
我们找到了安身处，
樱桃花盛开的时节，
我们住到了法兰克福。

客店老板对我们说：
"你们的穿着真难看！"
"你这讨厌的老板，
这跟你有什么相干！"

"把你的葡萄酒给我们拿来，
把你的啤酒给我们拿来，
啤酒和葡萄酒之外，
再端来烤肉当菜！"

酒桶龙头像雄鸡啼唱，

酒也流得哗哗响。

我们喝了一口，

味道同小便一样。

老板端来一只兔子，

配着芹菜，

对着这只死兔子，

我们怕得厉害。

当我们躺在床上，

做完我们的晚祷，

床上的臭虫就爬出来，

一直把我们咬到天亮。

这发生在法兰克福，

在那美丽的城里，

谁住在那儿吃过苦，

谁就知道得清清楚楚。

　　我们的朋友维尔特的这首诗，是我在马克思的遗稿中找到的。德国无产阶级第一个和最重要的诗人维尔特，生在莱茵的代特莫尔德，他的父亲是当地教会的教长。1843 年我住在曼彻斯特的时候，维尔特作为他的德国公司的雇员来到布拉德福德，我们一同度过了许多个快乐的星期天。1845 年，马克思和我住在布鲁塞尔的时候,维尔特担任了他的商行的大陆代理人,并且设法把自己的总办事处也迁到布鲁塞尔。**152** 1848 年三月革命**136**后,我们为了创办《新莱茵报》**108**,又都齐聚在科隆。维尔特负责小品栏,我不相信在别的报纸上什么时候有过这样诙谐而犀利的小品栏。他的主要作品之一是《著名骑士施纳普汉斯基的生平事迹》,这篇作品描写了海涅在《阿塔·特洛尔》中称做施纳普汉斯基①的利希诺夫斯基公爵的冒险事迹。**153**其中描写的事实都是真实的;我们是怎样知道这些事实的,改次大概我可以谈谈。这些关于施纳普汉斯基的小品文,1849 年由霍夫曼—康培书店结集成书,出版了单行本②,直到现在还是非常有趣的。但是,因为施纳普汉斯基-利希诺夫斯基和普鲁士将军冯·奥尔斯瓦尔德(也是议会议员)1848 年 9 月 18 日一起骑马去侦察那些前往援助法兰克福街垒战士的农民队伍时,被农民们理所当然地当做间谍杀死了,所以德意志帝国当局指控维尔特侮辱已故的利希诺夫斯基。于是,早已在英国的维尔特,便在反动派查封了《新莱茵报》很久之后,被判处三个月的监禁。这三个月的监禁后来他也真的服满了,因为他为了业务不得不时常回到德国。

　　1850—1851 年,他为了另一家布拉德福德的公司的业务前往西班牙,然后又去西印度,并且几乎走遍了整个南美洲。在欧洲进行了短暂的访问之后,他又回到自己喜爱的西印度。他不愿放过在那里一睹海地的黑人皇帝苏路克这个路易-拿破仑第三的真正原型**154**的眼福。但是,正如威·沃尔弗 1856 年 8 月 28 日给马克

① 海涅《阿塔·特洛尔》第 1 章。——编者注
② 格·维尔特《著名骑士施纳普汉斯基的生平事迹》1849 年汉堡版。——编者注

思的信中所说的，他遇到了

"防疫当局的刁难，不得不放弃自己的计划，后在旅途中染上黄热病，带病回到哈瓦那。他躺倒在床上，又得了脑炎，7 月 30 日，我们的维尔特就在哈瓦那与世长辞了"。

我称他为德国无产阶级第一个和**最重要的**诗人。的确，他的社会主义的和政治的诗作，在独创性、诙谐方面，尤其在火一般的热情方面，都大大超过弗莱里格拉特的诗作。他常常采用海涅的形式，但仅仅是为了以完全独创的、别具一格的内容来充实这个形式。同时，他不同于大多数诗人的地方，就是他把诗写好之后，就对之完全漠不关心了。他把自己的诗抄寄给马克思或我以后，就忘记了这些诗，往往很难使他在什么地方把它们刊印出来。只是在《新莱茵报》时期情形不同。其原因可以从维尔特 1851 年 4 月 28 日从汉堡写给马克思的信的下述摘录中看出来：

"不过，我希望 7 月初在伦敦再和你见面，因为我再也不能忍受这些汉堡的 grasshoppers（蝗虫）了。在这里势必要使我过一种显赫的生活，但是我对此感到害怕。任何其他人，都会伸出双手去抓住这种生活。然而我年纪太大，不能变成市侩了，何况在大洋的彼岸还有着辽阔的西部……

最近我写了各种各样的东西，但没有一篇是写成了的，因为我看不出写作有什么意义和什么目的。你就国民经济学的问题写一点东西，那是有意义的，有道理的。但是**我**呢？为了使同胞的嘴脸上露出白痴般的微笑，而讲些无聊的刻薄话和庸俗的笑料，实在是再可怜不过了！我的写作活动已经随着《新莱茵报》的结束而彻底结束了。

我应该承认：最近三年的时间白白浪费使我懊恼，但回忆起我们在科隆的相处却使我十分快乐。我们**没有**使自己丢脸。这是主要的！自从弗里德里希大帝时期以来，谁也不曾像《新莱茵报》那样毫不客气地对待德国人。

我不是想说这是我的功绩，不过我也曾参与其中……

葡萄牙啊！西班牙啊！〈维尔特刚从那里回来〉如果我们有你的美丽的

204

天空、你的葡萄酒、你的橙子和桃金娘，那该多么好啊！但是连这个也没有！除了雨天、流涕的鼻子和熏肉之外，什么也没有！

在雨天流涕的你的　格·维尔特"

　　维尔特所擅长的地方，他超过海涅（因为他更健康和真诚），并且在德国文学中仅仅被歌德超过的地方，就在于表现自然的、健康的肉感和肉欲。假如我把《新莱茵报》的某些小品文转载在《社会民主党人报》[155]上面，那么读者中间有很多人会大惊失色。但是我不打算这样做。然而我不能不指出，德国社会主义者也应当有一天公开地扔掉德国市侩的这种残存的偏见，小市民的虚伪的羞怯心，其实这种羞怯心不过是用来掩盖背地里的猥亵言谈而已。例如，一读弗莱里格拉特的诗，的确就会以为，人们是完全没有生殖器官的。但是，再也没有谁像这位在诗中道貌岸然的弗莱里格拉特那样喜欢偷听猥亵的小故事了。最后终有一天，至少德国工人们会习惯于从容地谈论他们自己白天或夜间所做的事情，谈论那些自然的、必需的和非常惬意的事情，就像罗曼语民族那样，就像荷马和柏拉图，贺拉斯和尤维纳利斯那样，就像旧约全书和《新莱茵报》那样。

　　不过，维尔特也写了一些不那么粗野的东西，我会不时地把其中一些寄给《社会民主党人报》的小品栏。

弗·恩格斯

弗·恩格斯写于 1883 年 5 月底

载于 1883 年 6 月 7 日《社会民主党人报》第 24 号

原文是德文

选自《马克思恩格斯全集》中文第 2 版第 28 卷第 3—7 页

弗·恩格斯

家庭、私有制和国家的起源

就路易斯·亨·摩尔根的研究成果而作[156]（节选）

一　史前各文化阶段

......

3. 高级阶段。从铁矿石的冶炼开始，并由于拼音文字的发明及其应用于文献记录而过渡到文明时代。这一阶段，前面已经说过，只是在东半球才独立经历过，其生产的进步，要比过去一切阶段的总和还要来得丰富。英雄时代的希腊人、罗马建城前不久的各意大利部落、塔西佗时代的德意志人、海盗[157]时代的诺曼人①，都属于这个阶段。

首先，我们在这里初次看到了带有铁铧的用牲畜拉的犁；有犁以后，大规模耕种土地，即**田野农业**，从而生活资料在当时条件下实际上无限制地增加，便都有可能了；从而也能够砍伐森林使之变

---

① 在 1884 年版中不是"塔西佗时代的德意志人、海盗时代的诺曼人"，而是"凯撒时代的德意志人（或者是我们更习惯说的，塔西佗时代的德意志人）"。——编者注

为耕地和牧场了,这件事,如果没有铁斧和铁锹,也不可能大规模进行。但这样一来,人口也开始迅速增长起来,稠密地聚居在不大的地域内。而在田野农业产生以前,要有极其特殊的条件才能把50万人联合在一个统一的中央领导之下;这样的事大概从来都没有过。

野蛮时代高级阶段的全盛时期,我们在荷马的诗中,特别是在《伊利亚特》[99]中可以看到。发达的铁制工具、风箱、手磨、陶工的辘轳、榨油和酿酒、成为手工艺的发达的金属加工、货车和战车、用方木和木板造船、作为艺术的建筑术的萌芽、由设塔楼和雉堞的城墙围绕起来的城市、荷马的史诗以及全部神话——这就是希腊人由野蛮时代带入文明时代的主要遗产。如果我们把凯撒,甚至塔西佗对日耳曼人的记述①跟这些成就作一比较,便可看出,野蛮时代高级阶段在生产的发展上已取得多么丰富的成就,那时日耳曼人尚处在这个文化阶段的初期,而荷马时代的希腊人已经准备由这个文化阶段过渡到更高的阶段了。

我在这里根据摩尔根的著作描绘的这幅人类经过蒙昧时代和野蛮时代达到文明时代的开端的发展图景,已经包含足够多的新特征了,而尤其重要的是,这些特征都是不可争辩的,因为它们是直接从生产中得来的。不过,这幅图景跟我们此次遨游终了时将展现在我们面前的那幅图景比较起来,就会显得暗淡和可怜;只有在那个时候,才能充分看到从野蛮时代到文明时代

---

① 指凯撒的《高卢战记》和塔西佗的《日耳曼尼亚志》。——编者注

的过渡以及两者之间的显著对立。现在我们可以把摩尔根的分
期概括如下：蒙昧时代是以获取现成的天然产物为主的时期；人
工产品主要是用做获取天然产物的辅助工具。野蛮时代是学会
畜牧和农耕的时期，是学会靠人的活动来增加天然产物生产的
方法的时期。文明时代是学会对天然产物进一步加工的时期，
是真正的工业和艺术的时期。①

九　野蛮时代和文明时代

……

下一步把我们引向野蛮时代高级阶段，一切文明民族都在
这个时期经历了自己的英雄时代：铁剑时代，但同时也是铁犁和
铁斧的时代。铁已在为人类服务，它是在历史上起过革命作用
的各种原料中最后的和最重要的一种原料。所谓最后的，是指
直到马铃薯的出现为止。铁使更大面积的田野耕作，广阔的森
林地区的开垦，成为可能；它给手工业工人提供了一种其坚硬
和锐利非石头或当时所知道的其他金属所能抵挡的工具。所
有这些，都是逐渐实现的；最初的铁往往比青铜还软。所以，
石制武器只是慢慢地消失的；不仅在《希尔德布兰德之歌》[158]

---

① 恩格斯在写本章最末一段结束语之前，写了一段简短札记作为对
　路·亨·摩尔根《古代社会》相关内容的总结："关于摩尔根。1）蒙
　昧时代：采集业；——野蛮时代：农耕和畜牧；——文明时代：工
　业。"——编者注

中,而且在 1066 年的黑斯廷斯会战**159**中都还使用石斧。但是,进步现在是不可遏止地、更少间断地、更加迅速地进行着。用石墙、城楼、雉堞围绕着石造或砖造房屋的城市,已经成为部落或部落联盟的中心;这是建筑艺术上的巨大进步,同时也是危险增加和防卫需要增加的标志。财富在迅速增加,但这是个人的财富;织布业、金属加工业以及其他一切彼此日益分离的手工业,显示出生产的日益多样化和生产技术的日益改进;农业现在除了提供谷物、豆科植物和水果以外,也提供植物油和葡萄酒,这些东西人们已经学会了制造。如此多样的活动,已经不能由同一个人来进行了;于是发生了**第二次大分工**:手工业和农业分离了。生产的不断增长以及随之而来的劳动生产率的不断增长,提高了人的劳动力的价值;在前一阶段上刚刚产生并且是零散现象的奴隶制,现在成为社会制度的一个根本的组成部分;奴隶们不再是简单的助手了;他们被成批地赶到田野和工场去劳动。随着生产分为农业和手工业这两大主要部门,便出现了直接以交换为目的的生产,即商品生产;随之而来的是贸易,不仅有部落内部和部落边境的贸易,而且海外贸易也有了。然而,所有这一切都还很不发达;贵金属开始成为占优势的和普遍性的货币商品,但是还不是铸造的货币,只是不作加工按重量交换罢了。

……

文明时代以这种基本制度完成了古代氏族社会完全做不到的事情。但是,它是用激起人们的最卑劣的冲动和情欲,并且以损害人们的其他一切禀赋为代价而使之变本加厉的办法来完成这些事情的。鄙俗的贪欲是文明时代从它存在的第一日起直至今日的起推动作用的灵魂;财富,财富,第三还是财富——不是社会的财富,而是这个微不足道的单个的个人的财富,这就是文明时代唯一的、具有决定意义的目的。如果说在文明时代的怀抱中科学曾经日益发展,艺术高度繁荣的时期一再出现,那也不过是因为现代的一切积聚财富的成就不这样就不可能获得罢了。

由于文明时代的基础是一个阶级对另一个阶级的剥削,所以它的全部发展都是在经常的矛盾中进行的。生产的每一进步,同时也就是被压迫阶级即大多数人的生活状况的一个退步。对一些人是好事,对另一些人必然是坏事,一个阶级的任何新的解放,必然是对另一个阶级的新的压迫。这一情况的最明显的例证就是机器的采用,其后果现在已是众所周知的了。如果说在野蛮人中间,像我们已经看到的那样,不大能够区别权利和义务,那么文明时代却使这两者之间的区别和对立连最愚蠢的人都能看得出来,因为它几乎把一切权利赋予一个阶级,另方面却几乎把一切义务推给另一个阶级。

但是,这并不是应该如此的。凡对统治阶级是好的,对整个社会也应该是好的,因为统治阶级把自己与整个社会等同起来了。所以文明时代越是向前进展,它就越是不得不给它所必然产生的种种坏事披上爱的外衣,不得不粉饰它们,或者否认它们——一句话,即实行流俗的伪善,这种伪善,无论在较早的那些社会形式下还是在文明时代初期阶段都是没有的,并且最后在下述说法中达到了极点:剥削阶级对被压迫阶级进行剥削,完全是为了被剥削阶级本身的利益；如果被剥削阶级不懂得这一点，甚至想要造反，那就是对行善的人即对剥削者的一种最卑劣的忘恩负义行为。①

　　……

弗·恩格斯写于 1884 年 4 月初—5 月 26 日

1884 年在霍廷根—苏黎世出版

原文是德文

选自《马克思恩格斯全集》中文第 2 版第 28 卷第 41—42、191—192、205—206 页

---

① 　恩格斯在这里加了一个注："我最初打算引用散见于沙尔·傅立叶著作中的对文明时代的卓越的批判，同摩尔根和我自己对文明时代的批判并列。可惜我没有时间来做这个工作了。现在我只想说明，傅立叶已经把专偶制和土地所有制作为文明时代的主要特征，他把文明时代叫做富人对穷人的战争。同样，我们也发现他有一个深刻的观点，即认为在一切不完善的、分裂为对立面的社会中，个体家庭（les familles incohérentes）是一种经济单位。"——编者注

弗·恩格斯

路德维希·费尔巴哈和
德国古典哲学的终结[160]（节选）

二

全部哲学，特别是近代哲学的重大的基本问题，是思维和存在的关系问题。在远古时代，人们还完全不知道自己身体的构造，并且受梦中景象的影响①，于是就产生一种观念：他们的思维和感觉不是他们身体的活动，而是一种独特的、寓于这个身体之中而在人死亡时就离开身体的灵魂的活动。从这个时候起，人们不得不思考这种灵魂对外部世界的关系。如果灵魂在人死时离开肉体而继续活着，那就没有理由去设想它本身还会死亡；这样就产生了灵魂不死的观念，这种观念在那个发展阶段出现绝不是一种安慰，而是一种不可抗拒的命运，并且往往是一种真正的不幸，例如在希腊人

---

① 恩格斯在这里加了一个注："在蒙昧人和低级野蛮人中间，现在还流行着这样一种观念：梦中出现的人的形象是暂时离开肉体的灵魂；因而现实的人要对自己出现于他人梦中时针对做梦者而采取的行为负责。例如伊姆·特恩于1884年在圭亚那的印第安人中就发现了这种情形。"（参看埃·特恩《在圭亚那的印第安人中间》1883年伦敦版第344—346页）——编者注

那里就是这样。关于个人不死的无聊臆想之所以普遍产生,不是因为宗教上的安慰的需要,而是因为人们在普遍愚昧的情况下不知道对已经被认为存在的灵魂在肉体死后该怎么办。由于十分相似的原因,通过自然力的人格化,产生了最初的神。随着各种宗教的进一步发展,这些神越来越具有了超世界的形象,直到最后,通过智力发展中自然发生的抽象化过程——几乎可以说是蒸馏过程,在人们的头脑中,从或多或少有限的和互相限制的许多神中产生了一神教的唯一的神的观念。

因此,思维对存在、精神对自然界的关系问题,全部哲学的最高问题,像一切宗教一样,其根源在于蒙昧时代的愚昧无知的观念。但是,这个问题,只是在欧洲人从基督教中世纪的长期冬眠中觉醒以后,才被十分清楚地提了出来,才获得了它的完全的意义。思维对存在的地位问题,这个在中世纪的经院哲学中也起过巨大作用的问题:什么是本原的,是精神,还是自然界?——这个问题以尖锐的形式针对着教会提了出来:世界是神创造的呢,还是从来就有的?

哲学家依照他们如何回答这个问题而分成了两大阵营。凡是断定精神对自然界说来是本原的,从而归根到底承认某种创世说的人(而创世说在哲学家那里,例如在黑格尔那里,往往比在基督教那里还要繁杂和荒唐得多),组成**唯心主义**阵营。凡是认为自然界是本原的,则属于**唯物主义**的各种学派。

除此之外,唯心主义和唯物主义这两个用语本来没有任何别的意思,它们在这里也不是在别的意义上使用的。下面我们可以看到,如果给它们加上别的意义,就会造成怎样的混乱。

但是,思维和存在的关系问题还有另一个方面:我们关于我们周围世界的思想对这个世界本身的关系是怎样的？我们的思维能不能认识现实世界？我们能不能在我们关于现实世界的表象和概念中正确地反映现实？用哲学的语言来说，这个问题叫做思维和存在的同一性问题，绝大多数哲学家对这个问题都作了肯定的回答。例如在黑格尔那里，对这个问题的肯定回答是不言而喻的，因为我们在现实世界中所认识的，正是这个世界的思想内容，也就是那种使世界成为绝对观念的逐步实现的东西，这个绝对观念是从来就存在的，是不依赖于世界并且先于世界而在某处存在的；但是思维能够认识那一开始就已经是思想内容的内容，这是十分明显的。同样明显的是，在这里，要证明的东西已经默默地包含在前提里面了。但是，这绝不妨碍黑格尔从他的思维和存在的同一性的论证中作出进一步的结论：他的哲学因为对**他的**思维来说是正确的，所以也就是唯一正确的；而思维和存在的同一性要得到证实，人类就要马上把他的哲学从理论转移到实践中去，并按照黑格尔的原则来改造整个世界。这是他和几乎所有的哲学家所共有的幻想。

　　但是，此外，还有其他一些哲学家否认认识世界的可能性，或者至少是否认彻底认识世界的可能性。在近代哲学家中，休谟和康德就属于这一类，而他们在哲学的发展上是起过很重要的作用的。对驳斥这一观点具有决定性的东西，凡是从唯心主义观点出发所能说的，黑格尔都已经说了；费尔巴哈所增加的唯物主义的东西，与其说是深刻的，不如说是机智的。对这些以及其他一切哲学上的怪论的最令人信服的驳斥是实践，即实验和工业。既然我们自己能够制造出某一自然过程，按照它的条件把它生产出来，并使它为我们的目的服务，从而证明我们对这一过程的理解是正确的，那么康德的不可捉摸的"自在之物"就完结了。动植物体内所产生的化学物质，在有机化学开始把它们一一制造出来以前，一直是这种"自在之物"；一旦把它们制造出来，"自在之物"就变成为我之物了，例如茜草的色素——茜素，我们已经不再从地里的茜草根中取得，而是用便宜得多、简单得多的方法从煤焦油里提炼出来了。[161]哥白尼的太阳系学说有 300 年之久一直是一种假说，这个假说尽管有 99%、99.9%、99.99%的可靠性，但毕竟是一种假说；而当勒维烈从这个太阳系学说所提供的数据中，不仅推算出必定存在一个尚未知道的行星，而且还推算出这个行星在太空中的位置的时候，当后来加勒确实发现了这个行星的时候[162]，哥白尼的学说就被证实了。如果新康德主义者企图在德国复活康德的观点，而不可知论者企图在英国复活休谟的观点（在那里休谟的观点从来没有绝迹），那么，鉴于这两种观点在理论上和实践上早已被驳倒，这种企图在科学上就是开倒车，而在实践上只是一种暗中接受唯物主义而当众又加以拒绝的羞羞答答的做法。

　　但是，在从笛卡儿到黑格尔和从霍布斯到费尔巴哈这一长时期内，推动哲学家前进的，绝不像他们所想象的那样，只是纯粹思想的力量。恰恰相反，真正推动他们前进的，主要是自然科学和工业的强大而日益迅猛的进步。在唯物主义者那里，这已经是一目了然的了，而唯心主义体系也越来越加进了唯物主义的内容，力图用泛神论来调和精神和物质的对立；因此，归根到底，黑格尔的体系只是一种就方法和内容来说唯心主义地倒置过来的唯物主义。

　　由此可以明白，为什么施达克在他对费尔巴哈的评述中，首先研究费尔巴哈对思维和存在的关系这个基本问题的立场。在简短的导言里，作者对以前的，特别是从康德以来的哲学家的见解，都是用不必要的晦涩难懂的哲学语言来阐述的,并且由于过分形式主义地拘泥于黑格尔著作中的个别词句而大大贬低了黑格尔。在这个导言以后,他详细地叙述了费尔巴哈的有关著作中相继表现出来的这位哲学家的"形而上学"本身的发展进程。这一部分叙述得很用心、很明白,不过像整本书一样,哲学用语堆砌得太多,而这绝不是到处都不可避免的。作者越是不保持同一学派或者哪怕是费尔巴哈本人的用语,越是把各种流派,特别是现在流行的自封的哲学派别的用语混在一起,这种堆砌所造成的混乱就越大。

费尔巴哈的发展进程是一个黑格尔主义者(诚然,他从来不是完全正统的黑格尔主义者)走向唯物主义的发展进程,这一发展使他在一定阶段上同自己的这位先驱者的唯心主义体系完全决裂了。他势所必然地终于认识到,黑格尔的"绝对观念"之先于世界的存在,在世界之前就有的"逻辑范畴的预先存在",不外是对世界之外的造物主的信仰的虚幻残余;我们自己所属的物质的、可以感知的世界,是唯一现实的;而我们的意识和思维,不论它看起来是多么超感觉的,总是物质的、肉体的器官即人脑的产物。物质不是精神的产物,而精神本身只是物质的最高产物。这自然是纯粹的唯物主义。但是费尔巴哈到这里就突然停止不前了。他不能克服通常的哲学偏见,即不反对事情本身而反对唯物主义这个名称的偏见。他说:

> "在我看来,唯物主义是人的本质和人类知识的大厦的基础;但是,我认为它不是生理学家、狭义的自然科学家如摩莱肖特所认为的而且从他们的观点和专业出发所必然认为的那种东西,即大厦本身。向后退时,我同唯物主义者完全一致;但是往前进时就不一致了。" **163**

费尔巴哈在这里把唯物主义这种建立在对物质和精神关系的

特定理解上的一般世界观同这一世界观在特定的历史阶段即 18 世纪所表现的特殊形式混为一谈了。不仅如此,他还把唯物主义同它的一种肤浅的、庸俗化了的形式混为一谈,18 世纪的唯物主义现在就以这种形式继续存在于自然科学家和医生的头脑中,并且被毕希纳、福格特和摩莱肖特在 50 年代拿着到处叫卖。但是,像唯心主义一样,唯物主义也经历了一系列的发展阶段。甚至随着自然科学领域中每一个划时代的发现,唯物主义也必然要改变自己的形式;而自从历史也得到唯物主义的解释以后,一条新的发展道路也在这里开辟出来了。

上一世纪的唯物主义主要是机械唯物主义,因为那时在所有自然科学中只有力学,而且只有固体(天上的和地上的)力学,简言之,即重力的力学,达到了某种完善的地步。化学刚刚处于幼稚的燃素说[164]的形态中。生物学尚在襁褓中;对植物和动物的机体只作过粗浅的研究,并用纯粹机械的原因来解释;正如在笛卡儿看来动物是机器一样,在 18 世纪的唯物主义者看来,人是机器。仅仅运用力学的尺度来衡量化学性质的和有机性质的过程(在这些过程中,力学定律虽然也起作用,但是被其他较高的定律排挤到次要地位),这是法国古典唯物主义的一个特有的,但在当时不可避免的局限性。

这种唯物主义的第二个特有的局限性在于:它不能把世界理解为一种过程,理解为一种处在不断的历史发展中的物质。这是同当时的自然科学状况以及与此相联系的形而上学的即反辩证法的哲学思维方法相适应的。人们已经知道,自然界处在永恒的运动中。但是根据当时的想法,这种运动是永远绕着一个圆圈旋转,因而始终不会前进;它总是产生同一结果。这种想法在当时是不可避免的。康德的太阳系起源理论刚刚提出,而且还只是被看做纯粹的奇谈。地球发展史,即地质学,还完全没有人知道,而关于现今的生物是由简单到复杂的长期发展过程的结果的看法,当时还根本不可能科学地提出来。因此,对自然界的非历史观点是不可避免的。根据这一点大可不必去责备18世纪的哲学家,因为连黑格尔也有这种观点。在黑格尔看来,自然界只是观念的"外化",它不能在时间上发展,只能在空间扩展自己的多样性,因此,它把自己所包含的一切发展阶段同时地、并列地展示出来,并且注定永远重复始终是同一的过程。黑格尔把发展是在空间以内,但在时间(这是一切发展的基本条件)以外发生的这种谬论强加于自然界,恰恰是在地质学、胚胎学、植物和动物生理学以及有机化学都已经建立起来,并且在这些新科学的基础上到处都出现了对后来的进化论的天才预想(例如歌德和拉马克)的时候。但是,体系要求这样,于是,方法为了迎合体系就不得不背叛自己。

这种非历史观点也表现在历史领域中。在这里,反对中世纪残余的斗争限制了人们的视野。中世纪被看做是千年普遍野蛮状态造成的历史的简单中断;中世纪的巨大进步——欧洲文化领域的扩大,在那里一个挨着一个形成的富有生命力的大民族,以及14世纪和15世纪的巨大的技术进步,这一切都没有被人看到。这样一来,对伟大历史联系的合理看法就不可能产生,而历史至多不过是一部供哲学家使用的例证和图解的汇集罢了。

50年代在德国把唯物主义庸俗化的小贩们,根本没有突破他们的老师们的这些局限。自然科学后来获得的一切进步,仅仅成了他们否认有世界创造主存在的新证据;实际上,他们所做的事情绝不是进一步发展理论。如果说唯心主义当时已经智穷才竭,并且由于1848年革命受到了致命的打击,那么,它感到满足的是,唯物主义在这个时候更是江河日下。费尔巴哈拒绝为**这种**唯物主义负责是完全对的;只是他不应该把这些巡回传教士的学说同一般唯物主义混淆起来。

但是,这里应当注意两种情况。第一,费尔巴哈在世时,自然科学也还处在剧烈的酝酿过程中,这一过程只是在最近15年才达到了足以澄清问题的相对完成的地步;新的认识材料以空前的规模被提供出来,但是,只是到最近才有可能在纷纷涌来的这一大堆杂乱的发现中建立起联系,从而使它们有了条理。虽然三个决定性的发现——细胞、能量转化和以达尔文命名的进化论的发现,费尔巴哈在世时全看到了,但是,这位在乡间过着孤寂生活的哲学家怎么能够对科学充分关注,给这些发现以足够的评价呢?**165**何况对这些发现就连当时的自然科学家有的还持有异议,有的还不懂得充分利用。这里只能归咎于德国的可怜状况,由于这种状况,当时哲学讲席都被那些故弄玄虚的折中主义的小识小见之徒占据了,而比所有这些人高明百倍的费尔巴哈,却不得不在穷乡僻壤中过着农民式的孤陋寡闻的生活。因而,现在已经成为可能的、排除了法国唯物主义的一切片面性的、历史的自然观,始终没有为费尔巴哈所了解,这就不是他的过错了。

第二,费尔巴哈说得完全正确:纯粹自然科学的唯物主义虽然

"是人类知识的大厦的基础,但不是大厦本身"。

因为,我们不仅生活在自然界中,而且生活在人类社会中,人类社会同自然界一样也有自己的发展史和自己的科学。因此,问题在于使关于社会的科学,即所谓历史科学和哲学科学的总和,同

唯物主义的基础协调起来,并在这个基础上加以改造。但是,这一点费尔巴哈是做不到的。他虽然有"基础",但是在这里仍然受到传统的唯心主义的束缚,这一点他自己也是承认的,他说:

"向后退时,我同唯物主义者是一致的;但是往前进时就不一致了。"

但是在这里,在社会领域内,正是费尔巴哈本人没有"前进",没有超过自己在 1840 年或 1844 年的观点,这仍旧主要是由于他的孤寂生活,这种生活迫使这位比其他任何哲学家都更爱好社交的哲学家从他的孤寂的头脑中,而不是从同与他才智相当的人们的友好或敌对的接触中产生出自己的思想。费尔巴哈在这个领域内究竟在多大程度上仍然是唯心主义者,我们将在下面加以详细的考察。

这里还应当指出,施达克在找费尔巴哈的唯心主义时找错了地方。他说:

"费尔巴哈是唯心主义者,他相信人类的进步。"(第 19 页)"唯心主义仍旧是一切的基础、根基。在我们看来,实在论只是在我们追求自己的**理想的意图**时使我们不致误入迷途而已。难道同情、爱以及对真理和正义的热忱不是**理想的力量**吗?"(第 VIII 页)①

第一,在这里无非是把对理想目的的追求叫做唯心主义。但这些目的至多同**康德的唯心主义**及其"绝对命令"有必然联系;然而康德自己把他的哲学叫做"先验的唯心主义",绝不是因为那里也讲到道德的理想,而完全是由于别的理由,这是施达克会记得的。有一种迷信,认为哲学唯心主义的中心就是对道德理想即对

_____

① 引自卡·尼·施达克《路德维希·费尔巴哈》1885 年斯图加特版。——编者注

社会理想的信仰,这种迷信是在哲学之外产生的,是在那些把席勒诗歌中符合他们需要的少数哲学上的只言片语背得烂熟的德国庸人中产生的。没有一个人比恰恰是十足唯心主义者的黑格尔更尖锐地批评了康德的软弱无力的"绝对命令"(它之所以软弱无力,是因为它要求不可能的东西,因而永远达不到任何现实的东西),没有一个人比他更辛辣地嘲笑了席勒所传播的那种沉湎于不能实现的理想的庸人习气(见《现象学》①)。

第二,绝不能避免这种情况:推动人去从事活动的一切,都要通过人的头脑,甚至吃喝也是由于通过头脑感觉到饥渴而开始,并且同样由于通过头脑感觉到饱足而停止。外部世界对人的影响表现在人的头脑中,反映在人的头脑中,成为感觉、思想、动机、意志,总之,成为"理想的意图",并且以这种形态变成"理想的力量"。如果一个人只是由于他追求"理想的意图"并承认"理想的力量"对他的影响,就成了唯心主义者,那么任何一个发育稍稍正常的人都是天生的唯心主义者了,怎么还会有唯物主义者呢?

第三,关于人类(至少在现时)总的说来是沿着进步方向运动的这种信念,是同唯物主义和唯心主义的对立绝对不相干的。法国唯物主义者同自然神论者[56]伏尔泰和卢梭一样,几乎狂热地抱有这种信念,并且往往为它付出最大的个人牺牲。如果说有谁为了"对真理和正义的热忱"(就这句话的正面的意思说)而献出了整个生命,那么,例如狄德罗就是这样的人。由此可见,施达克把这一切说成是唯心主义,这只是证明:唯物主义这个名词以及两个派别的全部对立,在这里对他来说已经失去了任何意义。

――――――――

① 即黑格尔《精神现象学》。——编者注

事实上,施达克在这里向那种由于教士的多年诽谤而流传下来的对唯物主义这个**名称**的庸人偏见作了不可饶恕的让步,虽然这也许是不自觉的。庸人把唯物主义理解为贪吃、酗酒、娱目、肉欲、虚荣、爱财、吝啬、贪婪、牟利、投机,简言之,即他本人暗中迷恋着的一切龌龊行为;而把唯心主义理解为对美德、普遍的人类爱的信仰,总之,对"美好世界"的信仰。他在别人面前夸耀这个"美好世界",但是他自己至多只是在这样的时候才相信这个"美好世界",这时,他由于自己习以为常的"唯物主义的"放纵而必然感到懊丧或遭到破产,并因此唱出了他心爱的歌:人是什么?一半是野兽,一半是天使。**166**

在其他方面,施达克极力保护费尔巴哈,反对现今在德国以哲学家名义大吹大擂的大学教师们的攻击和学说。对关心德国古典哲学的这些不肖子孙的人们来说,这的确是很重要的;对施达克本人来说,这也许是必要的。不过我们就怜惜怜惜读者吧。

弗·恩格斯写于 1886 年 1 月—2 月初

载于 1886 年《新时代》杂志第 4 年卷第 4、5 期

原文是德文

选自《马克思恩格斯全集》中文第 2 版第 28 卷第 331—340 页

书 信 选 编

马克思致斐迪南·拉萨尔[167]

柏　　林

1859 年 4 月 19 日于伦敦

亲爱的拉萨尔：

……我现在来谈谈《弗兰茨·冯·济金根》①。首先，我应当称赞结构和情节，在这方面，它比任何现代德国剧本都高明。其次，撇开对这个剧本的纯批判的态度不谈，在我读第一遍的时候，它就强烈地感动了我，所以，对于比我更容易激动的读者来说，它将在更大的程度上产生这种效果。这是第二个非常重要的方面。

现在来谈谈不足的一面：**第一**——这纯粹是形式问题——，既然你用韵文写，你本来可以把你的韵律安排得更艺术一些。但是，不管**专业诗人**对这种疏忽会感到多么震惊，总的说来，我却认为它是一个长处，因为我们诗坛上专事模仿的庸才们除了形式上的光泽，就再没有保留下什么了。**第二**，你所构想的冲突不仅是悲剧性的，而且是使 1848—1849 年的革命政党必然灭亡的悲剧性的冲突。因此我只能完全赞成把这个冲突当做一部现代悲剧的中心点。但是我问自己：你所探讨的主题是否适合于表现这种冲突？

---

① 斐·拉萨尔的剧本。——编者注

225

巴尔塔扎尔的确可以设想,如果济金根不是借骑士纷争的形式发动叛乱,而是打起反对皇权和公开向诸侯开战的旗帜,他就会胜利。但是,我们也可以有这种幻想吗?济金根(而胡登多少和他一样)的覆灭并不是由于他的狡诈。他的覆灭是因为他作为**骑士**和作为**垂死阶级的代表**起来反对现存制度,或者说得更确切些,反对现存制度的新形式。如果从济金根身上除去那些属于个人和他的特殊的教养、天生的才能等等的东西,那么剩下来的就只是一个葛兹·冯·伯利欣根了。在后面这个**可怜的**人物身上,以同样的形式体现出骑士阶层同皇帝和诸侯的悲剧性的对抗,因此,歌德理所当然地选择他做主人公。在济金根——甚至胡登在某种程度上也是如此,虽然对于他,正像对于某个阶级的所有意识形态家[47]一样,这种说法应该有相当的改变——同诸侯作斗争时(他转而反对皇帝①,只是由于皇帝从骑士的皇帝变成诸侯的皇帝),他实际上只不过是一个唐·吉诃德,虽然是被历史认可了的唐·吉诃德。他在骑士纷争的幌子下发动叛乱,这只意味着,他是**按骑士的方式**发动叛乱的。如果他以另外的方式发动叛乱,他就必须在一开始发动的时候直接诉诸城市和农民,就是说,正好要诉诸那些本身的发展就等于否定骑士制度的阶级。

因此,如果你不想把这种冲突简单地化为《葛兹·冯·伯利欣根》②中所描写的冲突——而你也没有打算这样做——,那么,济金根和胡登就必然要覆灭,因为他们自以为是革命者(对于葛兹就不能这样说),而且他们完全像 1830 年的**有教养的**波兰贵族那样,

---

① 查理五世。——编者注
② 歌德《铁手骑士葛兹·冯·伯利欣根》。——编者注

一方面使自己变成当代思想的传播者,另一方面又在实际上代表着反动阶级的利益**168**。革命中的这些**贵族**代表——在他们的统一和自由的口号后面一直还隐藏着旧日的皇权和强权的梦想——不应当像在你的剧本中那样占去全部注意力,农民和城市革命分子的代表(特别是农民的代表)倒是应当构成十分重要的积极的背景。这样,你就能够在更高得多的程度上用最朴素的形式恰恰把最现代的思想表现出来,而现在除**宗教**自由以外,实际上,市民的**统一**就是你的主要思想。这样,你就得更加**莎士比亚化**,而我认为,你的最大缺点就是**席勒式地**把个人变成时代精神的单纯的传声筒。你自己不是也有些像你的弗兰茨·冯·济金根一样,犯了把路德式的骑士反对派看得高于闵采尔式的平民反对派这样一种外交错误吗?

其次,我感到遗憾的是,在人物个性的描写方面看不到什么特色,查理五世、巴尔塔扎尔和特里尔的理查除外。难道还有别的时代比 16 世纪具有更加突出的个性吗?照我看来,胡登过多地一味表现"兴高采烈",这是令人厌倦的。他不也是个聪明人,机灵鬼吗?因此你对他不是很不公平吗?

甚至你的济金根——顺便说一句,他也被描写得太抽象了——也是十分苦于不以他的一切个人打算为转移的冲突,这可以从下面一点看出来:他一方面不得不向他的骑士宣传与城市友好等等,另一方面他自己又乐于对城市施行强权司法。

在细节方面,我必须责备你在有些地方让人物过多地回忆自己,这是由于你对席勒的偏爱造成的。例如,在第 121 页上,胡登向玛丽亚叙述身世时,如果让玛丽亚把从"情感的全部阶梯"等等一直到"它的分量比我度过的岁月更沉重"这些话说出来,那就极为自然了。

前面的诗句,从"人们说"到"变老",可以摆在**后面**,但是"一

227

夜之间处女就变成妇人"这种回忆(虽然这表明玛丽亚不仅仅知道纯粹抽象的恋爱),是完全多余的;无论如何,让玛丽亚以回忆自己"变老"来开始,是最不应该的。在她说了她在"一个"钟头内所叙述的一切以后,她可以用关于她变老的警句把她的情感概括地表现出来。还有,下面的几行中,"我认为这是**权利**"(即幸福)这句话使我愤慨。为什么把玛丽亚所说的她迄今对于世界持有的天真看法变成关于权利的说教,从而把它斥为谎言呢? 也许下次我将更详细地对你说明我的意见。

我认为济金根和查理五世之间的一场是特别成功的,虽然对话有些太像是对簿公堂;还有,在特里尔的几场也是成功的。胡登关于剑的格言很出色……

恩格斯致斐迪南·拉萨尔[169]

柏　　林

[片断]

1859 年 5 月 18 日于曼彻斯特
特隆克利夫小林坊 6 号

亲爱的拉萨尔:

我这样久没有给您写信,特别是我还没有把我对您的《济金根》①的评价告诉您,您一定觉得有些奇怪吧。但这也正是我拖延了这

---

①　斐·拉萨尔《弗兰茨·冯·济金根》1859 年柏林版。——编者注

样久才写信的原因。由于现在到处都缺乏美的文学，我难得读到这类作品，而且我几年来都没有**这样**读这类作品：读了之后还要提出详细的评价、明确的意见。没有价值的东西是不值得这样费力的。甚至我间或还读一读的几本比较好的英国小说，例如萨克雷的小说，尽管有其不可辩驳的文学史和文化史的意义，也从来没有能够引起我这样的兴趣。但是我的判断能力，由于这样久没有运用，已经变得很迟钝了，所以我需要比较长的时间才能发表自己的意见。不过和那些东西相比，您的《济金根》是值得另眼看待的，所以我对它不吝惜时间。第一、二遍阅读您这部在各个方面——从题材以及处理上看——都堪称德意志民族戏剧的作品时，我的情绪激动不已，以至我不得不把它搁一些时候，特别是因为在这个贫乏的时期里，我的鉴赏力减弱到了这样的地步，我不得不惭愧地说：有时甚至价值不大的东西，在我**第一遍**阅读时也会给我留下一些印象。为了有一个不偏不倚、完全"批判的"态度，我把《济金根》往后放了一放，就是说，把它借给了几个相识的人（这里还有几个多少有些文学修养的德国人）。但是，"书有自己的命运"①——如果把它们借出去了，就很少能再看到它们，所以我不得不用暴力把我的《济金根》夺了回来。我可以告诉您，在读第三遍和第四遍的时候，印象仍旧是一样的，并且深知您的《济金根》经得住批评，所以我现在就把我的"意见"告诉您。

我知道，当我说出如下的事实，即当前德国的任何一个官方诗人都远远不能写出这样一个剧本时，我对您并没有作过分的恭维。再说，这的确是事实，而且是反映我国文学特点的，因而是不能不谈

———————————

① 泰伦齐安·摩尔《论用词、音节和韵律》。——编者注

论的一个事实。如果首先谈形式的话,那么,对情节的巧妙安排和剧本的从头到尾的戏剧性使我惊叹不已。在韵律方面您确实处理得比较随意,而这给阅读时带来的麻烦比给上演时带来的麻烦还要大。我很想读一读舞台脚本[170];就眼前的这个剧本来看,它肯定是不能上演的。我这里来了一个德国青年诗人(卡尔·济贝耳),他是我的同乡和远亲,和戏剧打过相当多的交道;他作为普鲁士近卫军的后备兵也许要到柏林去,那时我也许冒昧地托他带一封短信给您。他对您的剧本评价很高,但是认为,由于道白很长,根本不能上演,在念这些长篇道白时,只有一个演员做戏,其余的人为了不致作为哑角一直站在那里,只好三番两次地尽量做各种表情。最后两幕充分证明,您能够轻而易举地把对话写得简洁生动,我觉得,除了几场以外(这是每个剧本都有的情况),这在前三幕里也是能做到的,所以我毫不怀疑,您的舞台脚本大概考虑到了这一点。当然,**思想内容**必然因此受损失,这是不可避免的。[171]而您不无理由地认为德国戏剧具有的较大的思想深度和自觉的历史内容,同莎士比亚剧作的情节的生动性和丰富性的完美融合,大概只有在将来才能达到,而且也许根本不是由德国人来达到的。无论如何,我认为这种融合正是戏剧的未来。您的《济金根》完全是在正路上;主要的出场人物**是**一定的阶级和倾向的代表,因而也是他们时代的一定思想的代表,他们的动机不是来自琐碎的个人欲望,而正是来自他们所处的历史潮流。但是还应该改进的是,要更多地通过剧情本身的进程使这些动机生动地、积极地,所谓自然而然地表现出来,而使那些论证性的辩论(不过,我很高兴在这些辩论中又看到了您昔日在陪审法庭和民众大会上表现出来的雄辩才能[172])逐渐成为不必要的东西。您对舞台剧和文学剧作了区分,看来您自己也是把这种理想当做目标的;我相信,《济金根》是能够按照上面所说的那样改编成一个舞台剧的,虽然确实有困难(因为达到完美的确不是简单的事)。与此相关的是出场人物的个性描绘。您反对现在流行的**恶劣的**个性化,是完全正确的。这种个性化不过是玩弄小聪明而已,并且是垂死的模仿文学的一个本质的标记。此外,我觉得刻画一个人物不仅应表现他做**什么**,而且应表现他**怎样**做;从这方面看来,我相信,如果把各个人物用更加对立的方式彼此区别得更加鲜明些,剧本的思想内容是不会受到损害的。**古代人**的性格描绘在今天已经不够用了,而在这里,我认为您原可以毫无害处地多注意一下莎士比亚在戏剧发展史上的意义。然而这些都是次要的事情,我提到它们仅仅是为了使您看到,我在您的剧本的形式方面也用过一些心思。

至于历史内容,您以鲜明的笔调和对以后的发展的正确提示描述了您最关心的当时运动的两个方面:济金根所代表的贵族的国民运动和人道主义理论运动及其在神学和教会领域中的进一步发展,即宗教改革**60**。在这里我最喜欢济金根和皇帝①之间,教皇使节和特里尔大主教②之间的几场戏(在这里,您把世俗的受过美学和古典文学教育的、在政治上和理论上有远见的使节同目光短浅的德国僧侣侯爵加以对比,从而成功地直接根据这两个人物的**有代表性的**性格作出卓越的个性刻画);在济金根和查理的那场戏中对性格的描绘也是很动人的。不过,您对胡登的自传(您公正地称它的**内容**是本质的东西)采取了一种令人失望的做法,即把这种内容放到剧本中去了。第五幕里的巴尔塔扎尔和弗兰茨的

---

① 查理五世。——编者注
② 格赖芬克劳的理查。——编者注

对话也非常重要,在这段对话里前者向自己的主人说明他应当遵循的**真正革命的**政策。在这里,真正悲剧的因素出现了;而且正是由于这种意义,我认为在第三幕里就应当对这方面更强调一些,在那里有好几次机会这样做。但是,我现在又陷到次要问题上来了。——那个时代的城市和诸侯的态度在许多场合也都描写得非常清楚,这样,那时的运动中的所谓**官方**分子差不多被您描写得淋漓尽致了。但是,我认为对非官方的平民分子和农民分子,以及他们的随之而来的理论上的代表人物没有给予应有的注意。农民运动像贵族运动一样,也是一种国民运动,也是反对诸侯的运动,遭到了失败的农民运动的那种巨大的斗争规模,与抛弃了济金根的贵族甘心扮演宫廷侍臣的历史角色的那种轻率举动,正是一个鲜明的对照。因此,在我看来,即使就您对戏剧的观点(您大概已经知道,您的观点在我看来是非常抽象而又不够现实的)而言,农民运动也是值得进一步研究的;那个有约斯·弗里茨出现的农民场面的确有它的独到之处,而且这个"蛊惑者"的个性也描绘得很恰当,只是同贵族运动相比,它却没有充分表现出农民的鼓动在当时已经达到的高潮。我认为,我们不应该为了观念的东西而忘掉现实主义的东西,为了席勒而忘掉莎士比亚,根据**我**对戏剧的这种看法,介绍那时的五光十色的平民社会,会提供完全不同的材料使剧本生动起来,会给在前台表演的贵族的国民运动提供一幅十分宝贵的背景,只有在这种情况下,才会使这个运动本身显出本来的面目。在这个封建关系解体的时期,我们从那些流浪的叫花子王、无衣无食的雇佣兵和形形色色的冒险家身上,什么惊人的独特的形象不能发现呢!这幅福斯泰夫式的背景在**这种**类型的历史剧中必然会比在莎士比亚那里产生更强烈的效果。撇开这一点不说,我觉得,由于您把农民运动放到次要地位,所以您在一个方面对贵族的国民运动作了不正确的描写,同时您也就忽视了在济金根命运中的**真正**悲剧的因素。据我看来,当时广大的帝国直属贵族并没有想到要同农民结成联盟;他们靠压榨农民获得收入,所以不可能与农民结成联盟。同城市结成联盟的可能性倒是大一些;但是这种联盟并没有出现或者只是小部分地出现了。而贵族的国民革命只有同城市和农民结成联盟,特别是同后者结成联盟才能实现。据我看来,悲剧的因素正是在于:同农民结成联盟这个基本条件不可能出现,因此贵族的政策必然是无足轻重的;当贵族想取得国民运动的领导权的时候,国民**大众**即农民,就起来反对他们的领导,于是他们就不可避免地要垮台。您假定济金根和农民确实有某种联系,这究竟有多少历史根据,我无法判断,而问题也根本不在这里。此外,就我的记忆所及,在向农民呼吁的文件中胡登只是略微触及这个与贵族有关的麻烦问题,而企图把农民的愤怒都特别集中到僧侣身上去。但是我丝毫不想否认您有权把济金根和胡登看做是打算解放农民的。而这样一来马上就产生了一个悲剧性的矛盾:一方面是坚决**反对**解放农民的贵族,另一方面是农民,而这两个人却被置于这两方面之间。在我看来,这就构成了历史的必然要求和这个要求实际上不可能实现之间的悲剧性的冲突。您忽略了这一因素,把这个悲剧性的冲突缩小到相当有限的范围之内:使济金根不立即向皇帝和帝国宣战,而只向一个侯爵宣战(这里虽然您也非常恰当地把农民引进来),并且使他仅仅由于贵族的冷漠和胆怯就遭到了灭亡。但是,如果您在此以前就先着力地强调气势凶猛的农民运动以及由于先前的"鞋会"和"穷康拉德"**173**而必然变得更加保守的贵族的心情,那么这一点就会得到完全不同的论证。然而这一切都不过是可以把农民运动和平民运动写入戏剧的一种方法而已;此外至少还有十种同样好的或者更好的其他方法。

您看,我是从美学观点和史学观点,以非常高的亦即**最高的**标准来衡量您的作品的,而且我必须这样做才能提出一些反对意见,这对您来说正是我推崇这篇作品的最好证明。是的,几年来,**在我们中间**,为了党本身的利益,批评必然是尽可能坦率的;此外,每当出现一个新的例证,证明我们的党不论在什么领域中出现,都显出自己的优越性时,我和我们大家总是感到高兴。而您这次也提供了这样的例证……

马克思致斐迪南·拉萨尔[174]

柏　林

1861 年[①]7 月 22 日［于伦敦］

亲爱的拉萨尔:

……你证明罗马遗嘱的袭用最初是(至于照法学家的科学理解,那么现在也还是)建立在曲解上的。但是决不能由此得出结论说,**现代**形式的遗嘱——不管现代法学家据以构想遗嘱的罗马法被曲解成什么样子——是**被曲解了的**罗马遗嘱。否则,就可以

---

① 　手稿为:"1862 年"。——编者注

说,每个前一时期的任何成就,被后一时期所接受,都是**被曲解了的旧东西**。例如,毫无疑问,路易十四时期的法国剧作家从理论上构想的那种三一律,是建立在对希腊戏剧(及其解释者亚里士多德)的曲解上的。但是,另一方面,同样毫无疑问,他们正是依照他们自己艺术的需要来理解希腊人的,因而在达西埃和其他人向他们正确解释了亚里士多德以后,他们还是长时期地坚持这种所谓的"古典"戏剧。大家也知道,所有现代的宪法在很大程度上都是建立在**被曲解了的**英国宪法上的,而且当做本质的东西接受过来的,恰恰是那些表明英国宪法在衰落、只是现在**在形式上**勉强还在英国存在着的东西,例如所谓的责任**内阁**。被曲解了的形式正好是普遍的形式,并且在社会的一定发展阶段上是适于普遍应用的形式……

恩格斯致明娜·考茨基[175]

维　也　纳

1885 年 11 月 26 日于伦敦

亲爱的考茨基夫人:

　　……《旧和新》①我已经看过了,衷心地感谢您寄给我这本书。您在这本书里对盐场工人生活的描写,就像在《斯蒂凡》②里对农

---

① 明·考茨基《旧和新》1885 年莱比锡版。——编者注
② 明·考茨基《格里兰霍夫的斯蒂凡》1881 年莱比锡版。——编者注

民生活的描写一样出色。对维也纳社交界的描写大部分也是很好的。维也纳的确是唯一有社交界的德意志城市,柏林只有一些"固定的小圈子",而更多是不固定的,因此,在那里只有描写文人、官员和演员的那种小说才能找到地盘。在您的作品的这一部分里,情节的发展有的地方是否太急促了一些,您比我更能作出判断;使我们这样的人得到这种印象的某些东西,在维也纳可能是完全自然的,因为那里具有把南欧和东欧的各种因素混合在一起的独特的国际性质。对于这两种环境里的人物,我认为您都用您平素的鲜明的个性描写手法刻画出来了;每个人都是典型,但同时又是一定的单个人,正如老黑格尔所说的,是一个"这个",而且应当是如此。但是,为了表示没有偏颇,我还要找点毛病出来,在这里我来谈谈阿尔诺德。这个人确实太完美无缺了,因此,当他最终在一次山崩中死掉时,人们只有推说他不见容于这个世界,才能把这种情形同文学上的崇尚正义结合起来。可是,如果作者过分欣赏自己的主人公,那总是不好的,而据我看来,您在这方面也多少犯了这种毛病。爱莎尽管已经被理想化了,但还保有一定的个性描写,而在阿尔诺德身上,个性就更多地消融到原则里去了。

至于产生这个缺陷的原因,从小说本身就能感觉到。显而易见,您认为需要在这本书里公开表明您的立场,在全世界面前证明您的信念。这您已经做了,已经是过去的事了,用不着再以这种形式重复。我决不反对倾向诗本身。悲剧之父埃斯库罗斯和喜剧之父阿里斯托芬都是有强烈倾向的诗人,但丁和塞万提斯也不逊色;而席勒的《阴谋与爱情》的主要价值就在于它是德国第一部有政治倾向的戏剧。现代的那些写出优秀小说的俄国人和挪威人全是有倾向的作家。可是我认为,倾向应当从场面和情节中自然而然地流露出来,而无须特别把它指点出来;同时我认为,作者不必把他所描写的社会冲突的历史的未来的解决办法硬塞给读者。此外,在当前条件下,小说主要是面向资产阶级圈子里的读者,即不直接属于我们的人的那个圈子里的读者,因此,如果一部具有社会主义倾向的小说,通过对现实关系的真实描写,来打破关于这些关系的流行的传统幻想,动摇资产阶级世界的乐观主义,不可避免地引起对于现存事物的永恒性的怀疑,那么,即使作者没有直接提出任何解决办法,甚至有时并没有明确地表明自己的立场,我认为这部小说也完全完成了自己的使命。您对奥地利农民和维也纳"社交界"的透彻了解以及您对他们的出色的生动描写,表明在这方面的素材是很多的,而在《斯蒂凡》中您已证明您还善于用巧妙的讽刺处理您的主人公,这种讽刺显示出作者能驾驭自己的作品……

恩格斯致玛格丽特·哈克奈斯[176]

伦　　敦

［草稿］

［1888 年 4 月初于伦敦］

尊敬的哈克奈斯女士:

多谢您通过维泽泰利出版公司把您的《城市姑娘》转给我。我无比愉快地和急切地读完了它。的确,正像我的朋友、您这本书的译者艾希霍夫所说的,它是一件小小的艺术品。他还说——您听了一定会满意的——，他几乎不得不逐字逐句地翻译，因为任何省略或试图改动都只能损害原作的价值。

您的小说，除了它的现实主义的真实性以外，给我印象最深的是它表现了真正艺术家的勇气。这种勇气不仅表现在您敢于冒犯傲慢的体面人物而对救世军[177]所作的处理上，这些体面人物也许从您的小说里才第一次知道救世军**为什么**竟对人民群众产生这样大的影响；而且还主要表现在您把无产阶级姑娘被资产阶级男人所勾引这样一个老而又老的故事作为全书的中心时所使用的朴实无华的手法。平庸的作家会觉得需要用一大堆矫揉造作和修饰来掩盖这种他们认为是平凡的情节，然而他们终究还是逃脱不了被人看穿的命运。您觉得您有把握叙述一个老故事，因为您能够如实地叙述它，使它变成一个新故事。

您对阿瑟·格兰特先生的刻画十分出色。

如果我要提出什么批评的话，那就是，您的小说也许还不够现实主义。据我看来，现实主义的意思是，除细节的真实外，还要真实地再现典型环境中的典型人物。您的人物，就他们本身而言，是够典型的；但是环绕着这些人物并促使他们行动的环境，也许就不是那样典型了。在《城市姑娘》里，工人阶级是以消极群众的形象出现的，他们无力自助，甚至没有试图作出自助的努力。想使他们摆脱其贫困而麻木的处境的一切企图都来自外面，来自上面。如果说这种描写在 1800 年前后或 1810 年前后，即在圣西门和罗伯特·欧文时代是恰如其分的，那么，在 1887 年，在一个有幸参加了战斗无产阶级的大部分斗争差不多 50 年之久的人看来，就不可能是恰如其分的了。工人阶级对压迫他们的周围环境所进行的叛逆的反抗，他们为恢复自己做人的地位所作的令人震撼的努力，不管是半自觉的或是自觉的,都属于历史,因而也应当在现实主义领域内占有一席之地。

我决不是责备您没有写出一部直截了当的社会主义的小说,一部像我们德国人所说的"倾向性小说",来鼓吹作者的社会观点和政治观点。我决不是这个意思。作者的见解越隐蔽,对艺术作品来说就越好。我所指的现实主义甚至可以不顾作者的见解而表露出来。让我举一个例子。巴尔扎克,我认为他是比过去、现在和未来的一切左拉都要伟大得多的现实主义大师,他在《人间喜剧》里给我们提供了一部法国"社会",特别是巴黎上流社会的无比精彩的现实主义历史,他用编年史的方式几乎逐年地把上升的资产阶级在1816—1848年这一时期对贵族社会日甚一日的冲击描写出来,这一贵族社会在1815年以后又重整旗鼓,并尽力重新恢复旧日法国生活方式的标准。他描写了这个在他看来是模范社会的最后残余怎样在庸俗的、满身铜臭的暴发户的逼攻之下逐渐屈服,或者被这种暴发户所腐蚀;他描写了贵妇人(她们在婚姻上的不忠只不过是维护自己的一种方式,这和她们在婚姻上听人摆布的情况是完全相适应的)怎样让位给为了金钱或衣着而给自己丈夫戴绿帽子的资产阶级妇女。围绕着这幅中心图画,他汇编了一部完整的法国社会的历史,我从这里,甚至在经济细节方面(诸如革命以后动产和不动产的重新分配)所学到的东西,也要比从当时所有职业的史学家、经济学家和统计学家那里学到的全部东西还要多。不错,巴尔扎克在政治上是一个正统派[178];他的伟大作品是对上流社会无可阻挡的衰落的一曲无尽的挽歌;他对注定要灭亡的那个阶级寄予了全部的同情。但是,尽管如此,当他让他所深切同情的那些贵族男女行动起来的时候,他的嘲笑空前尖刻,他的讽刺空前辛辣。而他经常毫不掩饰地赞赏的唯一的一批人，却正是他政治上的死对头，圣玛丽修道院的共和党英雄们[179]，这些人在那时（1830—1836年）的确是人民群众的代表。这样，巴尔扎克就不得不违背自己的阶级同情和政治偏见；他**看到了**他心爱的贵族们灭亡的必然性，把他们描写成不配有更好命运的人；他在当时唯一能找到未来的真正的人的地方**看到了**这样的人，——这一切我认为是现实主义的最伟大的胜利之一，是老巴尔扎克最大的特点之一。

为了替您辩解，我必须承认，在文明世界里，任何地方的工人群众都不像伦敦东头①的工人群众那样不积极地反抗，那样消极地屈服于命运，那样迟钝。而且我怎么能知道：您是否有非常充分的理由这一次先描写工人阶级生活的消极面，而在另一本书中再描写积极面呢？

恩格斯致保尔·恩斯特[180]

柏　林

［草稿］

1890年6月5日于伦敦

尊敬的先生：

……至于您用唯物主义方法处理问题的尝试，我首先必须说

---

①　伦敦东头是无产阶级和贫民的居住区。——编者注

明：如果不把唯物主义方法当做研究历史的指南，而把它当做现成的公式，按照它来剪裁各种历史事实，那它就会转变为自己的对立物。如果巴尔先生认为他抓住了您的这种错误，我看他是有点道理的。

您把整个挪威和那里所发生的一切都归入小市民阶层的范畴，接着您又毫不迟疑地把您对**德国**小市民阶层的看法硬加在这个挪威小市民阶层身上。这样一来就有两个事实横亘在您的面前。

第一，当对拿破仑的胜利在整个欧洲成了反动派对革命的胜利的时候，当革命还仅仅在自己的法兰西祖国引起这样多的恐惧，使从国外返回的正统王朝不得不颁布一个资产阶级自由主义宪法的时候，挪威已经找到机会争得一个比当时欧洲的任何一个宪法都要民主得多的宪法。

第二，挪威在最近 20 年中所出现的文学繁荣，在这一时期除了俄国以外没有一个国家能与之媲美。这些人无论是不是小市民，他们创作的东西要比其他人所创作的多得多，而且他们还给包括德国文学在内的其他各国的文学打上了他们的印记。

在我看来，这些事实使我们有必要对挪威小市民阶层的特性作一定程度的研究。

在这里，您也许会发现一个极其重大的区别。在德国，小市民阶层是遭到了失败的革命的产物，是被打断和遏制了的发展的产物；由于经历了三十年战争[181]和战后时期，德国的小市民阶层具有胆怯、狭隘、束手无策、毫无首创能力这样一些畸形发展的特殊性格，而正是在这段时间里，几乎所有的其他大民族都在迅猛发展。后来，当德国再次被卷入历史运动的时候，德国的小市民阶层仍然保留着这种性格;这种性格十分顽强,在我国的工人阶级最后打破这种狭窄的框框以前,它作为一种普遍的德国典型,也给德国的所有其他社会阶级或多或少地打上它的烙印。德国工人"没有祖国",这一点正是最强烈地表现在他们已经完全摆脱了德国小市民阶层的狭隘性。

可见,德国的小市民阶层并不是一个正常的历史状态,而是一幅夸张到了极点的漫画,是一种退化,正如波兰的犹太人是犹太人的漫画一样。英法等国的小资产者和德国的小资产者决不是处于同一水平的。

而在挪威,掺杂着少量中等资产阶级的小农和小资产阶级(大致和 17 世纪时英法两国的情形一样),好几个世纪以来都是正常的社会状态。在挪威,谈不上由于伟大运动的失败和三十年战争而被迫退回到过时的状态中去。这个国家由于它的闭塞和自然条件而落后,可是,它的状况是完全适合它的生产条件的,因而是正常的。只是直到最近,这个国家才零散地出现了一点点大工业,可是在那里并没有资本积聚的最强有力的杠杆——交易所,此外,海外贸易的猛烈扩展也正好产生了保守的影响。因为在其他各地轮船都在排挤帆船的时候,挪威却在大规模地扩大帆船航运,它所拥有的帆船队即使不是世界上最大的,无疑也是世界上第二大的,而这些船只大部分都为中小船主所有,就像 1720 年前后的英国那样。但是这样一来,旧有的停滞状态毕竟开始运动了,这种运动也表现在文学的繁荣上。

挪威的农民从来都不是农奴,这使得全部发展(卡斯蒂利亚的情形也类似)具有一种完全不同的背景。挪威的小资产者是自由农民之子,在这种情况下,与堕落的德国小市民相比,他们是**真**

正的人。同样,挪威的小资产阶级妇女与德国的小市民妇女相比也不知要好多少倍。就拿易卜生的戏剧来说,不管有怎样的缺点,它们却反映了一个虽然是中小资产阶级的、但与德国相比却有天渊之别的世界;在这个世界里,人们还有自己的性格以及首创精神,并且独立地行动,尽管在外国人看来往往有些奇怪。因此,在我对这类东西作出判断以前,我宁愿先把它们彻底了解清楚……

恩格斯致康拉德·施米特[182]

柏　　林

1890 年 10 月 27 日于伦敦

亲爱的施米特:

　　……在上述关于我对生产和商品贸易的关系以及两者和货币贸易的关系的见解的几点说明中,我基本上也已经回答了您关于历史唯物主义本身的问题。从分工的观点来看问题最容易理解。社会产生它不能缺少的某些共同职能。被指定执行这种职能的人,形成**社会内部**分工的一个新部门。这样,他们也获得了同授权给他们的人相对立的特殊利益,他们同这些人相对立而独立起来,于是就出现了国家。然后便发生像在商品贸易中和后来在货币贸易中发生的那种情形:新的独立的力量总的说来固然应当尾随生产的运动,然而由于它本身具有的即它一经获得便逐渐向前发展的相对独立性,它又对生产的条件和进程发生反作用。这是两种不相等的力量的相互作用:一方面是经济运动,另一方面是追求尽可能大的独立性并且一经确立也就有了自己的运动的新的政治权力。总的说来,经济运动会为自己开辟道路,但是它也必定要经受它自己所确立的并且具有相对独立性的政治运动的反作用,即国家权力的以及和它同时产生的反对派的运动的反作用。正如在货币市场中,总的说来,并且在上述条件之下,反映出,而且当然是**头足倒置地**反映出工业市场的运动一样,在政府和反对派之间的斗争中也反映出先前已经存在着并且正在斗争着的各个阶级的斗争,但是这个斗争同样是头足倒置地、不再是直接地、而是间接地、不是作为阶级斗争、而是作为维护各种政治原则的斗争反映出来的,并且是这样头足倒置起来,以致需要经过上千年我们才终于把它的真相识破。

国家权力对于经济发展的反作用可以有三种:它可以沿着同一方向起作用,在这种情况下就会发展得比较快;它可以沿着相反方向起作用,在这种情况下,像现在每个大民族的情况那样,它经过一定的时期都要崩溃;或者是它可以阻止经济发展沿着某些方向走,而给它规定另外的方向——这种情况归根到底还是归结为前两种情况中的一种。但是很明显,在第二和第三种情况下,政治权力会给经济发展带来巨大的损害,并造成大量人力和物力的浪费。

此外,还有侵占和粗暴地毁灭经济资源的情况;由于这种情况,从前在一定条件下某一地方和某一民族的全部经济发展可能被毁灭。现在,这种情况多半都有相反的作用,至少在各大民族中间是如此：从长远看，战败者在经济上、政治上和道义上赢得的东西有时比胜利者更多。

法也与此相似：产生了职业法学家的新分工一旦成为必要，就又开辟了一个新的独立领域，这个领域虽然一般地依赖于生产和贸易，但是它仍然具有对这两个领域起反作用的特殊能力。在现代国家中，法不仅必须适应于总的经济状况，不仅必须是它的表现，而且还必须是不因内在矛盾而自相抵触的**一种内部和谐一致的**表现。而为了达到这一点，经济关系的忠实反映便日益受到破坏。法典越是不把一个阶级的统治鲜明地、不加缓和地、不加歪曲地表现出来（否则就违反了"法的概念"），这种现象就越常见。1792—1796 年时期革命资产阶级的纯粹而彻底的法的概念，在许多方面已经在拿破仑法典**183**中被歪曲了，而就它在这个法典中的体现来说，它必定由于无产阶级的不断增长的力量而每天遭到各种削弱。但是这并不妨碍拿破仑法典成为世界各地编纂一切新法典时当做基础来使用的法典。这样，"法的发展"的进程大部分只在于首先设法消除那些由于将经济关系直接翻译成法律原则而产生的矛盾，建立和谐的法的体系，然后是经济进一步发展的影响和强制力又一再突破这个体系，并使它陷入新的矛盾（这里我暂时只谈民法）。

经济关系反映为法的原则，同样必然是一种头足倒置的反映。这种反映是在活动者没有意识到的情况下发生的；法学家以为他是凭着先验的原理来活动的，然而这只不过是经济的反映而已。这样一来，一切都头足倒置了。而这种颠倒——在它没有被认识的时候构成我们称之为**意识形态观点**的那种东西——又对经济基础发生反作用，并且能在某种限度内改变经济基础，我认为这是不言而喻的。以家庭的同一发展阶段为前提,继承法的基础是经济的。尽管如此,也很难证明:例如在英国立遗嘱的绝对自由,在法国对这种自由的严格限制,在一切细节上都只是出于经济的原因。但是二者都对经济起着很大的反作用,因为二者都影响财产的分配。

至于那些更高地悬浮于空中的意识形态的领域,即宗教、哲学等等,它们都有一种被历史时期所发现和接受的史前的东西,这种东西我们今天不免要称之为愚昧。这些关于自然界、关于人本身的性质、关于灵魂、魔力等等的形形色色的虚假观念,多半只是在消极意义上以经济为基础;史前时期低水平的经济发展有关于自然界的虚假观念作为补充,但是有时也作为条件,甚至作为原因。虽然经济上的需要曾经是,而且越来越是对自然界的认识不断进展的主要动力,但是,要给这一切原始状态的愚昧寻找经济上的原因,那就太迂腐了。科学的历史,就是逐渐消除这种愚昧的历史,或者说,是用新的、但越来越不荒唐的愚昧取而代之的历史。从事这些事情的人们又属于分工的特殊部门,并且认为自己是致力于一个独立的领域。只要他们形成社会分工之内的独立集团,他们的产物,包括他们的错误在内,就要反过来影响全部社会发展,甚至影响经济发展。但是,尽管如此,他们本身又处于经济发展的起支配作用的影响之下。例如在哲学上,拿资产阶级时期来说这种情形是最容易证明的。霍布斯是第一个现代唯物主义者(18 世纪意义上的),但是当专制君主制在整个欧洲处于全盛时期,并在英国开始和人民进行斗争的时候,他是专制制度的拥护者。洛克在宗教上和政治上都是 1688 年的阶级妥协[184]的产儿。英国自然神论者[56]和他们的更彻底的继承者法国唯物主义者都是真正的资产阶级哲学家,法国人甚至是资产阶级革命的哲学家。在从康德到黑格尔的德国哲学中始终显现着德国庸人的面孔——有时积极地,有时消极地。但是,每一个时代的哲学作为分工的一个特定的领域,都具有由它的先驱传给它而它便由此出发的特定的思想材料作为前提。因此,经济上落后的国家在哲学上仍然能够演奏第一小提琴:18 世纪的法国对英国来说是如此(法国人是以英国哲学为依据的),后来的德国对英法两国来说也是如此。但是,不论在法国或是在德国,哲学和那个时代的普遍的学术繁荣一样,也是经济高涨的结果。经济发展对这些领域也具有最终的至上权力,这在我看来是确定无疑的,但是这种至上权力是发生在各个领域本身所规定的那些条件的范围内:例如在哲学中,它是发生在这样一种作用所规定的条件的范围内,这种作用就是各种经济影响(这些经济影响多半又只是在它的政治等等的外衣下起作用)对先驱所提供的现有哲学材料发生的作用。经济在这里并不重新创造出任何东西,但是它决定着现有思想材料的改变和进一步发展的方式,而且多半也是间接决定的,因为对哲学发生最大的直接影响的,是政治的、法律的和道德的反映。

关于宗教,我在论费尔巴哈①的最后一章里已经把最必要的东西说过了。

因此,如果巴尔特认为我们否认经济运动的政治等等的反映对这个运动本身的任何反作用,那他就简直是跟风车作斗争了。

---

① 恩格斯《路德维希·费尔巴哈和德国古典哲学的终结》,见《马克思恩格斯全集》中文第 2 版第 28 卷。——编者注

他只需看看马克思的《雾月十八日》①,那里谈到的几乎都是政治斗争和政治事件所起的**特殊**作用,当然是在它们**一般**依赖于经济条件的范围内。或者看看《资本论》,例如关于工作日的那一篇②,那里表明立法起着多么重大的作用,而立法就是一种政治行动。也可以看看关于资产阶级的历史的那一篇(第二十四章)③。再说,如果政治权力在经济上是无能为力的,那么我们何必要为无产阶级的政治专政而斗争呢? 暴力(即国家权力)也是一种经济力量!

但是我现在没有时间来评论这本书④了。首先必须出版第三卷⑤,而且我相信,例如伯恩施坦也能把这件事情很好地完成。

所有这些先生们所缺少的东西就是辩证法。他们总是只在这里看到原因,在那里看到结果。他们从来看不到:这是一种空洞的抽象,这种形而上学的两极对立在现实世界只存在于危机中,而整个伟大的发展过程是在相互作用的形式中进行的(虽然相互作用的力量很不相等:其中经济运动是最强有力的、最本原的、最有决定性的),这里没有什么是绝对的,一切都是相对的。对他们说来,黑格尔是不存在的……

---

① 马克思《路易·波拿巴的雾月十八日》,见《马克思恩格斯选集》第3版第1卷。——编者注
② 见《马克思恩格斯文集》第5卷第267—350页。——编者注
③ 同上,第820—875页。——编者注
④ 保·巴尔特《黑格尔和包括马克思及哈特曼在内的黑格尔派的历史哲学》1890年莱比锡版。——编者注
⑤ 马克思《资本论》第3卷。——编者注

恩格斯致弗兰茨·梅林[185]

柏　　林

1893 年 7 月 14 日于伦敦

亲爱的梅林先生：

　　直到今天我才有机会感谢您惠寄的《莱辛传奇》①。我不想仅仅是正式通知您书已经收到,还想同时谈谈这本书本身——它的内容,因此就拖延下来了。

　　我从末尾,即从《论历史唯物主义》这篇附录②谈起。在这里主要的东西您都论述得很出色,对每一个没有成见的人都是有说服力的。如果说我有什么异议,那就是您加在我身上的功绩大于应该属于我的,即使我把我经过一定时间也许会独立发现的一切都计算在内也是如此,但是这一切都已经由眼光更锐利、眼界更开阔的马克思早得多地发现了。如果一个人能有幸和马克思这样的人一起工作 40 年之久,那么他在后者在世时通常是得不到他以为应当得到的承认;后来,伟大的人物逝世了,那个平凡的人就很容易得到过高的评价——在我看来,现在我的处境正好是这样。

---

① 弗·梅林《莱辛传奇》1893 年斯图加特版。——编者注
② 弗·梅林《论历史唯物主义》,作为附录收入《莱辛传奇》1893 年版。——编者注

历史最终会把一切都纳入正轨,到那时那个人已经幸运地长眠于地下,什么也不知道了。

此外,只有一点还没有谈到,这一点在马克思和我的著作中通常也强调得不够,在这方面我们大家都有同样的过错。这就是说,我们大家首先是把重点放在从基本经济事实中**引出**政治的、法的和其他意识形态的观念以及以这些观念为中介的行动,而且**必须这样做**。但是我们这样做的时候为了内容方面而忽略了形式方面,即这些观念等等是由什么样的方式和方法产生的。这就给了敌人以称心的理由来进行曲解或歪曲,保尔·巴尔特就是个明显的例子①。

意识形态是由所谓的思想家通过意识、但是通过虚假的意识完成的过程。推动他的真正动力始终是他所不知道的,否则这就不是意识形态的过程了。因此,他想象出虚假的或表面的动力。因为这是思维过程,所以它的内容和形式都是他从纯粹的思维中——或者从他自己的思维中,或者从他的先辈的思维中引出的。他只和思想材料打交道,他毫不迟疑地认为这种材料是由思维产生的,而不去进一步研究这些材料的较远的、不从属于思维的根源。而且他认为这是不言而喻的,因为在他看来,一切行动既然都以思维为**中介**,最终似乎都以思维为**基础**。

历史方面的意识形态家[47](历史在这里应当是政治、法律、哲学、神学,总之,一切属于**社会**而不是单纯属于自然界的领域的简

① 指保·巴尔特《黑格尔和包括马克思及哈特曼在内的黑格尔派的历史哲学》1890 年莱比锡版。——编者注

单概括)在每一科学领域中都有一定的材料,这些材料是从以前的各代人的思维中独立形成的,并且在这些世代相继的人们的头脑中经过了自己的独立的发展道路。当然,属于本领域或其他领域的外部事实对这种发展可能共同起决定性的作用,但是这种事实本身又被默认为只是思维过程的果实,于是我们便始终停留在纯粹思维的范围之中,而这种思维仿佛顺利地消化了甚至最顽强的事实。

正是国家制度、法的体系、各个不同领域的意识形态观念的独立历史这种外观,首先迷惑了大多数人。如果说,路德和加尔文"克服了"官方的天主教,黑格尔"克服了"费希特和康德,卢梭以其共和主义的《社会契约论》①间接地"克服了"立宪主义者孟德斯鸠,那么,这仍然是神学、哲学、政治学内部的一个过程,它表现为这些思维领域历史中的一个阶段,完全不越出思维领域。而自从出现了关于资本主义生产永恒不变和绝对完善的资产阶级幻想以后,甚至重农主义者和亚当·斯密克服重商主义者,也被看做纯粹的思想胜利;不是被看做改变了的经济事实在思想上的反映,而是被看做对始终普遍存在的实际条件最终达到的真正理解。如果狮心理查和菲力浦-奥古斯特实行了自由贸易,而不是卷入了十字军征讨[70],那我们就可以避免 500 年的贫穷和愚昧。

对问题的这一方面(我在这里只能稍微谈谈),我觉得我们大家都有不应有的疏忽。这是一个老问题:起初总是为了内容而忽略形

---

① 让·雅·卢梭《社会契约论,或政治权利的原则》1782 年伦敦版。——编者注

式。如上所说,我也这样做过,而且我总是在事后才发现错误。因此,我不仅根本不想为此对您提出任何责备——我在您之前就在这方面有过错,我甚至没有权利这样做——,相反,我只是想让您今后注意这一点。

与此有关的还有意识形态家们的一个愚蠢观念。这就是:因为我们否认在历史中起作用的各种意识形态领域有独立的历史发展,所以我们也否认它们对**历史**有任何**影响**。这是由于通常把原因和结果非辩证地看做僵硬对立的两极,完全忘记了相互作用。这些先生们常常几乎是故意地忘记,一种历史因素一旦被其他的、归根到底是经济的原因造成了,它也就起作用,就能够对它的环境,甚至对产生它的原因发生反作用。例如在您的书中第 475 页上巴尔特讲到教士等级和宗教的地方,就是如此。我很高兴您收拾了这个平庸得令人难以置信的家伙。而他们还让这个人在莱比锡当历史教授呢! 那里曾经有个老瓦克斯穆特,这个人头脑也很平庸,但对事实很敏感,完全是另一种人!

此外,关于这本书,我只能再重复一下那些文章在《新时代》[186]上发表①时我已经不止一次地讲过的话:这是现有的对普鲁士国家形成过程的最好的论述,我甚至可以说,是唯一出色的论述,对大多数事情,甚至各个细节,都正确地揭示出相互联系。令人遗憾的只是您未能把直到俾斯麦为止的全部进一步发展也包括进去,我不由地希望您下一次会做到这一点,连贯地描绘出自选帝侯弗里德里希-威廉到老威廉②为止的整个情景。您已经做过准备性的研究工

---

① 弗·梅林《莱辛传奇》1892 年 1—6 月在《新时代》杂志上连载。——编者注
② 威廉一世。——编者注

作,至少在主要问题上可以说已经完成了。而在破马车散架以前这件事无论如何是必须做好的。打破保皇爱国主义的神话,这即使不是铲除掩盖着阶级统治的君主制度(因为**纯粹的**资产阶级共和制在德国还没有产生出来就已经过时了)的必要前提,也毕竟是完成这一任务的最有效的杠杆之一。

这样您就会有更多的余地和机会把普鲁士的地方史当做全德苦难的一部分描绘出来。正是在这一点上,我在某些地方不同意您的意见,不同意您对德国的割据局面和 16 世纪德国资产阶级革命失败的先决条件的见解。如果我有机会重新改写我的《农民战争》①的历史导言(希望这能在今年冬季实现),那么我就能在那里阐述有关的各点。[187]这并不是说我认为您列举的各种先决条件不正确,但是除此之外我还要提出其他一些,并加以稍许不同的分类。

在研究德国历史(它完全是一部苦难史)时,我始终认为,只有拿法国的相应的时代来作比较,才可以得出正确的标准,因为那里发生的一切正好和我们这里发生的相反。那里是封建国家的各个分散的成员组成一个民族国家,我们这里恰好是处于最严重的衰落时期。那里的整个发展过程中贯穿着罕见的客观逻辑,我们这里则表现出不可救药的,而且越来越不可救药的紊乱。在那里,在中世纪,英国征服者是外国干涉的代表,帮助普罗旺斯族反对北法兰西族。对英国人的战争可说是三十年战争[181],但是战争的结果是外国干涉者被驱逐出去和南部被北部制服。随后是中央政权同依靠国外领地、起着勃兰登堡—普鲁士所起作用的勃艮第藩国的斗争,但是这一斗争的结果是中央政权获得胜利和民族国家最后形成。[188]在

---

① 恩格斯《德国农民战争》,见《马克思恩格斯文集》第 2 卷。——编者注

我们这里，当时恰好是民族国家彻底瓦解（如果神圣罗马帝国[189]范围内的"德意志王国"可以称为民族国家的话），德国领土开始大规模被掠夺。这对德国人来说是极其令人羞愧的对照，但是正因为如此就更有教益，自从我们的工人重又使德国站在历史运动的前列以来，我们对过去的耻辱就稍微容易忍受了。

德国的发展还有一点是极其特殊的，这就是：最终共同瓜分了整个德国的两个帝国组成部分，都不纯粹是德意志的，而是在被征服的斯拉夫人土地上建立的殖民地：奥地利是巴伐利亚的殖民地，勃兰登堡是萨克森的殖民地；它们之所以**在**德国**内部**取得了政权，仅仅是因为它们依靠了国外的、非德意志的领地：奥地利依靠了匈牙利（更不用说波希米亚了），勃兰登堡依靠了普鲁士。在最受威胁的西部边境上，这类事情是根本没有的，在北部边境上，保护德国不受丹麦人侵犯一事是让丹麦人自己去做的，而南部则很少需要保卫，甚至国境保卫者瑞士人自己就能从德国分立出去！

我已经天南地北地扯得太远了；让这些空话至少给您作个证据，证明您的著作使我多么兴奋吧。

再次表示衷心的感谢和问候。

您的　弗·恩格斯

恩格斯致瓦尔特·博尔吉乌斯[190]

布 雷 斯 劳

1894 年 1 月 25 日于伦敦西北区
瑞琴特公园路 122 号

尊敬的先生：

对您的问题回答如下：

1. 我们视之为社会历史的决定性基础的经济关系，是指一定社会的人们生产生活资料和彼此交换产品（在有分工的条件下）的方式。因此，这里包括生产和运输的**全部技术**。这种技术，照我们的观点看来，也决定着产品的交换方式以及分配方式，从而在氏族社会解体后也决定着阶级的划分，决定着统治关系和奴役关系，决定着国家、政治、法等等。此外，在经济关系中还包括这些关系赖以发展的**地理基础**和事实上由过去沿袭下来的先前各经济发展阶段的残余（这些残余往往只是由于传统或惰性才继续保存着），当然还包括围绕着这一社会形式的外部环境。

如果像您所说的，技术在很大程度上依赖于科学状况，那么，科学则在更大得多的程度上依赖于技术的**状况**和**需要**。社会一旦有技术上的需要，这种需要就会比十所大学更能把科学推向前进。整个流体静力学（托里拆利等）是由于 16 世纪和 17 世纪意大利

255

治理山区河流的需要而产生的。关于电，只是在发现它在技术上的实用价值以后，我们才知道了一些理性的东西。可惜在德国，人们撰写科学史时习惯于把科学看做是从天上掉下来的。

2. 我们把经济条件看做归根到底制约着历史发展的东西。而种族本身就是一种经济因素。不过这里有两点不应当忽视：

（a）政治、法、哲学、宗教、文学、艺术等等的发展是以经济发展为基础的。但是，它们又都互相作用并对经济基础发生作用。这并不是说，只有经济状况才是**原因，才是积极的**，其余一切都不过是消极的结果，而是说，这是在**归根到底**不断为自己开辟道路的经济必然性的基础上的相互作用。例如，国家就是通过保护关税、自由贸易、好的或者坏的财政制度发生作用的，甚至德国庸人的那种从 1648—1830 年德国经济的可怜状况中产生的致命的疲惫和软弱（最初表现为虔诚主义，而后表现为多愁善感和对诸侯贵族的奴颜婢膝），也不是没有对经济起过作用。这曾是重新振兴的最大障碍之一，而这一障碍只是由于革命战争和拿破仑战争把慢性的穷困变成了急性的穷困才动摇了。所以，并不像人们有时不加思考地想象的那样是经济状况自动发生作用，而是人们自己创造自己的历史，但他们是在既定的、制约着他们的环境中，是在现有的现实关系的基础上进行创造的，在这些现实关系中，经济关系不管受到其他关系——政治的和意识形态的——多大影响，归根到底还是具有决定意义的，它构成一条贯穿始终的、唯一有助于理解的红线。

（b）人们自己创造自己的历史，但是到现在为止，他们并不是按照共同的意志，根据一个共同的计划，甚至不是在一个有明确界限的既定社会内来创造自己的历史。他们的意向是相互交错的，正因为如此,在所有这样的社会里,都是那种以**偶然性**为其补充和表现形式的**必然性**占统治地位。在这里通过各种偶然性来为自己开辟道路的必然性,归根到底仍然是经济的必然性。这里我们就来谈谈所谓伟大人物问题。恰巧某个伟大人物在一定时间出现于某一国家,这当然纯粹是一种偶然现象。但是,如果我们把这个人去掉,那时就会需要有另外一个人来代替他,并且这个代替者是会出现的,不论好一些或差一些,但是最终总是会出现的。恰巧拿破仑这个科西嘉人做了被本身的战争弄得精疲力竭的法兰西共和国所需要的军事独裁者,这是个偶然现象。但是,假如没有拿破仑这个人,他的角色就会由另一个人来扮演。这一点可以由下面的事实来证明:每当需要有这样一个人的时候,他就会出现,如凯撒、奥古斯都、克伦威尔等等。如果说马克思发现了唯物史观,那么梯叶里、米涅、基佐以及 1850 年以前英国所有的历史编纂学家则表明,人们已经在这方面作过努力,而摩尔根对于同一观点的发现表明,发现这一观点的时机已经成熟了,这一观点**必定**被发现。

历史上所有其他的偶然现象和表面的偶然现象都是如此。我们所研究的领域越是远离经济,越是接近于纯粹抽象的意识形态,我们就越是发现它在自己的发展中表现为偶然现象,它的曲线就越是曲折。如果您画出曲线的中轴线,您就会发现,所考察的时期越长,所考察的范围越广,这个轴线就越是接近经济发展的轴线,就越是同后者平行而进。

在德国,达到正确理解的最大障碍,就是著作界对于经济史的不负责任的忽视。不仅很难抛掉学校里灌输的那些历史观,而且更难搜集为此所必需的材料。例如,老古·冯·居利希在自己的枯燥的材料汇集①中的确收集了能够说明无数政治事实的大量材料,可是他的著作又有谁读过呢!

此外,我认为马克思在《雾月十八日》②一书中所作出的光辉范例,能对您的问题给予颇为圆满的回答,正是因为那是一个实际的例子。我还认为,大多数问题都已经在《反杜林论》第一编第九至十一章、第二编第二至四章和第三编第一章或导言里③,后来又在《费尔巴哈》④最后一章里谈到了。

请您不要过分推敲上面所说的每一句话,而要把握总的联系;可惜我没有时间能像给报刊写文章那样字斟句酌地向您阐述这一切……

① 古·居利希《关于当代主要商业国家的商业、工业和农业的历史叙述》1830—1845 年耶拿版。——编者注
② 马克思《路易·波拿巴的雾月十八日》,见《马克思恩格斯选集》第 3 版第 1 卷。——编者注
③ 见《马克思恩格斯全集》中文第 2 版第 26 卷。——编者注
④ 恩格斯《路德维希·费尔巴哈和德国古典哲学的终结》,见《马克思恩格斯全集》中文第 2 版第 28 卷。——编者注

论 述 摘 编

一、社会存在与社会意识

　　批判的武器当然不能代替武器的批判，物质力量只能用物质力量来摧毁；但是理论一经掌握群众，也会变成物质力量。理论只要说服人［ad hominem］，就能掌握群众；而理论只要彻底，就能说服人［ad hominem］。所谓彻底，就是抓住事物的根本。而人的根本就是人本身。

马克思：《〈黑格尔法哲学批判〉导言》，见《马克思恩格斯选集》第 3 版第 1 卷第 9—10 页

　　"精神"从一开始就很倒霉，受到物质的"纠缠"，物质在这里表现为振动着的空气层、声音，简言之，即语言。语言和意识具有同样长久的历史；语言**是**一种实践的、既为别人存在因而也为我自身而存在的、现实的意识。语言也和意识一样，只是由于需要，由于和他人交往的迫切需要才产生的。① 凡是有某种关系存在的地方，这种关系都是为我而存在的；动物不对什么东西发生"**关系**"，而且根本没有"关系"；对于动物来说，它对他物的关系不是作为关系存在的。因而，意识一开始就是社会的产物，而且只要人们存

---

① 手稿中删去以下这句话："我对我的环境的关系是我的意识。"——编者注

在着,它就仍然是这种产物。

马克思和恩格斯:《德意志意识形态》,见《马克思
恩格斯选集》第 3 版第 1 卷第 161 页

下面这个原理,不仅对于经济学,而且对于一切历史科学(凡不是自然科学的科学都是历史科学)都是一个具有革命意义的发现:"物质生活的生产方式制约着整个社会生活、政治生活和精神生活的过程。"在历史上出现的一切社会关系和国家关系,一切宗教制度和法律制度,一切理论观点,只有理解了每一个与之相应的时代的物质生活条件,并且从这些物质条件中被引申出来的时候,才能理解。"不是人们的意识决定人们的存在,相反,是人们的社会存在决定人们的意识。"这个原理非常简单,它对于没有被唯心主义的欺骗束缚住的人来说是不言自明的。但是,这个事实不仅对于理论,而且对于实践都是最革命的结论。"社会的物质生产力发展到一定阶段,便同它们一直在其中运动的现存生产关系或财产关系(这只是生产关系的法律用语)发生矛盾。于是这些关系便由生产力的发展形式变成生产力的桎梏。那时**社会革命**的时代就到来了。随着经济基础的变更,全部庞大的上层建筑也或慢或快地发生变革……　资产阶级的生产关系是社会生产过程的最后一个对抗形式,这里所说的对抗,不是指个人的对抗,而是指从个人的社会生活条件中生长出来的对抗;但是,在资产阶级社会的胎胞里发展的生产力,同时又创造着解决这种对抗的物质条件。"①由此可见,只要进一步发挥我们的唯物主义论点,并且把它

---

① 见本书第 153—154 页。——编者注

应用于现时代,一个强大的、一切时代中最强大的革命远景就会立即展现在我们面前。

恩格斯:《卡尔·马克思〈政治经济学批判。第一分册〉》,见《马克思恩格斯选集》第 3 版第 2 卷第 8—9 页

我的辩证方法,从根本上来说,不仅和黑格尔的辩证方法不同,而且和它截然相反。**191** 在黑格尔看来,思维过程,即甚至被他在观念这一名称下转化为独立主体的思维过程,是现实事物的创造主,而现实事物只是思维过程的外部表现。我的看法则相反,观念的东西不外是移入人的头脑并在人的头脑中改造过的物质的东西而已。

马克思:《资本论》第 1 卷第二版跋,见《马克思恩格斯选集》第 3 版第 2 卷第 93 页

辩证法在黑格尔手中神秘化了,但这决没有妨碍他第一个全面地有意识地叙述了辩证法的一般运动形式。在他那里,辩证法是倒立着的。必须把它倒过来,以便发现神秘外壳中的合理内核。

马克思:《资本论》第 1 卷第二版跋,见《马克思恩格斯选集》第 3 版第 2 卷第 94 页

辩证法,在其合理形态上,引起资产阶级及其空论主义的代言人的恼怒和恐怖,因为辩证法在对现存事物的肯定的理解中同时包含对现存事物的否定的理解,即对现存事物的必然灭亡的理解;辩证法对每一种既成的形式都是从不断的运动中,因而也是从它的暂时性方面去理解;辩证法不崇拜任何东西,按其本质来说,它

是批判的和革命的。

> 马克思:《资本论》第 1 卷第二版跋,见《马克思
> 恩格斯选集》第 3 版第 2 卷第 94 页

历史哲学,特别是黑格尔所代表的历史哲学,认为历史人物的表面动机和真实动机都绝不是历史事变的最终原因,认为这些动机后面还有应当加以探究的别的动力;但是它不在历史本身中寻找这种动力,反而从外面,从哲学的意识形态把这种动力输入历史。例如黑格尔,他不从古希腊历史本身的内在联系去说明古希腊的历史,而只是简单地断言,古希腊的历史无非是“美好的个性形式”的制定,是“艺术作品”本身的实现。① 在这里,黑格尔关于古希腊人作了许多精彩而深刻的论述,但是这并不妨碍我们今天对那些纯属空谈的说明表示不满。

> 恩格斯:《路德维希·费尔巴哈和德国古典哲学
> 的终结》,见《马克思恩格斯全集》中文第 2 版第
> 28 卷第 357—358 页

根据唯物史观,历史过程中的决定性因素**归根到底**是现实生活的生产和再生产。无论马克思或我都从来没有肯定过比这更多的东西。如果有人在这里加以歪曲,说经济因素是**唯一**决定性的因素,那么他就是把这个命题变成毫无内容的、抽象的、荒诞无稽的空话。经济状况是基础,但是对历史斗争的进程发生影响并且在许多情况下主要是决定着这一斗争的**形式**的,还有上层建筑的各种因素:阶级斗争的各种政治形式及其成果——由胜利了的阶

---

① 参看黑格尔《历史哲学讲演录》第 2 部第 2 篇。——编者注

级在获胜以后确立的宪法等等,各种法的形式以及所有这些实际斗争在参加者头脑中的反映,政治的、法律的和哲学的理论,宗教的观点以及它们向教义体系的进一步发展。这里表现出这一切因素间的相互作用,而在这种相互作用中归根到底是经济运动作为必然的东西通过无穷无尽的偶然事件(即这样一些事物和事变,它们的内部联系是如此疏远或者是如此难于确定,以致我们可以认为这种联系并不存在,忘掉这种联系)向前发展。否则把理论应用于任何历史时期,就会比解一个简单的一次方程式更容易了。

恩格斯:1890 年 9 月 21—22 日致约瑟夫·布洛赫的信,见《马克思恩格斯选集》第 3 版第 4 卷第 604 页

二、人与历史

只有当现实的个人把抽象的公民复归于自身,并且作为个人,在自己的经验生活、自己的个体劳动、自己的个体关系中间,成为**类存在物**的时候,只有当人认识到自身"固有的力量"是**社会**力量,并把这种力量组织起来因而不再把社会力量以**政治**力量的形式同自身分离的时候,只有到了那个时候,人的解放才能完成。

马克思:《论犹太人问题》,见《马克思恩格斯文集》第 1 卷第 46 页

我们谈的是一些没有任何前提的德国人,因此我们首先应当确定一切人类生存的第一个前提,也就是一切历史的第一个前提,①这个前提是:人们为了能够"创造历史",必须能够生活。②但是为了生活,首先就需要吃喝住穿以及其他一些东西。因此第一个历史活动就是生产满足这些需要的资料,即生产物质生活本身,而且,这是人们从几千年前直到今天单是为了维持生活就必须

---

① 马克思加了边注:"**历史**"。——编者注
② 马克思加了边注:"**黑格尔**。地质、水文等等的条件。人体。需要,劳动"。——编者注

266

每日每时从事的历史活动,是一切历史的基本条件。

马克思和恩格斯:《德意志意识形态》,见《马克思
恩格斯选集》第 3 版第 1 卷第 158 页

现在我们看到的不是假定,不是肯定,也不是否定,而是蒲鲁东先生为了证明竞争的必然性、它的永恒性是一些范畴等等而专门颁布的一道法令。

如果我们以为只需颁布几道法令就可以摆脱竞争,那么我们就永远摆脱不了竞争。如果我们更进一步建议废除竞争而保留工资,那就等于建议用王室法令来做一些毫无意义的事。但是各民族并不是按照王室法令来发展的。各民族在制定这样一些法令之前,至少必须彻底改变他们在工业上和政治上的生存条件,也就是要彻底改变他们的整个生活方式。

蒲鲁东先生会坚定不移地用自信的口吻回答我们说:这是一个关于"史无前例地改变我们的本性"的假设,并且他有权"把我们排斥于辩论之外",我们不知道他根据的又是哪一道法令。

蒲鲁东先生不知道,整个历史也无非是人类本性的不断改变而已。

马克思:《哲学的贫困》,见《马克思恩格斯选集》
第 3 版第 1 卷第 252 页

三、文艺与经济社会发展

在城市中各行会之间的分工还是非常少的,而在行会内部,各劳动者之间则根本没有什么分工。每个劳动者都必须熟悉全部工序,凡是用他的工具能够做的一切,他必须都会做;各城市之间的有限交往和少量联系、居民稀少和需求有限,都妨碍了分工的进一步发展,因此,每一个想当师傅的人都必须全盘掌握本行手艺。正因为如此,中世纪的手工业者对于本行专业劳动和熟练技巧还是有兴趣的,这种兴趣可以升华为某种有限的艺术感。然而也是由于这个原因,中世纪的每一个手工业者对自己的工作都是兢兢业业,安于奴隶般的关系,因而他们对工作的屈从程度远远超过对本身工作漠不关心的现代工人。

马克思和恩格斯:《德意志意识形态》,见《马克思恩格斯选集》第 3 版第 1 卷第 187 页

僧侣是中世纪封建主义意识形态的代表,他们也同样感受到了这种历史转折的影响。书刊印刷业的兴起和商业发展的需要,不仅打破了僧侣对读书写字的垄断,而且也打破了他们对较高层次的文化教育的垄断。

恩格斯:《德国农民战争》,见《马克思恩格斯文集》第 2 卷第 225 页

现今财富的基础是盗窃他人的劳动时间，这同新发展起来的由大工业本身创造的基础相比，显得太可怜了。一旦直接形式的劳动不再是财富的巨大源泉，劳动时间就不再是，而且必然不再是财富的尺度，因而交换价值也不再是使用价值的尺度。**群众的剩余劳动**不再是一般财富发展的条件，同样，**少数人的非劳动**不再是人类头脑的一般能力发展的条件。于是，以交换价值为基础的生产便会崩溃，直接的物质生产过程本身也就摆脱了贫困和对立的形式。个性得到自由发展，因此，并不是为了获得剩余劳动而缩减必要劳动时间，而是直接把社会必要劳动缩减到最低限度，那时，与此相适应，由于给所有的人腾出了时间和创造了手段，个人会在艺术、科学等等方面得到发展。

> 马克思：《政治经济学批判（1857—1858 年手稿）》，见《马克思恩格斯选集》第 3 版第 2 卷第 783—784 页

只有奴隶制才使农业和工业之间的更大规模的分工成为可能，从而使古代世界的繁荣，使希腊文化成为可能。没有奴隶制，就没有希腊国家，就没有希腊的艺术和科学；没有奴隶制，就没有罗马帝国。没有希腊文化和罗马帝国所奠定的基础，也就没有现代的欧洲。…… 有一点是清楚的：当人的劳动的生产率还非常低，除了必要生活资料只能提供很少的剩余的时候，生产力的提高、交往的扩大、国家和法的发展、艺术和科学的创立，都只有通过更大的分工才有可能，这种分工的基础是从事单纯体力劳动的群众同管理劳动、经营商业和掌管国事以及后来从事艺术和科学的少数特权分子之间的大分工。…… 只要实际从事劳动的居民必

须占用很多时间来从事自己的必要劳动,因而没有多余的时间来从事社会的公共事务——劳动管理、国家事务、法律事务、艺术、科学等等,总是必然有一个脱离实际劳动的特殊阶级来从事这些事务;而且这个阶级为了它自己的利益,从来不会错过机会来把越来越沉重的劳动负担加到劳动群众的肩上。只有通过大工业所达到的生产力的极大提高,才有可能把劳动无例外地分配给一切社会成员,从而把每个人的劳动时间大大缩短,使一切人都有足够的自由时间来参加社会的公共事务——理论的和实际的公共事务。因此,只是在现在,任何统治阶级和剥削阶级才成为多余的,而且成为社会发展的障碍;也只是在现在,统治阶级和剥削阶级,无论拥有多少"直接的暴力",都将被无情地消灭。

恩格斯:《反杜林论》,见《马克思恩格斯全集》
中文第 2 版第 26 卷第 189——191 页

所以,社会阶级的消灭是以生产高度发展的阶段为前提的,在这个阶段上,某一特殊的社会阶级对生产资料和产品的占有,从而对政治统治、教育垄断和精神领导地位的占有,不仅成为多余的,而且在经济上、政治上和精神上成为发展的障碍。这个阶段现在已经达到了。

恩格斯:《反杜林论》,见《马克思恩格斯全集》
中文第 2 版第 26 卷第 299 页

四、文艺与生产

生产不仅为需要提供材料,而且它也为材料提供需要。一旦消费脱离了它最初的自然粗野状态和直接状态——如果消费停留在这种状态,那也是生产停滞在自然粗野状态的结果——,那么消费本身作为动力就靠对象来作中介。消费对于对象所感到的需要,是对于对象的知觉所创造的。艺术对象创造出懂得艺术和具有审美能力的大众,——任何其他产品也都是这样。因此,生产不仅为主体生产对象,而且也为对象生产主体。

马克思:《〈政治经济学批判〉导言》,见《马克思恩格斯选集》第 3 版第 2 卷第 692 页

例如西尼耳先生问道(至少是有类似的意思),钢琴制造者要算是**生产劳动者**,而**钢琴演奏者**倒不算,虽然没有钢琴演奏者,钢琴也就成了毫无意义的东西,这不是岂有此理吗?[192]但事实的确如此。钢琴制造者再生产出**资本**;钢琴演奏者只是用自己的劳动同收入相交换。但钢琴演奏者生产音乐,满足我们的音乐感,不是也在某种意义上生产音乐感吗?事实上他是这样做了:他的劳动是生产了某种东西;但他的劳动并不因此就是**经济**意义上的**生产劳动**;就像生产幻觉的傻子的劳动不是生产劳动一样。**劳动只有**

在它生产了它自己的对立面时才是生产劳动。因此,其他经济学家就把所谓非生产劳动者说成是间接生产的。例如,钢琴演奏者刺激生产;部分地是由于他使我们的个性更加精力充沛,更加生气勃勃,或者在通常的意义上说,他唤起了新的需要,为满足这种需要,就要用更大的努力来从事直接的物质生产。这种说法已经承认:只有生产资本的劳动才是生产的;因此,没有做到这一点的劳动,无论怎样**有用**,——它也可能有害,——对于资本化来说,不是生产劳动,因而是非生产劳动。

> 马克思:《〈政治经济学批判〉(1857—1858年手稿)》,见《马克思恩格斯全集》中文第2版第30卷第264页

另一方面,金银不只是消极意义上的剩余的东西即非必要的东西,而且它们的美的属性使它们成为满足奢侈、装饰、华丽、节日需要的天然材料,总之,成为剩余和财富的积极形式。它们可以说表现为从地下世界发掘出来的天然的光芒,银反射出一切光线的自然的混合,金则专门反射出最强的色彩红色。而色彩的感觉是一般美感中最大众化的形式。雅科布·格林曾经指出过印度日耳曼语系的各种语言中的贵金属名称与色彩的相互关系的词源联系(见他的《德意志语言史》①)。

> 马克思:《政治经济学批判。第一分册》,见《马克思恩格斯全集》中文第2版第31卷第549—550页

----

① 雅·格林《德意志语言史》1848年莱比锡版第1卷第12—14页。——编者注

作家所以是生产劳动者,并不是因为他生产出观念,而是因为他使出版他的著作的书商发财,或者说,因为他是一个资本家的雇佣劳动者。……

因此,如果我们把劳动能力本身撇开不谈,生产劳动就可以归结为生产商品、生产物质产品的劳动,而商品、物质产品的生产,要花费一定量的劳动或劳动时间。艺术和科学的一切产品,书籍、绘画、雕塑等等,只要它们表现为物,就都包括在这些物质产品中。

马克思:《〈政治经济学批判〉(1861—1863年手稿)》,见《马克思恩格斯文集》第8卷第219、234页

五、无产阶级文艺　资产阶级文艺

如果**批判**①比较熟悉下层人民阶级的运动,它就会知道,下层阶级从实际生活中所受到的最坚决的抵抗使它们每天都有所改变。出自英法两国下层人民阶级的新的散文和诗作将会向批判表明,即使没有**批判的批判的神圣精神**的直接庇佑,下层人民阶级也能把自己提高到精神发展的更高水平。

马克思和恩格斯:《神圣家族》,见《马克思恩格斯全集》中文第 1 版第 2 卷第 171 页

这一点可以由下面的事实来证明:在所有无产阶级的,特别是社会主义者的教育机构里经常举行关于自然科学、美学和国民经济学问题的演讲,而且听众很多。我常常会听到一些穿着褴褛不堪的粗布夹克的工人谈论地质学、天文学及其他学科,他们在这方面的知识比一些有教养的德国资产者还多。阅读最新的哲学、政治和诗歌方面划时代的著作的几乎完全是工人,这一事实特别表明了英国无产阶级在获得自主的教育方面已经取得多么大的成就。资产者是现存社会制度以及和这种制度相联系的各种偏见的

---

① 指青年黑格尔派的代表布·鲍威尔及其伙伴。——编者注

奴隶;他惧怕、诅咒和排斥真正标志着进步的一切;无产者却睁大眼睛正视这一切,兴致勃勃地而且富有成效地研究它们。在这方面,特别是社会主义者为无产阶级的教育做了许多事情,他们翻译了法国唯物主义者**爱尔维修**、**霍尔巴赫**、**狄德罗**等人的著作,并且把这些译文和英国最优秀的作品一道以普及本的形式加以传播。

恩格斯:《英国工人阶级状况》,见《马克思恩格斯
选集》第 3 版第 1 卷第 130—131 页

　　在近代,享乐哲学是随同封建主义崩溃以及封建地主贵族变成君主专制时期贪图享乐和挥金如土的宫廷贵族而产生的。在宫廷贵族那里,享乐哲学还保持着那种反映在回忆录、诗歌、小说等等中的直接的素朴的人生观的形式。只有在革命资产阶级的某些著作家那里,它才成为真正的哲学。这些著作家一方面按他们所受的教育和生活方式来说是同各种宫廷贵族有关系的,另一方面,他们又赞同从资产阶级的较一般的存在条件中产生出来的较一般的资产阶级思想方法。因此,这种哲学得到两个阶级的承认,尽管这种承认是从完全不同的观点出发的。在贵族那里,这些话特别适用于最高等级及其生活条件,而资产阶级却把这些话普遍化了,并且把它们不加区别地应用于每一个人,于是资产阶级使享乐理论脱离了个人的生活条件,从而把它变成一种肤浅的虚伪的道德学说。

马克思和恩格斯:《德意志意识形态》,见《马克思
恩格斯全集》中文第 1 版第 3 卷第 489 页

　　资产阶级在法国和英国夺得了政权。从那时起,阶级斗争在实践方面和理论方面采取了日益鲜明的和带有威胁性的形式。它

275

敲响了科学的资产阶级经济学的丧钟。现在问题不再是这个或那个原理是否正确，而是它对资本有利还是有害，方便还是不方便，违背警方规定还是不违背警方规定。无私的研究让位于豢养的文丐的争斗，不偏不倚的科学探讨让位于辩护士的坏心恶意。甚至以工厂主科布顿和布莱特为首的反谷物法同盟[193]抛出的强迫人接受的小册子，由于对地主贵族展开了论战，即使没有科学的意义，毕竟也有历史的意义。但是罗伯特·皮尔爵士执政以来的自由贸易的立法，也把庸俗经济学的最后这根刺拔掉了。[194]

> 马克思：《资本论》第 1 卷第二版跋，见《马克思恩格斯选集》第 3 版第 2 卷第 89 页

六、文艺创作　文艺批评

　　相反,现代德国制度是时代错乱,它公然违反普遍承认的公理,它向全世界展示旧制度毫不中用;它只是想象自己有自信,并且要求世界也这样想象。如果它真的相信自己的**本质**,难道它还会用一个异己本质的**假象**来掩盖自己的本质,并且求助于伪善和诡辩吗? 现代的旧制度不过是**真正主角**已经死去的那种世界制度的**丑角**。历史是认真的,经过许多阶段才把陈旧的形态送进坟墓。世界历史形态的最后一个阶段是它的**喜剧**。**195** 在埃斯库罗斯的《被缚的普罗米修斯》中已经悲剧性地因伤致死的希腊诸神,还要在琉善的《对话》①中喜剧性地重死一次。为什么会出现这样的历史进程呢? 这是为了人类能够**愉快地**同自己的过去诀别。我们现在为德国政治力量争取的也正是这样一个**愉快的**历史结局。

马克思:《〈黑格尔法哲学批判〉导言》,见《马克思恩格斯选集》第3版第1卷第5—6页

　　如果用伦勃朗的浓重色彩终于把革命派的领导人——无论是

---

① 　琉善《神的对话》。——编者注

革命前的秘密组织里的或是报刊上的,还是后来官方领导人——栩栩如生地描绘了出来,那就太理想了。在现有的一切绘画中,始终没有把这些人物真实地描绘出来,而只是把他们画成一种官场人物,脚穿厚底靴①,头上绕着灵光圈。在这些神化了的拉斐尔式的画像中,一切绘画的真实性都消失了。

固然,这两本书已经去掉了二月革命[77]的"伟人"以往常常穿着的厚底靴和顶着的灵光圈,深入了这些伟人的私生活,向我们展现了他们身穿便服的形象和他们周围形形色色的配角。但是,它们并没有因此而稍微真实地描绘了人物和事件。

> 马克思和恩格斯:《〈新莱茵报。政治经济评论〉第4期上发表的书评》,见《马克思恩格斯全集》中文第2版第10卷第324页

1830年的事件[196]使整个欧洲顿时陷入了政治骚动,德国文坛也受到这种骚动的影响。当时几乎所有的作家都鼓吹不成熟的立宪主义或更加不成熟的共和主义。用一些定能引起公众注意的政治暗喻来弥补自己作品中才华的不足,越来越成为一种习惯,特别是低等文人的习惯。在诗歌、小说、评论、戏剧中,在一切文学作品中,都充满所谓的"倾向",即反政府情绪的羞羞答答的流露。为了使1830年后在德国盛行的思想混乱达到顶点,这些政治反对派的因素便同大学里没有经过很好消化的对德国哲学的记忆以及法国社会主义,尤其是圣西门主义的被曲解了的只言片语掺混在一起;这一群散布这些杂乱思想的作家,傲慢不逊地自称为青年德意志或现代派[54]。后来他们曾追悔自己青年时代的罪过,但并没有

---

① 古希腊、罗马的一种戏靴。——编者注

改进自己的文风。

> 恩格斯:《德国的革命和反革命》,见《马克思
> 恩格斯选集》第 3 版第 1 卷第 575 页

这些东西,尤其是关于金克尔的诗,如非特别,一分钟也不能多耽搁。其实,这些诗在金克尔返回纽约时,就应当以某种形式发表;它们搁得越久,就越失去现实性,甚至对那些多半是为了永世长存而写的作品来说,发挥其最大影响和最强时效,也是有一定时限的。我写作不是专门为了永世长存,相反,是为了直接的现实,所以我论英国资产阶级的文章**197**可以暂缓一下,特别是考虑到这类文章对在美国的德国读者来说,不太有现实意义又不大引得起兴趣,它很适于在报纸或者在周刊上同其他资料一起分期发表,如果把它刊登在杂志上,就其篇幅来说,会占去主要版面。

> 恩格斯:1852 年 6 月 11 日致约瑟夫·魏德迈的
> 信,见《马克思恩格斯全集》中文第 2 版第 49 卷
> 第 146 页

为了不致饿死,最近一年来我不得不从事极其乏味的机械呆板的工作,而且往往整月整月不能为我的这部著作①写一行字。此外,我还有这样一个特点:要是隔一个月重看自己所写的一些东西,就会感到不满意,于是又得全部改写。

> 马克思:1862 年 4 月 28 日致斐迪南·拉萨尔的
> 信,见《马克思恩格斯文集》第 10 卷第 180 页

---

① 指《资本论》。——编者注

　　昨天我读了工厂立法这一章①的法译文。我虽然极为尊重用优雅的法语翻译这一章的艺术,但仍然为这出色的一章抱屈。力量、活力、生命力——统统见鬼去了。平庸的作家为了能够用某种优雅的形式来表达自己的思想,是不惜阉割语言的。用这种拘谨的现代法语,是愈来愈难于表述思想了。学究式的形式逻辑几乎到处都要求把语句重新排列,单是这一点就使叙述失去了鲜明性和生动性。我认为,用法译本作为英译本的基础是一个大错误。用英语不需要削弱原作的表现力。在真正辩证叙述的某些地方不免要失去一些东西,但在其他方面英语的强劲和简洁将予以补偿。

　　　　　　恩格斯:1873 年 11 月 29 日致马克思的信,见
　　　　　　《马克思恩格斯全集》中文第 1 版第 33 卷第
　　　　　　99—100 页

　　只要列举一下马克思为第二册留下的亲笔材料,就可以证明,马克思在公布他的经济学方面的伟大发现以前,是以多么无比认真的态度,以多么严格的自我批评精神,力求使这些伟大发现达到最完善的程度。正是这种自我批评的精神,使他的论述很少能够做到在形式上和内容上都适应他的由于不断进行新的研究而日益扩大的眼界。

　　　　　　恩格斯:《资本论》第 2 卷序言,见《马克思恩格斯
　　　　　　文集》第 6 卷第 4 页

　　马克思认为自己的最好的东西对工人来说也还不够好,他认

---

① 指《资本论》第 1 卷的《工作日》一章。——编者注

为给工人提供的东西比最好的稍差一点,那就是犯罪!

　　　　恩格斯:1890 年 8 月 5 日致康拉德·施米特的
　　　　信,见《马克思恩格斯选集》第 3 版第 4 卷第
　　　　600 页

七、各国文学艺术和作家

古希腊和古罗马

伊壁鸠鲁则相反,他是古代真正激进的启蒙者,他公开地攻击古代的宗教,如果说罗马人有过无神论,那么这种无神论就是由伊壁鸠鲁奠定的。因此卢克莱修歌颂伊壁鸠鲁是最先打倒众神和脚踹宗教的英雄;因此从普卢塔克直到路德,所有的圣师都把伊壁鸠鲁称为头号无神哲学家,称为猪。

马克思和恩格斯:《德意志意识形态》,见《马克思恩格斯全集》中文第 1 版第 3 卷第 147 页

要评价古代世界崩溃时代的晚期古代各家哲学学说的现实意义,乡下佬雅各①只须注意一下这些学说的信徒在罗马称霸世界时的真实处境就行了。他可以在琉善的著作中找到这样的详细描述:人民如何把他们看做当众出洋相的丑角,而罗马资本家、地方总督等如何把他们雇来养着作为诙谐的弄臣,要他们在餐桌上为几根骨头和面包屑而和奴隶们争吵不休,在争得一勺酸酒之余,就专管用"不动心"、"忘言"②、"快乐"等逗人的话来使大臣和他的

---

① 指麦·施蒂纳。——编者注
② 规避深信无疑的判断。——编者注

客人们开心①。

马克思和恩格斯:《德意志意识形态》,见
《马克思恩格斯全集》中文第 1 版第 3 卷第
148—149 页

贺拉斯的下面这几句诗表明他完全不懂货币贮藏的哲学
(《讽刺诗集》第 2 卷第 3 首):

> "买来弦琴置一旁,不爱音乐不弹唱,
> 不作鞋匠买刀剪,不去航海买帆桨;
> 世间若有这等人,谁不说他是疯狂。
> 今有人焉攫黄金,黄金到手即埋藏,
> 平生不敢动铢两,试问此人狂不狂?"

马克思:《政治经济学批判(1857—1858 年
手稿)》,见《马克思恩格斯全集》中文第 2 版
第 31 卷第 528 页

大自然把西西里岛创造成为人间天堂。而这就足以使分为对
立阶级的人类社会把它变成地狱。

古希腊罗马时代为了经营大地产和大矿场而赐予西西里岛一
个奴隶制。

中世纪以农奴制和封建制度代替了奴隶制。

当今时代宣称它已消灭了这些桎梏,实际上它只是改变了这

---

① 手稿中删去了以下这一段话:"正像法国贵族在革命后成为全欧的舞
蹈教师一样,而英国贵族将会很快找到恰当的位置——文明世界的马
夫和饲狗夫。"——编者注

些桎梏的形式。它不仅保存了旧的奴役,而且还加上一种新的剥削形式,所有剥削形式中最残酷、最无情的剥削形式——资本主义的剥削。

西西里岛的古希腊①诗人忒俄克里托斯和莫斯库斯曾经歌颂了他们的同时代人——牧奴的田园诗式的生活;毫无疑问,这是美丽的、富有诗意的幻想。但是能不能找到一个现代诗人,敢于歌颂今天西西里岛自由劳动者的田园诗式的生活呢?如果这个岛的农民能够在哪怕是罗马分成租佃制的沉重条件下耕种自己的小块土地,难道他们不会感到幸福吗?这就是资本主义制度所造成的结果:自由人在怀念过去的奴隶制!

恩格斯:《给西西里岛社会党人的贺信》,见《马克思恩格斯全集》中文第 2 版第 29 卷第 581—582 页

德　　国

歌德不喜欢跟"神"打交道;"神"这个字眼使他感到不愉快,他觉得只有人性的事物使他感到自如,而这种人性,这种使艺术摆脱宗教桎梏的解放,正是歌德的伟大之处。在这方面,无论是古人,还是莎士比亚,都不能和他相比。但是,只有熟悉德国民族发展的另一方面即哲学的人,才能理解这种完善的人性,这种对宗教二元论的克服所具有的全部历史意义。歌德只能直接地、当然在某种意义上也就是"以预言方式"说出的事物,在德国现代哲学中

---

①　在意大利文译文中不是"古希腊",而是"古代"。——编者注

都得到了发展和论证。

恩格斯：《英国状况 评托马斯·卡莱尔的〈过去和现在〉》，见《马克思恩格斯全集》中文第 2 版第 3 卷第 521—522 页

　　只有在我国的文学中才能看出美好的未来。这个时代在政治和社会方面是可耻的，但是在德国文学方面却是伟大的。1750 年左右，德国所有的伟大思想家——诗人歌德和席勒、哲学家康德和费希特都诞生了，过了不到二十年，最近的一个伟大的德国形而上学家①黑格尔诞生了。这个时代的每一部杰作都渗透了反抗当时整个德国社会的叛逆的精神。歌德写了《葛兹·冯·伯利欣根》②，他在这本书里通过戏剧的形式向一个叛逆者表示哀悼和敬意。席勒写了《强盗》一书，他在这本书中歌颂一个向全社会公开宣战的豪侠的青年。但是，这些都是他们青年时代的作品。他们年纪一大，便丧失了一切希望。歌德只写些极其辛辣的讽刺作品，而席勒假如没有在科学中，特别是在古希腊和古罗马的伟大历史中找到慰藉，那他一定会陷入悲观失望的深渊。用这两个人作例子便可以推断其他一切人。甚至连德国最优秀最坚强的思想家都对自己祖国的前途不抱任何希望。

恩格斯：《德国状况》，见《马克思恩格斯全集》中文第 1 版第 2 卷第 634 页

---

① 形而上学一词在这里是指研究经验以外的问题的哲学。——编者注
② 歌德《铁手骑士葛兹·冯·伯利欣根》。——编者注

道默先生的著作①分为两部分："绪论"和"正文"。在绪论部分,这位德国哲学的忠实的埃卡尔特说出了他深感忧虑的事:两年来甚至那些有思想、有教养的德国人也被引入歧途,他们竟为纯粹"表面的"革命活动而抛弃了珍贵的思想成果。他认为,现在正是重新唤起美好的民族情感的时机;他指出,这样轻率地抛弃整个德国文化会造成什么样的后果,而德国能保持现在这样,只是因为有了这种文化。他用他那博学的宝盒提供的最有力的格言来编纂德国文化的全部内容,他这样使德国文化出的丑并不亚于使德国哲学出的丑。他那本荟集德意志精神的大作就其庸俗浅薄而言,甚至超过了供名门闺秀消遣的鄙俗不堪的读物。从歌德和席勒对第一次法国革命的市侩式的抨击起,从"唤醒狮子是危险的"②这一类经典名句起,到现代文学作品为止,这个新宗教的最高教士孜孜不倦地从中寻找的每个段落,都表现出德国人的因循守旧带着懵懵懂懂的不满情绪坚决反对他们所厌恶的历史运动。

> 马克思和恩格斯:《〈新莱茵报。政治经济评论〉第 2 期上发表的书评》,见《马克思恩格斯全集》中文第 2 版第 10 卷第 250 页

刚才我这里有一些客人(令人讨厌),现在我抓紧时间给您写信,感谢您发表在《科隆日报》上的小说给予我的享受。您的卓越才能是每个人都能看到的,但是对于知道您是在怎样

---

① 格·弗·道默《新时代的宗教。创立综合格言的尝试》(三卷集)1850年汉堡版。——编者注
② 席勒《钟之歌》第 26 节。——编者注

狭小而闭塞的环境中工作的人来说,您的成就尤其令人惊异。此外,请您允许我补充一句,对德国小说来讲,我是一个很大的异教徒,我认为它无足轻重,由于我十分偏爱优秀的法国、英国和俄国的小说家,因此我也曾带着惯有的怀疑来读您的《苦难的一年》。

> 马克思:1879 年 10 月 25 日致贝尔塔·奥古斯蒂的信,见《马克思恩格斯全集》中文第 1 版第 34 卷第 392 页

英　　国

能够和英国文学竞争的恐怕只有古希腊文学和德国文学了;在哲学方面,英国至少能举出两位名人——培根和洛克,而在经验科学方面享有盛名的则不计其数。

> 恩格斯:《英国状况》,见《马克思恩格斯全集》中文第 2 版第 3 卷第 559 页

雪莱,天才的预言家**雪莱**和满腔热情的、辛辣地讽刺现存社会的**拜伦**,他们的读者大多数也是工人;资产者所读的只是经过阉割并使之适合于今天的伪善道德的版本"家庭版"。

> 恩格斯:《英国工人阶级状况》,见《马克思恩格斯选集》第 3 版第 1 卷第 131 页

托马斯·卡莱尔是唯一直接受到德国著述极大影响的英国作者。仅仅出于礼貌,德国人也不能忽略他的著作。

从基佐最近的著作(见《新莱茵报。政治经济评论》第 2 期第 3 篇①)来看,我们可以肯定,资产阶级的人才正在趋于没落。在我们手边的两本卡莱尔的小册子②里,我们看到同历史斗争的尖锐化相抵触的天才著作家没落了,因为他企图违抗历史斗争,坚持自己不为人所承认的、直接的、预言式的灵感。

托马斯·卡莱尔的功绩在于:当资产阶级的观念、趣味和思想在整个英国正统著述中居于绝对统治地位的时候,他在著述中反对了资产阶级,而且他所采取的方式有时甚至具有革命性。例如他的法国革命史,他为克伦威尔辩护,他的论宪章主义的小册子以及他的《过去和现在》③都是这样。但是在所有这些著作里,对现代的批判和对中世纪的不寻常的非历史的颂扬紧密地联系在一起,其实这种做法在英国的革命者,如科贝特和一部分宪章主义者中也经常可以看到。过去至少社会发展的某一阶段的兴盛时代使他赞赏,现代却使他失望,未来则使他心惊。

马克思和恩格斯:《〈新莱茵报。政治经济评论〉第 4 期上发表的书评》,见《马克思恩格斯全集》中文第 2 版第 10 卷第 311—312 页

英国悲剧的一个独特之处在于它把崇高和卑贱、恐怖和滑稽、豪迈和诙谐离奇古怪地混合在一起,这使法国人如此地反感,以致

---

① 见《马克思恩格斯全集》中文第 2 版第 10 卷第 261—266 页。——编者注
② 指托·卡莱尔《当代评论。(一)当前的时代。(二)模范监狱》1850 年伦敦版。——编者注
③ 指托·卡莱尔的《法国革命史》(三卷集)1837 年伦敦版;《奥利弗·克伦威尔书信演说集》(两卷集)1845 年伦敦版;《宪章运动》1840 年伦敦版;《过去和现在》1843 年伦敦版。——编者注

伏尔泰曾经把莎士比亚称为喝醉了的野人[198]。但是莎士比亚从来没有把念英雄剧的开场白的任务交给丑角。这个发明留给了联合内阁。阿伯丁阁下扮演的角色就算不是英国的小丑，至少也是意大利的潘塔隆。

马克思：《议会的战争辩论》，见《马克思恩格斯全集》中文第 2 版第 13 卷第 215 页

罗德里希·贝奈狄克斯这个无赖出版了一部关于"莎士比亚狂热病"的臭气熏天的厚书①，书中极为详尽地证明，莎士比亚不能和我国的伟大诗人，甚至不能和现代的伟大诗人相提并论。看来简直应该把莎士比亚从他的台座上拉下来，而让大屁股罗·贝奈狄克斯坐上去。单是《风流娘儿们》②的第一幕就比全部德国文学包含着更多的生活气息和现实性。单是那个兰斯③和他的狗克莱勃就比全部德国喜剧加在一起更具有价值。莎士比亚往往采取大刀阔斧的手法来急速收场，从而减少实际上相当无聊但又不可避免的废话，但是笨拙的大屁股罗·贝奈狄克斯对此竟一本正经而又毫无价值地议论不休。去他的吧！

恩格斯：1873 年 12 月 10 日致马克思的信，见《马克思恩格斯全集》中文第 1 版第 33 卷第 108 页

---

① 罗·贝奈狄克斯《莎士比亚狂热病》。——编者注
② 莎士比亚的喜剧《温莎的风流娘儿们》。——编者注
③ 兰斯是莎士比亚的喜剧《维罗纳二绅士》中的人物。——编者注

怪癖的文学家肖伯纳——作为文学家，他很有才能，也很敏锐，但作为经济学家和政治家，却不值一提，尽管他很正直，也不追逐名利……

恩格斯：1892 年 9 月 4 日致卡尔·考茨基的信，见《马克思恩格斯文集》第 10 卷第 632 页

您寄赠的礼物确实令人意外地高兴。十分感谢！应该惭愧地承认，由于无知，我曾把《忧郁症剖析》①当做我所厌恶的十八世纪严肃的心理学研究著作。现在才发现，这部作品也是英国文学极盛时期——十七世纪初的产物。我正愉快地读这本书，已读了很多，我确信，这本书将成为我经常吸取乐趣的地方。

恩格斯：1894 年 1 月 10 日致乔治·威廉·兰普卢的信，见《马克思恩格斯全集》中文第 1 版第 39 卷第 192 页

法　国

法国大部分优秀思想家对共产主义的兴起都表示欢迎。哲学家皮埃尔·勒鲁、妇女权利的勇敢捍卫者乔治·桑、《信徒之言》②

---

① 罗·伯顿《忧郁症剖析》。——编者注
② 费·罗·德·拉梅耐《信徒之言。1833 年》1834 年布鲁塞尔版。——编者注

一书的作者拉梅耐神父以及其他许多人,都或多或少地倾向于共产主义学说。

恩格斯:《大陆上社会改革的进展》,见《马克思恩格斯全集》中文第 2 版第 3 卷第 483 页

法国人对**社会**的批判,至少部分地具有很大的优点:它不仅在各个阶级的关系上,而且在当前交往的一切范围和形式上,指出了现代生活的矛盾和反常现象,同时对它们的论述既有直接生活的激情,又有视野广阔的见解,既有世俗的细腻刻画,又有大胆的独创之见,像这样的论述在任何其他国家是找也找不到的。只要对照一下例如欧文和傅立叶对当前交往[Verkehr]的批判性论述,就可以了解法国人的这种卓越之处。对社会状况的批判性论述决不仅仅在法国的"社会主义"作家本身那里能够找到,而且在每一个文学领域特别是小说文学和回忆文学的作家那里也能够找到。

马克思:《珀歇论自杀》,见《马克思恩格斯全集》中文第 1 版第 42 卷第 300 页

因为刚好在几天前,爱尔兰大法官法院审理了一起遗产案。在这个案件中,克兰里卡德侯爵——英国贵族、墨尔本内阁时期驻彼得堡宫廷的大使和罗素内阁时期的邮政大臣——的所作所为和巴尔扎克描写谋杀、通奸、非法占有遗产和欺骗的小说中的主角一模一样[199]。

马克思:《托利党人同激进派的联合》,见《马克思恩格斯全集》中文第 2 版第 14 卷第 160—161 页

总的说来,我看过圣贝夫关于**夏多勃里昂**的书①,这个作家我一向是讨厌的。如果说这个人在法国这样有名,那只是因为他在各方面都是法国式虚荣的最典型的化身,这种虚荣不是穿着十八世纪轻佻的服装,而是换上了浪漫的外衣,用新创的辞藻来加以炫耀;虚伪的深奥,拜占庭式的夸张,感情的卖弄,色彩的变幻,文字的雕琢,矫揉造作,妄自尊大,总之,无论在形式上或在内容上,都是前所未有的谎言的大杂烩。

> 马克思:1873 年 11 月 30 日致恩格斯的信,见《马克思恩格斯全集》中文第 1 版第 33 卷第 102 页

在我卧床这段时间里,除了巴尔扎克的作品外,别的我几乎什么也没有读,我从这个卓越的老头子那里得到了极大的满足。**这里有 1815 年到 1848 年的法国历史,比所有沃拉贝尔、卡普菲格、路易·勃朗之流的作品中所包含的多得多。多么了不起的勇气!在他的富有诗意的裁判中有多么了不起的革命辩证法!**

> 恩格斯:1883 年 12 月 13 日致劳拉·拉法格的信,见《马克思恩格斯全集》中文第 1 版第 36 卷第 77 页

西 班 牙

我现在正抽空学西班牙文,从卡德龙学起。歌德在写他的

---

① 沙·奥·圣贝夫《夏多勃里昂及其在帝国时期的文学团体》。——编者注

《浮士德》时不仅在个别地方,而且整场整场地利用了卡德龙的《神奇的魔术家》——天主教的浮士德。此外,说来可怕,用法文不能阅读的东西,却用西班牙文读完了,如夏多勃里昂的《阿塔拉》和《勒奈》,圣贝尔纳丹·德·皮埃尔的东西。现在我拼命读《唐·吉诃德》①。我发现,学西班牙文的初期比学意大利文要更多地求助于字典。

> 马克思:1854年5月3日致恩格斯的信,见《马克思恩格斯全集》中文第2版第49卷第556页

意　大　利

　　城市的异教——这是中世纪真正公开的异教——主要是反对僧侣,对他们的豪富殷实和政治地位进行抨击。正如现在资产阶级要求一个廉价政府一样,中世纪市民首先要求一个廉价教会。市民异教同所有把教会和教条的发展仅仅看成是一种蜕变的异教一样,从形式上来看是反动的,它要求恢复原始基督教的简单教规,要求取消自成一统的僧侣等级。实行这种廉价措施,就会取消修道士,取消高级教士,取消罗马教廷,一言以蔽之,就会取消教会中一切耗费钱财的东西。这些城市虽然还处于君主保护之下,但它们本身已经是共和国,它们在对教皇权力进行攻击时,就第一次以一般形式提出:资产阶级统治的正常形式是共和国。这些城市之所以对一系列教条和戒律如此敌视,一部分可以由上述情况来

----

①　塞万提斯《唐·吉诃德》。——编者注

说明,一部分也可以由当时城市的其他生活条件来说明,例如,为什么这些城市要如此激烈地反对独身制度呢? 其中的道理没有人比薄伽丘说得更清楚了。

> 恩格斯:《德国农民战争》,见《马克思恩格斯文集》第 2 卷第 236—237 页

俄　　国

通晓俄语,现在至少在德国社会民主党人中间已经不是那样稀罕的事情了;俄语是活的语言中最有力量和最丰富的语言之一,所以无论就其本身而言,或者就其所展示的文学作品而言,都是完全值得学习的。俄国人应当融入国际的不可避免的命运,就是说他们的运动从今以后要在欧洲其余国家的面前并在它们监督之下进行。任何人都没有像俄国人自己那样不得不因以前与外界隔绝而付出沉重的代价。如果不是处于这种隔绝状态,他们是不会在许多年中被巴枯宁及其同伙那样可耻地愚弄的。从西方的批评中,从西欧的各种运动同俄国运动的相互国际影响中,从终于正在实现的俄国运动同全欧运动的融合中获益最大的正是俄国人自己。

> 恩格斯:《流亡者文献》,见《马克思恩格斯选集》第 3 版第 3 卷第 311 页

我觉得,您对您的同胞有点不公平。我们两个人,马克思和我,是不可能埋怨他们的。如果说某些学派曾经多半是由于他们的革命热情而不是由于科学研究而引人注目,如果说过去和现在在某些方面还彷徨徘徊,那么另一方面,在纯粹理论领域里也出现

过一种批判思想和奋不顾身的探讨,这是无愧于产生过杜勃罗留波夫和车尔尼雪夫斯基的民族的。我指的不仅是参加实践的革命的社会主义者,而且是俄罗斯文学方面的那个历史的和批判的学派,这个学派比德国和法国官方历史科学在这方面所创建的一切都要高明得多。

恩格斯:1884 年 6 月 26 日致叶甫盖尼娅·埃杜阿尔多夫娜·帕普利茨的信,见《马克思恩格斯全集》中文第 1 版第 36 卷第 171 页

阿　拉　伯

　　和我们同时代的游牧的阿拉伯人(应当说,在许多方面他们都衰落了,但是他们为生存而进行的斗争使他们也保留下来许多优良的品质)记得,以前他们中间产生过一些伟大的哲学家和学者等等,也知道欧洲人因此而嘲笑他们现在的愚昧无知。由此产生了下面这个很能说明问题的短小的明哲的阿拉伯寓言:有一个船夫准备好在激流的河水中驾驶小船,上面坐着一个想渡到河对岸去的哲学家。于是发生了下面的对话:

哲学家:船夫,你懂得**历史**吗?

船夫:不懂!

哲学家:那你就失去了一半生命!

哲学家又问:你研究过数学吗?

船夫:没有!

哲学家:那你就失去了一半以上的生命。

哲学家刚刚说完了这句话,风就把小船吹翻了,哲学家和船夫两人都落入水中,于是

船夫喊道:你会游泳吗?

哲学家:不会!

船夫:那你就失去了你的**整个生命**!

这个寓言会使你对阿拉伯人产生某些好感。

马克思:1882 年 4 月 13—14 日致劳拉·拉法格的信,见《马克思恩格斯全集》中文第 1 版第 35 卷第 303—304 页

中世纪后期波斯

其实,读一读放荡不羁的老哈菲兹的原著是相当愉快的,它听起来很不错。老先生威廉·琼斯喜欢在他的语法书中用波斯的下流话作例句,①后来他在《亚细亚诗歌释义》②中把它们译成希腊韵文,因为他觉得用拉丁文来表达就更不成体统了。这部《释义》(《琼斯全集》第 2 卷《论情诗》)大概会使你很开心。而波斯的散文真令人难受。例如,高尚的米尔洪德的《纯洁的花园》就是如此。他用浮华而空洞的语言来叙述波斯的英雄史诗。关于亚历山大大帝,他叙述如下:伊斯肯德这个名字,在伊奥尼亚人的语言中叫做阿克席德-鲁斯(和伊斯肯德这个名字一样,也是由对亚历山

---

① 威·琼斯《波斯语语法》1828 年伦敦版。——编者注
② 威·琼斯《亚细亚诗歌释义》(六卷集),载于《琼斯全集》第 2 卷《论情诗》1774 年伦敦版。——编者注

大这个名字的曲解而来的），它与"Filusûf"同义，而"Filusûf"则来源于"fila"——爱和"sufa"——智慧，这样，伊斯肯德的意思就是智慧之友。关于一个退位的国王，他写道："他用引退的鼓槌敲起退位的鼓"，如果维利希老爷子仍旧醉心于文学斗争，那他也会这样做。当图兰国王阿夫拉西亚布被他的军队丢弃时，米尔洪德是这样描写他的："他用绝望的牙齿咬着惊慌的指甲，直到羞愧的指尖涌出战败意识的鲜血。"这个国王的命运也会落到维利希这个家伙的身上。

恩格斯：1853 年 6 月 6 日致马克思的信，见《马克思恩格斯全集》中文第 2 版第 49 卷第423—424 页

新中国成立前出版的马克思恩格斯列宁论文学艺术的重要版本

列宁论文学艺术

论 著 汇 编

列　　宁

什么是"人民之友"以及
他们如何攻击社会民主党人？

（答《俄国财富》杂志反对
马克思主义者的几篇文章）**200**（节选）

（1894 年春夏）

第　一　编

……

尼·米海洛夫斯基先生最注意马克思主义的理论根据，因此专门对唯物主义历史观作了分析。在概略地叙述了阐明这个学说的大量马克思主义文献的内容以后，米海洛夫斯基先生就用这样一大段话开始了他的批判。

他说："首先自然产生这样一个问题：马克思在哪一部著作中叙述了自己的唯物主义历史观呢？他的《资本论》给我们提供了一个把逻辑力量同渊博学识、同对全部经济学文献和有关事实的细心研究结合起来的范例。他把那些早被遗忘或现在谁也不知道的经济学理论家搬出来，他对工厂视察员在各种报告中或专家在各种专门委员会上所陈述的证词中极其琐碎的细节也没有忽视；

总之,他翻遍了数量惊人的实际材料,一部分用来论证,一部分用来说明他的经济理论。如果说他创立了'崭新的'历史过程观,用新的观点说明了人类的全部过去,总结了至今有过的一切历史哲学理论,那他当然会同样竭尽心力地做到这一点的,也就是说,他会真正重新审查并批判地分析一切关于历史过程的著名理论,研究世界历史的大量事实。同达尔文比较一下——在马克思主义文献中经常作这样的比较——就会更加确信这种看法。达尔文的全部著作是什么呢?就是把堆积如山的实际材料总结为几点概括性的、彼此紧相联系的思想。马克思的相称著作究竟在哪里呢?这样的著作是没有的。不仅马克思没有这样的著作,而且在全部马克思主义文献中也没有这样的著作,虽然这种文献数量很大,传播很广。"

这一大段话清楚地说明人们多么不理解《资本论》和马克思。他们被马克思论述中的巨大论证力量所折服,只得奉承他,称赞他,同时却完全忽视学说的基本内容,若无其事地继续弹着"主观社会学"的老调。由此不禁令人想起考茨基在他的一本论马克思经济学说的著作中所选用的一段很恰当的题词:

> 谁不称赞克洛普施托克的美名?
> 可是,会不会人人都读他的作品?不会。
> 但愿人们少恭维我们,
> 阅读我们的作品时多用心![①]

正是这样!米海洛夫斯基先生应当少称赞马克思,多用心阅读他的著作,或者最好是更认真思索自己所读的东西。

---

① 见哥·埃·莱辛《致读者格言诗》。——编者注

米海洛夫斯基先生说,"马克思的《资本论》给我们提供了一个把逻辑力量同渊博学识结合起来的范例"。一个马克思主义者指出:米海洛夫斯基先生的这句话,给我们提供了一个把光辉词句和空洞内容结合起来的范例。这个评语是十分公正的。马克思的这种逻辑力量究竟表现在什么地方呢?它产生了什么样的结果呢?读了米海洛夫斯基先生的上述那一大段话,会以为这全部力量不过是用于最狭义的"经济理论"而已。为了更加渲染马克思表现自己逻辑力量的范围是狭小的,米海洛夫斯基先生还着重指出"极其琐碎的细节"、"细心"、"谁也不知道的理论家"等等。这样一来,似乎马克思对于建立这些理论的方法,并没有提出任何值得一提的实质性的新东西,似乎他使经济学仍然停留在过去经济学家原有的范围以内,并没有将它扩大,并没有对这门科学本身提出"崭新的"见解。然而凡是读过《资本论》的人,都知道这完全不符合事实。由此不禁令人想起米海洛夫斯基先生 16 年前同一个庸俗的资产阶级先生尤·茹柯夫斯基进行论战时对马克思的评论[201]。那时,也许是时代不同,也许是感觉比较新鲜,不管怎样,米海洛夫斯基先生的那篇文章,无论在笔调上或内容上,都是完全不同的。

"'本书的最终目的就是揭示现代社会的发展规律①〈原文是 Das ökonomische Bewegungsgesetz——经济运动规律〉',卡·马克思曾这样谈到他的《资本论》并严格地坚持了他的主旨",——1877 年米海洛夫斯基先生就是这样评论的。我们更仔细地来考察一下这个批评家也承认是严格地坚持了的主旨吧。这个主旨就

---

① 参看《马克思恩格斯文集》第 5 卷第 10 页。——编者注

是"揭示现代社会的经济发展规律"。

这句话本身就使我们碰到几个需要加以说明的问题。既然马克思以前的所有经济学家都谈论一般社会,为什么马克思却说"现代(modern)"社会呢? 他在什么意义上使用"现代"一词,按什么标志来特别划出这个现代社会呢? 其次,社会的经济运动规律是什么意思呢? 我们总是听见经济学家说:只有财富的生产才完全受经济规律支配,而分配则以政治为转移,以政权和知识界等等对社会的影响如何为转移——而这也就是《俄国财富》杂志²⁰²所属的那个圈子里的政论家和经济学家们喜爱的思想之一。马克思谈到社会的经济运动规律,并把这个规律叫做 Naturgesetz——自然规律,这究竟是什么意思呢? 我国如此众多的社会学家写了大堆大堆的著作,说社会现象领域根本不同于自然历史现象领域,因此,研究前者必须采用十分特别的"社会学中的主观方法"。既然如此,那对马克思的话又怎样理解呢?

发生这些疑问是自然的,必然的;当然,只有完全无知的人,才会在谈到《资本论》时回避这些疑问。为了弄清这些问题,我们且先从《资本论》的同一序言中再引一句话,这句话就在上述那句话的稍后几行。

马克思说:"我的观点是把经济的社会形态的发展理解为一种自然历史过程。"①

只要把序言里引来的这两句话简单地对照一下,就可以看出《资本论》的基本思想就在于此,而这个思想,正像我们听说的那样,是以罕见的逻辑力量严格地坚持了的。说到这里,我们首先要

_____

① 参看《马克思恩格斯文集》第5卷第10页。——编者注

指出两个情况。马克思说的只是一个"社会经济形态",即资本主义社会经济形态,也就是他说的,他研究的只是这个形态而不是别的形态的发展规律,这是第一。第二,我们还得指出马克思得出他的结论的方法,这些方法,像我们刚才听到米海洛夫斯基先生所说的那样,就是"对有关事实的细心研究"。

现在我们来分析《资本论》的这一基本思想,它是我们这位主观哲学家如此狡猾地企图加以回避的。社会经济形态这一概念指的究竟是什么呢?怎样才可以而且必须把这种形态的发展看做是自然历史过程呢?这就是现在摆在我们面前的问题。我已经指出,从旧的(对俄国说来不是旧的)经济学家和社会学家的观点看来,社会经济形态这一概念完全是多余的,因为他们谈论的是一般社会,他们同斯宾塞们争论的是一般社会是什么,一般社会的目的和实质是什么等等。在这种议论中,这些主观社会学家所依靠的是如下这类论据:社会的目的是为社会全体成员谋利益,因此,正义要求有一种组织,凡不合乎这种理想的("社会学应从某种空想开始",——主观方法的首创者之一米海洛夫斯基先生的这句话绝妙地说明了他们的方法的实质)组织的制度都是不正常的,应该取消的。例如,米海洛夫斯基先生说:"社会学的根本任务是阐明那些使人的本性的这种或那种需要得到满足的社会条件。"可以看出,这位社会学家感兴趣的只是使人的本性得到满足的社会,而完全不是什么社会形态,何况这些社会形态还可能是以少数人奴役多数人这种不合乎"人的本性"的现象为基础的。同样可以看出,在这位社会学家看来,根本谈不上把社会发展看做自然历史过程。("社会学家既然认为事物有合乎心愿的,有不合乎心愿的,他就应当找到实现合乎心愿的事物,消除不合乎心愿的事物的条件",即"找到实现如此这般理想的条件",——这也是同一个米海洛夫斯基先生说的。)不仅如此,甚至谈不上什么发展,而只能谈由于……由于人们不聪明,不善于很好了解人的本性的要求,不善于找到实现这种合理制度的条件而在历史上发生过的种种违背"心愿"的偏向,"缺陷"。显而易见,马克思关于社会经济形态发展的自然历史过程这一基本思想,从根本上摧毁了这种以社会学自命的幼稚说教。马克思究竟是怎样得出这个基本思想的呢?他做到这一点所用的方法,就是从社会生活的各种领域中划分出经济领域,从一切社会关系中划分出**生产关系**,即决定其余一切关系的基本的原始的关系。马克思自己曾这样描写过他对这个问题的推论过程:

"为了解决使我苦恼的疑问,我写的第一部著作是对黑格尔法哲学的批判性的分析……我的研究得出这样一个结果:法的关系正像国家的形式一样,既不能从它们本身来理解,也不能从所谓人类精神的一般发展来理解,相反,它们根源于物质的生活关系,这种物质的生活关系的总和,黑格尔按照 18 世纪的英国人和法国人的先例,概括为'市民社会',而对市民社会的解剖应该到政治经济学中去寻求。我研究政治经济学所得到的结果,可以简要地表述如下:人们在自己生活的社会生产中发生一定的……关系,即同他们的物质生产力的一定发展阶段相适合的**生产关系**。这些生产关系的总和构成社会的经济结构,即有法律的和政治的上层建筑竖立其上并有一定的社会意识形式与之相适应的现实基础。物质生活的生产方式制约着整个社会生活、政治生活和精神生活的过程。不是人们的意识决定人们的存在,相反,是人们的社会存在决定人们的意识。社会的物质生产力发展到一定阶段,便同它们一直在其中运动的现存生产关系或财产关系(这只是生产关系的法律用语）发生矛盾。于是这些关系便由生产力的发展形式变成生产力的桎梏。那时社会革命的时代就到来了。随着经济基础的变更，全部庞大的上层建筑也或慢或快地发生变革。在考察这些变革时，必须时刻把下面两者区别开来：一种是生产的经济条件方面所发生的物质的、可以用自然科学的精确性指明的变革，一种是人们借以意识到这个冲突并力求把它克服的那些法律的、政治的、宗教的、艺术的或哲学的，简言之，意识形态的形式。我们判断一个人不能以他对自己的看法为根据，同样，我们判断这样一个变革时代也不能以它的意识为根据；相反，这个意识必须从物质生活的矛盾中，从社会生产力和生产关系之间的现存冲突中去解释。……　大体说来，亚细亚的、古希腊罗马的、封建的和现代资产阶级的生产方式可以看做是经济的社会形态演进的几个时代。"①

　　社会学中这种唯物主义思想本身已经是天才的思想。当然，这在那时**暂且**还只是一个假设，但是，是一个第一次使人们有可能以严格的科学态度对待历史问题和社会问题的假设。在这以前，社会学家不善于往下探究像生产关系这样简单和这样原始的关系，而直接着手探讨和研究政治法律形式，一碰到这些形式是由当时人类某种思想产生的事实，就停了下来；这样一来，似乎社会关系是由人们自觉地建立起来的。但这个充分表现在《社会契约论》**203**思想（这种思想的痕迹，在一切空想社会主义体系中都是很明显的）中的结论，是和一切历史观察完全矛盾的。社会成员把他们生活于其中的社会关系的总和，看做一个由某种原则所贯穿的一定的完整的东西，这是从来没有过而且现在也没有的事情；恰

---

① 　参看本书第 153—154 页。——编者注

恰相反,大众是不自觉地适应这些关系的,而且根本不了解这些关系是特殊的历史的社会关系,例如人们在其中生活了很多世纪的交换关系,只是在最近才得到了解释。唯物主义继续深入分析,发现了人的这些社会思想本身的起源,也就消除了这个矛盾;因此,唯物主义关于思想进程取决于事物进程的结论,是唯一可与科学的心理学相容的。其次,再从另一方面说,这个假设第一次把社会学提高到科学的水平。在这以前,社会学家在错综复杂的社会现象中总是难于分清重要现象和不重要现象(这就是社会学中主观主义的根源),找不到这种划分的客观标准。唯物主义提供了一个完全客观的标准,它把**生产关系**划为社会结构,并使人有可能把主观主义者认为不能应用到社会学上来的重复性这个一般科学标准,应用到这些关系上来。当他们还局限于思想的社会关系(即通过人们的意识①而形成的社会关系)时,他们不能发现各国社会现象中的重复性和常规性,他们的科学至多不过是记载这些现象,收集素材。一分析物质的社会关系(即不通过人们的意识而形成的社会关系:人们在交换产品时彼此发生生产关系,甚至都没有意识到这里存在着社会生产关系),立刻就有可能看出重复性和常规性,把各国制度概括为**社会形态**这个基本概念。只有这种概括才使人有可能从记载(和从理想的观点来评价)社会现象进而以严格的科学态度去分析社会现象,譬如说,划分出一个资本主义国家和另一个资本主义国家的不同之处,研究一切资本主义国家的共同之处。

最后,第三,这个假设之所以第一次使**科学的**社会学的出现成为可能,还由于只有把社会关系归结于生产关系,把生产关系归结

① 当然,这里说的始终是**社会**关系的意识,而不是其他什么关系的意识。

于生产力的水平,才能有可靠的根据把社会形态的发展看做自然历史过程。不言而喻,没有这种观点,也就不会有社会科学。(例如,主观主义者虽然承认历史现象的规律性,但不能把这些现象的演进看做自然历史过程,这是因为他们只限于指出人的社会思想和目的,而不善于把这些思想和目的归结于物质的社会关系。)

马克思在40年代提出这个假设后,就着手实际地(请注意这点)研究材料。他从各个社会经济形态中取出一个形态(即商品经济体系)加以研究,并根据大量材料(他花了不下25年的工夫来研究这些材料)对这个形态的活动规律和发展规律作了极其详尽的分析。这个分析仅限于社会成员之间的生产关系。马克思一次也没有利用这些生产关系以外的任何因素来说明问题,同时却使人们有可能看到商品社会经济组织怎样发展,怎样变成资本主义社会经济组织而造成资产阶级和无产阶级这两个对抗的(这已经是在生产关系范围内)阶级,怎样提高社会劳动生产率,从而带进一个与这一资本主义组织本身的基础处于不可调和的矛盾地位的因素。

《资本论》的**骨骼**就是如此。可是全部问题在于马克思并不以这个骨骼为满足,并不仅以通常意义的"经济理论"为限;虽然他**完全**用生产关系来**说明**该社会形态的构成和发展,但又随时随地探究与这种生产关系相适应的上层建筑,使骨骼有血有肉。《资本论》的成就之所以如此之大,是由于"德国经济学家"的这部书使读者看到整个资本主义社会形态是个活生生的形态:有它的日常生活的各个方面,有它的生产关系所固有的阶级对抗的实际社会表现,有维护资本家阶级统治的资产阶级政治上层建筑,有资产阶级的自由平等之类的思想,有资产阶级的家庭关系。现在可以看出,把马克思同达尔文相比是完全恰当的:《资本论》不是别的,正是"把堆积如山的实际材料总结为几点概括性的、彼此紧相联系的思想"。如果谁读了《资本论》,竟看不出这些概括性的思想,那就怪不得马克思了,因为我们知道,马克思甚至在序言中就已指出这些思想。而且这种比较不仅从外表方面(不知为什么,这一方面使米海洛夫斯基先生特别感兴趣)看是正确的,就是从内容方面看也是正确的。达尔文推翻了那种把动植物物种看做彼此毫无联系的、偶然的、"神造的"、不变的东西的观点,探明了物种的变异性和承续性,第一次把生物学放在完全科学的基础之上。同样,马克思也推翻了那种把社会看做可按长官意志(或者说按社会意志和政府意志,反正都一样)随便改变的、偶然产生和变化的、机械的个人结合体的观点,探明了作为一定生产关系总和的社会经济形态这个概念,探明了这种形态的发展是自然历史过程,从而第一次把社会学放在科学的基础之上。

现在,自从《资本论》问世以来,唯物主义历史观已经不是假设,而是科学地证明了的原理。在我们还没有看见另一种科学地解释某种社会形态(正是社会形态,而不是什么国家或民族甚至阶级等等的生活方式)的活动和发展的尝试以前,没有看见另一种像唯物主义那样能把"有关事实"整理得井然有序,能对某一社会形态作出严格的科学解释并给以生动描绘的尝试以前,唯物主义历史观始终是社会科学的同义词。唯物主义并不像米海洛夫斯基先生所想的那样,"多半是科学的历史观",而是唯一科学的历史观。

……

1894 年胶印出版

选自《列宁全集》中文第 2 版增订版
第 1 卷第 102—112 页

列　宁

评《自由》杂志[204]

（1901 年秋）

　　《自由》杂志[205]是一本十分糟糕的杂志。它的作者（杂志给人的印象是，从头到尾似乎都是一个人写的）妄称该杂志是"为工人"办的通俗读物。但是这不是什么通俗，而是卑劣的哗众取宠。所用的词汇没有一个是简单明了的，一切都是装腔作势……　作者没有一句话不是矫揉造作，没有一句话不使用"民间的"比喻和"民间的"词汇，如"ихний"①。作者就是用这种畸形的语言，翻来覆去地谈论那被有意庸俗化了的、陈腐的社会主义思想，而不引用新的材料、新的例证，也不进行新的加工。我们要告诉作者，庸俗化和哗众取宠绝非通俗化。通俗作家应该引导读者去深入地思考、深入地研究，他们从最简单的、众所周知的材料出发，用简单的推论或恰当的例子来说明从这些材料得出的主要**结论**，启发肯动脑筋的读者不断地去思考更深一层的问题。通俗作家并不认为读者是不动脑筋的、不愿意或者不善于动脑筋的，相反，他认为一个不够开展的读者也是非常愿意动脑筋的，他**帮助**这些读者进行这

---

① 这是方言，意为"他们的"。——编者注

种艰巨的工作，**引导**他们，帮助他们迈开最初的几步，**教**他们独立向前走。在庸俗作家的眼里，读者是不动脑筋和不会动脑筋的，他不是引导读者去了解严肃的科学的初步原理，而是通过一种畸形简化的充满玩笑和俏皮话的形式，把某一学说的**全部**结论"现成地"奉献给读者，读者连咀嚼也用不着，只要囫囵吞下去就行了。

载于 1936 年《布尔什维克》杂志
第 2 期

选自《列宁全集》中文第 2 版增订版
第 5 卷第 322—323 页

列　宁

怎　么　办？

我们运动中的迫切问题[206]（节选）

（1901 年秋—1902 年 2 月）

一

教条主义和"批评自由"

（四）恩格斯论理论斗争的意义

……

没有革命的理论，就不会有革命的运动。在醉心于最狭隘的实际活动的偏向同时髦的机会主义说教结合在一起的情况下，必须始终坚持这种思想。而对俄国社会民主党来说，由于存在三种时常被人忘记的情况，理论的意义就显得更为重要了。这三种情况就是：第一，我们的党还刚刚在形成，刚刚在确定自己的面貌，同革命思想中有使运动离开正确道路危险的其他派别进行的清算还远没有结束。相反，正是在最近时期，非社会民主党的革命派别显得活跃起来了（这是阿克雪里罗得早就对"经济派"[207]说过的[208]）。在这种条件下，初看起来似乎并"不重要的"错误也可能引起极其可悲的后果；只有目光短浅的人，才会以为进行派别争论和严格区别各派色彩，是一种不适时的或者多余的事情。这种或那种"色彩"的加强，可能决定俄国社会民主党许多许多年的前途。

第二，社会民主主义运动就其本质来说是国际性的运动。这不仅意味着我们应当反对民族沙文主义。这还意味着在年轻的国家里开始的运动，只有在运用别国的经验的条件下才能顺利发展。但是，要运用别国的经验，简单了解这种经验或简单抄袭别国最近的决议是不够的。为此必须善于用批判的态度来看待这种经验，并且独立地加以检验。只要想一想现代工人运动已经有了多么巨大的成长和扩展，就会懂得，为了完成这个任务，需要有多么雄厚的理论力量和多么丰富的政治经验（以及革命经验）。

第三，俄国社会民主党担负的民族任务是世界上任何一个社会党都不曾有过的。我们在下面还要谈到把全体人民从专制制度压迫下解放出来这个任务所赋予我们的种种政治责任和组织责任。现在我们只想指出一点，就是**只有以先进理论为指南的党，才能实现先进战士的作用**。读者如果想要稍微具体地了解这句话的意思，就请回想一下俄国社会民主主义运动的先驱者赫尔岑、别林斯基、车尔尼雪夫斯基以及 70 年代的那一批杰出的革命家；就请想想俄国文学现在所获得的世界意义；就请……只要想想这些也就足够了！

……

五
全俄政治报"计划"

（二）报纸能不能成为集体的组织者？

……

"应当幻想!"我写了这几个字之后,不觉吃了一惊。我仿佛是坐在"统一代表大会"的会场里,坐在我对面的是《工人事业》杂志[209]的编辑和撰稿人。这时马尔丁诺夫同志站起来,咄咄逼人地质问我:"请问,如果不事前向党的各个委员会征求意见,自主的编辑部有权去幻想吗?"接着,克里切夫斯基同志站了起来,并且(从哲学上来深化早已深化了普列汉诺夫同志的意见的马尔丁诺夫同志的意见)更加咄咄逼人地接着说:"我进一步问你,如果一个马克思主义者没有忘记,按照马克思的看法,人类总是提出可能实现的任务,没有忘记策略是党的任务随着党的发展而增长的过程,那么从根本上来说,他是不是有权幻想呢?"

想到这种咄咄逼人的问题,我真是不寒而栗,只想找个地方躲起来。我就试试躲在皮萨列夫背后吧。

皮萨列夫在谈到幻想和现实之间的不一致的问题时写道:"有各种各样的不一致。我的幻想可能超过事变的自然进程,也可能完全跑到事变的任何自然进程始终达不到的地方。在前一种情形下,幻想不会带来任何害处;它甚至能支持和加强劳动者的毅力…… 这种幻想中并没有任何会败坏或者麻痹劳动力的东西。

甚至完全相反。如果一个人完全没有这样幻想的能力,如果他不能在有的时候跑到前面去,用自己的想象力来给刚刚开始在他手里形成的作品勾画出完美的图景,那我就真是不能设想,有什么刺激力量会驱使人们在艺术、科学和实际生活方面从事广泛而艰苦的工作,并把它坚持到底……　只要幻想的人真正相信自己的幻想,仔细地观察生活,把自己观察的结果同自己的空中楼阁相比较,并且总是认真地努力实现自己的幻想,那么幻想和现实之间的不一致就不会带来任何害处。只要幻想和生活多少有些联系,那么一切都会顺利的。"①

可惜,这样的幻想在我们的运动中未免太少了。对这种情况应当负最主要责任的,是那些以头脑清醒和"熟悉""具体情况"自夸的合法批评和不合法"尾巴主义"的代表者。

1902 年 3 月在斯图加特印成　　　选自《列宁全集》中文第 2 版增订版
单行本　　　　　　　　　　　　第 6 卷第 23—24、163—164 页

---

① 　引自德·伊·皮萨列夫的《幼稚想法的失策》一文(见《皮萨列夫全集》1956 年俄文版第 3 卷第 147、148、149 页)。——编者注

列　　宁

党的组织和党的出版物²¹⁰

（1905 年 11 月 13 日〔26 日〕）

　　十月革命²¹¹以后在俄国造成的社会民主党工作的新条件,使党的出版物问题提到日程上来了。非法报刊和合法报刊的区别,这个农奴制专制俄国时代的可悲的遗迹,正在开始消失。它还没有灭绝。还远远没有灭绝。我们首席大臣的伪善的政府还在胡作非为,以致《工人代表苏维埃消息报》²¹²还在"非法地"出版,但是,政府愚蠢地企图"禁止"它所无法阻止的事情,除了给政府带来耻辱、带来道义上新的打击以外,是不会有什么结果的。

　　当存在着非法报刊和合法报刊的区别的时候,党的报刊和非党报刊的问题解决得非常简单而又非常虚假,很不正常。一切非法的报刊都是党的报刊,它们由各个组织出版,由那些同党的实际工作者团体有某种联系的团体主办。一切合法的报刊都是非党的报刊(因为党派属性是不准许有的),但又都"倾向"于这个或那个政党。畸形的联合、不正常的"同居"和虚假的掩饰是不可避免的;有些人没有成熟到具有党的观点,实际上还不是党的人,他们认识肤浅或者思想畏缩,另一些人想表达党的观点,出于无奈而吞吞吐吐,这两种情况混杂在一起了。

伊索式的笔调，写作上的屈从，奴隶的语言，思想上的农奴制——这个该诅咒的时代！无产阶级结束了这种使俄国一切有生气的和新鲜的事物都感到窒息的丑恶现象。但是无产阶级暂时为俄国只争得了一半的自由。

革命还没有完成。沙皇制度**已经没有**力量战胜革命，而革命**也还没有**力量战胜沙皇制度。我们生活在这样的时候，到处都看得到公开的、诚实的、直率的、彻底的党性和秘密的、隐蔽的、"外交式的"、支吾搪塞的"合法性"之间的这种反常的结合。这种反常的结合也反映在我们的报纸上：不管古契柯夫先生如何嘲讽社会民主党的专横，说它禁止刊印自由派资产阶级的温和报纸，但事实终究是事实，俄国社会民主工党中央机关报《无产者报》**213**，仍然被摈斥在警察横行的**专制俄国**的大门之外。

不管怎样，已经完成了一半的革命，迫使我们大家立即着手新的工作安排。出版物现在有十分之九可以成为，甚至可以"合法地"成为党的出版物。出版物应当成为党的出版物。与资产阶级的习气相反，与资产阶级企业主的即商人的报刊相反，与资产阶级写作上的名位主义和个人主义、"老爷式的无政府主义"和唯利是图相反，社会主义无产阶级应当提出**党的出版物**的原则，发展这个原则，并且尽可能以完备和完整的形式实现这个原则。

党的出版物的这个原则是什么呢？这不只是说，对于社会主义无产阶级，写作事业不能是个人或集团的赚钱工具，而且根本不能是与无产阶级总的事业无关的个人事业。无党性的写作者滚开！超人的写作者滚开！写作事业应当成为整个无产阶级事业的**一部分**，成为由整个工人阶级的整个觉悟的先锋队所开动的一部巨大的社会民主主义机器的"齿轮和螺丝钉"。写作事业应当成为社会民主党有组织的、有计划的、统一的党的工作的一个组成部分。

德国俗语说:"任何比喻都是有缺陷的。"我把写作事业比做螺丝钉,把生气勃勃的运动比做机器也是有缺陷的。也许,甚至会有一些歇斯底里的知识分子对这种比喻大叫大嚷,说这样就把自由的思想斗争、批评的自由、创作的自由等等贬低了、僵化了、"官僚主义化了"。实质上,这种叫嚷只能是资产阶级知识分子个人主义的表现。无可争论,写作事业最不能作机械划一,强求一律,少数服从多数。无可争论,在这个事业中,绝对必须保证有个人创造性和个人爱好的广阔天地,有思想和幻想、形式和内容的广阔天地。这一切都是无可争论的,可是这一切只证明,无产阶级的党的事业中写作事业这一部分,不能同无产阶级的党的事业的其他部分刻板地等同起来。这一切决没有推翻那个在资产阶级和资产阶级民主派看来是格格不入的和奇怪的原理,即写作事业无论如何必须成为同其他部分紧密联系着的社会民主党工作的一部分。报纸应当成为各个党组织的机关报。写作者一定要参加到各个党组织中去。出版社和发行所、书店和阅览室、图书馆和各种书报营业所,都应当成为党的机构,向党报告工作情况。有组织的社会主义无产阶级,应当注视这一切工作,监督这一切工作,把生气勃勃的无产阶级事业的生气勃勃的精神,带到这一切工作中去,无一例外,从而使"作家管写,读者管读"[214]这个俄国古老的、半奥勃洛摩夫式的、半商业性的原则完全没有立足之地。

自然,我们不是说,被亚洲式的书报检查制度和欧洲的资产阶级所玷污了的写作事业的这种改造,一下子就能完成。我们决不是宣传某种划一的体制或者宣传用几个决定来完成任务。不,在这个领域里是最来不得公式主义的。问题在于使我们全党,使俄国整个觉悟的社会民主主义无产阶级,都认识到这个新任务,明确地提出这个新任务,到处着手完成这个新任务。摆脱了农奴制的书报检查制度的束缚以后,我们不愿意而且也不会去当写作上的资产阶级买卖关系的俘虏。我们要创办自由的报刊而且我们一定会创办起来,所谓自由的报刊是指它不仅摆脱了警察的压迫,而且摆脱了资本,摆脱了名位主义,甚至也摆脱了资产阶级无政府主义的个人主义。

最后这一句话似乎是奇谈怪论或是对读者的嘲弄。怎么!也许某个热烈拥护自由的知识分子会叫喊起来。怎么!你们想使创作这样精致的个人事业服从于集体!你们想使工人们用多数票来解决科学、哲学、美学的问题!你们否认绝对个人的思想创作的绝对自由!

安静些,先生们!第一,这里说的是党的出版物和它应受党的监督。每个人都有自由写他所愿意写的一切,说他所愿意说的一切,不受任何限制。但是每个自由的团体(包括党在内),同样也有自由赶走利用党的招牌来鼓吹反党观点的人。言论和出版应当有充分的自由。但是结社也应当有充分的自由。为了言论自由,我应该给你完全的权利让你随心所欲地叫喊、扯谎和写作。但是,为了结社的自由,你必须给我权利同那些说这说那的人结成联盟或者分手。党是自愿的联盟,假如它不清洗那些宣传反党观点的党员,它就不可避免地会瓦解,首先在思想上瓦解,然后在物质上瓦解。确定党的观点和反党观点的界限的,是党纲,是党的策略决议和党章,最后是国际社会民主党,各国的无产阶级自愿联盟的全部经验,无产阶级经常把某些不十分彻底的、不完全是纯粹马克思主义的、不十分正确的分子或流派吸收到自己党内来,但也经常地定期"清洗"自己的党。拥护资产阶级"批评自由"的先生们,**在我们党内**,也要这样做,因为现在我们的党立即会成为群众性的党,现在我们处在急剧向公开组织转变的时刻,现在必然有许多不彻底的人(从马克思主义观点看来),也许甚至有某些基督教徒,也许甚至有某些神秘主义者会参加我们的党。我们有结实的胃,我们是坚如磐石的马克思主义者。我们将消化这些不彻底的人。党内的思想自由和批评自由永远不会使我们忘记人们有结合成叫做党的自由团体的自由。

第二,资产阶级个人主义者先生们,我们应当告诉你们,你们那些关于绝对自由的言论不过是一种伪善而已。在以金钱势力为基础的社会中,在广大劳动者一贫如洗而一小撮富人过着寄生生活的社会中,不可能有实际的和真正的"自由"。作家先生,你能离开你的资产阶级出版家而自由吗?你能离开那些要求你作海淫的小说①和图画、用卖淫来"补充""神圣"舞台艺术的资产阶级公众而自由吗?要知道这种绝对自由是资产阶级的或者说是无政府主义的空话(因为无政府主义作为世界观是改头换面的资产阶级思想)。生活在社会中却要离开社会而自由,这是不可能的。资产阶级的作家、画家和女演员的自由,不过是他们依赖钱袋、依赖收买和依赖豢养的一种假面具(或一种伪装)罢了。

我们社会主义者揭露这种伪善行为,摘掉这种假招牌,不是为了要有非阶级的文学和艺术(这只有在社会主义的没有阶级的社会中才有可能),而是为了要用真正自由的、**公开**同无产阶级相联

---

① 《新生活报》上显然误印为"в рамках",按意思应为"в романах"。——俄文版编者注

系的写作,去对抗伪装自由的、事实上同资产阶级相联系的写作。

这将是自由的写作,因为把一批又一批新生力量吸引到写作队伍中来的,不是私利贪欲,也不是名誉地位,而是社会主义思想和对劳动人民的同情。这将是自由的写作,因为它不是为饱食终日的贵妇人服务,不是为百无聊赖、胖得发愁的"一万个上层分子"服务,而是为千千万万劳动人民,为这些国家的精华、国家的力量、国家的未来服务。这将是自由的写作,它要用社会主义无产阶级的经验和生气勃勃的工作去丰富人类革命思想的最新成就,它要使过去的经验(从原始空想的社会主义发展而成的科学社会主义)和现在的经验(工人同志们当前的斗争)之间经常发生相互作用。

动手干吧,同志们! 我们面前摆着一个困难的然而是伟大的和容易收到成效的新任务:组织同社会民主主义工人运动紧密而不可分割地联系着的、广大的、多方面的、多种多样的写作事业。全部社会民主主义出版物都应当成为党的出版物。一切报纸、杂志、出版社等等都应当立即着手改组工作,以便造成这样的局面,使它们都能以这种或那种方式完全参加到这些或那些党组织中去。只有这样,"社会民主主义的"出版物才会名副其实。只有这样,它才能尽到自己的职责。只有这样,它即使在资产阶级社会范围内也能摆脱资产阶级的奴役,同真正先进的、彻底革命的阶级的运动汇合起来。

载于 1905 年 11 月 13 日《新生活报》
第 12 号

选自《列宁全集》中文第 2 版增订版
第 12 卷第 92—97 页

列　　宁

纪念葛伊甸伯爵

（我国非党的"民主主义者"教导人民什么？）²¹⁵

（1907 年 6 月）

　　"彼·亚·葛伊甸伯爵的逝世使俄国遭到重大的损失，所有的进步报刊都对此表示深切的哀悼。彼得·亚历山德罗维奇的卓越的形象，感召着不分党派的一切正人君子。如此幸运实属罕见！！！"接下来是从右翼立宪民主党²¹⁶的《俄罗斯新闻》²¹⁷上摘来的一大段引文。在引文中，对这位"完人"的毕生业绩深表感动的，是多尔戈鲁科夫家族的一员——帕·德·多尔戈鲁科夫公爵，而多尔戈鲁科夫家族的代表已经直截了当地承认他们的民主主义思想源远流长！宁可同农民和平解决，也不要等他们自己动手夺取土地……"凡是习惯于尊重人的人，不管他以哪个党派的面目出现，对于葛伊甸伯爵的逝世无不感到悲痛，我们也深有同感。而已故的葛伊甸首先正是一个人。"

　　1907 年 6 月 19 日星期二的《同志报》²¹⁸第 296 号就是这样说的。

　　《同志报》的政论家们不仅是我国合法报刊中最热忱的民主主义者，他们还自命为社会主义者——当然是批判的社会主义者。

他们都是一些准社会民主党人。在这家用普罗柯波维奇先生、库斯柯娃女士、波尔土加洛夫先生和其他的"前马克思主义者"的署名来点缀版面的《同志报》上，普列汉诺夫、马尔托夫、斯米尔诺夫、佩列亚斯拉夫斯基、唐恩等孟什维克都备受青睐。总之，《同志报》的政论家们是我国"有学识的"、绝对不搞狭隘的地下活动的、"民主主义的"以及如此等等的社会中的最"左翼"代表，这是丝毫不用怀疑的。

当在报上看到上面引的那几行文字时，禁不住要对这些先生大声喊道：我们布尔什维克显然不属于《同志报》这伙**正人君子**之列，该是多么幸运啊！

俄国有学识的民主派的"正人君子"先生们！你们在愚弄俄国人民，使他们染上卑躬屈节和奴颜婢膝的恶习，在这方面你们要胜过普利什凯维奇、克鲁舍万、杜勃洛文这些臭名远扬的黑帮分子百倍，而你们却在进行一场反对这些黑帮分子的如此热心、如此自由主义、如此廉价、对你们如此有利又如此保险的战争。你们听到如此"荒谬的奇谈怪论"，会耸耸肩膀，和你们社会里的所有"正人君子"一起报以轻蔑的讥笑吧？是的，不错，我们很清楚，世界上无论什么也改变不了你们庸俗的自由派的自满自足。我们之所以感到很高兴，是因为我们的全部活动像一道铜墙铁壁，使我们能同俄国有教养的社会的这伙正人君子划清界限。

能不能找出几个说明黑帮分子使比较广大一点的居民阶层受到腐蚀并走入歧途的例子呢？找不出来。

无论是他们的报刊、他们的社团、他们的会议、第一届或第二届杜马[219]的选举，都不能提供这样的例子。黑帮分子制造有警察和军队参加的暴行和兽行，激起了人们的愤怒。黑帮分子施展欺骗、捣鬼和收买的手段，引起了人们对他们的憎恨和蔑视。黑帮分子用政府的经费，组织了一帮听从警察驱使的酒徒。所有这一切，丝毫也不会对广大一点的居民阶层产生什么危险的思想影响。

另一方面，同样毫无疑问的是，我国合法的、自由主义的和"民主主义的"报刊却产生了这样的影响。第一届和第二届国家杜马的选举、各种会议、各种社团、教学事务等无不证明这一点。而《同志报》在葛伊甸逝世问题上的言论，清楚地表明了这是一种怎样的思想影响。

"……重大的损失……卓越的形象……幸运……首先是一个人。"

地主葛伊甸伯爵在十月革命[211]以前高尚地充当一个自由主义者。在人民取得了第一次胜利以后，即在1905年10月17日以后，他毫不犹豫地立刻投靠反革命阵营，投靠十月党[220]，投靠这个痛恨农民、痛恨民主派的地主和大资本家的政党。这位贵族在第一届杜马时拥护政府，在第一届杜马解散后为参加内阁进行过谈判（但没有谈妥）。这就是这位典型的反革命地主的生涯中几个最主要的阶段。

于是一批衣冠楚楚、有学识有教养的先生出场了，他们高谈自由主义、民主主义、社会主义，口口声声同情自由事业，同情农民争取土地、反对地主的斗争，实际上这些先生在报刊上，在各种社团中、在各种会议和选举中垄断了合法反对派的地位，就是这些人举目望天，向人民说教："如此幸运实属罕见！……已故的伯爵首先是一个人。"

不错，葛伊甸不仅是一个人，而且是一个既善于理解本阶级的共同利益、又善于非常聪明地维护这些利益的公民。而你们这些有学识的民主派先生，不过是可怜的傻瓜，你们在用装疯卖傻的自由派行径掩盖自己的无能，你们只会替地主阶级充当文化奴仆，此外便别无所长。

地主对人民的影响并不可怕。他们要使比较广大一点的工人群众甚至农民群众在比较长一点的时间内受他们的欺骗，那是永远也办不到的。但是有**一些知识分子**，他们不直接参加剥削，练就了搬弄空泛词句和概念的本领，热衷于种种"谆谆"教诲，有时还出于真诚的愚蠢把自己所处的跨阶级地位奉为超阶级政党和超阶级政策的**原则**——这样的资产阶级知识分子对人民的影响是危险的。这一点，也只有这一点，才是能带来真正恶果的对广大群众的毒害，需要社会主义运动全力以赴来同这种毒害作斗争。

自由派和民主派的无耻之徒，自命超越任何"党派"，持"全人类"的观点，他们上气不接下气地说："葛伊甸是一个有教养、有文化、讲人道和能宽容的人。"

可敬的先生们，你们错了。这不是全人类的观点，而是全体奴才的观点。意识到自己的奴隶地位而与之作斗争的奴隶，是革命者。没有意识到自己的奴隶地位而过着默默无言、浑浑噩噩、忍气吞声的奴隶生活的奴隶，是十足的奴隶。对奴隶生活的种种好处津津乐道并对和善的好主人赞赏不已以至垂涎欲滴的奴隶是奴才，是无耻之徒。《同志报》的诸位先生，你们正是这样的无耻之徒。你们以极其恶劣的宽容态度为之感动的是：那位支持反革命政府的反革命地主竟是一个有教养、讲人道的人。你们不明白，你们不是在把奴隶变成革命者，而是在把奴隶变成奴才。你们关于自由和民主的言论，只不过是故弄玄虚的高论，是陈词滥调，是时髦的空话或欺人之谈。这是一块粉饰得并不高明的招牌。而你们自己就是粉饰的坟墓[221]。你们的灵魂是卑劣透顶的,你们的文化和学识统统不过是一种熟练的变相卖淫。这是因为你们在出卖自己的灵魂,不过你们出卖灵魂不仅是出于生活需要,而且是出于"对艺术的爱好"!

你们感动地说:"葛伊甸是一个坚定的立宪主义者。"你们这是在撒谎,要么就是已经完全被葛伊甸之流所蒙蔽。在人民面前公开地把一个建立政党来支持维特、杜巴索夫、哥列梅金和斯托雷平政府的人说成是坚定的立宪主义者,这无异于把某个红衣主教说成是反对教皇的坚定战士。你们这些民主主义者不去教导人民正确理解立宪制,却在自己的著作中把立宪制说成是姜汁鲟鱼[222]。毫无疑问,对反革命的地主说来,立宪制正是姜汁鲟鱼,是尽力改进掠夺和制服庄稼汉以至全体人民群众的各种手段的一种方式。如果说葛伊甸是一个坚定的立宪主义者,那么杜巴索夫和斯托雷平也是坚定的立宪主义者了,因为**他们的**政策**实际上**也得到了葛伊甸的支持。要是没有十月党人其中也包括葛伊甸的支持,杜巴索夫和斯托雷平就不成其为杜巴索夫和斯托雷平,也推行不了他们的政策。请问"正人君子"中英明之至的民主主义者,到底应该根据什么来判断一个人的政治面貌("立宪主义者")呢?是根据他的言论,根据他的捶胸顿足,根据他的鳄鱼的眼泪呢,还是根据他在社会舞台上的实际活动?

在葛伊甸的政治活动中,什么是具有代表性和典型性的呢?是第一届杜马解散后他未能就参加内阁的问题同斯托雷平达成协议呢,还是在这一事件之后他**前去**同斯托雷平进行谈判?是他从前某个时候发表过某种自由派言论呢,还是在10月17日以后他马上成了十月党人(=反革命者)?你们在把葛伊甸称做坚定的立宪主义者时,教导人民说,前者是具有代表性和典型性的。这就是说,你们连民主主义的**起码知识**也不懂,却在那儿毫无意义地跟着重复民主主义口号的片言只字。

正派社会中的正人君子们,你们要记住,所谓民主就意味着同反革命地主对国家的统治作斗争,而葛伊甸先生所支持的以及他的整个政治生涯所体现的,却正是这样的统治。

"葛伊甸是一个有教养的人,"我们的沙龙民主主义者感动地说。是的,这一点我们已经承认了,而且也乐意承认,他比民主主义者们更有教养,**更有头脑**(这倒不一定同受教育有关),因为他对**本**阶级的利益和**他**那反革命社会活动的利益的理解,比你们这些《同志报》的先生对解放运动的利益的理解要高明。这位有教养的反革命地主善于巧妙而狡猾地维护本阶级的利益,熟练地用冠冕堂皇的词句和表面上的绅士风度来掩饰农奴主的追逐私利的意图和贪得无厌的野心,他坚持(在斯托雷平之流面前)用阶级统治的最文明的方式来保护这一利益。葛伊甸之流把自己的"教养"全都用来为**地主阶级的**利益服务。在一个真正的民主主义者而不是俄国激进派沙龙中的"正派的"无耻之徒看来,这倒可以作为政论家用以表现现代社会中将教养用于**卖淫勾当**的极好题材。

"民主主义者"一谈到有教养时,总想使读者联想到丰富的知识、开阔的视野、高尚的智慧和心灵。对葛伊甸这班先生说来,教养就是薄薄的一层脂粉,就是训练有素的本领,就是"练就"一套以绅士风度来从事最粗暴、最肮脏的政治投机的功夫。这是因为葛伊甸的十月主义,他的"和平革新派[223]思想",以及他在第一届杜马解散后同斯托雷平的各次谈判,其本质统统无非是从事最粗暴、最肮脏的勾当,无非是设法以更稳妥、更狡猾、更巧妙、更隐蔽、更不外露的手法来维护高贵的俄国贵族榨取千百万"乡巴佬"血汗的**权利**。这些乡巴佬无论在 1861 年以前还是在 1861 年,无论在 1861 年以后还是在 1905 年以后,都始终不断地遭受这些葛伊甸的掠夺。

从前,涅克拉索夫和萨尔蒂科夫就教导俄国社会要透过农奴主-地主有教养这种傅粉施朱的外表,认清其掠夺的需要,教导人们憎恨这等人的虚伪和冷酷。然而,那些以民主主义遗产的保护者自诩、参加立宪民主党①或者成为立宪民主党应声虫的现代俄国知识分子,却教导人民要奴颜婢膝,并以自己作为非党民主主义者能不偏不倚而扬扬得意。这种表演怕是比杜巴索夫和斯托雷平的业绩更加令人生厌吧……

沙龙民主主义者得意得上气不接下气地说:"葛伊甸是'人'。葛伊甸是讲人道的。"

葛伊甸的人道精神所引起的这种感动,使我们不仅想起了涅克拉索夫和萨尔蒂科夫,而且也想起了屠格涅夫的《猎人笔记》。在我们的面前,是一个文明的、有教养的地主,他举止文雅,待人和蔼,有西欧风度。地主请客人饮酒,高谈阔论。他问仆役说:"为什么酒没有温热?"仆役没有作声,脸色变得苍白。地主按了一下铃,轻声地对进来的仆人说:"费多尔的事……去处理吧。"**224**

请看,这就是葛伊甸式的"人道精神"或葛伊甸之流的人道精神的典范。屠格涅夫笔下的地主,比起萨尔特奇哈来……也是"讲人道"的人,他是如此人道,以致没有亲自到马厩去看看鞭挞

---

① 立宪民主党人在评价葛伊甸时所表现的奴才相,较之《同志报》的先生们更甚百倍。我们把《同志报》的先生们看做俄国"社会"中"正人君子"的"民主主义"典范。

费多尔的事是否很好地处理了。他是如此人道，以致没有去过问鞭挞费多尔的树条是否在盐水里浸泡过。他这个地主自己对仆役不打不骂，他这个有教养的人，只是站得远远地"处理"，温文尔雅又充满人道精神，不吵不嚷又不"公开出面"……

葛伊甸的人道精神也正是如此。他自己没有同卢热诺夫斯基和菲洛诺夫之流一起参与拷打和折磨农民。他也没有同连年坎普夫和美列尔-扎科梅尔斯基之流一起去进行讨伐。他没有同杜巴索夫一起去血洗莫斯科。他是如此人道，以致没有去建立这类业绩，而让全俄"马厩"中的这类英雄去"处理"，自己却坐在宁静雅致的书斋里领导着支持杜巴索夫之流的政府的政党——这个政党的领袖们为征服莫斯科的杜巴索夫举杯祝贺…… "费多尔的事"派杜巴索夫之流去"处理"，自己不到马厩去，难道这不是确确实实的人道精神吗？在主持我国自由派和民主派报刊政治栏的老懦夫们看来，这是人道精神的典范…… "他是个连苍蝇也不肯伤害的大好人！"支持杜巴索夫之流，坐享杜巴索夫之流镇压的成果，而又不必替杜巴索夫之流承担责任，"如此幸运实属罕见"。

沙龙民主主义者认为，抱怨一通葛伊甸之流为什么没有来治理我们，就算是登峰造极的民主主义（因为这位沙龙笨伯根本想不到这是葛伊甸和杜巴索夫之流之间的"自然"分工）。请听：

> "……真可惜，现在正是他〈葛伊甸〉最有用的时候，他却去世了。否则他现在会同极右分子进行斗争，发挥他最好的精神素质，以他所固有的毅力和机智捍卫立宪原则。"（6月22日星期五《同志报》第299号刊登的普斯科夫省通讯《纪念葛伊甸伯爵》）

真可惜，有教养、讲人道的和平革新党人葛伊甸，竟未能以他关于立宪的漂亮空话来掩盖第三届杜马[225]即十月党人杜马的真相,来掩盖破坏杜马的专制制度的真相!"民主主义者"政论家的任务不是去撕破虚伪的外衣,把压迫人民的敌人赤裸裸地暴露在人民面前,而是为失去了美化十月党人的老奸巨猾的伪君子感到惋惜…… 什么是庸人?一根空肠子,充满恐惧和希望,乞求上帝发慈悲!**226**(Was ist der Philister? Ein hohler Darm, voll Furcht und Hoffnung, dass Gott erbarm!)什么是立宪民主党阵营的或接近立宪民主党阵营的俄国自由派和民主派庸人?一根空肠子,充满恐惧和希望,乞求反革命地主发慈悲!

1907 年 6 月

载于 1907 年 9 月初圣彼得堡出版的《生活之声》文集第 1 集

选自《列宁全集》中文第 2 版增订版第 16 卷第 34—42 页

列　　宁

唯物主义和经验批判主义

对一种反动哲学的批判[227]（节选）

（1908 年 2—10 月）

第四章第 1 节的补充[①]

尼·加·车尔尼雪夫斯基

是从哪一边批判康德主义的？[228]

在第四章第 1 节里，我们已经详细地说明，唯物主义者过去和现在批判康德的角度是同马赫、阿芬那留斯批判康德的角度完全相反的。我们认为，在这里哪怕是简略地补充说明一下俄国伟大的黑格尔主义者和唯物主义者尼·加·车尔尼雪夫斯基的认识论立场，也是必要的。

在费尔巴哈的德国学生阿尔布雷希特·劳批判康德之后没有多久，俄国的伟大著作家尼·加·车尔尼雪夫斯基（他也是费尔巴哈的学生）第一次试图公开地表明他对费尔巴哈和康德的态

---

① 第四章第 1 节见《列宁全集》中文第 2 版增订版第 18 卷第 200—212 页。——编者注

度。早在上一世纪 50 年代,尼·加·车尔尼雪夫斯基就作为费尔巴哈的信徒出现在俄国文坛上了,可是俄国的书报检查机关甚至连费尔巴哈的名字也不许他提到。1888 年,尼·加·车尔尼雪夫斯基在准备付印的《艺术对现实的审美关系》第 3 版序言中,试图直接指出费尔巴哈,可是书报检查机关即使在这一年也不准引证一下费尔巴哈! 这篇序言直到 1906 年才和读者见面(见《车尔尼雪夫斯基全集》第 10 卷第 2 册第 190—197 页)。在这篇《序言》里,尼·加·车尔尼雪夫斯基用了半页篇幅来批判康德和那些在自己的哲学结论中追随康德的自然科学家。

请看尼·加·车尔尼雪夫斯基在 1888 年的精彩论述:

"那些自以为是无所不包的理论的创造者的自然科学家们,事实上仍不过是建立了形而上学体系的古代思想家的学生,而且往往是那些被谢林部分地破坏了而又被黑格尔彻底地破坏了体系的思想家的学生,而且往往是些拙劣的学生。只要提一提下面的事实就够了:大多数企图建立关于人类思想活动规律的广泛理论的自然科学家,都在重复康德关于我们知识的主观性的形而上学理论〈告诉那些把什么都搞乱的俄国马赫主义者[229]:车尔尼雪夫斯基是落后于恩格斯的,因为他在用语上把唯物主义和唯心主义的对立同形而上学思维和辩证思维的对立混淆起来了;但是车尔尼雪夫斯基完全保持恩格斯的水平,因为他不是责备康德的实在论,而是责备康德的不可知论和主观主义,不是责备康德承认"自在之物",而是责备康德不能够从这个客观的泉源引出我们的知识。〉,都照着康德的话说:我们感性知觉的形式同对象的真实存在的形式没有相似之处〈告诉那些把什么都搞乱的俄国马赫主义者:车尔尼雪夫斯基对康德的批判同阿芬那留斯和马赫以及内在论者对康德的批判完全相反,因为在车尔尼雪夫斯基看来,就像在任何一个唯物主义者看来一样,我们感性知觉的形式和对象的真实的即客观实在的存在的形式有相似之处。〉,因此,真实存在的对象、它们的真实的质以及它们之间的真实的关系,是我们不可认识的〈告诉那些把什么都搞乱的俄国马赫主义者:在车尔尼雪夫斯基看来,就像在任何一个唯物主义者看来一样,对象——用康德的过分矫饰的话来说就是"自在之物"——是**真实**存在的,是我们**完全**可以认识的;不论是它们的存在,或是它们的质,或是它们之间的真实的关系,都是可以认识的。〉,即使它们是可以认识的,它们也不能成为我们思维的对象,因为我们的思维把一切知识材料放到了和真实存在的形式完全不同的形式中;思维规律本身也只有主观的意义〈告诉糊涂人马赫主义者:在车尔尼雪夫斯基看来,就像在任何一个唯物主义者看来一样,思维规律不是只有主观的意义,也就是说,思维规律反映对象的真实存在的形式,和这些形式完全相似,而不是不同。〉;在现实中,根本没有我们以为是因果联系的东西,因为既没有先行的,也没有后继的,既没有全体,也没有部分,等等〈告诉糊涂人马赫主义者:在车尔尼雪夫斯基看来,就像在任何一个唯物主义者看来一样,在现实中,有着我们以为是因果联系的东西,有着自然界的客观的因果性或必然性。〉。当自然科学家不再说诸如此类的形而上学的胡言乱语的时候,他们就能够而且一定会在自然科学的基础上创立出比费尔巴哈提出的概念体系更加精确完备的概念体系〈告诉糊涂人马赫主义者:车尔尼雪夫斯基把**一切**背弃唯物主义而走向唯心主义和不可知论的言论都叫做形而上学的胡言乱语。〉。然而目前对有关所谓人的求知欲的基本问题的科学概念的叙述,仍然是费尔巴哈做得最好。"

（第195—196页）车尔尼雪夫斯基所谓人的求知欲的基本问题，用现在的话来说，就是认识论的基本问题。车尔尼雪夫斯基是唯一真正伟大的俄国著作家，他从50年代起直到1888年，始终保持着完整的哲学唯物主义的水平，能够摒弃新康德主义者[230]、实证论者[231]、马赫主义者以及其他糊涂人的无聊的胡言乱语。但是车尔尼雪夫斯基没有上升到，更确切些说，由于俄国生活的落后，不能够上升到马克思和恩格斯的辩证唯物主义。

1909年5月由莫斯科环节出版社印成单行本

选自《列宁全集》中文第2版增订版第18卷第376—379页

列　宁

列夫·托尔斯泰是俄国革命的镜子[232]

（1908 年 9 月 11 日〔24 日〕）

　　把这位伟大艺术家的名字同他显然不理解、显然避开的革命联系在一起，初看起来，会觉得奇怪和勉强。分明不能正确反映现象的东西，怎么能叫做镜子呢？然而我国的革命是一个非常复杂的现象；在直接进行革命、参加革命的群众当中，各社会阶层的许多人也显然不理解正在发生的事情，也避开了事变进程向他们提出的真正具有历史意义的任务。如果我们看到的是一位真正伟大的艺术家，那么他在自己的作品中至少会反映出革命的某些本质的方面。

　　俄国的合法报刊登满了祝贺托尔斯泰 80 寿辰的文章、书信和简讯，可是很少注意从俄国革命的性质、革命的动力这个角度去分析他的作品。所有这些报刊都充满了伪善，简直令人作呕。有官方的和自由派的两种伪善。前一种是卖身投靠的无耻文人露骨的伪善，他们昨天还奉命攻击列·托尔斯泰，今天却奉命在托尔斯泰身上寻找爱国主义，力求在欧洲面前遵守礼节。这班无耻文人写了文章有赏钱，这是人人都知道的；他们欺骗不了任何人。自由派的伪善则巧妙得多，因而也有害得多、危险得多。请听《言语报》[233]的那些立宪民主党[216]的巴拉莱金[234]之流吧。他们对托尔斯泰的同情是最充分和最热烈的了。其实,有关这位"伟大的寻神派"的那种装腔作势的言论和冠冕堂皇的空谈不过是十足的虚伪,因为俄国的自由派既不相信托尔斯泰的上帝,也不赞成托尔斯泰对现行制度的批判。他们攀附这个极有声望的名字,是为了增加自己的政治资本,是为了扮演全国反对派领袖的角色。他们极力用吵吵嚷嚷的空谈来**淹没**人们要求对下列问题作直截了当答复的呼声:"托尔斯泰主义"的显著矛盾是由什么造成的,这些矛盾表现了我国革命中的哪些缺陷和弱点?

托尔斯泰的作品、观点、学说、学派中的矛盾的确是显著的。一方面,是一个天才的艺术家,不仅创作了无与伦比的俄国生活的图画,而且创作了世界文学中第一流的作品;另一方面,是一个发狂地信仰基督的地主。一方面,他对社会上的撒谎和虚伪提出了非常有力的、直率的、真诚的抗议;另一方面,是一个"托尔斯泰主义者",即一个颓唐的、歇斯底里的可怜虫,所谓俄国的知识分子,这种人当众拍着胸脯说:"我卑鄙,我下流,可是我在进行道德上的自我修身;我再也不吃肉了,我现在只吃米粉饼子。"一方面,无情地批判了资本主义的剥削,揭露了政府的暴虐以及法庭和国家管理机关的滑稽剧,暴露了财富的增加和文明的成就同工人群众的穷困、粗野和痛苦的加剧之间极其深刻的矛盾;另一方面,疯狂地鼓吹"不"用暴力"抵抗邪恶"。一方面,是最清醒的现实主义,撕下了一切假面具;另一方面,鼓吹世界上最卑鄙龌龊的东西之一,即宗教,力求让有道德信念的神父代替有官职的神父,这就是说,培养一种最精巧的因而是特别恶劣的僧侣主义。真可以说:

> 你又贫穷,你又富饶,
>
> 你又强大,你又衰弱,
>
> ——俄罗斯母亲!

托尔斯泰处在这样的矛盾中,绝对不能理解工人运动和工人运动在争取社会主义的斗争中所起的作用,而且也绝对不能理解俄国的革命,这是不言而喻的。但是托尔斯泰的观点和学说中的矛盾并不是偶然的,而是 19 世纪最后 30 多年俄国实际生活所处的矛盾条件的表现。昨天刚从农奴制度下解放出来的宗法式的农村,简直在遭受资本和国库的洗劫。农民经济和农民生活的旧基础,那些确实保持了许多世纪的旧基础,正在异常迅速地遭到破坏。对托尔斯泰观点中的矛盾,不应该从现代工人运动和现代社会主义的角度去评价(这样评价当然是必要的,然而是不够的),而应该从那种对正在兴起的资本主义的抗议,对群众破产和丧失土地的抗议(俄国有宗法式的农村,就一定会有这种抗议)的角度去评价。作为一个发明救世新术的先知,托尔斯泰是可笑的,所以国内外的那些偏偏想把他学说中最弱的一面变成一种教义的"托尔斯泰主义者"是十分可怜的。作为俄国千百万农民在俄国资产阶级革命快要到来的时候的思想和情绪的表现者,托尔斯泰是伟大的。托尔斯泰富于独创性,因为他的全部观点,总的说来,恰恰表现了我国革命是**农民**资产阶级革命的特点。从这个角度来看,托尔斯泰观点中的矛盾,的确是一面反映农民在我国革命中的历史活动所处的矛盾条件的镜子。一方面,几百年来农奴制的压迫和改革以后几十年来的加速破产,积下了无数的仇恨、愤怒和生死搏斗的决心。要求彻底铲除官办的教会,打倒地主和地主政府,消灭一切旧的土地占有形式和占有制度,清扫土地,建立一种自由平等的小农的社会生活来代替警察式的阶级国家,——这种愿望像一根红线贯穿着农民在我国革命中的每一个历史步骤,而且毫无疑问,托尔斯泰作品的思想内容,与其说符合于抽象的"基督教无政府主义"(这有时被人们看做是他的观点"体系"),不如说更符合于农民的这种愿望。

另一方面,追求新的社会生活方式的农民,是用很不自觉的、宗法式的、宗教狂的态度来看待下列问题的:这种社会生活应当是什么样子,要进行什么样的斗争才能给自己争得自由,在这个斗争中他们能有什么样的领导者,资产阶级和资产阶级知识分子对于农民革命的利益采取什么样的态度,为什么要消灭地主土地占有制就必须用暴力推翻沙皇政权? 农民过去的全部生活教会他们憎恨老爷和官吏,但是没有教会而且也不可能教会他们到什么地方去寻找所有这些问题的答案。在我国革命中,有一小部分农民是真正进行过斗争的,并且也为了这个目的多少组织起来了;有极小一部分人曾经拿起武器来打击自己的敌人,消灭沙皇的奴仆和地主的庇护者。大部分农民则是哭泣、祈祷、空谈和梦想,写请愿书和派"请愿代表"。这真是完全符合列夫·尼古拉耶维奇·托尔斯泰的精神! 在这种情况下总是有这种事情的,像托尔斯泰那样不问政治,像托尔斯泰那样逃避政治,对政治不感兴趣,对政治不理解,结果只有少数农民跟着觉悟的革命的无产阶级走,大多数农民则成了无原则的、卑躬屈节的资产阶级知识分子的俘虏,而这些被称为立宪民主党人的知识分子,从劳动派[235]的集会中出来跑到斯托雷平的前厅哀告央求,讨价还价,促使讲和,答应调解,最后还是被士兵的皮靴踢了出来。托尔斯泰的思想是我国农民起义的弱点和缺陷的一面镜子,是宗法式农村的软弱和"善于经营的农夫"

迟钝胆小的反映。

就拿 1905—1906 年的士兵起义来说吧。我国革命中的这些战士的社会成分是农民和无产阶级兼而有之。无产阶级占少数；因此军队中的运动，丝毫没有表现出像那些只要一挥手就马上会成为社会民主党人的无产阶级所表现出来的那种全国团结一致的精神和党性觉悟。另一方面，认为士兵起义失败的原因是缺乏军官的领导，这种见解是再错误没有了。相反，从民意党[236]时期以来，革命的巨大进步正好表现在：拿起武器来反对上司的，是那些以自己的独立精神使自由派地主和自由派军官丧魂落魄的"灰色畜生"[237]。士兵对农民的事情非常同情；只要一提起土地，他们的眼睛就会发亮。军队中的权力不止一次落到了士兵群众的手里，但是他们几乎没有坚决地利用这种权力；士兵们动摇不定；过了几天甚至几个小时，在他们杀了某个可恨的军官之后，就把其余拘禁起来的军官释放了，同当局进行谈判，然后站着让人枪毙，躺下让人鞭笞，重新套上枷锁，——这一切都完全符合列夫·尼古拉耶维奇·托尔斯泰的精神！

托尔斯泰反映了强烈的仇恨、已经成熟的对美好生活的向往和摆脱过去的愿望，同时也反映了耽于幻想、缺乏政治素养、革命意志不坚定这种不成熟性。历史条件和经济条件既说明发生群众革命斗争的必然性，也说明他们缺乏斗争的准备，像托尔斯泰那样对邪恶不抵抗；而这种不抵抗是第一次革命运动失败的极重要的原因。

常言道：战败的军队会很好地学习。当然，把革命阶级比做军队，只有在极有限的意义上是正确的。资本主义的发展每时每刻都在改变和加强那些推动千百万农民进行革命民主主义斗争的条件,这些农民由于仇恨地主-农奴主和他们的政府而团结起来了。就是在农民中间,交换的增长、市场统治和货币权力的加强,也正在一步一步排除宗法式的旧东西和宗法式的托尔斯泰思想。但是,最初几年的革命和最初几次群众革命斗争的失败,毫无疑问得到了一种收获,即群众以前那种软弱性和散漫性遭受了致命的打击。分界线更加清楚了。各阶级、各政党彼此划清了界限。在斯托雷平教训的敲打下,在革命社会民主党人坚持不渝的鼓动下,不仅从社会主义无产阶级中,甚至从民主主义的农民群众中,也必然会涌现出锻炼得愈来愈好、能够愈来愈少重犯我国托尔斯泰主义历史罪过的战士!

载于 1908 年 9 月 11 日(24 日)
《无产者报》第 35 号

选自《列宁全集》中文第 2 版增订版
第 17 卷第 181—188 页

列　宁

列・尼・托尔斯泰²³⁸

（1910 年 11 月 16 日〔29 日〕）

列夫·托尔斯泰逝世了。他作为艺术家的世界意义,他作为思想家和说教者的世界声誉,都各自反映了俄国革命的世界意义。

早在农奴制时代,列·尼·托尔斯泰就作为一位伟大的艺术家出现了。他在自己半个多世纪的文学活动中创造了许多天才的作品,在这些作品中,他主要是描写革命以前的旧俄国,即 1861 年以后仍然处于半农奴制下的俄国,乡村的俄国,地主和农民的俄国。在描写这一阶段的俄国历史生活时,列·托尔斯泰在自己的作品里能提出这么多的重大问题,能达到这样巨大的艺术力量,从而使他的作品在世界文学中占有第一流的地位。由于托尔斯泰的天才描述,一个受农奴主压迫的国家的革命准备时期,成了全人类艺术发展中向前迈进的一步。

甚至在俄国也只有极少数人知道艺术家托尔斯泰。为了使他的伟大作品真正成为**所有人的**财富,就必须进行斗争,为反对那种使千百万人受折磨、服苦役、陷于愚昧和贫穷境地的社会制度而进行斗争,必须进行社会主义革命。

托尔斯泰不仅创造了群众在推翻地主和资本家的压迫并为自

己建立人的生活条件后将永远珍视和阅读的艺术作品,而且能够用非凡的力量表达被现存制度所压迫的广大群众的情绪,描绘他们的境况,表现他们自发的反抗和愤怒的情感。托尔斯泰主要是属于1861—1904年这个时代的;他作为艺术家,同时也作为思想家和说教者,在自己的作品里异常突出地体现了整个第一次俄国革命的历史特点,这场革命的力量和弱点。

我国革命的一个主要特点是:它是资本主义在全世界非常高度发展并在俄国比较高度发展的时期的**农民**资产阶级革命。它之所以是资产阶级革命,是因为它的直接任务是推翻沙皇专制制度、沙皇君主制度和摧毁地主土地占有制,而不是推翻资产阶级的统治。特别是农民没有意识到这后一项任务,没有意识到后一项任务同更迫切更直接的斗争任务之间的区别。它之所以是农民资产阶级革命,是因为客观条件把改变农民的根本生活条件的问题,把摧毁旧的中世纪土地占有制的问题,把给资本主义"清扫土地"的问题提到了第一位,是因为客观条件把农民群众推上了多少带点独立性的历史行动的舞台。

在托尔斯泰的作品里,表现出来的正是农民群众运动的力量和弱点、它的威力和局限性。他对国家、对警方官办教会的那种强烈的、激愤的而且常常是尖锐无情的抗议,表达了原始的农民民主运动的情绪,在这种原始的农民民主运动中,积聚了由于几世纪以来农奴制的压迫,官吏的专横和掠夺,以及教会的伪善、欺骗和诡诈而迸发出来的极大的愤怒和仇恨。他对土地私有制的坚决反对,表达了处在这样一个历史时期的农民群众的心理状态,在这个历史时期里,旧的中世纪土地占有制,即地主土地占有制和官家的"份地"占有制,完全变成了不可忍受的、阻挡俄国今后发展的障碍,这种旧的土地占有制不可避免地要遭到最剧烈的、无情的破坏。他满怀最深沉的感情和最强烈的愤怒对资本主义进行的不断的揭露,充分表现了宗法制农民的恐惧,因为在他面前出现的是一个看不见的和不可理解的新敌人,这个敌人不知来自什么城市或者什么外国,它破坏了农村生活的一切"基础",带来了前所未有的破产、贫困、野蛮、卖淫、梅毒以及死于饥饿的惨境这些"原始积累时代"的一切灾难,而这一切灾难又由于库庞先生[239]所创造的最新的掠夺方法被移植到俄国土地上而百倍地加重了。

但是,这位强烈的抗议者、愤怒的揭发者和伟大的批评家,同时也在自己的作品里暴露了他不理解产生俄国所面临的危机的原因和摆脱这个危机的方法,这种不理解只是天真的宗法制农民的特性,而不该是一个受过欧洲式教育的作家的特性。反对农奴制的和警察的国家的斗争,反对君主制度的斗争,在他那里竟变成了对政治的否定,形成了"对邪恶不抵抗"的学说,结果完全避开了1905—1907年的群众革命斗争。一方面反对官办的教会,另一方面却鼓吹净化了的新宗教,即用一种净化了的精制的新毒药来麻醉被压迫群众。否定土地私有制,结果却不去集中全力反对真正的敌人,反对地主土地占有制和它的政权工具即君主制度,而只是发出幻想的、含糊的、无力的叹息。一方面揭露资本主义以及它给群众带来的苦难,另一方面却对国际社会主义无产阶级所领导的全世界解放斗争抱着极其冷漠的态度。

托尔斯泰的观点中的矛盾,不是仅仅他个人思想上的矛盾,而是一些极其复杂的矛盾条件、社会影响和历史传统的反映,这些东西决定了改革**后**和革命**前**这一时期俄国社会各个阶级和各个阶层的心理。

所以,只有从社会民主主义无产阶级的观点出发,才能对托尔斯泰作出正确的评价,因为无产阶级在第一次解决这些矛盾的时候,在革命的时候,已经以自己的政治作用和自己的斗争,证明它适合于担当争取人民自由和争取把群众从剥削制度下解放出来的斗争的领袖,证明它是忘我地忠诚于民主事业的,而且是能够同资产阶级民主派也包括农民民主派的局限性和不彻底性进行斗争的。

请看一看政府的报纸对托尔斯泰的评价。它们流着鳄鱼的眼泪,硬说自己尊崇这位"伟大的作家",同时又维护"最神圣的"正教院[240]。而最神圣的神父们刚刚干了一桩特别卑鄙龌龊的事情,他们派几个神父到这个濒危的人那里去,目的是欺骗人民,说托尔斯泰"忏悔了"。最神圣的正教院开除了托尔斯泰的教籍。这样倒更好些。当人民将来惩治这些身披袈裟的官吏、信奉基督的宪兵、支持沙皇黑帮匪徒的反犹太大暴行和其他功绩的居心叵测的异端裁判官的时候,对正教院的这一功绩也要加以清算的。

再看一看自由派的报纸对托尔斯泰的评价。它们用一些官方自由主义的、陈腐不堪的教授式的空话来支吾搪塞,说什么"文明人类的呼声"、"世界一致的反响"、"真和善的观念"等等;然而正是因为这些空话,托尔斯泰才痛斥了(而且公正地痛斥了)资产阶级的科学。这些报纸所以**不能**直接而明确地评价托尔斯泰对国家、教会、土地私有制和资本主义的看法,并不是因为书报检查机关妨碍它们这样做,恰恰相反,正是书报检查机关在帮助它们摆脱困境!这是因为托尔斯泰的每一个批评意见,都是给资产阶级自由主义的一记耳光;这是因为托尔斯泰无畏地、公开地、尖锐无情地**提出**了我们这个时代最迫切、最该死的问题,光是这些问题的提出就给了我国自由派(以及自由主义民粹派)政论界千篇一律的空话、陈腐的谬论以及闪烁其词的"文明的"谎言**以当头一棒**。自由派竭力维护托尔斯泰,竭力反对正教院,但同时他们又维护……路标派**[241]**,认为同路标派"可以进行争论",但"应当"同他们在一个党内和睦相处,"应当"在写作方面和政治方面同他们一起工作。而路标派现在正受到安东尼·沃伦斯基的亲吻。

自由派强调的是:托尔斯泰是"伟大的良心"。这难道不是《新时报》**[242]**这类报纸重复过千百遍的废话吗?这难道不是回避托尔斯泰所**提出**的那些民主主义和社会主义的**具体**问题吗?这难道不是强调那种表现托尔斯泰的偏见而不表现他的理智的东西吗?不是强调他的属于过去而不属于未来的东西吗?不是强调他对政治的否定和关于道德上的自我修身的说教而忽略他对一切阶级统治的激烈抗议吗?

托尔斯泰逝世了,革命前的俄国也已成为过去,它的软弱和无力已被这位天才艺术家表现在他的哲学里,描绘在他的作品中。但是在他的遗产里,还有着没有成为过去而是属于未来的东西。俄国无产阶级正在接受这份遗产,研究这份遗产。俄国无产阶级要向被剥削劳动群众阐明托尔斯泰对国家、教会、土地私有制的批判的意义,——这样做不是为了让群众局限于自我修身和对圣洁生活的憧憬,而是让他们振奋起来对沙皇君主制和地主土地占有制进行新的打击,这种君主制和土地占有制在 1905 年只是受了些轻伤,必须把它们消灭干净。俄国无产阶级要向群众阐明托尔斯泰对资本主义的批判,——这样做不是为了让群众局限于诅咒资本和金钱势力,而是让他们学会在自己的生活和斗争中处处依靠资本主义的技术成就和社会成就,学会把自己团结成一支社会主义战士的百万大军,去推翻资本主义,去创造一个人民不再贫困、人不再剥削人的新社会。

载于 1910 年 11 月 16 日(29 日)
《社会民主党人报》第 18 号

选自《列宁全集》中文第 2 版增订版
第 20 卷第 19—26 页

列　　宁

列·尼·托尔斯泰和
现代工人运动[243]

（1910 年 11 月 28 日〔12 月 11 日〕）

　　几乎俄国所有大城市的工人都已经对列·尼·托尔斯泰的逝世作出了反应，他们用各种方式对这位曾经写了许多最卓越的艺术作品从而置身世界大文豪之列的作家，对这位曾经以巨大的力量、信念和真诚提出许多有关现代政治制度和社会制度的基本特点问题的思想家表明了自己的态度。他们的态度大体上由在报上登载的第三届杜马[225]工人代表所发的电报[244]表明了。

　　列·托尔斯泰是在农奴制还存在的时候开始自己的文学活动的，但那时的农奴制显然已经是末日临头了。托尔斯泰的主要活动，是在俄国历史的两个转折点之间即 1861 年和 1905 年之间的那个时期进行的。在这个时期，俄国整个经济生活（特别是农村经济生活）和整个政治生活中处处可见农奴制的痕迹和它的直接残余。同时，这个时期正好是资本主义从下面蓬勃生长和从上面得到培植的时期。

　　农奴制的残余表现在什么地方呢？最主要和最明显的表现是：在俄国这个以农业为主的国家中，这个时期的农业是由破产的、贫困的农民经营的,他们用陈旧的和原始的方法,耕种 1861 年为了地主利益而分割的旧时农奴制的份地。另一方面,农业又是由地主经营的,他们在俄国中部用农民的劳动、农民的木犁和农民的马匹来耕种土地,而农民所得的代价是使用一些"割地"、割草场和饮马场等等。实质上,这还是旧的农奴制经济制度。这个时期的俄国政治制度也彻头彻尾体现了农奴制精神。这既可以从 1905 年开始初步变动以前的国家制度中看出来,也可以从贵族-土地占有者对于国事具有绝对影响中看出来,还可以从那些主要也是由贵族-土地占有者出身的官吏,特别是高级官吏拥有无限权力中看出来。

这个古老的宗法制的俄国,在 1861 年以后就开始在世界资本主义的影响下迅速崩溃了。农民忍饥挨饿,大批死亡,遭到前所未有的破产,他们抛弃了土地,跑到城市里去。由于破产农民的"廉价劳动",铁路和工厂在加紧修建。巨大的金融资本、大规模的工商业在俄国得到了发展。

艺术家托尔斯泰的作品,思想家托尔斯泰的观点反映的正是旧俄国的一切旧"基础"的这种迅速、激烈而急剧地被摧毁。

托尔斯泰非常熟悉乡村的俄国,熟悉地主和农民的生活。他在自己的艺术作品里对这种生活作了世界最优秀的文学作品中才有的十分出色的描绘。乡村俄国一切"旧基础"的这种急剧地被摧毁,使他对周围所发生的事情加强了注意,加深了兴趣,从而使他的整个世界观发生了变化。就出身和所受的教育来说,托尔斯泰属于俄国上层地主贵族,但是他抛弃了这个阶层的一切传统观点,他在自己的后期作品里,对现存一切国家制度、教会制度、社会制度和经济制度作了激烈的批判,而这些制度所赖以建立的基础,就是对群众的奴役,就是群众的贫困化,就是农民以至所有小业主的破产,就是从上到下充斥整个现代生活的暴力和伪善。

托尔斯泰的批判并不新。他所说的,没有不是那些支持劳动者的人早就在他之前很久在欧洲文献和俄国文献中说过的。但是托尔斯泰的批判的特点及其历史意义在于,他的批判是用只有天才艺术家所特有的力量表现了这一时期的俄国,即乡村的、农民的俄国最广大人民群众的观点的急剧转变。托尔斯泰对现存制度的批判同现代工人运动的代表们对这些制度的批判的不同之处,正在于托尔斯泰是用天真的宗法制农民的观点进行批判的,他把农民心理表现在自己的批判中、自己的学说中。托尔斯泰的批判所以这样感情强烈,这样热情奔放,这样有说服力,这样清新、真诚、具有力求“追根究底”找出群众苦难的真正原因的大无畏精神,是因为他的批判真正反映了千百万农民的观点的转变,这些农民刚刚摆脱农奴制获得自由,就发现这种自由不过意味着破产、死于饥饿和城市的“希特罗夫人”[245]流离失所的生活等等新灾难罢了。托尔斯泰如此忠实地反映了农民的情绪,甚至把他们的天真,他们对政治的疏远,他们的神秘主义,他们逃避现实世界的愿望,他们的“对邪恶不抵抗”,以及他们对资本主义和“金钱势力”的无力诅咒,都带到自己的学说中去了。千百万农民的抗议和他们的绝望,就这样在托尔斯泰学说中融为一体。

现代工人运动的代表们认为,他们要抗议的东西是有的,但是没有什么可绝望的。绝望是那些行将灭亡的阶级的特性,而在一切资本主义社会,包括俄国在内,雇佣工人阶级必然是在成长、发展和壮大。绝望是那些不了解产生邪恶的根源、看不见出路和没有能力斗争的人的特性。现代工业无产阶级并不是这样的阶级。

载于 1910 年 11 月 28 日《我们的道路报》第 7 号

选自《列宁全集》中文第 2 版增订版第 20 卷第 39—41 页

列　　宁

托尔斯泰和无产阶级斗争[246]

（1910 年 12 月 18 日〔31 日〕）

　　托尔斯泰以巨大的力量和真诚鞭笞了统治阶级，十分鲜明地揭露了现代社会所借以维持的一切制度——教会、法庭、军国主义、"合法"婚姻、资产阶级科学——的内在的虚伪。但是，他的学说同现存制度的掘墓人无产阶级的生活、工作和斗争是完全矛盾的。列夫·托尔斯泰的说教究竟反映了什么人的观点呢？他说的话是代表整个俄罗斯千百万人民群众的，人民群众**已经**憎恨现代生活的主宰者，但是**还**没有达到去同他们进行自觉的、一贯的、坚持到底的、不可调和的斗争的程度。

　　伟大的俄国革命的历史和结局表明，**介于**觉悟的社会主义无产阶级和旧制度的坚决维护者**之间**的群众，正是这样的。这些群众——主要是农民——在革命中表明，他们对旧制度的仇恨是多么深刻，他们对现存制度带来的一切苦难的感受是多么痛切，他们向往摆脱这些苦难并找到美好生活的自发愿望是多么强烈。

　　同时，这些群众在革命中也表明，他们的仇恨还不够自觉，他们的斗争还不够彻底，他们对美好生活的追求还只局限在狭小的范围内。

托尔斯泰的学说反映了直到最底层都在掀起汹涌波涛的伟大的人民海洋,既反映了它的一切弱点,也反映了它的一切长处。

俄国工人阶级研究列夫·托尔斯泰的艺术作品,会更清楚地认识自己的敌人;而全体俄国人民分析托尔斯泰的**学说**,一定会明白他们本身的弱点在什么地方,正是这些弱点使他们不能把自己的解放事业进行到底。为了前进,应该明白这一点。

阻碍这一运动前进的,是所有那些把托尔斯泰称为"公众的良心"、"生活的导师"的人。这些说法是自由派故意散布的谎言,他们想利用托尔斯泰学说中与革命相抵触的一面。某些过去的社会民主党人,也跟着自由派重复这种谎言,说托尔斯泰是"生活的导师"。

只有当俄国人民懂得,他们要求得到美好的生活,不应该向托尔斯泰学习,而应该向无产阶级这个托尔斯泰所没有了解其意义的、唯一能摧毁托尔斯泰所憎恨的旧世界的阶级学习,只有这个时候,俄国人民才能求得解放。

载于 1910 年 12 月 18 日(31 日) 选自《列宁全集》中文第 2 版增订版
《工人报》第 2 号   第 20 卷第 71—72 页

列　宁

列·尼·托尔斯泰和他的时代[247]

（1911 年 1 月 22 日〔2 月 4 日〕）

　　列·托尔斯泰所处的时代，他的天才艺术作品和他的学说中非常突出地反映出来的时代，是 1861 年以后到 1905 年以前这个时代。诚然，托尔斯泰文学活动开始得要比这个时期早，其结束则要比这个时期晚，但是列·托尔斯泰作为艺术家和思想家，正是在这个时期完全成熟的。这个时期的过渡性质，产生了托尔斯泰作品和"托尔斯泰主义"的**一切**特点。

　　在《安娜·卡列尼娜》一书中，托尔斯泰借康·列文之口非常清楚地道出了这半个世纪俄国历史所发生的转变。

　　"……关于收成、雇用工人等等的谈话，列文知道，这种谈话通常都被认为是很庸俗的……现在在列文看来有些却是重要的话题了。'也许这在农奴制度下并不重要，或者在英国也不重要。在这两种场合，条件本身是确定了的；可是现在在我们这里，当一切都颠倒过来，而且刚刚开始形成的时候，这些条件将怎样形成的问题，倒是俄国唯一重要的问题了。'——列文想道。"（《托尔斯泰全集》第 10 卷第 137 页）

　　"现在在我们这里，一切都颠倒过来，而且刚刚开始形成"，——很难想象还有比这更能恰当地说明 1861 — 1905 这个时期特征的了。那"颠倒过来"的东西,是每个俄国人都非常了解的,至少也是很熟悉的。这就是农奴制度以及与之相适应的整个"旧秩序"。那"刚刚开始形成"的东西,却是最广大的人民群众完全不熟悉的,陌生的,不了解的。托尔斯泰模模糊糊地看到的这个"刚刚开始形成的"资产阶级制度是一个像英国那样的吓人的怪物。的确是一个吓人的怪物,因为关于这个"英国"的社会制度的基本特点,这种制度同资本的统治、同金钱的作用、同交换的出现和发展之间的联系,可以说,托尔斯泰是根本不想弄明白的。他像民粹派一样,闭起眼睛,根本不愿意看到,甚至拒绝去想在俄国"开始形成"的东西正是资产阶级制度。

确实,从俄国整个社会政治活动的迫切任务来看,这个在"英"、德、美、法等国采取了极不相同的形式的制度,即资产阶级制度"将怎样形成"的问题,对于1861—1905年这个时期(甚至现代)来说,即使不是"唯一重要的"问题,那也是极为重要的问题。但是这样明确地、具体地、历史地提出问题,对于托尔斯泰来说,却是一件完全陌生的事情。他总是抽象地发议论,他只承认"永恒的"道德原则和永恒的宗教真理的观点,而没有认识到这种观点仅仅是旧的("颠倒过来的")制度,即农奴制度、东方各民族的生活制度在思想上的反映。

在《卢塞恩》(写于1857年)中,列·托尔斯泰宣称:把"文明"认做幸福,是一种"想象出来的知识",它会"消灭人类天性中那种本能的最幸福的原始的对于善的需要"。托尔斯泰感叹地说:"我们有一个,并且只有一个毫无罪过的指导者,那就是深入我们内心的世界精神。"(《托尔斯泰全集》第2卷第125页)

在《当代的奴隶制》(写于1900年)中,托尔斯泰更热心地重复着这种对世界精神的呼吁,称政治经济学是"假科学",因为它把"处在最特殊的状况下的小小的英国"当做了"典型",而没有把"全世界的人们在整个历史时期中的状况"当做典型。这个"全世界"是什么样子,《进步和教育的定义》一文(写于1862年)给我们作了揭示。托尔斯泰引证"整个的所谓东方"(第4卷第162页)来反驳那种说进步是"人类一般规律"的"历史学家"的观点。托尔斯泰说道:"人类前进的一般规律是没有的,静止不动的东方各民族向我们证明了这一点。"

托尔斯泰主义的现实的历史内容,正是这种东方制度的即亚洲式制度的意识形态。因此也就有禁欲主义,也就有不用暴力抵抗邪恶的思想,也就有深沉的悲观主义调子,也就有"一切都是虚无,一切东西都是物质上的虚无"(《论生活的意义》,第52页)的信念,也就有对"精神"、对"万物本源"的信仰,而人对于这个本源不过是一个"被派来进行拯救自己灵魂的事业的""工作者"等等。托尔斯泰在《克莱采奏鸣曲》里以及在1862年写的一篇文章里,也是笃信这种意识形态的。他在《克莱采奏鸣曲》里说:"妇女的解放不在学校里,不在议会里,而在卧室里。"他在1862年写的那篇文章里说:大学不过是培养了一些"易怒的病态的自由主义者",这些人是"人民完全不需要的",他们"无目的地脱离了以前的环境","在生活中找不到自己的位置",等等(第4卷第136—137页)。

悲观主义、不抵抗主义、向"精神"呼吁,是这样一个时代必然要出现的意识形态,在这个时代,整个旧制度已经"颠倒过来",而群众是在这个旧制度下教养出来的,他们从吃母亲奶的时候起就接受了这个制度的原则、习惯、传统和信仰,他们看不出也不可能看出"开始形成"的新制度是**什么样子**,是**哪些**社会力量在"形成"

这种新制度以及怎样"形成"这种新制度,哪些社会力量**能够**消除"变革"时代所特有的无数特别深重的灾难。

1862—1904年这一时期,俄国正处于这样的变革时代,这时旧的东西无可挽回地在大家眼前崩溃了,新的东西则刚刚开始形成,而且形成这些新东西的社会力量,直到1905年才第一次在辽阔的全国范围内、在各种场合的群众性的公开活动中真正表现出来。继俄国1905年的事变之后,正是在东方,在托尔斯泰于1862年所引证的那个"静止不动的"东方,有许多国家也发生了类似的事变。1905年是"东方的"静止不动状态结束的开端。正因为如此,所以这一年是托尔斯泰主义的历史终点,是那个可能和本该产生托尔斯泰学说的整个时代的终点,而托尔斯泰学说不是什么个人的东西,不是什么反复无常和标新立异的东西,而是由千百万人在相当长的时期内实际所处的一种生活条件产生的意识形态。

托尔斯泰的学说无疑是空想的学说,就其内容来说是反动的(这里是就反动一词的最正确最深刻的含义来说的)。但是决不应该由此得出结论说,这个学说不是社会主义的,这个学说里没有可以为启发先进阶级觉悟提供宝贵材料的批判成分。

有各种各样的社会主义。在一切采用资本主义生产方式的国家里,有一种社会主义,它代表着将代替资产阶级的那个阶级的意识形态,也有另一种社会主义,它是同那些被资产阶级所代替的阶级的意识形态相适应的。例如,封建社会主义就是后一种社会主义,**这种**社会主义的性质,早在60多年以前,马克思在评价其他各种社会主义的时候就评价过了①。

---

① 参看《马克思恩格斯文集》第2卷第54—56页。——编者注

其次,列·托尔斯泰的空想学说正像许多空想学说体系一样,是具有批判成分的。但是不要忘记马克思的深刻的见解:空想社会主义的批判成分的意义"是同历史的发展成反比的"①。正在"形成"新俄国和消除现代社会灾难的那些社会力量的活动愈发展,它们的活动愈具有确定的性质,批判的空想社会主义就会愈迅速地"失去任何实践意义和任何理论根据"。

在 25 年以前,**尽管**托尔斯泰主义具有反动的和空想的特点,但是托尔斯泰学说的批判成分有时实际上还能给某些居民阶层带来好处。比如说,在最近 10 年中,就不可能有这种事情了,因为从上世纪 80 年代到上世纪末,历史的发展已经前进了不少。而在我们今天,当上述许多事变已经结束了"东方的"静止不动的状态**以后**,在我们今天,当"路标派"**241**的自觉的反动思想,即在狭隘的阶级意义和自私自利的阶级意义上的反动思想在自由派资产阶级中间得到这样广泛传播的时候,当这些思想甚至传染了一部分所谓马克思主义者并造成了"取消主义"思潮的时候,在我们今天这样的时候,任何想把托尔斯泰的学说理想化,想袒护或冲淡他的"不抵抗主义"、他的向"精神"的呼吁、他的"道德上的自我修身"的号召、他的关于"良心"和博"爱"的教义、他的禁欲主义和寂静主义的说教等等的企图,都会造成最直接和最严重的危害。

载于 1911 年 1 月 22 日《明星报》 第 6 号

选自《列宁全集》中文第 2 版增订版第 20 卷第 100—104 页

---

① 见《马克思恩格斯文集》第 2 卷第 64 页。——编者注

列　宁

纪念赫尔岑[248]

（1912 年 4 月 25 日〔5 月 8 日〕）

赫尔岑诞生一百周年了。全俄国的自由派都在纪念他,可是又小心翼翼地回避重大的社会主义问题,费尽心机地掩盖**革命家**赫尔岑与自由主义者的不同之处。右派报刊也在悼念赫尔岑,但是撒谎骗人,硬说赫尔岑晚年放弃了革命。至于侨居国外的自由派和民粹派纪念赫尔岑的言论,则满篇都是漂亮的空话。

工人的政党应当纪念赫尔岑,当然不是为了讲些庸俗的颂词,而是为了阐明自己的任务,为了阐明这位在为俄国革命作准备方面起了伟大作用的作家的真正历史地位。

赫尔岑是属于 19 世纪上半叶贵族地主革命家那一代的人物。俄国贵族中间产生了比龙和阿拉克切耶夫之流,产生了无数"酗酒的军官、闹事的无赖、嗜赌成性的败类、集市上的好汉、养猎犬的阔少、寻衅打架的暴徒、掌笞刑的打手、淫棍"以及温情的马尼洛夫[249]之流。赫尔岑写道:"但是在他们中间,也出现了12 月 14 日的人物[250],出现了像罗慕洛和瑞穆斯[251]那样由兽乳养大的一大群英雄……　这是一些从头到脚用纯钢铸成的勇士,是一些顶天立地的战士,他们自觉地赴汤蹈火,以求唤醒年轻的一代走向新的生活,并洗净在专横暴虐和奴颜婢膝的环境中出生的子弟身上的污垢。"

赫尔岑就是这些子弟中的一个。十二月党人的起义唤醒了他,并且把他"洗净"了。他在 19 世纪 40 年代农奴制的俄国,竟能达到当时最伟大的思想家的水平。他领会了黑格尔的辩证法。他懂得辩证法是"革命的代数学"。他超过黑格尔,跟着费尔巴哈走向了唯物主义。1844 年写的《自然研究书简》(第一封信。——《经验和唯心主义》),向我们表明,这位思想家甚至在今天也比无数现代经验论的自然科学家和一大群现时的哲学家即唯心主义者和半唯心主义者高出一头。赫尔岑已经走到辩证唯物主义跟前,可是在历史唯物主义前面停住了。

正因为赫尔岑这样"停住"了,所以他在 1848 年革命失败之后精神上崩溃了。赫尔岑当时已经离开俄国,亲眼目睹了这场革命。当时他是一个民主主义者、革命家、社会主义者。但是,他的"社会主义"是盛行于 1848 年时代而被六月事件彻底粉碎了的无数资产阶级和小资产阶级社会主义形式和变种的一种。其实,这根本不是社会主义,而是一种温情的词句,是资产阶级民主派以及尚未脱离其影响的无产阶级用来表示他们**当时的**革命性的一种善良的愿望。

1848 年以后,赫尔岑的精神崩溃,他的十足的怀疑论和悲观论,是社会主义运动中的**资产阶级幻想**的破产。赫尔岑的精神悲剧,是资产阶级民主派的革命性**已在**消亡(在欧洲)而社会主义无产阶级的革命性**尚未**成熟这样一个具有世界历史意义的时代的产物和反映。这是现在那些用华丽辞藻大谈赫尔岑的怀疑论来掩盖自己反革命性并大唱俄国自由派高调的骑士们不理解而且也无法理解的。在这些出卖了 1905 年俄国革命、根本不再想到**革命家**的伟大称号的骑士们那里,怀疑论就是从民主派到自由派,到趋炎附势、卑鄙龌龊、穷凶极恶的自由派的转化形式,这种自由派在 1848 年枪杀过工人,恢复过已被摧毁的皇朝,向拿破仑第三鼓过掌,正是这种自由派遭到过赫尔岑的**咒骂**,尽管他还没有识破他们的阶级本质。

在赫尔岑那里,怀疑论是从"超阶级的"资产阶级民主主义幻想到无产阶级严峻的、不屈不挠的、无往不克的阶级斗争的转化形式。赫尔岑在 1869 年即逝世前一年写给巴枯宁的几封《致老友书》就是证明。赫尔岑与无政府主义者巴枯宁决裂了。诚然,赫尔岑把这种决裂还只是看做策略上的意见分歧,而不是看做相信本阶级定会胜利的无产者的世界观同绝望的小资产者的世界观之间的一道鸿沟。诚然,赫尔岑在这里又重复了旧的资产阶级民主主义的词句,说什么社会主义应当"向工人和雇主、农民和小市民同样作宣传"。但是,赫尔岑与巴枯宁决裂时,他的视线并不是转向自由主义,而是转向**国际**[147],转向马克思所领导的国际,转向已经开始"**集合**"无产阶级"**队伍**"、团结"抛弃了不劳而获者的世界"的那个"**劳工世界**"的国际!

————

赫尔岑既然不理解 1848 年整个运动的以及马克思以前各种形式的社会主义的资产阶级民主主义实质,也就更加无法理解俄国革命的资产阶级性质。赫尔岑是"俄国"社会主义即"民粹主义"的创始人。赫尔岑把农民**连带土地**的解放,把村社土地占有制和农民的"土地权"思想看做"社会主义",他把他在这一方面的得意想法反复发挥了无数次。

其实,赫尔岑的这一学说,也像一切俄国民粹主义———一直到现时的"社会革命党人"的褪了色的民粹主义———一样,是没有**一点**社会主义气味的。它也像西欧"1848年的社会主义"的各种形式一样,是一种表示俄国的资产阶级农民民主派的**革命性**的温情的词句和善良的愿望。1861年农民得到的土地愈多,得到的土地愈便宜,农奴主-地主的权力也就会被破坏得愈厉害,俄国资本主义的发展也就会愈迅速,愈自由,愈广泛。"土地权"和"平分土地"的思想,无非是为了完全推翻地主权力和完全消灭地主土地占有制而斗争的农民追求平等的革命愿望的表现而已。

1905年的革命完全证明了这一点:一方面,无产阶级创立了社会民主工党,完全独立地领导了革命斗争;另一方面,革命农民("劳动派"[235]和"农民协会"[252])力求用各种方式消灭地主土地占有制,直到"废除土地私有制",他们正是以业主的身份,以小农场主的身份进行斗争的。

现在争论什么土地权的"社会主义性"等等,这只能**模糊**和掩盖真正重要而严肃的历史问题,即自由派资产阶级和革命农民在**俄国资产阶级革命中利益**的区别问题,换句话说,就是关于这场革命中自由主义倾向和民主主义倾向、"妥协主义"(君主主义)倾向和共和主义倾向的问题。如果我们是看问题的实质,而不是看词句,如果我们是把阶级斗争当做"理论"和学说的基础来研究,而不是相反的话,那么,赫尔岑的《钟声》杂志[253]所提出的正是这个问题。

赫尔岑在国外创办了自由的俄文刊物,这是他的伟大功绩。《北极星》[254]发扬了十二月党人的传统。《钟声》杂志(1857—1867年)极力鼓吹农民的解放。奴隶般的沉默被打破了。

但是,赫尔岑是地主贵族中的人。他在 1847 年离开了俄国,他没有看见革命的人民,也就不可能相信革命的人民。由此就产生了他对"上层"发出的自由主义呼吁。由此就出现了他在《钟声》杂志上写给绞刑手亚历山大二世的无数封充满甜言蜜语的书信,这些信现在读起来不能不令人厌恶。车尔尼雪夫斯基、杜勃罗留波夫、谢尔诺-索洛维耶维奇是新的一代平民知识分子革命家的代表,他们责备赫尔岑从民主主义**向**自由主义的这种退却,这是万分正确的。可是,说句公道话,尽管赫尔岑在民主主义和自由主义之间动摇不定,民主主义毕竟还是在他身上占了上风。

当卡维林这个极其卑鄙无耻的自由派代表人物——他先前正是由于《钟声》杂志带有**自由主义**倾向而大加赞赏——反对立宪,攻击革命鼓动,反对"暴力",反对号召使用暴力,开始宣传忍耐时,赫尔岑就同这位自由派的哲人**决裂**了。赫尔岑抨击了卡维林为了"替玩弄自由主义手腕的政府暗中策划"而写的那篇"空洞的、荒谬的、有害的杂文",抨击了卡维林硬说"俄国人民蠢笨如牛,政府则聪明绝顶"的那些"充满政治感伤的格言"。《钟声》杂志发表过一篇以《祭文》为题的文章,这篇文章痛斥了"那些把自己高傲而浅薄的思想编成一整套陈腐谬论的教授,那些一度表现仁慈宽厚、后来看见健全的青年不理会他们的腐败思想就勃然大怒的退职教授"。卡维林一看到这种描绘,就知道说的是他。

当车尔尼雪夫斯基被捕时,卑鄙的自由主义者卡维林写道:"逮捕并不使我感到愤慨……　革命政党认为可以采取一切有效的手段来推翻政府,而政府也就可以采取一切手段来自卫。"赫尔岑在谈到审判车尔尼雪夫斯基的时候,正好答复了这位立宪民主党人:"这里有一些可怜的人,草芥不如的人,软骨头,却说不应当咒骂这一伙统治我们的强盗和恶棍。"

当自由主义者屠格涅夫私人上书亚历山大二世,表示忠于皇朝,并且捐了两个金币来慰劳那些因镇压波兰起义[255]而受伤的士兵时,《钟声》杂志就发表了一篇文章,说"有一位白发苍苍的圣女马格达琳娜(男性)上书皇上,陈诉她夜不成眠,焦虑皇上不知道她诚心忏悔"。屠格涅夫也是一看就知道说的是他。

当整个一群俄国自由派的乌合之众由于赫尔岑为波兰辩护而纷纷离开他时,当整个"有教养的社会"弃绝了《钟声》杂志时,赫尔岑并没有张皇失措。他继续捍卫波兰的自由,痛斥亚历山大二世手下的镇压者、刽子手、绞刑手。赫尔岑挽救了俄国民主派的名誉。他写信给屠格涅夫说:"我们挽救了俄国人的名誉,因此才遭到占多数的奴才们的非难。"

当有消息说一个农奴打死了一个侮辱他的未婚妻的地主时,赫尔岑就在《钟声》杂志上补充说:"干得好!"当听说沙皇政府准备派遣军官去进行"和平的""解放"时,赫尔岑写道:"如果有一个聪明的上校带着他的队伍,不是去绞杀农民,而是去归附农民,那他就会登上罗曼诺夫王朝的宝座。"当雷特尔恩上校不愿做刽子手的帮凶而在华沙自杀时(1860年),赫尔岑写道:"如果要开枪,那就应该把枪口对准那些下令枪杀手无寸铁的人的将军们。"当别兹德纳村的50个农民被杀死,而他们的首领安东·彼得罗夫也被处以极刑时[256](1861年4月12日),赫尔岑在《钟声》杂志上写道:

"啊,俄罗斯大地上的劳动者和受苦的人,但愿我的话能够传入你们的耳鼓!⋯⋯我要教导你们鄙视彼得堡的正教院和德意志血统的沙皇派来管你们的那些神父…… 你们恨地主,恨官吏,怕他们,这完全是对的;但是你们还相信沙皇和主教…… 不要相信他们吧。沙皇是跟他们一道的,他们都是沙皇手下的人。你们现在认识他了,你们是别兹德纳村被杀少年的父兄,你们是奔萨城被杀老人的子弟…… 你们的神父也同你们一样无知,也同你们一样贫穷…… 为了你们而在喀山城遇害的安东(不是安东主教,而是别兹德纳村的安东)就是这样的一个人…… 你们的这些圣徒的尸体不会作出48种奇迹,向他们祷告也不会治好牙痛;但是,你们时刻纪念着他们,这就能创造出一种奇迹——获得解放。”

由此可见,那些藏身于奴才式的“合法”刊物中的自由派,只颂扬赫尔岑的弱点而隐瞒他的优点,这种对赫尔岑的诬蔑该是多么卑鄙无耻。赫尔岑不能在40年代的俄国内部看见革命的人民,这并不是他的过错,而是他的不幸。当他**在60年代**看见了革命的人民时,他就无畏地站到革命民主派方面来反对自由派了。他进行斗争是为了使人民战胜沙皇制度,而不是为了使自由派资产阶级去勾结地主沙皇。他举起了革命的旗帜。

————

我们纪念赫尔岑时,清楚地看到先后在俄国革命中活动的三代人物、三个阶级。起初是贵族和地主,十二月党人和赫尔岑。这些革命者的圈子是狭小的。他们同人民的距离非常远。但是,他们的事业没有落空。十二月党人唤醒了赫尔岑。赫尔岑开展了革命鼓动。

响应、扩大、巩固和加强了这种革命鼓动的,是平民知识分子革命家,从车尔尼雪夫斯基到“民意党”**236**的英雄们。战士的圈子扩大了,他们同人民的联系密切起来了。赫尔岑称他们是“未来风暴中的年轻航海长”。但是,这还不是风暴本身。

风暴是群众自身的运动。无产阶级这个唯一彻底革命的阶级,起来领导群众了,并且第一次唤起了千百万农民进行公开的革命斗争。第一次风暴是在 1905 年。第二次风暴正在我们眼前开始扩展。

无产阶级纪念赫尔岑时,以他为榜样来学习了解革命理论的伟大意义;学习了解,对革命的无限忠心和向人民进行的革命宣传,即使在播种与收获相隔几十年的时候也决不会白费;学习判定各阶级在俄国革命和国际革命中的作用。吸取了这些教训的无产阶级,一定会给自己开拓一条与全世界社会主义工人自由联合的道路,粉碎沙皇君主制恶棍,而赫尔岑就是通过向群众发表**自由的俄罗斯言论**,举起伟大的斗争旗帜来反对这个恶棍的第一人。

载于 1912 年 4 月 25 日(5 月 8 日)
《社会民主党人报》第 26 号

选自《列宁全集》中文第 2 版增订版
第 21 卷第 261—268 页

列　　宁

欧仁·鲍狄埃

（为纪念他逝世二十五周年而作）²⁵⁷

（1913 年 1 月 3 日〔16 日〕）

去年，1912 年 11 月，是法国的工人诗人欧仁·鲍狄埃，即著名的无产阶级的《国际歌》（"起来，饥寒交迫的奴隶……"）的作者逝世二十五周年。

这首歌已经译成欧洲各种文字，而且不仅仅是欧洲文字。一个有觉悟的工人，不管他来到哪个国家，不管命运把他抛到哪里，不管他怎样感到自己是异邦人，言语不通，举目无亲，远离祖国，——他都可以凭《国际歌》的熟悉的曲调，给自己找到同志和朋友。

世界各国的工人相继唱起自己的先进战士、无产者诗人的这首歌，并且使这首歌成了全世界无产阶级的歌。

世界各国的工人现在都在纪念欧仁·鲍狄埃。他的妻子和女儿还活着，但都过着贫困的生活，就像《国际歌》的作者一生所过的一样。他在 1816 年 10 月 4 日生于巴黎。他创作他的第一首歌的时候才 14 岁，这首歌叫做《自由万岁！》。1848 年，他作为一个街垒斗士参加了工人反对资产阶级的伟大战斗。

鲍狄埃出身于贫穷的家庭,他一生中一直是一个穷人、一个无产者,起先靠包装箱子,后来靠绘制印花布图样维持生活。

从 1840 年起,他就用自己的战斗诗歌对法国生活中所发生的一切重大事件作出反应,唤起落后的人们的觉悟,号召工人团结一致,鞭笞法国的资产阶级和资产阶级政府。

在伟大的巴黎公社(1871 年)时期,鲍狄埃被选为公社委员。在 3 600 张选票中,他得了 3 352 票。他参与了第一个无产阶级政府——公社所采取的一切措施。

公社失败后,鲍狄埃被迫逃到了英国和美国。著名的《国际歌》就是他在 **1871 年 6 月**,也可以说,是在流血的五月失败之后的第二天写成的……

公社被镇压了……但是鲍狄埃的《国际歌》却把它的思想传遍了全世界,在今天公社比任何时候都更有活力。

1876 年,在流亡中,鲍狄埃写了一首长诗《美国工人致法国工人》。在这首长诗中,他描绘了在资本主义压迫下的工人生活,描绘了他们的贫困,他们的苦役劳动,他们遭受的剥削,以及他们对自己的事业的未来的胜利所抱的坚定信念。

公社失败以后过了 9 年鲍狄埃才回到法国,回来后立即参加了"工人党"**258**。1884 年他的第一卷诗集出版了。1887 年出版了第二卷,题名为《革命歌集》。

这位工人诗人的其他一些歌,是在他死后才出版的。

1887 年 11 月 8 日,巴黎的工人把欧仁·鲍狄埃的遗体送到拉雪兹神父墓地,在那里埋葬着被枪杀的公社战士。警察大打出手,抢走红旗。无数群众参加了这次没有宗教仪式的葬礼。四面八方都在高呼:"鲍狄埃万岁!"

　　鲍狄埃是在贫困中死去的。但是,他在自己的身后留下了一个真正非人工所建造的纪念碑。他是一位最伟大的**用歌作为工具的宣传家**。当他创作他的第一首歌的时候,工人中社会主义者最多不过几十人。而现在知道欧仁・鲍狄埃这首具有历史意义的歌的,却有千百万无产者……

载于 1913 年 1 月 3 日《真理报》第 2 号

选自《列宁全集》中文第 2 版增订版第 22 卷第 291—293 页

列　　宁

俄国工人报刊的历史[259]（节选）

（1914 年 4 月 22 日〔5 月 5 日〕）

……

俄国解放运动经历了三个主要阶段,这与曾给过该运动以深刻影响的俄国社会的三个主要阶级是相适应的,这三个主要阶段就是:(1)贵族时期,大约从 1825 年到 1861 年;(2)平民知识分子或资产阶级民主主义时期,大致上从 1861 年到 1895 年;(3)无产阶级时期,从 1895 年到现在。

贵族时期最杰出的活动家是十二月党人[250]和赫尔岑。在当时农奴制的条件下,根本谈不到工人**阶级**从整个无权的、"低下的"、"卑微的"农奴**群众**中划分出来。当时以赫尔岑的《钟声》杂志[253]为首的未经书报检查的一般民主主义报刊,是工人报刊(无产阶级民主主义或社会民主主义报刊)的先驱。

正像十二月党人唤醒了赫尔岑那样,赫尔岑和他的《钟声》杂志也促进了**平民知识分子**的觉醒。所谓平民知识分子就是受过教育的自由派和民主派资产阶级的代表,他们不是出身于贵族,而是出身于公务员、小市民、商人、农民。维·格·别林斯基是早在农奴制时代出现的、我国解放运动中平民知识分子完全取代贵族的先驱者。他那封总结了自己文学活动的著名的《给果戈理的信》[260]，是未经书报检查的民主主义报刊发表的、直到今天仍具有巨大现实意义的优秀作品之一。

在农奴制崩溃的时候，出现了平民知识分子，他们是整个解放运动的，特别是未经书报检查的民主主义报刊的来自群众的主要活动家。民粹主义成了符合平民知识分子观点的占主导地位的思潮。民粹主义作为一种社会潮流，始终未能同右的自由主义和左的无政府主义划清界限。但是，继赫尔岑之后发展了民粹主义观点的车尔尼雪夫斯基，比赫尔岑更前进了一大步。车尔尼雪夫斯基是彻底得多的、更有战斗性的民主主义者。他的著作散发着阶级斗争的气息。他毅然决然地实行了揭露自由派叛变行为的路线，这条路线至今仍为立宪民主党人[216]和取消派所痛恨。尽管他具有空想社会主义的思想，但是他毕竟是一位资本主义的异常深刻的批判者。

在19世纪60年代和70年代，有好多富有战斗性的民主主义和空想社会主义内容的未经书报检查的报刊作品，已经开始深入到"群众"中去。在那个时代的活动家当中，最著名的有工人彼得·阿列克谢耶夫、斯捷潘·哈尔图林等等。但是无产阶级民主主义的支流还未能从总的民粹主义的洪流中分离出来。只有在俄国马克思主义流派（"劳动解放社"[261]，1883年成立）在思想上确立之后，同社会民主党有联系的工人运动开始不断发生之后（1895—1896年的彼得堡罢工），它才可能分离出来。

……

载于1914年4月22日《工人日报》
第1号

选自《列宁全集》中文第2版增订版
第25卷第98—99页

列　　宁

寄语《鹰之歌》的作者[262]

（1914 年 11 月 22 日〔12 月 5 日〕）

看到在反对德国野蛮行为的牧师式的沙文主义抗议书上，和彼·司徒卢威的签名并列在一起的竟有高尔基的签名，每一个觉悟的工人都将感到痛心[263]。

有一次，在谈到夏里亚宾下跪一事[264]的时候，高尔基说："不能过于严厉地指责他，我们艺术家的心理状态是不同的。"换句话说，艺术家的行为常常受情绪的支配，在情绪的影响下，他可以置其他一切于不顾。

就算是这样吧。就算是不能严厉地指责夏里亚宾吧。他是个艺术家，并且仅仅是个艺术家。对于无产阶级事业来说，他是一个外人：今天是工人的朋友，明天是黑帮分子……这要看他的情绪而定。

可是工人们已经习惯于把高尔基看做自己人。他们一向认为高尔基和他们一样热情地关心无产阶级的事业，认为他献出了自己的才智为这一事业服务。

正是由于这个缘故，他们写信向高尔基致敬；正是由于这个缘故，他们敬重他的名字。而觉悟工人的这种信任，也就使高尔基负有一种**义务**:珍惜自己美好的名字,不要把它签到会蒙蔽觉悟不高的工人的任何廉价的、沙文主义的抗议书上去。在许多问题上他们自己还没有能力分辨是非,因此高尔基的名字有可能使他们误入迷途。司徒卢威的名字不可能迷惑任何工人,而高尔基的名字却能迷惑他们。

因此,有觉悟的工人,了解这份对"野蛮的德国人"的假仁假义的抗议书的十足的虚伪和庸俗的工人,不能不责备《鹰之歌》的作者。他们会对他说:"在当前俄国无产阶级所处的这个困难的严重时刻,我们一直在期望您能和俄国无产阶级的先进战士携手前进,而不是和司徒卢威先生之流携起手来!"

载于1914年12月5日《社会民主党人报》第34号

选自《列宁全集》中文第2版增订版第26卷第98—99页

列　宁

论纯洁俄罗斯语言

（休息时的联想，即一些会上的发言引起的联想）**265**

（1919 年或 1920 年）

　　我们在破坏俄罗斯语言。我们在滥用外来语，用得又不对。本来可以说"недочеты"或者"недостатки"或者"пробелы"①，为什么偏要说"дефекты"②呢？

　　一个刚学会阅读，特别是刚学会阅读报纸的人，只要他用心读报，当然会不知不觉地吸收报上的词语。可是恰恰我们报上的语言也开始遭到破坏。一个刚学会阅读的人把外来语当做新鲜玩意来用还情有可原，可是一个著作家这样做就不能原谅了。现在不是该向滥用外来语的现象宣战了吗？

　　老实说，如果滥用外来语使我痛恨（因为这使我们难于影响群众），那么在报上写文章的人所犯的一些错误就简直把我气坏了。例如，有人把"будироватъ"③当做激起、打搅、唤起的意思来

---

① 这三个俄语词的意思都是"缺点"、"缺陷"。——编者注
② 这是俄语中的外来语，来自拉丁语的 defectus 一词，意思也是"缺点"、"缺陷"。——编者注
③ 这是俄语中的外来语，来自法语的 bouder 一词。——编者注

用。然而法语"bouder"一词的意思却是生气、发怒。因此，"будироватъ"的意思实际上就是生气、发怒。仿效下诺夫哥罗德法语[266]用词，就等于仿效俄国地主阶级中那些学过法语而没有学好、又把俄语糟蹋了的最糟糕的人物身上的糟粕。

现在不是该向糟蹋俄罗斯语言的现象宣战了吗？

载于1924年12月3日《真理报》第275号

选自《列宁全集》中文第2版增订版第38卷第54—55页

列　宁

青年团的任务

（在俄国共产主义青年团第三次代表大会上的讲话）[267]（节选）

（1920 年 10 月 2 日）

……

我应当指出，看来首先的和理所当然的回答是：青年团和所有想走向共产主义的青年都应该学习共产主义。

但是"学习共产主义"这个回答未免太笼统了。为了学会共产主义，我们应该怎样呢？为了学到共产主义知识，我们应该从一般知识的总和中吸取哪些东西呢？这里我们可能遇到许多危险，如果把学习共产主义的任务提得不正确，或者对这一任务理解得太片面，往往就会出现危险。

初看起来，总以为学习共产主义就是领会共产主义教科书、小册子和著作里所讲的一切知识。但是，给学习共产主义下这样的定义，就未免太草率、太不全面了。如果说，学习共产主义只限于领会共产主义著作、书本和小册子里的东西，那我们就很容易造就出一些共产主义的书呆子或吹牛家，而这往往会使我们受到损害，因为这种人虽然把共产主义书本和小册子上的东西读得烂熟，却不善于把所有这些知识融会贯通，也不会按共产主义的真正要求去行动。

　　资本主义旧社会留给我们的最大祸害之一，就是书本与生活实践完全脱节，因为那些书本把什么都描写得好得了不得，其实大半都是最令人厌恶的谎言，虚伪地向我们描绘了资本主义社会的情景。

　　因此，单从书本上来领会关于共产主义的论述，是极不正确的。现在我们的讲话和文章，已经不是简单地重复以前对共产主义所作的那些论述，因为我们的讲话和文章都是同日常各方面的工作联系着的。离开工作，离开斗争，那么从共产主义小册子和著作中得来的关于共产主义的书本知识，可以说是一文不值，因为这样的书本知识仍然会保持旧时的理论与实践的脱节，而这正是资产阶级旧社会的一个最令人厌恶的特征。

　　如果我们只求领会共产主义的口号，那就更危险了。我们若不及时认清这种危险，不用全力来消除这种危险，那么50万至100万男女青年这样学了共产主义之后，将自称为共产主义者，这就只会使共产主义事业遭到莫大的损害。

　　这样就向我们提出一个问题：为了学习共产主义，我们应该怎样把这一切结合起来？从旧学校和旧的科学中，我们应当吸取一些什么？旧学校总是说，它要造就知识全面的人，它教的是一般科学。我们知道，这完全是撒谎，因为过去整个社会赖以生存和维持的基础，就是把人分成阶级，分成剥削者和被压迫者。自然，贯穿着阶级精神的旧学校，也就只能向资产阶级的子女传授知识。这种学校里的每一句话，都是根据资产阶级的利益捏造出来的。在这样的学校里，与其说是教育工农的年青一代，倒不如说是对他们进行符合资产阶级的利益的训练。教育这些青年的目的,就是训练对资产阶级有用的奴仆,使之既能替资产阶级创造利润,又不会惊扰资产阶级的安宁和悠闲。因此在否定旧学校的时候,我们给自己提出的任务是:从这种学校中只吸取我们实行真正共产主义教育所必需的东西。

这里我要谈谈经常听到的人们对旧学校的斥责与非难,从这些话中,往往会得出完全不正确的结论。有人说,旧学校是死读书的学校,实行强迫纪律的学校,死记硬背的学校。这说得对,但是,要善于把旧学校中的坏东西同对我们有益的东西区别开来,要善于从旧学校中挑选出共产主义所必需的东西。

旧学校是死读书的学校,它迫使人们学一大堆无用的、累赘的、死的知识,这种知识塞满了青年一代的头脑,把他们变成一个模子倒出来的官吏。但是,如果你们试图从这里得出结论说,不掌握人类积累起来的知识就能成为共产主义者,那你们就犯了极大的错误。如果以为不必领会共产主义本身借以产生的全部知识,只要领会共产主义的口号,领会共产主义科学的结论就足够了,那是错误的。共产主义是从人类知识的总和中产生出来的,马克思主义就是这方面的典范。

你们读过和听说过:主要由马克思创立的共产主义理论,共产主义科学,即马克思主义学说,已经不仅仅是19世纪一位社会主义者——虽说是天才的社会主义者——的个人著述,而成为全世界千百万无产者的学说;他们已经运用这个学说在同资本主义作斗争。如果你们要问,为什么马克思的学说能够掌握最革命阶级的千百万人的心灵,那你们只能得到一个回答:这是因为马克思依靠了人类在资本主义制度下所获得的全部知识的坚固基础；马克思研究了人类社会发展的规律，认识到资本主义的发展必然导致共产主义，而主要的是他完全依据对资本主义社会所作的最确切、最缜密和最深刻的研究，借助于充分掌握以往的科学所提供的全部知识而证实了这个结论。凡是人类社会所创造的一切，他都有批判地重新加以探讨，任何一点也没有忽略过去。凡是人类思想所建树的一切，他都放在工人运动中检验过，重新加以探讨，加以批判，从而得出了那些被资产阶级狭隘性所限制或被资产阶级偏见束缚住的人所不能得出的结论。

例如，当我们谈到无产阶级文化的时候，就必须注意这一点。应当明确地认识到，只有确切地了解人类全部发展过程所创造的文化，只有对这种文化加以改造，才能建设无产阶级的文化，没有这样的认识，我们就不能完成这项任务。无产阶级文化并不是从天上掉下来的，也不是那些自命为无产阶级文化专家的人[268]杜撰出来的。如果硬说是这样，那完全是一派胡言。无产阶级文化应当是人类在资本主义社会、地主社会和官僚社会压迫下创造出来的全部知识合乎规律的发展。条条大道小路一向通往，而且还会通往无产阶级文化，正如马克思改造过的政治经济学向我们指明人类社会必然走到哪一步，指明必然过渡到阶级斗争，过渡到开始无产阶级革命。

当我们听到有些青年以及某些维护新教育制度的人常常非难旧学校，说它是死记硬背的学校时，我们就告诉他们，我们应当吸取旧学校中的好东西。我们不应当吸取旧学校的这样一种做法，即用无边无际的、九分无用一分歪曲了的知识来充塞青年的头脑，但是这并不等于说，我们可以只学共产主义的结论，只背共产主义

的口号。这样是建立不了共产主义的。只有了解人类创造的一切
财富以丰富自己的头脑,才能成为共产主义者。

　　……

载于 1920 年 10 月 5、6、7 日　　　　选自《列宁全集》中文第 2 版增订版
《真理报》第 221、222、223 号　　　　第 39 卷第 329—334 页

列　　宁

*关于无产阶级文化[269]（节选）

（1920 年 10 月）

1

决 议 草 案

（10 月 8 日）

从 10 月 8 日的《消息报》上可以看出,卢那察尔斯基同志在无产阶级文化协会[268]代表大会上说的话,跟昨天我同他商定的正相反。[270]

必须立即给无产阶级文化协会代表大会起草一项决议草案,经中央通过后提交这届大会通过。今天就必须以中央名义把决议草案提交教育人民委员部部务委员会和无产阶级文化协会代表大会通过,因为代表大会今天就要闭幕了。

决 议 草 案

1. 苏维埃工农共和国的整个教育事业,无论在一般的政治教育方面或者具体的艺术方面,都必须贯彻无产阶级阶级斗争的精神,这一斗争是为了顺利实现无产阶级专政的目的,即推翻资产阶级、消灭阶级、消灭一切人剥削人的现象。

2. 因此,无产阶级,通过它的先锋队共产党和所有无产阶级组织,应当作为最积极最主要的力量参与整个国民教育事业。

3. 现代历史的全部经验,特别是《共产党宣言》发表后半个多世纪以来世界各国无产阶级的革命斗争,都无可争辩地证明,只有马克思主义的世界观才正确地反映了革命无产阶级的利益、观点和文化。

4. 马克思主义这一革命无产阶级的意识形态赢得了世界历史性的意义,是因为它并没有抛弃资产阶级时代最宝贵的成就,相反却吸收和改造了两千多年来人类思想和文化发展中一切有价值的东西。只有在这个基础上,按照这个方向,在无产阶级专政(这是无产阶级反对一切剥削的最后的斗争)的实际经验的鼓舞下继续进行工作,才能认为是发展真正的无产阶级文化。

5. 全俄无产阶级文化协会代表大会坚持这一原则观点,最坚决地反对一切在理论上是错误的、在实践上是有害的做法,如臆造自己的特殊的文化,把自己关在与世隔绝的组织中,把教育人民委员部和无产阶级文化协会的工作范围截然分开,或者在教育人民委员部机构中实行无产阶级文化协会的"自治"等等。相反,代表大会认定,无产阶级文化协会的一切组织必须无条件地把自己完全看做教育人民委员部机关系统中的辅助机构,并且在苏维埃政权(特别是教育人民委员部)和俄国共产党的总的领导下,把自己的任务当做无产阶级专政任务的一部分来完成。

*　　　*　　　*

卢那察尔斯基同志说,别人把他的意思曲解了。因此这个决议就**更是**十分必要的了。

载于 1926 年《红色处女地》杂志
第 3 期

选自《列宁全集》中文第 2 版增订版
第 39 卷第 373—375 页

列　　宁

论苏维埃共和国所处的
国际和国内形势

在全俄五金工人代表大会共产党党团会议上的讲话[271]（节选）

（1922 年 3 月 6 日）

　　……昨天我偶然在《消息报》上读到马雅可夫斯基的一首政治题材的诗。我不是他的诗才的崇拜者，诚然我完全承认自己在这方面是个外行。但是我很久没有感到这样愉快了，这是从政治和行政的角度来说的。他在这首诗里尖刻地嘲笑了会议，挖苦了那些老是开会和不断开会的共产党员。诗写得怎样，我不知道，然而在政治方面，我敢担保这是完全正确的。我们确实处于大家没完没了地开会、成立委员会、制定计划的状态之中，应当说，这是很愚蠢的。在俄国生活中曾有过这样的典型，这就是奥勃洛摩夫[272]。他总是躺在床上，制定各种计划。从那时起，已经过去很长一段时间了。俄国完成了三次革命，但奥勃洛摩夫们仍然存在，因为奥勃洛摩夫不仅是地主，而且是农民，不仅是农民，而且是知识分子，不仅是知识分子，而且是工人和共产党员。只要看一下我们如何开会，如何在各个委员会里工作，就可以说**老奥勃洛摩夫仍然存在，对这种人必须长时间搓洗敲打，才会产生一些效果**。在这方面,我们应当正视自己的处境,不要有任何幻想。我们没有像社会革命党人²⁷³那样模仿那些把"革命"这个词写成大写的人。但我们可以重申马克思的话:在革命时做出的蠢事不会少,有时还会更多²⁷⁴。我们必须冷静地大胆地正视这些蠢事,我们革命者必须学会这一点。

……

载于 1922 年 3 月 8 日《真理报》第 54 号

选自《列宁全集》中文第 2 版增订版第 43 卷第 12—13 页

书 信 选 编

列宁致阿·马·高尔基[275]

1908 年 2 月 7 日

亲爱的阿·马·:关于您的声明我将同亚·亚·商量一下。依我看,既然您本人从前不认识他,就没有必要发表了。[276]

您把论犬儒主义的文章寄给哪本布尔什维克文集了呢?我真弄不清楚,因为关于各个布尔什维克文集的情况常常有人热心地写信告诉我,但您说的那本文集我从来没听说过。希望是寄给彼得堡那本文集了。[277]给显克微支的信,如果有副本,请寄来(请注明这封信是**什么时候**寄出的),不过既然是征询意见,显克微支肯定会发表的。[278]

您的计划很有意思,我很乐意去。但是您知道,我不能放下党的工作,这项工作需要马上加以安排。安排一件新工作是困难的。我不能丢下不管。大约过一两个月就能安排就绪,那时我可以自由自在地离开一两个星期。

您认为必须**经常不断地**同政治上的颓废、变节、消沉等现象进行斗争,这个意见我万分同意。至于对"社会"和"青年"的看法,我不认为我们之间有什么分歧。知识分子在我们党内的作用日益降低:知识分子从党内**逃跑**的消息在在皆是。这些败类跑得正好。党内的这些市侩垃圾清除掉了。工人将担负起更多的工作。职业工人的作用正在加强。这一切好极了,我相信您的"踢几脚"也就是这个意思。

现在谈谈如何产生影响的问题。究竟"创办"什么样的"刊物"？文集**还是**《无产者报》**279**？当然最容易的回答是：不是**还是**，而是**两者都办**。这个回答是无可非议的，但不大实际。公开的文集当然应当有，我们彼得堡的同志正在为这些文集流汗，我离开伦敦住在克瓦卡拉①时也是搞这个工作。如果有可能，应该**全力**支持他们继续出这些文集。**280**

但是，从伦敦到1907年11月（半年！）的经验使我相信，现在不能创办**经常性的**公开刊物。我坚信，**党**现在需要有一份正常出版并能坚持不懈地执行同颓废、消沉作斗争的路线的政治性机关报——**党的**机关报，一份政治报纸。许多国内的人不信任在国外办的机关报。这是一种错误。我们编委会决定把《无产者报》迁来这里不是没有原因的。当然，把它安排好并使它活跃起来是困难的。但**应当**这样做，而且一定会做到。

为什么它不可以包括文学批评呢？篇幅少吗？我当然不知道您的工作安排。可惜我们在会面时聊天多，谈正经事少。如果您对于写定期的（一两星期一次）短小文章不感兴趣，如果您觉得写**大本**著作更好，我当然不希望您中断。它会带来更大好处！

但是，如果您也愿意一起参加办政治报纸的工作，为什么不写些像《新生活报》**281**上的《谈谈小市民习气》**282**一类体裁的东西呢？依我看，您已经开了个好头，为什么不继续下去呢？我"有意"在最初写给您的一封信中提到这一点，我想：既然这种体裁这样吸引他，他一定会把它抓起来的。现在我还认为，在最近的一次

---

① 库奥卡拉的戏称。——编者注

来信中您好像是把它抓起来了。是不是我搞错了呢？要是报纸不像从前那样片面，党的工作会从中多得到多少倍好处啊！而著作家的工作如果同党的工作，同经常不断影响全党的工作更紧密地联系起来，也会多得到多少倍好处啊！我们需要的不是一些"袭击"，而是毫不停顿毫不间断的全线总进攻；社会民主党布尔什维克不仅限于逐个地进攻那些形形色色的蠢材，而是要夺取一切的一切，像日本人从俄罗斯人手中夺取满洲一样。

您打算为文集写的三类文章（哲学，文学批评，当前策略），其中一类半即当前策略和一半的文学批评最好由政治报纸，由《无产者报》刊载。哎，各种半党派性杂志和非党杂志所刊载的专门的文学批评文章，长篇大论，没有什么好东西！我们最好设法远远离开这种知识分子的陈旧的老爷派头，也就是说，把文学批评也同党的工作，同领导全党的工作**更紧密地**联系起来。欧洲成年的社会民主党就是这样做的。我们也应当这样做，不必害怕在这一工作中集体办报初期会碰到的种种困难。

长篇的文学批评著作要汇编成书，部分由杂志发表。

定期地经常地写些文章，加入政治报纸的大合奏，同党的工作联系起来，继续发扬在《**新生活报**》上已开始运用的精神，——告诉我，您愿意这样做吗？

第三类是哲学。我强烈地意识到自己在这方面的修养不够，这使我不能公开发表意见。但是作为一个普通的马克思主义者，我在认真阅读我们党的哲学家的著作，认真阅读经验一元论者波格丹诺夫的著作和经验批判论者巴扎罗夫、卢那察尔斯基等人的著作，而**他们**迫使我**完全**倾向**于普列汉诺夫**！要有力量防止受情绪左右，像普列汉诺夫那样！他的策略是极其庸俗卑劣的。但在哲学方面他捍卫的是正确的东西。我赞成唯物主义,反对"经验……"之类的东西。

可以不可以、应当不应当把哲学同党的工作方针,同布尔什维主义联系起来呢? 我想现在不能这样做。让我们党的哲学家们对理论再研究一些时候,再争论一些时候并且……谈**通**。目前我赞成唯物主义者和"经验……"者之间的**这些**哲学争论同整个党的工作分开。

等您回信,暂时写到这里。

您的 **列宁**

从日内瓦发往卡普里岛(意大利)

载于 1934 年《列宁文集》俄文版第 26 卷

选自《列宁全集》中文第 2 版增订版第 45 卷第 162—166 页

列宁致阿·马·高尔基[283]

(1913 年 1 月 8 日)

亲爱的阿·马·:我同样祝您新年快乐,一切都好! 特别祝您身体健康! 马林诺夫斯基、彼得罗夫斯基和巴达耶夫目前都在我这里。昨天收到您的来信,我念给他们听,他们都非常高兴。马林诺夫斯基想到您那里去,可路途遥远,恐难成行。唉,如果您离得近一些…… 要是健康状况允许,您能迁到此地的加利西亚疗养地,如扎科帕内,在山里找一处适合休养的地方,离俄国比现在近两天的路程,工人们便可以常来常往,工人学校**284**又可以办起来了,通过国境并不难,从彼得堡来路费只要 12 卢布,同莫斯科工人和南方工人的联系也好办了！…… 我对玛·费·这次的旅行充满希望…… 她的主意真妙,的确,真妙。有机会请务必来信告诉我,她是否已能进行合法活动(想必是能够的)。此外还请您告诉我,马林诺夫斯基怎样才能在彼得堡或莫斯科找到她。通过吉洪诺夫吗？如果弄不到钱来扩大和巩固《真理报》**285**,它就会垮掉。现在每天都亏空 50—60 卢布。必须增加发行量,减少开支,扩充篇幅。能坚持出到第 200 号,这已经创了纪录。我们毕竟可以经常不断地用马克思主义的精神影响两三万工人读者,这是个大事业,如果垮掉,那就太可惜了。我们正在和几位杜马代表一起从各方面尽力设法使《真理报》摆脱困境,但是我们担心,没有外来的财政支持,未必能够奏效。

马林诺夫斯基、彼得罗夫斯基和巴达耶夫热烈地向您问好并致良好的祝愿。他们都是好人,特别是马林诺夫斯基。和这样一些人共事确实可以建设好工人的政党,尽管困难很大。克拉科夫这个基地果然是一个有用的地方,我们迁来这里十分"合算"(从事业观点看)。几位代表都证实,工人群众中的革命情绪无疑在高涨。如果现在能建立起一个好的无产阶级组织,没有叛徒取消派的阻挠,那么在运动自下而上日益高涨的条件下,真不知道会取得何等巨大的胜利哩……

您就那封俄国来信所说的情况,很有意思,很能说明问题。孟什维克工人居然说马克思对俄国已经过时！！这并不稀罕。取消派所造成的这种思想堕落、这种背叛情绪、这种变节行为,简直是难以想象的。但这里竟还有人为同他们"联合"而耍弄种种阴谋诡计,因为要糟蹋**整个**事业、破坏好容易才开始的党的建设工作,唯一的办法就是重新耍弄阴谋=同取消派"联合"。所以说,我们还得战斗⋯⋯

我诚心诚意地随时准备同您分享您为前进派[286]的回归而感到的喜悦,**如果**⋯⋯**如果**您的推断,如您所写的"马赫主义[229]、造神说[287]和诸如此类的东西都已经永远地陷入了绝境"是正确的话。如果是这样,如果前进派已经理解或即将理解这一点,那么我就会很热心地同您共享您为他们的回归而感到的喜悦。但是我得强调"**如果**",因为到目前为止,这与其说是事实,不如说是愿望。您记得 1908 年春天在卡普里我们同波格丹诺夫、巴扎罗夫和卢那察尔斯基的"最后一次会晤"吗?您记得吗,那时我说过,我们不得不分手两三年,而当时担任主席的玛·费·气冲冲地提出抗议,命令我遵守秩序等等![288]

结果是 4 年半,差不多 5 年了。但是对于 1908—1911 年这样一个极度瓦解的时期,也并不算长。我不知道波格丹诺夫、巴扎罗夫、沃尔斯基(半无政府主义者)、卢那察尔斯基、阿列克辛斯基是否**能够**从 1908—1911 年的惨痛经验中**吸取教训**?他们是否已经明白,**马克思主义**是比他们所想象的更严整、更深刻的东西,绝不能像阿列克辛斯基那样对马克思主义进行嘲弄,也不能像其他人那样把它视为僵死的东西?**如果**他们已经明白了,我愿向他们致千百个敬礼,而一切个人的意气(这在尖锐的斗争中是不可避免的)顷刻间就会烟消云散。如果他们还没有明白,还没有吸取教训,那就请勿见怪:交情是交情,公事是公事。我们将不惜任何牺牲向诽谤马克思主义或歪曲工人政党政策的各种尝试进行斗争。

我**非常**高兴,终于发现了一条使前进派逐渐回归的**道路**,这就是通过没有直接对他们进行打击的《真理报》。真是高兴。但正是为了达到**牢固的**接近，现在对此不能操之过急，应当**慎重**。我也是这样写信告诉《真理报》的。赞成前进派同我们重新联合的朋友们也应当朝这个方向努力，因为只有把前进派**摆脱**马赫主义、召回主义[289]、造神说而**回归**这件事做得慎重、经得起经验的检验，才可能带来很多好处。稍不慎重或"使马赫主义、召回主义等等旧病复发"，斗争将会更加尖锐……　波格丹诺夫的新作品《生动经验的哲学》我还没有读，想必也是换了新装的马赫主义……

　　我们同巴黎的谢尔盖·莫伊谢耶夫的联系非常密切，我们早就同他认识并一起工作过。他是一个护党派，真正的布尔什维克。有了这样的人，我们就能建设党，可惜这样的人太少了。

　　再一次握手，就此搁笔，再写下去就不像话了。祝您健康！

　　　　　　　　您的　**列宁**

　　娜·康·向您致热烈的敬礼！

　　（我们这里还有几位从俄国来的很好的工作人员。我们正在筹划开一个会[290]。唉，没有钱，否则在这块基地上真不知道可以办多少事！）

　　今天我就给《真理报》写信，要他们在征得吉洪诺夫同意之后登一则消息：吉洪诺夫和您负责主持《真理报》的文学栏的工作。好吗？如果他们不登，请您也给他们写封信说说。

从克拉科夫发往卡普里岛（意大利）

载于 1925 年《列宁文集》俄文版
第 3 卷

选自《列宁全集》中文第 2 版增订版
第 46 卷第 228—231 页

列宁致阿·马·高尔基[291]

（1913 年 11 月 13 日或 14 日）

亲爱的阿·马·:您这是干的什么事呀? 简直糟透了,真的!

昨天我从《言语报》[233]上读了您对祖护陀思妥耶夫斯基的"叫嚣"的回答[292],本来感到很高兴,今天取消派的报纸来了,却**登出了**《言语报》上**您的文章**中所缺少的**一段话**。

这段话是这样的:

"至于'寻神说',应当**暂时**〈仅仅是暂时吗?〉搁下,那是一种徒劳无益的事:没放东西的地方,没什么可找。没有播种,就不会有收获。你们没有神,你们**还**〈还!〉没有把它创造出来。神,不是找出来的,而是**创造**出来的;生活不能虚构,而是创造的。"

原来,您反对"寻神说"仅仅是"暂时"的!! 原来,您反对"寻神说"**仅仅**是为了要用造神说[287]代替它!!

瞧,您**竟写出**这样的东西来,这岂不是太糟糕了吗?

寻神说同造神说、建神说或者创神说等等的差别,丝毫不比黄鬼同蓝鬼的差别大。谈寻神说不是为了反对**一切的**鬼神,不是为了反对任何思想上的奸尸(信仰任何神都是奸尸,即使是最纯洁的、最理想的、不是寻来而是创造出来的神,也是如此),而是要蓝鬼不要黄鬼,这比根本不谈还要坏一百倍。

在最自由的国家里,也就是**完全**不适合以"民主、人民、舆论和科学"作号召的国家里,——在那些国家(美国、瑞士等等)里,人们正是特别热心地用这种纯洁的、精神上的、创造出来的神的观念来麻痹人民和工人。这正是因为,任何宗教观念,任何神的观念,甚至任何对神的谄媚,都是**民主派**资产阶级能特别容忍地(甚至往往是心甘情愿地)予以接受的无法形容的下流货色,——正因为如此,这是最危险的下流货色,是最可恶的"传染病"。群众识破千百万种罪恶、坏事、暴行和**肉体的**传染病,比识破**精巧的**、精神上的、用最漂亮的"思想"外衣装扮起来的神的观念要容易得多,因而前者的危害性比后者也就小得多。奸污少女的天主教神父(我刚才偶然在一张德文报纸上读到这件事)对于"民主制"的危害,比不穿袈裟的神父,比不相信拙劣宗教的神父,比宣传建神和创神的、有思想修养的、民主主义的神父要**小得多**。这是因为揭露、谴责和赶走前一种神父是**容易的**,而赶走后一种神父就**不能**这样简单,揭穿他们要困难一千倍,没有一个"脆弱的和可悲地动摇的"庸人会同意"谴责"他们。

您知道**小市民的**(你说俄国的,为什么是俄国的呢? 意大利的就好些吗??)灵魂的"脆弱性和可悲的动摇性",但您却拿最甜蜜的、用糖衣和各种彩色纸巧妙地包裹着的毒药来诱惑这种灵魂!!

真的,这太糟糕了。

"我们这里代替自我批评的自我侮辱已经够多的了。"

可是,造神说难道不就是一种**最坏的**自我侮辱吗?? 一切从事造**神**的人,甚至只是容许这种做法的人,都是在以最坏的方式**侮辱自己**,他们所从事的不是"实际活动",而**恰巧**是自我直观,自我欣赏,而且,这种人"直观"的是自"我"身上种种被造神说所神化了的最肮脏、最愚蠢、最富有奴才气的特点。

不从个人角度而从社会角度来看,**一切**造神说都正是愚蠢的小市民和脆弱的庸人的**心爱的自我直观**,是"悲观疲惫的"庸人和小资产者在幻想中"**自我侮辱**"的那种**心爱的自我直观**(您关于**灵魂**的说法很正确,只是不应当说"**俄国的**",而应当说**小市民的**,因为无论犹太的、意大利的、英国的,**都是同一个鬼**,卑鄙的小市民在任何地方都同样丑恶,而在思想上奸尸的"**民主派小市民**"则加倍丑恶)。

我一边读您的文章,一边**反复思索**为什么您竟会出现这种**笔误**,然而不得其解。怎么回事呢? 是**您自己**也不赞成的那篇《忏悔》[293]的残余表现?? 是它的余波??

或者是由于另外的原因,例如是您想离开**无产阶级**的观点而去**迁就一般民主派**的观点这种不成功的尝试? 也许是为了同"一般民主派"谈话您故意像同孩子说话那样奶声奶气(请原谅我的措辞)? 也许是"**为了**"向**庸人**们作"通俗的说明",您想暂时容忍**他的**或者**他们的**(庸人的)偏见??

但是,要知道,无论从哪种意义和哪个方面来说,这种做法都是**不正确的**!

我在前面写过,在**民主**国家里,一个无产阶级作家以"民主、人民、舆论和科学"作号召,是**完全**不适当的。在我们俄国又怎样呢?? 这种号召也**不完全**适当,因为它在某种程度上也迎合了庸人的偏见。对某种笼统得模糊不清的号召,在我国,甚至《俄国思想》杂志[294]的伊兹哥耶夫也会举**双手**表示赞成。为什么要提出这类口号呢?? 这类口号**您倒是**可以很好地同伊兹哥耶夫主义区分开来,**可是读者**做不到。为什么要给读者蒙上一层民主的薄纱,而不去**明确地区分小市民**(脆弱的、可悲地动摇的、疲惫的、悲观的、自我直观的、直观神的、造神的、姑息神的、自我侮辱的、**糊里糊涂的无政府主义的**(这个词真妙!!)等等,等等)

——和**无产者**(他们善于做真正的精神奋发的人;善于把**资产阶级**的"科学和舆论"同自己的"科学和舆论",资产阶级民主同无产阶级民主区分开来)呢?

您为什么要做这种事呢?

真叫人难受。

您的 弗·伊·

附言:挂号寄出的长篇小说,收到没有?

的确,您要认真地治疗一下,这样冬天就能动身而**不致得感冒**(冬天感冒很危险)。又及。

您的 弗·乌里扬诺夫

从克拉科夫发往卡普里岛(意大利)

载于 1924 年 3 月 2 日《真理报》第 51 号

选自《列宁全集》中文第 2 版增订版第 46 卷第 369—372 页

列宁致伊·费·阿尔曼德[295]

(1914 年 6 月 5 日以前)

我亲爱的朋友:你寄来的温尼琴科的新小说[296]刚刚看完。真是荒谬绝伦,一派胡说! 尽量凑集各种各样"骇人听闻的事",把"淫荡"、"梅毒"、揭人隐私以敲诈钱财(还把敲诈对象的姐妹当情妇)这种桃色秽行和对医生的控告拼凑在一起,如此而已!通篇都是歇斯底里,奇谈怪论,以及对他"自己的"娼妓组织说的标榜。其实这种组织本身也说不上什么不好,可是作者温尼琴科本人**偏**把它弄得很荒唐,对它**津津乐道**,当做"得意的话题"。

《言语报》[233]说这部小说模仿陀思妥耶夫斯基,而且不无可取之处。我看,模仿是有的,但它是对最拙劣的陀思妥耶夫斯基的最拙劣的模仿。当然,像温尼琴科所描绘的这些"骇人听闻的事",单个地看,在生活中都会发生。但是,把所有这些凑在一起,并且是**这样**地凑在一起,这就意味着是在**把骇人听闻的事加以渲染**,既吓唬自己又吓唬读者,使自己和读者"神经错乱"。

我有一次曾陪一个患病的(发酒疯的)同志过了一夜;又有一次还去"劝说"过一个自杀未遂的同志(在事后),而这个同志几年后还是自杀了。这两件往事都类似温尼琴科的小说。然而,这两件事只是这两个同志生命史上很小的一段。可是这个自我欣赏、自命不凡的双料蠢货温尼琴科却专找这类全是骇人听闻的事汇集起来,拼凑成这种"卖价两便士的怪事集"。呸……乌七八糟,花时间去读这样的书,真冤枉。

附言:你度夏的事安排得怎样了?

你的　弗·伊·

讲老实话,你还在生自己的气吗?

从波罗宁发往洛夫兰(奥匈帝国)

载于1950年《列宁全集》俄文
第4版第35卷

选自《列宁全集》中文第2版增订版
第46卷第482—483页

列宁致阿·马·高尔基[297]

1919 年 7 月 31 日

亲爱的阿列克谢·马克西莫维奇:我愈是细读您的信,愈是考虑来信中的结论和信中所说情况(以及我们会面时您所谈的情况)的联系,我便愈加确信,不论是这封信,还是您的结论和您的一切印象,都是完全不健康的。

彼得格勒是近来最不健康的地方之一。这也是可以理解的,因为它的居民经受的苦难最多,工人献出的优秀力量也最多,饥荒很严重,军事危险也很严重。您的神经显然经受不住了。这是不奇怪的。人家劝您换个地方,而您却固执己见。把自己的神经折磨到病态的地步是极不明智的,就是出于最简单的考虑,也是不明智的,更不用说从其他方面考虑了。

您的信和您的谈话一样,包含了许多不健康的印象,因而使您得出了不健康的结论。

您从痢疾和霍乱谈起,而且一下子就发出一种不健康的怨恨:"博爱、平等"。这么说来,好像这个被围困的城市遭受贫穷、困苦和疾病,都是共产主义的过错!!

接着,您说了一些我简直无法理解的狠狠攻击"低级"文学(什么文学?为什么与加里宁有关?)的刻薄话。而结论是:"残存的极少数有理智的工人"说,他们被人"出卖""给农夫当俘虏了"。

这就毫无道理了。怎么？难道是要指控加里宁把工人出卖给农夫吗？听来就是这个意思。

而能无中生有说出这种话来的，无非是些非常幼稚、非常愚蠢、用"左的"词句代替理智的工人，或者是受尽刺激、横遭折磨、忍饥挨饿、疾病缠身的工人，或者是很善于歪曲一切、很会抓住任何一件小事来发泄自己对苏维埃政权的疯狂仇恨的"残存的贵族"。您在信中也提到了这些残余分子。他们的情绪对您产生了很坏的影响。

您来信说，您看到"各种不同阶层的人"。看到是一回事，在整个生活中天天接触又是一回事。由于您的职业使您不得不"接见"几十个满怀怨恨的资产阶级知识分子，还由于生活环境的缘故，您感受最深的是这些"残余分子"。

似乎"残余分子""对苏维埃政权抱有一种近似同情的感情"，而在"大多数工人"中却出盗贼，出混进来的"共产党员"等等！于是您竟然得出"结论"说：干革命不能靠盗贼，不能不要知识分子。

这完全是病态心理，它在满怀怨恨的资产阶级知识分子的环境中变得更加厉害了。

我们正采取一切办法吸引知识分子（非白卫分子）去同盗贼作斗争。在苏维埃共和国，**真心诚意**帮助工农而不是终日埋怨和恶毒漫骂的资产阶级知识分子的百分比正**逐月增长**。这在彼得格勒是不可能"看到"的，因为在彼得格勒这个城市里失去地位（和理智）的资产阶级分子（和"知识分子"）特别多。但是，对整个俄国说来，这却是无可争辩的事实。

在彼得格勒或从彼得格勒的角度观察事物的人，只有非常通晓**政治**，具有特别丰富的政治经验，才会确信这一点。而您不具备这一切。您既不搞政治，也不观察政治建设的**工作**，而是从事一种特殊职业。这种职业使您受到那些满怀怨恨的资产阶级知识分子的包围；这是些什么都不了解、什么都没有忘记、什么都没有学到的人，在**最好**最难得的情况下，也不过是些彷徨迷惘、悲观绝望、呻吟叹息、死抱着旧偏见、惶恐不安、自己吓唬自己的人。

要**观察**，就应当到下面去观察——那里可以**观察到**建设新生活的情况；应当到外地的工人居住区或到农村去观察——那里用不着在政治上掌握许多极复杂的材料，只要观察就行了。您没有这样做，而是把自己置于翻译作品之类的专职编辑的地位。处于这种地位观察不到新生活的新建设，而会把全部精力都花在听取那些不健康的知识分子的不健康的埋怨上，花在观察处于严重军事危险和极度贫困之中的"故"都上。

您使自己处于这样的地位，就**不能**直接观察到工人和农民，即俄国十分之九的人口生活中的新事物；在这种地位上您只能观察故都生活的片断，那里工人的精华都到前线和农村去了，剩下的是多得不合比例的失去地位、没有工作、**专门**"包围"您的知识分子。劝您离开，您又执拗地拒绝。

显然，您把自己搞病了：您来信说，您感到生活非但很痛苦，而且"非常厌恶"！！！那是必然的！在这种时候把自己困在一个最不健康的地方，去担任一个文学翻译作品的编辑（对于观察人，对于一个艺术家来说，这可真是最适当的工作！）。无论是部队里的新事物，或是农村里的新事物，或是工厂里的新事物，您作为一个艺术家，在这里是**不可能**观察到并进行研究的。您剥夺了自己做那种能够使艺术家得到满足的事情的机会——一个政治家可以在彼得格勒工作,但是您不是政治家。今天看到的是无端打碎的玻璃,明天听到的是枪声和狱中的哀号声,还有留在彼得格勒的非工人中最疲惫的人的片言只语,然后是从知识分子,没有首都的首都知识分子那里得来的万千印象,以及从受委屈者那里听到的千百种怨言,在编辑工作之余**不可能**看到任何建设生活的情况(这种建设是按独特方式进行的,而在彼得格勒又最少见),——这怎么会不把自己弄到对生活非常厌恶的地步呢。

全国都在投入同全世界资产阶级的激烈斗争,因为全世界资产阶级正在为他们的被推翻而疯狂地实行报复。这是自然的。为了报复第一个苏维埃共和国,第一批打击**从四面八方**袭来。这也是自然的。在这种情况下,要么应当过一种积极的政治家的生活,要么应当作为一个艺术家(如果无意于政治的话),去观察人们怎样以新的方式建设生活,但不是在对首都举行疯狂进攻、同各种阴谋作激烈斗争、首都知识分子疯狂发泄仇恨的中心城市,而是在农村或外地的工厂(或前线)。在那里,只要简单观察一下,就能很容易区别旧事物的腐朽和新事物的萌芽。

生活使您厌恶,和共产主义的"分歧在加深"。分歧在哪里呢,无法理解。您丝毫没有指出政治上或思想上的分歧。其实这是两种人的**情绪**的分歧:一种人从事政治或者致力于最激烈的斗争,另一种人则人为地置身于无法观察新生活而被资产阶级大首都的腐败印象所折服的境地。

对您的信我率直地说出了我的想法。从(和您的)谈话中,我早就有了这样的想法,但是,您的信把我从您的谈话中得到的全部印象固定了,深化了,完成了。我不想强迫您接受我的劝告,但是我不能不说:您要彻底改换环境,改换接触的人,改换居住的地方,改换工作,否则生活会使您完全厌恶。

　　紧紧握手!

您的　**列宁**

发往彼得格勒

载于 1925 年《红色史料》杂志
第 1 期

选自《列宁全集》中文第 2 版增订版
第 49 卷第 36—40 页

列宁致阿·马·高尔基[298]

9 月 15 日

　　亲爱的阿列克谢·马克西莫维奇:我已接见了通科夫,早在接见他和接到您的来信之前,我们中央委员会就已决定委派加米涅夫和布哈林去审查亲立宪民主党的资产阶级知识分子被捕案并释放可以释放的人。[299]因为我们清楚,这方面也发生过一些错误。

　　同样很明显:总的说来,逮捕立宪民主党人[216](和亲立宪民主党分子)这个措施是必要的和正确的。

　　当我读到您就这个问题发表的坦率意见时,想起了在我们(在伦敦、卡普里岛以及后来)的多次谈话中我记得特别清楚的您那句话:

　　"我们这些艺术家,都是不大能自持的人。"

　　正是如此! 您为什么会讲出这样怒气冲天的话呢? 是因为人

们为了防范诸如放弃红丘炮台这类阴谋活动[300]、使几万工农免遭牺牲,让几十名(甚至哪怕是几百名)立宪民主党或亲立宪民主党的先生蹲了几天监狱。

真不得了,这是多大的灾难! 多么不公平! 为了使几万工农免遭屠杀,竟让一些知识分子蹲了几天甚至几周的监狱!

"艺术家是些不大能自持的人。"

把人民的"知识人才"和资产阶级知识分子"人才"混为一谈是不对的。我可以举柯罗连科作为后者的典型:不久前,我读了他1917 年 8 月写的小册子《战争、祖国和人类》。柯罗连科是"亲立宪民主党分子"中较好的一个,几乎是个孟什维克了。但是他在冠冕堂皇的词句掩盖下为帝国主义战争所作的辩护又是多么卑鄙、下流和龌龊啊! 一个可怜的被资产阶级偏见俘虏的小市民! 在这类先生们看来,在帝国主义战争中屠杀 1 000 万人是件值得支持的事(**行动上支持**,口头上却冠冕堂皇地"反对"战争),而数十万人在反对地主与资本家的**正义的**国内战争中死亡,却使他们唉声叹气,歇斯底里大发作。

不,如果为了**防范阴谋**(像红丘炮台那样的),使几万人**免遭**牺牲而**必须**让这些"有才华的人"蹲上几周监狱,那也并不为过。我们曾经发现过立宪民主党人和"亲立宪民主党分子"的这类阴谋。我们**知道**,亲立宪民主党的教授们往往给阴谋分子提供**援助**。这是事实。

工农的知识人才正在推翻资产阶级及其帮凶即那些自诩为民族的大脑的知识分子、资本的奴仆的斗争中成长和壮大起来。而那些人实际上并不是什么大脑,而是……

对那些愿把学问献给人民(而不愿为资本效劳)的"知识人

才",我们付给**高于一般水平**的薪金。这是事实。我们爱护他们。这是事实。有几万军官同几百名叛变分子相反,正在我们红军里服务,在不断取得胜利。这是事实。

至于谈到您的情绪,我"理解"是理解的(既然您说起我是否理解您的问题)。在卡普里岛时以及后来,我都不止一次地对您讲过:您使自己处于资产阶级知识界最坏的分子的包围之中,受到他们啜泣的影响。几百个知识分子因被"可怕地"拘押几个星期而号叫,您听得见,也听得进去;而受到邓尼金、高尔察克、利安诺佐夫、罗将柯、红丘炮台阴谋分子(及其他**立宪民主党**阴谋分子)威胁的千百万工农群众的呼声,您却听不见,而且也听不进去。我完全理解,完完全全理解,这样下去,不仅会得出结论,认为"红军同白卫军一样,也是人民的敌人"(推翻资本家和地主的战士同地主、资本家一样,也是人民的敌人),而且还会相信上帝或相信沙皇老爷。我完全理解。

说老实话,如果您再不从资产阶级知识分子的包围中挣脱出

   ✕

来,您会毁灭的!衷心希望您早日挣脱出来。

致崇高的敬礼!

您的 列宁

✕ 因为您并不在写作!浪费时间去听腐朽的知识分子的啜泣,而不去写作——对一个艺术家来说,岂不是毁灭,岂不是丢丑吗?

发往彼得格勒

选自《列宁全集》中文第 2 版增订版第 49 卷第 76—78 页

论 述 摘 编

一、认识基于实践　实践高于认识

马克思把社会运动看做受一定规律支配的自然历史过程,这些规律不仅不以人的意志、意识和意图为转移,反而决定人的意志、意识和意图。……既然意识要素在文化史上只起着这种从属作用,那么不言而喻,以文化本身为对象的批判,比任何事情更不能以意识的某种形式或某种结果为依据。这就是说,作为这种批判的出发点的不能是观念,而只能是外部客观现象。批判将不是把事实和观念比较对照,而是把一种事实同另一种事实比较对照。对这种批判唯一重要的是,对两种事实进行尽量准确的研究,使之真正形成相互不同的发展阶段,而且特别需要的是同样准确地把一系列已知的状态、它们的连贯性以及不同发展阶段之间的联系研究清楚。马克思否认的正是这种思想:经济生活规律,不管是应用于现在或过去,都是一样的。恰恰相反,每个历史时期都有它自己的规律。

> 《什么是"人民之友"以及他们如何攻击社会民主党人?》,见《列宁全集》中文第 2 版增订版第 1 卷第 136 页

在认识论上和在科学的其他一切领域中一样,我们应该辩证

地思考,也就是说,不要以为我们的认识是一成不变的,而要去分析怎样从**不知到知**,怎样从不完全的不确切的知到比较完全比较确切的知。

《唯物主义和经验批判主义》,见《列宁全集》
中文第 2 版增订版第 18 卷第 101 页

物质是标志客观实在的哲学范畴,这种客观实在是人通过感觉感知的,它不依赖于我们的感觉而存在,为我们的感觉所复写、摄影、反映。

《唯物主义和经验批判主义》,见《列宁全集》
中文第 2 版增订版第 18 卷第 130 页

生活、实践的观点,应该是认识论的首要的和基本的观点。这种观点必然会导致唯物主义,而把教授的经院哲学的无数臆说一脚踢开。当然,在这里不要忘记:实践标准实质上决不能**完全地**证实或驳倒人类的任何表象。这个标准也是这样的"不确定",以便不让人的知识变成"绝对",同时它又是这样的确定,以便同唯心主义和不可知论的一切变种进行无情的斗争。如果我们的实践所证实的是唯一的、最终的、客观的真理,那么,因此就得承认:坚持唯物主义观点的科学的道路是走向这种真理的唯一的道路。

《唯物主义和经验批判主义》,见《列宁全集》
中文第 2 版增订版第 18 卷第 144 页

一般唯物主义认为客观真实的存在(物质)不依赖于人类的意识、感觉、经验等等。历史唯物主义认为社会存在不依赖于人类

的社会意识。在这两种场合下,意识都不过是存在的反映,至多也只是存在的近似正确的(恰当的、十分确切的)反映。在这个由一整块钢铸成的马克思主义哲学中,决不可去掉任何一个基本前提、任何一个重要部分,不然就会离开客观真理,就会落入资产阶级反动谬论的怀抱。

《唯物主义和经验批判主义》,见《列宁全集》
中文第 2 版增订版第 18 卷第 341 页

正如人的认识反映不依赖于它而存在的自然界即发展着的物质那样,人的**社会认识**(即哲学、宗教、政治等等的不同观点和学说)反映社会的**经济制度**。

《马克思主义的三个来源和三个组成部分》,见
《列宁全集》中文第 2 版增订版第 23 卷第 45 页

从生动的直观到抽象的思维,**并从抽象的思维到实践**,这就是认识**真理**、认识客观实在的辩证途径。

《黑格尔〈逻辑学〉一书摘要》,见《列宁全集》
中文第 2 版增订版第 55 卷第 142 页

认识是思维对客体的永远的、无止境的接近。自然界在人的思想中的**反映**,要理解为不是"僵死的",不是"抽象的",**不是没有运动的**,**不是没有矛盾的**,而是处在运动的永恒**过程**中,处在矛盾的发生和解决的永恒**过程**中。

《黑格尔〈逻辑学〉一书摘要》,见《列宁全集》
中文第 2 版增订版第 55 卷第 165 页

人的和人类的实践是认识的客观性的验证、标准。

> 《黑格尔〈逻辑学〉一书摘要》,见《列宁全集》
> 中文第 2 版增订版第 55 卷第 181 页

实践高于(理论的)认识,因为它不仅具有普遍性的品格,而且还具有直接现实性的品格。

> 《黑格尔〈逻辑学〉一书摘要》,见《列宁全集》
> 中文第 2 版增订版第 55 卷第 183 页

人的实践经过亿万次的重复,在人的意识中以逻辑的式固定下来。这些式正是(而且只是)由于亿万次的重复才有着先入之见的巩固性和公理的性质。

> 《黑格尔〈逻辑学〉一书摘要》,见《列宁全集》
> 中文第 2 版增订版第 55 卷第 186 页

现在一切都**在于实践**,现在已经到了这样一个历史关头:理论在变为实践,理论由实践赋予活力,由实践来修正,由实践来检验;马克思说的"一步实际运动比一打纲领更重要"①这句话,显得尤其正确了,——在对富人和骗子切实进行惩治、限制,对他们充分实行计算和监督的每一步,都比一打冠冕堂皇的关于社会主义的议论更重要。要知道,"我的朋友,理论是灰色的,而生活之树是常青的"。

> 《怎样组织竞赛?》,见《列宁全集》中文第 2 版
> 增订版第 33 卷第 212—213 页

---

① 见《马克思恩格斯文集》第 3 卷第 426 页。——编者注

二、对社会主义文化建设的概述

无产阶级用事实表明，**它**是而且**只有它**才是现代文明的支柱，它的劳动创造了财富和豪华，它的劳动是我们全部"文化"的基石。

《革命的日子》，见《列宁全集》中文第 2 版增订版第 9 卷第 204 页

当前的任务是，即使在最困难的条件下，也要挖矿石，炼生铁，铸造马克思主义世界观以及与这一世界观相适应的上层建筑的纯钢。

《"有保留"的英雄们》，见《列宁全集》中文第 2 版增订版第 20 卷第 95 页

思想一旦掌握群众，就变成力量。正是在目前，布尔什维克即革命无产阶级国际主义的代表，以自己的政策体现了那种在全世界推动广大劳动群众的思想。

《布尔什维克能保持国家政权吗?》，见《列宁全集》中文第 2 版增订版第 32 卷第 324 页

过去，人类的全部智慧、人类的全部天才所进行的创造，只是为了让一部分人独享技术和文化的一切成果，而使另一部分人连最必需的东西——教育和发展也被剥夺了。然而现在一切技术奇

迹、一切文化成果都将成为全民的财产,从今以后,人类的智慧和天才永远不会变成暴力手段和剥削手段。

《全俄工兵农代表苏维埃第三次代表大会文献》,见《列宁全集》中文第 2 版增订版第 33 卷第 292—293 页

　　在文化和生产资料遭到严重破坏的情况下,可能还会有许多艰苦的过渡阶段,但结果只能是劳动群众的先锋队即工人阶级的奋起和过渡到由它夺取政权来建立社会主义社会。因为,不管文化遭到怎样的破坏,都不能把它从历史生活中除掉,要恢复它虽然困难,但是,在任何时候无论什么样的破坏都不能使文化完全消灭。

《俄共(布)第七次(紧急)代表大会文献》,见《列宁全集》中文第 2 版增订版第 34 卷第 42—43 页

　　必须取得资本主义遗留下来的全部文化,并且用它来建设社会主义。必须取得全部科学、技术、知识和艺术。否则,我们就不可能建设共产主义社会的生活。

《苏维埃政权的成就和困难》,见《列宁全集》中文第 2 版增订版第 36 卷第 48 页

　　没有资本主义文化的遗产,我们建不成社会主义。除了用资本主义遗留给我们的东西以外,没有别的东西可以用来建设共产主义。

《俄共(布)第八次代表大会文献》,见《列宁全集》中文第 2 版增订版第 36 卷第 129 页

我们深深知道,俄国文化不发达是什么意思,它对苏维埃政权有什么影响;苏维埃政权在原则上实行了高得无比的无产阶级民主,对全世界作出实行这种民主的榜样,可是这种文化上的落后却限制了苏维埃政权的作用并使官僚制度复活。说起来苏维埃机构是全体劳动者都可以参加的,做起来却远不是人人都能参加,这是我们大家都知道的。这决不是因为法律造成了障碍,如在资产阶级时代那样;恰恰相反,我们的法律有助于这样做。但只有法律是不够的。必须有大量的教育工作、组织工作和文化工作,这不能用法律迅速办到,这需要进行长期的巨大的努力。

《俄共(布)第八次代表大会文献》,见《列宁全集》
中文第 2 版增订版第 36 卷第 150—151 页

只有当全体居民都参加管理工作时,才能把反官僚主义的斗争进行到底,直到取得完全的胜利。这在资产阶级共和国里不仅不可能,**而且法律本身也妨碍这样去做**。最好的资产阶级共和国,不管它怎样民主,也有无数法律上的障碍阻挠劳动者参加管理。我们已彻底扫除这些障碍,但是直到今天我们还没有达到使劳动群众能够参加管理的地步,因为除了法律,还要有文化水平,而你是不能使它服从任何法律的。由于文化水平这样低,苏维埃虽然按党纲规定是**通过劳动者**来实行管理的机关,而实际上却是通过无产阶级先进阶层来**为劳动者**实行管理而不是通过劳动群众来实行管理的机关。

《俄共(布)第八次代表大会文献》,见《列宁全集》
中文第 2 版增订版第 36 卷第 154—155 页

资本主义社会的出版自由就是拿报刊和对人民群众的影响来

做交易的自由,出版自由就是靠资本来维持报刊这一影响人民群众的最强大的工具。这就是布尔什维克所破坏的出版自由,布尔什维克引以自豪的是,他们第一次使出版事业摆脱资本家而获得了自由,第一次在一个大国里创办了不依赖于一小撮富人和百万富翁,全力从事反资本的斗争(我们应当使一切服从于这个斗争)的出版事业。在这个斗争中,劳动者的先进部队,他们的先锋队,只能是能够领导尚未觉悟的农民群众的工人无产阶级。

《在全俄教育工作者和社会主义文化工作者第一次代表大会上的讲话》,见《列宁全集》中文第 2 版增订版第 37 卷第 127 页

现在该编纂一部**现代俄语词典**,比如说,一部包括**现在**使用的和从普希金到高尔基的**经典作家们**使用的词汇的词典。

《致阿·瓦·卢那察尔斯基(1920 年 1 月 18 日)》,见《列宁全集》中文第 2 版增订版第 49 卷第 199 页

不是**臆造**新的无产阶级文化,而是**根据**马克思主义世界观和无产阶级在其专政时代的生活与斗争的条件**的观点,发扬现有**文化的优秀的典范、传统和成果。

《关于无产阶级文化》,见《列宁全集》中文第 2 版增订版第 39 卷第 376 页

每一个鼓动员和宣传员都是我们所需要的,他们在执行任务时,要严格地按照党的精神进行工作,但又不能只局限于党的范围内,应该记住他们的任务是领导几十万教师,激发他们的兴趣,战胜旧的资产阶级偏见,吸引他们来参加我们正在进行的事业,使他

们意识到我们的工作十分重大,只有进行这项工作,我们才能把这些受资本主义压迫的、资本主义与我们争夺过的群众引上正路。

《在全俄省、县国民教育局政治教育委员会工作会议上的讲话》,见《列宁全集》中文第 2 版增订版第 39 卷第 447 页

当我们有文盲的时候是不可能实现电气化的。我们的委员会还将努力扫除文盲。同过去相比,委员会已经做了很多工作,但是同需要相比,那就做得很少。劳动人民不但要识字,还要有文化,有觉悟,有学识;必须使大多数农民都能明确地了解摆在我们面前的任务。

《全俄苏维埃第八次代表大会文献》,见《列宁全集》中文第 2 版增订版第 40 卷第 161 页

资本主义使报纸成为资本主义的企业,成为富人发财、向富人提供消息和消遣的工具,成为欺骗和愚弄劳动群众的工具。我们摧毁了这个发财和欺骗的工具。我们**开始**使报纸成为启发群众、教导他们在**赶跑了**地主和资本家之后怎样生活,怎样建设自己经济的工具。但是,我们还刚刚开始这样做。三年多以来我们做的工作不多。还需要做很多工作,走很长的道路。少来一些政治上的喧嚷,少发表一些没有经验和不了解自己任务的共产党员所欣赏的空泛议论和抽象口号,多作一些生产宣传,尤其是对实际经验多作一些切实的、在行的、适合群众水平的考虑。

《论教育人民委员部的工作》,见《列宁全集》中文第 2 版增订版第 40 卷第 338 页

必须不断努力做到使报纸和书籍通常**只**免费分配给各图书馆和阅览室，分配给合理地为全国，为广大工人、士兵和农民服务的图书馆**网**和阅览室**网**。那时人民就会以百倍的干劲、百倍的速度、百倍的成效来要求获得文化、光明和知识。那时教育事业就会飞速地向前发展。

为了明显起见，不妨用一个小小的统计作例子，比如《消息报》的全国发行额是35万份，《真理报》是25万份。……

……通过这两种报纸每天都可以给人民提供重要的和有价值的文献材料、优秀的和古典的文学作品、普通教育的教材、农业教材和工业教材。……一年之内，即使在目前贫困状况下，就能做到给5万个图书馆和阅览室各两份报纸，给人民一切必需的教材和一切必需的世界文学、现代科学和现代技术的经典著作……

《论教育人民委员部的工作》，见《列宁全集》
中文第2版增订版第40卷第338—340页

外文图书委员会应给自己确定的主要任务是：尽力使1914—1921年间国外出版的最新的科学技术（化学、物理学、电工学、医学、统计学、经济学等等）杂志和书籍在莫斯科、彼得格勒和共和国各大城市的专业图书馆里都备有一份，并做到按时收到一切期刊。

《致外文图书委员会（1921年9月30日）》，见
《列宁全集》中文第2版增订版第51卷第
378页

此外，仅仅扫除文盲是不够的，还需要建立苏维埃经济，而在这件事上，光能识字是无济于事的。我们需要大大提高文化水平。必须使每个人能够实际运用他的读写本领，必须使他有东西可读，

有报纸和宣传小册子可看,必须合理分配这些书刊,使它们能到人民手里,不致中途散失,而现在人们读到的还不及一半,其余的都在办公室里派了用场,到达人民手里的恐怕还不到四分之一。我们必须学会利用我们现有的一点点书刊。

因此,由于实行新经济政策,应当不断宣传这样一种思想:政治教育务必要能提高文化水平。应当用读和写的本领来提高文化水平,应当使农民有可能用读写本领来改进自己的经营和改善自己国家的状况。

> 《新经济政策和政治教育委员会的任务》,见《列宁全集》中文第 2 版增订版第 42 卷第 207 页

文盲固然应当扫除,但仅仅识字还不够,还要有能教人们同拖拉作风和贪污受贿行为作斗争的文化素养。拖拉作风和贪污受贿行为是任何军事胜利和政治改革都无法治好的毛病。说实在的,这种毛病靠军事胜利和政治改革是治不好的,只有用提高文化的办法才能治好。

> 《新经济政策和政治教育委员会的任务》,见《列宁全集》中文第 2 版增订版第 42 卷第 208 页

文化任务的完成不可能像政治任务和军事任务那样迅速。应当懂得,现在前进的条件已经和从前不一样了。在危机尖锐化时期,几个星期就可以取得政治上的胜利。在战争中,几个月就可以取得胜利,但是在文化方面,要在这样短的时间内取得胜利是不可能的。从问题的性质看,这需要一个较长的时期,我们应该使自己

适应这个较长的时期,据此规划我们的工作,发扬坚韧不拔、不屈不挠、始终如一的精神。没有这些品质,甚至无法着手做政治教育工作。而政治教育的成果只能用经济状况的改善来衡量。我们不仅需要消灭文盲,消灭靠文盲这块土壤滋养的贪污受贿行为,而且应该使我们的宣传、我们实行的领导、我们的小册子真正为人民所接受,并且使这些工作的成果体现在国民经济的改善上。

《新经济政策和政治教育委员会的任务》,见《列宁全集》中文第 2 版增订版第 42 卷第 211 页

为了革新我们的国家机关,我们一定要给自己提出这样的任务:第一是学习,第二是学习,第三还是学习,然后是检查,使我们学到的东西真正深入血肉,真正地完全地成为生活的组成部分,而不是学而不用,或只会讲些时髦的词句(毋庸讳言,这种现象在我们这里是特别常见的)。

《宁肯少些,但要好些》,见《列宁全集》中文第 2 版增订版第 43 卷第 384 页

三、对无产阶级文艺事业的引导

一个战斗的社会党的成员就是在写学术著作时也不应当忽视工人读者,应当力求写得**简单明了**,避免不必要的舞文弄墨,避免在外表上摆出"渊博"的样子。

> 《土地问题和"马克思的批评家"》,见《列宁全集》中文第 2 版增订版第 5 卷第 130 页

《明星报》和《**真理报**》回避"迫切的难题",因而**使自己**成为枯燥、单调、索然无味和没有战斗力的刊物。社会主义的刊物**应当**进行论战,因为我们这个时代是一个混乱不堪的时代,没有论战是不行的。问题在于:是生动活泼地进行论战,向论敌进攻,独立提出问题呢? 还是仅仅枯燥无味地进行防御?

> 《致〈涅瓦明星报〉编辑部 (1912 年 7 月 24 日)》,见《列宁全集》中文第 2 版增订版第 46 卷第 132 页

如果我们能逐渐团结一些小说家来推进《启蒙》杂志,那真是太好了! 太好了! 读者是新的、无产阶级的读者,我们一定要降低杂志的售价,您可选登一些小说,但只能是民主主义的,而不是无病呻吟的、没有气节的小说。我们一定要把工人

团结起来。

《致阿·马·高尔基(1913年2月14日和25日
之间)》,见《列宁全集》中文第2版增订版第46
卷第255—256页

对发行量的增加,马克思主义者是高兴的,因为这是靠**马克思主义的**文章,而不是靠**反马克思主义的**文章而增加的。我们要的是有思想性的报纸,马克思主义的,而不是马赫主义的报纸,——《真理报》的所有撰稿人和读者都这样希望。不是这样吗?

《致〈真理报〉编辑部(不早于1913年5月25
日)》,见《列宁全集》中文第2版增订版第46卷
第289—290页

我们很少用现实生活各个方面存在的生动具体的事例和典型来**教育群众**,而这正是报刊在从资本主义到共产主义的过渡时期的主要任务。我们很少注意工厂、农村和连队的**日常**生活,这里创造的新事物最多,这里最需要关心、报道和公众的批评,最需要抨击坏人坏事,号召学习好人好事。

少来一些政治空谈。少发一些书生的议论。多深入生活。多注意工农群众怎样在日常工作中**实际地**创造**新事物**。多检查检查,看这些新事物中有多少**共产主义成分**。

《论我们报纸的性质》,见《列宁全集》中文第2版
增订版第35卷第93页

少唱些政治高调,多注意些极平凡的但是生动的、来自生活并经过生活检验的共产主义建设方面的事情,——我们大家,我们的作家、鼓动员、宣传员、组织者等等都应当不倦地反复提出

这个口号。

《伟大的创举》,见《列宁全集》中文第 2 版增订版
第 37 卷第 10—11 页

生产性报纸应当是千百万人都能看懂的通俗报纸,但决不能
庸俗化。不要降低水平迁就落后读者,而要不断地——十分谨慎
地、逐渐地——提高这部分读者的水平。

《关于生产宣传的提纲》,见《列宁全集》中文
第 2 版增订版第 40 卷第 17 页

把《经济生活报》改为**劳动国防委员会**的机关报,不应该仅仅
是一种简单的无意义的手续。

这张报纸应当成为战斗的机关报。第一,它不仅要经常提供
有关我国经济的真实情况的资料;第二,它还要分析这些资料,科
学地整理这些资料,为工业管理等等提供正确的结论;第三,它要
激励经济战线上的全体工作人员,要设法使表报准时上报,表扬工
作有成绩的人,把企业、机关或经济部门等等单位中工作马虎、落
后无能的工作人员揭露出来让大家批评。

《给〈经济生活报〉编辑部的信》,见《列宁全集》
中文第 2 版增订版第 42 卷第 139 页

不仅要放映电影,而且也要放映有宣传意义并附有适当文字
说明的照片。必须使私营电影院将相当一部分收入以租金形式上
交国家。要给企业主扩大片目和上映新片的权利,使企业主能从
制作和生产新影片中得到好处,但一定要经过教育人民委员部审
查并保持娱乐片同题为《各国人民生活点滴》的宣传片之间的比

425

例。在上述范围内,应给他们广泛的主动权。宣传教育片要送给老一辈马克思主义者和著作家检查,以免重复过去不止一次发生过的那种宣传效果适得其反的可悲怪事。要特别注意在农村和在东部地区兴建电影院的工作,在这些地方电影院还是新鲜事,因而我们的宣传将会特别有效。

《对电影事业的指示》,见《列宁全集》中文第 2 版增订版第 42 卷第 394 页

《在马克思主义旗帜下》杂志要成为战斗唯物主义的刊物,就必须用许多篇幅来进行无神论的宣传,评介有关的著作,纠正我们国家在这方面工作中的大量缺点。

……

我希望这个要成为战斗唯物主义刊物的杂志,能为我国读者登载一些评介无神论书籍的文章,说明哪些著作在哪一方面适合哪些读者,并指出我国已出版哪些书籍(要像样的译本才能算数,但这样的译本还不怎么多),还应出版哪些书籍。

《论战斗唯物主义的意义》,见《列宁全集》中文第 2 版增订版第 43 卷第 27—28 页

四、关怀文艺创作队伍
重视文艺评论工作

您打算在《无产者报》辟一小说栏并委托阿·马—奇负责,这是再好不过的事,我非常高兴。我也希望把《无产者报》上的**文学批评**栏固定下来,委托阿·马—奇负责。但是我**害怕**,而且非常害怕直接提出这一点,因为**我不了解**阿·马—奇的工作性质(和工作爱好)。如果一个人正在从事严肃的、巨大的著述工作,如果分心去干琐碎事情、报纸工作、政治评论会危害这一工作,那么妨碍和打扰他就是干蠢事,就是犯罪!我十分了解这一点并深深感觉到这一点。

> 《致阿·瓦·卢那察尔斯基(1908 年 2 月 13 日)》,见《列宁全集》中文第 2 版增订版第 45 卷第 167 页

高尔基无疑是**无产阶级**艺术的最杰出的代表,他对无产阶级艺术作出了许多贡献,并且还会作出更多贡献。

> 《政论家札记》,见《列宁全集》中文第 2 版增订版第 19 卷 248 页

高尔基是无产阶级艺术领域的权威,这是无可争辩的。

企图"利用"（当然是指在思想方面）**这个权威来为马赫主义和召回主义撑腰**，这正好是一个说明不应当怎样对待**权威**的**例子**。

《政论家札记》，见《列宁全集》中文第 2 版增订版第 19 卷第 248 页

车尔尼雪夫斯基是空想社会主义者，他幻想通过旧的、半封建的农民村社**301**向社会主义过渡，他没有认识到而且也不可能在上世纪的 60 年代认识到：只有资本主义和无产阶级的发展，才能为社会主义的实现创造物质条件和社会力量。但是，车尔尼雪夫斯基不仅是空想社会主义者，他同时还是一个革命的民主主义者，他善于用革命的精神去影响他那个时代的全部政治事件，他越过书报检查机关的重重障碍和种种刁难宣传农民革命的思想，宣传推翻一切旧政权的群众斗争的思想。他把自由派起初加以美化、而后甚至加以歌颂的 1861 年的"农民改革"称之为**丑事**，因为他清楚地认识到农民改革的农奴制性质，清楚地认识到那些自由派解放者老爷们正在把农民搜刮得一干二净。车尔尼雪夫斯基把 60 年代的自由派叫做"**空谈家，吹牛家和傻瓜**"**302**，因为他清楚地认识到，自由派在革命面前胆战心惊，在当权者面前毫无气节和奴颜婢膝。

《"农民改革"和无产阶级-农民革命》，见《列宁全集》中文第 2 版增订版第 20 卷第 176 页

车尔尼雪夫斯基是一个唯物主义者，并且一直到他一生结束（即到 19 世纪 80 年代）都在嘲笑时髦的"实证论者"（康德主义者、马赫主义者等等）对唯心主义和神秘主义所作

的种种让步。

《民粹派论尼·康·米海洛夫斯基》，见《列宁
全集》中文第 2 版增订版第 24 卷第 365 页

《贫苦农民报》[303]编辑索斯诺夫斯基同志给我送来了一本好书。应该把这本书尽量介绍给更多的工人和农民。这本书用生动的例子精辟地加以说明的那些在社会主义建设重要问题上的重大教训，我们应该注意吸取。这本书就是韦谢贡斯克县执行委员会为纪念十月革命一周年而在当地出版的、亚历山大·托多尔斯基同志写的《持枪扶犁的一年》[304]。

作者介绍了韦谢贡斯克县苏维埃政权建设工作的领导者一年来的工作经验——先是国内战争，当地富农的暴动及其被镇压，然后是"和平建设"。作者把一个偏僻县份的革命过程写得非常朴实生动，别人来转述，只会使原书减色。应该广泛传播这本书，并希望有尽量多的从事群众工作、深入实际生活的人来介绍自己的经验。从这些著作中选出几百部、哪怕几十部最真实、最朴实、有丰富而又宝贵的实际内容的佳作来出版，对社会主义事业来说，比大量发表那些热衷于写作、往往埋头书斋而看不见实际生活的著作家的报刊文章和成本著作要有益得多。

《一幅说明大问题的小图画》，见《列宁全集》
中文第 2 版增订版第 35 卷第 401 页

群众的革命意识正日益增长，这已成为到处都可看到的普遍现象，昂利·巴比塞的小说《火线》（«Le feu»）和《光明》（«Clarté»），可以说是这种现象的一个极其明显的证据。前一部小说已经译成各种文字，并在法国销售了 23 万册。这本书非常

429

有力地、天才地、真实地描写了一个完全无知的、完全受各种观念和偏见支配的普通居民,普通群众,正是因受战争的影响而转变为一个革命者。

《论第三国际的任务》,见《列宁全集》中文第 2 版
增订版第 37 卷第 100 页

我以极大的兴趣全神贯注地读完了约翰·里德的《震撼世界的十天》一书,由衷地把这部著作推荐给各国工人。我希望这本书能发行千百万册,译成各种文字,因为它真实地、异常生动地记述了那些对于理解什么是无产阶级革命,什么是无产阶级专政具有极其重要意义的事件。这些问题现在正得到广泛的讨论,但是在决定接受或拒绝这些思想以前,必须了解所作的决定的全部意义。约翰·里德的这本书无疑有助于阐明这个问题,而这正是世界工人运动的基本问题。[305]

《约翰·里德〈震撼世界的十天〉一书序言》,
见《列宁全集》中文第 2 版增订版第 38 卷第
67 页

妹妹①刚才将您所遭受的极大的不幸转告我了。请允许我紧紧地、紧紧地握您的手,希望您振作起来,坚强起来。我很想常常和您见面,更进一步和您认识,非常遗憾,我没有能够实现这个愿望。但是您的作品和妹妹的叙述使我对您深有好感,我很想告诉您:工人和我们大家是多么**需要**您的工作,您现在是多么需要有坚强的意志来战胜沉痛的心情,**强使**自己回到工作上来。写得太潦

---

① 指列宁的妹妹玛·伊·乌里扬诺娃。——编者注

草,请原谅。再一次紧紧地、紧紧地握手。[306]

《致亚·绥·绥拉菲莫维奇(1920 年 5 月 21日)》,见《列宁全集》中文第 2 版增订版第 49 卷第 337 页

我衷心地向全体共产党员推荐斯捷潘诺夫同志的这本著作。

作者非常成功地说明了一些极其困难、极其重要的问题。作者的做法很好,他决定不是给知识分子(而我们这里却惯于仿效资产阶级作家的恶劣文风来写书),而是给劳动者,给人民真正的大多数,给普通的工人和农民写一本书。……作者在这里出色地说明了新经济政策的意义,并有力地批驳了目前流行的对电气化的"轻微的"怀疑论;这种怀疑论通常掩盖着不认真思考问题的态度(有时甚至掩盖着白卫分子、社会革命党人[273]和孟什维克仇视一切苏维埃建设的态度)。

对于真正的(而不是官僚的无所事事的)国民教育工作来说,目前最感缺乏的,正是本书这样的"学校参考书"(一切学校都必需的参考书)。无产阶级掌握政权几乎有五年了,但旧的资产阶级学者还在**无产阶级的**国立学校和大学里用旧的资产阶级破烂教育(确切些说,腐蚀)青年,这是一种耻辱。要是我们所有的马克思主义著作家不把自己的精力浪费在令人生厌的报刊杂志的政治喧嚣上,而坐下来就所有的社会问题写作参考书或教科书,那我们就不会蒙受这样的耻辱了。[307]

《斯捷潘诺夫〈俄罗斯联邦电气化与世界经济的过渡阶段〉一书序言》,见《列宁全集》中文第 2 版增订版第 43 卷第 50—51 页

注　　释

1　《1844年经济学哲学手稿》是马克思1844年5月底6月初—8月撰写的一部未完成的手稿，是马克思主义形成阶段的重要著作。在这部手稿中，马克思从唯物主义和共产主义的立场出发，对涉及哲学、政治经济学和共产主义理论的各种历史文献和思想观点进行了系统的批判性考察，在剖析资本主义经济制度和资产阶级政治经济学的过程中，提出了新的经济学观点、哲学观点和共产主义理论观点，并作了初步的综合性阐述。他论述了劳动实践对于人类文明和历史进步的伟大意义，指出整个世界历史不外是人通过人的劳动而诞生的过程，人正是通过劳动这种有意识的生命活动创造了社会的全部物质财富和精神财富。他批判地改造了德国古典哲学的异化概念，提出了异化劳动理论，并以此为核心展开对资本主义制度和资产阶级政治经济学的哲学批判。他通过对异化劳动的剖析揭露了资产阶级社会中资本与劳动的不可调和的对立，说明私有财产的存在必然造成异化劳动，因而必然给工人阶级和整个人类带来灾难性的后果，指出只有扬弃私有财产才能消除异化劳动，而要使社会从私有财产的统治下解放出来，必须通过工人解放这种政治形式。

　　本书节选了这部手稿的《异化劳动和私有财产》、《私有财产和共产主义》、《货币》等节中与文艺和美学相关的内容。在手稿中，马克思以红棕色铅笔划了线的文句或段落，本书均以双斜线"//"表示起讫。在节选的部分，马克思剖析了资本主义制度下异化劳动的表现形式和本质，同时就艺术理论和审美实践问题阐述了一系列深刻的见解。他批判地继承前人留下的美学思想遗产，提出了人在劳动实践中"按照美的规律来构造"的科学命题（见本书第15页），这一命题对于文艺创作和

433

批评具有重要的指导意义。他运用历史唯物主义的观点和方法，从一个重要角度揭示了艺术等意识形式的本质："宗教、家庭、国家、法、道德、科学、艺术等等，都不过是生产的一些特殊的方式，并且受生产的普遍规律的支配。"（见本书第 26 页）这个重要论断为他后来在 1857 年《〈政治经济学批判〉导言》中首次明确提出"艺术生产"的概念做了理论准备。马克思还分析了人作为审美主体与审美对象之间的辩证关系，指出"只有音乐才激起人的音乐感；对于没有音乐感的耳朵来说，最美的音乐也毫无意义"（见本书第 28 页），"五官感觉的形成是迄今为止全部世界历史的产物"（见本书第 29 页），"如果你想得到艺术的享受，那你就必须是一个有艺术修养的人"（见本书第 37 页）。这些论述清晰地说明了艺术修养是艺术鉴赏的基础和条件，而审美能力和修养只有通过长期实践才能形成。最后，马克思结合歌德和莎士比亚的作品，指出了货币在资本主义条件下所具有的"使一切人的和自然的性质颠倒和混淆"的力量，并对这种社会现象产生的根源和后果作了深刻的分析（见本书第 35 页）。通过分析，马克思一方面批判了资产阶级的剥削行径，一方面肯定了优秀的现实主义文艺作品在暴露资本主义弊端方面的积极作用。——7。

2　国民经济学是当时德国人对英国人和法国人称做政治经济学的资产阶级政治经济学采用的概念。德国人认为政治经济学是一门系统地研究国家应该采取哪些措施和手段来管理、影响、限制和安排工业、商业和手工业，从而使人民获得最大福利的科学。因此，政治经济学也被等同于国家学（Staatswissenschaft）。英国经济学家亚·斯密认为，政治经济学是关于物质财富的生产、分配和消费的规律的科学。随着斯密主要著作的问世及其德译本的出版，在德国开始了一个改变思想的过程。有人认为可以把斯密提出的原理纳入德国人界定为国家学的政治经济学。另一派人则竭力主张把两者分开。路·亨·冯·雅科布和尤·冯·索登在 1805 年曾作了两种不同的尝试，但都试图以一门独立的学科形式来表述一般的经济学原理，并都称其为"国民经济学"。——7。

3　马克思在《让·巴蒂斯特·萨伊〈论政治经济学〉一书摘要》中对萨伊关于财富的性质和流通的原理的论述写有如下评注："私有财产是一个

事实,国民经济学对此没有说明理由,但是,这个事实是国民经济学的基础";"没有私有财产的财富是不存在的,国民经济学按其本质来说是发财致富的科学。因此,没有私有财产的政治经济学是不存在的。这样,整个国民经济学便建立在一个没有必然性的事实的基础上。"(见《马克思恩格斯全集》历史考证版第 4 部分第 2 卷第 316、319 页)——7。

4 马克思在《亚·斯密〈国民财富的性质和原因的研究〉一书摘要》中写有如下评注:"十分有趣的是斯密作的循环论证。为了说明分工,他假定有交换。但是为了使交换成为可能,他就以分工、以人的活动的差异为前提。他把问题置于原始状态,因而未解决问题。"(见《马克思恩格斯全集》历史考证版第 4 部分第 2 卷第 336 页)——8。

5 这个结论在当时的社会批判性著作中相当流行。例如,威·魏特林在其著作《和谐与自由的保证》中就曾写道:"正像在筑堤时要产生土坑一样,在积累财富时也要产生贫穷。"——9。

6 马克思在这里使用了黑格尔的术语及其探讨对立的统一的方法,把 Verwirklichung(现实化)与 Entwirklichung(非现实化)对立起来。——9。

7 马克思在手稿中往往并列使用两个德文术语"Entfremdung"(异化)和"Entäußerung"(外化)来表示异化这一概念。但他有时赋予"Entäußerung"另一种意义,例如,用于表示交换活动,从一种状态向一种状态转化,就是说,用于表示那些并不意味着敌对性和异己性的关系的经济现象和社会现象。——9。

8 马克思在这里以自己的理解复述了费尔巴哈哲学关于宗教是人的本质的异化的论点。费尔巴哈说,为了使上帝富有,人就必须贫穷;为了使上帝成为一切,人就必须什么也不是。人在自身中否定了他在上帝身上所肯定的东西。——9。

9 这里表述的思想与费尔巴哈的论点相呼应。费尔巴哈认为宗教和唯心主义哲学是人的存在及其精神活动的异化。费尔巴哈写道,上帝作为对人来说的某种至高的、非人的东西,是理性的客观本质;上帝和宗教就是幻想的对象性本质。他还写道,黑格尔逻辑学的本质是主体的活动,是主体的被窃走的思维,而绝对哲学则使人自身的本质、人的活动在人那里异化。——12。

10　马克思在本段和下一段利用了费尔巴哈哲学中表述人和整个人类时所用的术语,并且创造性地吸取了他的思想:人把人的"类本质"、人的社会性质异化在宗教中;宗教以人同动物的本质区别为基础,以意识为基础,而意识严格说来只是在存在物的类成为存在物的对象、本质的地方才存在;人不像动物那样是片面的存在物,而是普遍的、无限的存在物。——13。

11　类、类生活、类本质都是费尔巴哈使用的术语,它们表示人的概念、真正人的生活的概念。真正人的生活以友谊和善良的关系,即以爱为前提,这些都是类的自我感觉或关于个人属于人群这种能动意识。费尔巴哈认为,类本质使每个具体的个人能够在无限多的不同个人中实现自己。费尔巴哈也承认人们之间确实存在着利益的相互敌对和对立关系,但是在他看来,这种关系不是产生于阶级社会的历史的现实条件,即资产阶级社会的经济生活条件,而是人的真正本质即类本质同人相异化的结果,是人同大自然本身预先决定了的和谐的类生活人为地但绝非不可避免地相脱离的结果。——14。

12　马克思显然是指皮·约·蒲鲁东的著作《什么是财产?》。参看该书第3章第4—8节。——19。

13　马克思在这段话里从广义上使用工资范畴,以表达资本家和雇佣工人这两个阶级之间的对抗性关系。——19。

14　这是马克思在批判皮·约·蒲鲁东的"平等"观念时所持的基本论点。蒲鲁东在《什么是财产?》一书中表述的"平等"观念是建立在资本主义关系基础上的。他的空想的、改良主义的药方规定,私有财产要由"公有财产"代替,而这种"公有财产"将以平等的小占有的形式,在"平等"交换产品的条件下掌握在直接生产者手中。这实际上是指均分私有财产。蒲鲁东是这样设想交换的"平等"的,即"联合的工人"始终得到同等的工资,因为在相互交换他们的产品时,即使产品实际上不同等,但每个人得到的仍然是相同的,而一个人的产品多于另一个人的产品的余额将处于交换之外,不会成为社会的财产,这样就完全不会破坏工资的平等。马克思认为,在蒲鲁东的理论中,社会是作为抽象的资本家出现的。他指出蒲鲁东没有考虑到即使在小("平等")占有制度下也仍然起作用的商品生产的现实矛盾。后来,马克思在《神圣家族》这部著作中表述了这样一个结论:蒲鲁东在经济异化范围内克服经济异化,就是说,实际上根本没有克服它。参看《马克思恩格斯文集》第 1 卷第 268 页。——19。

15 黑格尔在他的《逻辑学》中把"对立"和"矛盾"这两个概念作了区分。在对立中两个方面的关系是这样的:其中的每一个方面为另一个方面所规定,因此都只是一个环节,但同时每一个方面也为自身所规定,这就使它具有独立性;相反,在矛盾中两个方面的关系是这样的:每一个方面都在自己的独立性中包含着另一个方面,因此两个方面的独立性都是被排斥的。——22。

16 沙·傅立叶对政治经济学抱着极端否定的态度,认为这是一门错误的科学。他在关于未来世界、所谓协作制度的空想中,违反经济发展的现实趋向和政治经济学的基本原理,断言在"合理制度"的条件下,工业生产只能被当做对农业的补充,当做在漫长的冬闲时期和大雨季节"避免情欲消沉的一种手段"。他还断言,上帝和大自然本身确定,协作制度下的人只能为工业劳动拿出四分之一的时间,工业劳动只是辅助性的、使农业多样化的作业。——22。

17 马克思在这里所说的"共产主义"是指法国的格·巴贝夫、埃·卡贝、泰·德萨米,英国的罗·欧文和德国的威·魏特林所创立的空想主义的观点体系。

马克思所说的共产主义的最初形态,大概首先是指 1789—1794 年法国资产阶级革命影响下形成的巴贝夫及其拥护者关于"完全平等"的社会,以及在排挤私人经济的"国民公社"的基础上实现这种社会的空想主义观点。这种观点虽然也表现了当时无产阶级的要求,但整个说来还带有原始的、粗陋的、平均主义的性质。——22。

18　在中世纪宗教共产主义共同体中,把妻子公有当做未来社会特征的观念颇为流行。1534—1535 年在明斯特掌权的德国再洗礼派试图根据这种观点引进一夫多妻制。托·康帕内拉在《太阳城》一书中就反对一夫一妻制。原始的共产主义共同体还有一些特征,如禁欲主义、对科学和艺术持否定态度。1830 年和 1840 年法国的秘密团体,如平均主义工人社和人道社也曾继承了原始的平均主义思想的某些特征。恩格斯在《大陆上社会改革的进展》(见《马克思恩格斯全集》中文第 2 版第 3 卷)一文中对此作过描述。——23。

19　让·雅·卢梭在《论科学和艺术》、《论人间不平等的起源和原因》等著作中认为,没有受到教育、文化和文明触动的状态,对人来说才是自然的,马克思则认为这种状态是非自然的。——23。

20　马克思在这里使用路·费尔巴哈的术语来表述自己的观点。文中所说的"历史之谜的解答",是指从建立在私有制基础上的社会的客观矛盾的发展中得出共产主义必然性的结论。——25。

21　指罗·欧文对一切宗教的批判言论。用欧文的话来说,宗教给人以危险的和可悲的前提,在社会中培植人为的敌对。欧文指出,宗教的褊狭性是达到普遍的和谐和快乐的直接障碍;欧文认为任何宗教观念都是极端谬误的。——26。

22　《神圣家族,或对批判的批判所做的批判。驳布鲁诺·鲍威尔及其伙伴》是马克思和恩格斯共同撰写的第一部理论著作,写于 1844 年 9—11 月,1845 年 2 月在德国美因河畔法兰克福出版。在这部著作中,马克思和恩格斯批判了黑格尔的思辨唯心主义,抨击了青年黑格尔派散布的历史唯心主义谬论,初步阐述了哲学、政治经济学和科学社会主义领域的许多重要原理,在创立马克思主义科学体系的道路上迈进了一大步,正如列宁所说:"马克思在这里尖锐而明确地强调指出了自己的全部世界观的基本原则。"(见《列宁全集》中文第 2 版增订版第 55 卷第 20—21 页)这部著作阐明了思维与存在的辩证关系,论述了唯物主义思想同社会主义、共产主义理论的内在联系;揭示了历史的发源地是尘世的物质生产,论证了物质生产在社会发展中的决定性作用;批判了青年黑格尔派的英雄史观,强调人民群众是历史的创造者,指出无产阶级必将完成推翻旧世界、创建新社会的历史使命。

本书节选了第六章第一节和第八章第八节的内容。第六章着重批判了青年黑格尔派的代表布鲁诺·鲍威尔的自我意识哲学,揭露他的唯心史观。在节选部分,马克思和恩格斯提出"'思想'一旦离开'利益',就一定会使自己出丑","历史活动是群众的活动,随着历史活动的深入,必将是群众队伍的扩大"(见本书第43、44页)等历史唯物主义的重要观点,为构建科学的文艺理论提供了哲学依据,指明了根本方向。在第五章和第八章,马克思和恩格斯对法国作家欧仁·苏的长篇小说《巴黎的秘密》以及青年黑格尔派对这部作品的评论作了深入细致的剖析。在节选部分,马克思和恩格斯一针见血地指出,这部小说的作者对社会问题所作的脱离实际的描述、进行的主观唯心的分析、提出的具有空想性质的解决方案,与青年黑格尔派的理论观点和政治主张十分吻合,因而受到了这个派别的大肆追捧。为此,马克思和恩格斯一方面从思想上、艺术上对欧仁·苏的小说进行全面分析,一方面从政治上、哲学上对青年黑格尔派的书评进行彻底批判,从而更加完整具体地表明了自己的立场和观点。

这是马克思和恩格斯在哲学论战中运用唯物史观考察文艺创作的本质特征、内在规律和社会影响的首次尝试。他们的成功探索,为革命现实主义文艺理论的形成和发展积累了重要的实践经验,奠定了牢固的思想基础,成为马克思主义文艺评论史上具有开创意义的杰出范例。——38。

23　此处和以下的引文均出自布·鲍威尔的文章《犹太人问题的最新论文》,发表在1843年12月《文学总汇报》第1期上;这篇文章是鲍威尔针对在报刊上对他的《犹太人问题》一书的批评所做的答复。——39。

24　布·鲍威尔的《犹太人问题》1843年在布伦瑞克出版,该书重印了鲍威尔曾用同一标题发表在1842年11月《德国年鉴》上的论文,并作了补充。——39。

25　指《巴黎革命》周报,该报于1789年7月—1794年2月在巴黎发行。在1790年9月以前,革命政论家、民主主义者埃·路斯达洛任该报编辑。——44。

26　指路·费尔巴哈的《关于哲学改革的临时纲要》,写于 1842 年 1 月,被
书报检查机关禁止在德国出版,1843 年发表在瑞士出版的《德国现代哲
学和政论界轶文集》第 2 卷。——45。

27　这里指的是那些丧失了自己权力的德国小公爵,在拿破仑战争和维也
纳会议期间(1814—1815 年)由于重新划分德国的政治地图,他们的领
地被并入较大的德意志各邦的领土之内。——49。

28　"青年英国"是由英国托利党中的一些政治活动家和著作家组成的集
团,成立于 19 世纪 40 年代初,主要代表人物是本·迪斯累里及托·卡
莱尔等。他们维护土地贵族的利益,对资产阶级日益增长的经济势力
和政治势力不满,企图用蛊惑手段把工人阶级置于自己的影响之下,并
利用他们反对资产阶级。——51。

29　《共产主义在德国的迅速进展》是恩格斯以书信形式给英国的周报《新
道德世界》写的三篇系列文章,本书节选的是其中第一篇。这篇文章写
于 1844 年 11 月 9 日前后,同年 12 月 13 日刊载于该报第 25 号。恩格
斯当时从英国回到德国,正在巴门市撰写《英国工人阶级状况》一书。
在此期间,他为《新道德世界》撰稿,报道社会主义和共产主义思想在德
国的传播情况。
　　　　恩格斯在文中指出,"社会主义在我国传播之快简直是一个奇迹"
(见本书第 58 页);正是在汹涌澎湃的革命潮流中,进步的文学艺术作
品发挥着巨大的作用。恩格斯用生动细腻的笔触,详尽地介绍了德国
民主派的著名现实主义画家许布纳尔的作品《西里西亚织工》,指出"从
宣传社会主义这个角度来看,这幅画所起的作用要比一本小册子大
得多",原因就在于画家"异常有力地把冷酷的富有和绝望的穷困作了
鲜明的对比",从而成功地向公众"灌输"了社会主义思想。(见本书第
59、60 页)恩格斯还介绍了"德国社会主义者当中最积极的作家"(见本
书第 61 页),并亲自翻译了德国革命民主主义诗人海涅的《西里西亚织
工之歌》,强调这首宣传社会主义的诗作"是我所知道的最有力的诗歌
之一"(见本书第 62 页)。
　　　　在这篇文章中,恩格斯用鲜活的事实说明,优秀的文学家、艺术家
可以在伟大的社会变革运动中找到战斗岗位,充分施展才华,为人类进

步事业作出应有的贡献。——58。

30　指《新道德世界。合理社会的报纸》(The New Moral World,and Gazette of the Rational Society),该报是英国的一家周报,空想社会主义者的机关报(1834—1846 年);由罗·欧文创办;1836 年曾几度更换副标题;起初在利兹出版,1841 年 10 月起在伦敦出版;1843 年 11 月—1845 年 5 月恩格斯曾为报纸撰稿。——58。

31　指《德法年鉴》(Deutsch-Französische Jahrbücher),它是由马克思和阿·卢格在巴黎编辑出版的德文刊物,仅在 1844 年 2 月出版过第 1—2 期合刊。其中刊载有马克思的著作《论犹太人问题》(见《马克思恩格斯文集》第 1 卷)和《〈黑格尔法哲学批判〉导言》(见《马克思恩格斯选集》第 3 版第 1 卷),以及恩格斯的著作《国民经济学批判大纲》(见《马克思恩格斯选集》第 3 版第 1 卷)和《英国状况。评托马斯·卡莱尔的〈过去和现在〉》(见《马克思恩格斯全集》中文第 2 版第 3 卷)。这些著作标志着马克思和恩格斯完成了从唯心主义向唯物主义、从革命民主主义向共产主义的转变。该杂志由于马克思和资产阶级激进分子卢格之间存在原则分歧而停刊。——58、105、153、190。

32　《特里尔日报》(Trier' sche Zeitung)是德国的一家日报,1757 年在特里尔创刊,1815—1919 年用这个名称出版;1842 年起报纸反映资产阶级民主派的观点,特别是深受亨·贝特齐希的影响;40 年代中开始接受"真正的社会主义"的影响,1842—1843 年曾转载《莱茵报》上马克思的几篇文章,全面支持《摩泽尔记者的辩护》,反对查封《莱茵报》。——59。

33　《发言人报,或莱茵—威斯特伐利亚通报》(Der Sprecher oder Rheinisch-Westphälischer Anzeiger)是德国的一家报纸,1798 年在哈姆创刊,每周出版两次,1841—1850 年改在威塞尔出版;1842—1844 年 11 月卡·格律恩曾参加报纸的编辑工作。——59。

34　指《前进报！巴黎德文杂志》(Vorwärts！Pariser Deutsche Zeitschrift),它是在巴黎出版的一家德文刊物,1844 年 1 月创刊,每周出两次(星期三和星期六),创办人和编辑之一为亨·伯恩施太因,副标题为《巴黎艺术、科学、戏剧、音乐和社交生活信号》(Pariser Signale aus Kunst, Wissenschaft, Theater, Musik und geselligem Leben),1844 年 7 月 1 日卡·路·贝尔奈斯参加编辑部,同时副标题改为《巴黎德文杂志》;报纸最初为一家温和的自由派刊物,从 1844 年夏天起,在马克思的影响下成为当时最优秀的革命报纸之一,批判普鲁士的反动政策,刊登马克思和恩格斯等人的文章;1844 年 12 月因一些工作人员被政府驱逐出法国而停刊。——59。

35　《科隆日报》(Kölnische Zeitung)是德国的一家日报,17 世纪创刊,1802—1945 年用这个名称出版;19 世纪 40 年代初该报代表温和自由派的观点,对资产阶级民主主义反对派持批判态度,维护莱茵地区资产阶级的利益;在科隆教会争论中该报代表天主教会的利益;《莱茵报》被查封后,《科隆日报》成为莱茵地区资产阶级自由派的主要机关报;1831年起出版者是杜蒙,1842 年报纸的政治编辑是海尔梅斯。——60、189。

36　指以罗·欧文为首的英国空想社会主义者 1839 年底在英国汉普郡建立的共产主义移民区。移民区一直存在到 1845 年。——61。

37　译文是恩格斯根据海涅原诗的较早的稿子翻译的,它和首次发表在 1844 年 7 月 10 日《前进报》第 55 号上的原文不同,这篇译文的第一小节中多一个第三行。——62。

38　《关于费尔巴哈的提纲》是马克思 1845 年春在布鲁塞尔写的笔记,标题为《1.关于费尔巴哈》,马克思生前没有发表。1888 年,恩格斯在准备出版《路德维希·费尔巴哈和德国古典哲学的终结》一书时发现了这个珍贵文献,便将它作为该书的附录刊印出来,标题为《马克思论费尔巴哈》。恩格斯在发表这个《提纲》时对个别地方作了文字上的修改,本书将马克思 1845 年的原稿本和恩格斯修改的稿本一并收入。

　　《提纲》在马克思主义发展史上占有极为重要的地位,恩格斯称它是"包含着新世界观的天才萌芽的第一个文献"(见《马克思恩格斯选集》第 3 版第 4 卷第 219 页)。《提纲》最重要的理论价值,在于它确立了科学的实践观,从而对历史唯物主义乃至整个马克思主义哲学具有奠基性的意义。在这篇文献中,马克思批判了费尔巴哈和一切旧唯物主义忽视人的主观能动性、忽视实践作用的主要缺陷,阐明了实践是检验真理的标准的思想,说明了全部社会生活在本质上是实践的。正是基于这个科学判断,马克思在《提纲》中批判了旧唯物主义者对人的本质的错误理解和抽象解释,指出人的本质在其现实性上是一切社会关系的总和,从而第一次把对人的认识置于历史唯物主义的基础之上。也正是在科学实践观的基础上,马克思解决了历史观的基本问题,即社会存在与社会意识的关系问题,进而阐明了实践在认识论中的基础性地位和决定性意义。因此可以说,《提纲》提出了新唯物主义哲学的纲领。马克思在《提纲》的结尾强调:"哲学家们只是用不同的方式解释世界,问题在于改变世界。"(见本书第 67 页)这一著名论断深刻地揭示了新旧哲学的根本区别,体现了马克思的新哲学的基本特征。

马克思在《提纲》中关于人的本质、关于人的实践活动的意义以及关于人的活动与环境改变之间的关系等重要问题的论述,作为唯物史观的重要组成部分,为我们深入探究和正确认识文艺的对象、本质、创作原则、批评标准和发展规律提供了钥匙。——64。

39 经院哲学也称烦琐哲学,是欧洲中世纪基督教学院中形成的一种哲学。经院哲学家们通过烦琐的抽象推理的方法来解释基督教教义和信条,实际上把哲学当做"神学的婢女"。——65。

40 市民社会(bürgerliche Gesellschaft)这一术语出自黑格尔《法哲学原理》第 182 节(见《黑格尔全集》1833 年柏林版第 8 卷)。在马克思的早期著作中,这一术语有两重含义。广义地说,是指社会发展各历史时期的经济制度,即决定政治制度和意识形态的物质关系总和;狭义地说,是指资产阶级社会的物质关系。因此,应按照上下文作不同的理解。——67、145、153。

41 《德意志意识形态。对费尔巴哈、布·鲍威尔和施蒂纳所代表的现代德国哲学以及各式各样先知所代表的德国社会主义的批判》是马克思和恩格斯于 1845 年 10 月至 1847 年 4—5 月共同撰写的阐述唯物史观和共产主义理论的重要著作。这部著作在马克思和恩格斯生前未能出版,只有第二卷第四章在 1847 年《威斯特伐利亚汽船》杂志 8 月号和 9 月号上发表过。

这部著作共分两卷,第一卷批判了路·费尔巴哈、布·鲍威尔和麦·施蒂纳的唯心史观,阐发了唯物史观的基本原理,论述了共产主义和无产阶级革命的理论;第二卷批判了当时在德国流行的所谓"真正的"社会主义,揭示了这种假社会主义的哲学基础、社会根源和阶级本质。本书节选了第一卷第一章的重要内容以及第一卷和第二卷中的重要论述。在编辑第一卷和第二卷的重要论述时,我们参照了2018年出版的马列主义经典作家文库著作单行本《德意志意识形态》(节选本),保留了此书的编排结构,从此书的《第一卷和第二卷重要论述摘编》部分摘选了5个与文学艺术相关的小节,即《空想共产主义的社会现实基础》、《共产主义与消灭私有制》、《共产主义与人的自由全面的发展》、《共产主义的社会组织将消除由旧的分工造成的弊端》、《思想和语言都只是现实生活的表现》。

在马克思主义发展史上,这部著作是唯物史观基本形成的里程碑,也是马克思主义哲学创立的标志。唯物史观的创立,为马克思主义文艺理论奠定了科学的世界观和方法论基础,使文艺理论和美学领域发生了划时代的变革。在节选部分,马克思和恩格斯论证了研究现实的人的活动和他们的物质生活条件是唯物史观考察历史的出发点,强调"我们不是从人们所说的、所设想的、所想象的东西出发,也不是从口头说的、思考出来的、设想出来的、想象出来的人出发,去理解有血有肉的人。我们的出发点是从事实际活动的人"(见本书第79页),因为"全部人类历史的第一个前提无疑是有生命的个人的存在"(见本书第73页);论述了社会存在决定社会意识这一历史唯物主义的基本原则,指出"意识[das Bewußtsein]在任何时候都只能是被意识到了的存在[das bewußte Sein],而人们的存在就是他们的现实生活过程","不是意识决定生活,而是生活决定意识"(见本书第78、79页);考察了分工在社会历史进程中的作用,论述了私有制和阶级产生的根源,指出"一个民族的生产力发展的水平,最明显地表现于该民族分工的发展程度",强调"分工的各个不同发展阶段,同时也就是所有制的各种不同形式"(见本书第74页);阐明经济基础对于政治上层建筑和观念上层建筑的决定作用,指出"统治阶级的思想在每一时代都是占统治地位的思想。……占统治地位的思想不过是占统治地位的物质关系在观念上的表现,不过是以思想的形式表现出来的占统治地位的物质关系"(见本书第

80 页）。此外,马克思和恩格斯还具体论述了旧的分工对文艺造成的影响,强调"艺术才能在个别人身上的排他性集中以及与此相关联的广大群众艺术才能的受压抑,是分工的结果"(见本书第 95 页);指出共产主义社会是"个人的独创的和自由的发展不再是一句空话的唯一的社会"(见本书第 93 页),"在共产主义的社会组织中,纯粹由分工造成的艺术家屈从于地方局限性和民族局限性的现象无论如何会消失",而且个人屈从于某种特定艺术的现象"也会消失"(见本书第 95 — 96 页),总之,每个人都将得到充分自由和全面的发展。

马克思和恩格斯阐述的这些历史唯物主义基本原理,为正确理解文艺活动的产生原因、发展历程和本质特征以及作为上层建筑的文学艺术与经济基础之间的辩证关系奠定了基础,从而为构建科学的文艺理论指明了方向。——72。

42　"交往"(Verkehr)这个术语在《德意志意识形态》中含义很广。它包括单个人、社会团体以及国家之间的物质交往和精神交往。马克思和恩格斯在这部著作中指出:物质交往,首先是人们在生产过程中的交往,这是任何其他交往的基础。《德意志意识形态》中所用的"交往形式"、"交往方式"、"交往关系"、"生产关系和交往关系"这些术语,表达了马克思和恩格斯在这个时期形成的生产关系概念。——74。

43　马克思和恩格斯使用的术语 Stamm,在本文中译为"部落"。在 19 世纪中叶的历史研究中,这个术语的含义比现在宽泛。它是指渊源于共同祖先的人们的共同体,包括近代所谓的"氏族"和"部落"。美国的民族学家路·亨·摩尔根在其主要著作《古代社会》(1877 年)中第一次把"氏族"和"部落"这两个概念区分开来,并下了准确的定义。摩尔根指明,氏族是原始公社制度的基层单位,部落则是由若干血缘相近的氏族结合而成的集体,从而为原始社会的全部历史奠定了科学的基础。恩格斯在《家庭、私有制和国家的起源》(见《马克思恩格斯选集》第 3 版第 4 卷)一书中总结了摩尔根的这些发现,全面地解释了氏族和部落这两个概念的内容。——74。

44　李奇尼乌斯土地法是公元前 367 年在古罗马通过的一项法律,又称李奇尼乌斯法。该法律对于把公有地转交个人使用的权利作了某种限制,并规定撤销部分债务。该法反对大土地占有制,反对扩大贵族的特权,反映了平民的经济地位和政治地位有所加强。根据罗马的传统说法,该法是罗马护民官李奇尼乌斯和塞克斯蒂乌斯制定的。——75。

45　内战指在罗马发生的内战,通常是指罗马统治阶级各集团之间从公元前2世纪末至公元前30年持续进行的斗争。这些内战连同日益尖锐的阶级矛盾和奴隶起义加速了罗马共和国的衰亡,并导致罗马帝国的建立。——75。

46　在恩格斯的《家庭、私有制和国家的起源》(见《马克思恩格斯选集》第3版第4卷)以及《法兰克时代》(见《马克思恩格斯全集》中文第2版第25卷)中均有关于日耳曼人军事制度的论述。——76。

47　马克思和恩格斯把那些抱有唯心主义观念,认为思想具有独立作用,而不懂思维和意识对物质现实的依赖性的哲学家、社会学家和历史学家称为意识形态家。——84、226、250。

48　《和平民主日报》是法国的一家杂志,其全称为《和平民主日报。维护政府和人民利益的报纸》(La Démocratie pacifique. Journal des intérêts des gouvernements et des peuples),1843—1851年在巴黎出版,主编是维·孔西德朗。——87。

49　指空想社会主义者(特别是傅立叶及其追随者)以及通过改良和所谓"劳动组织"来改造社会的这种空想计划的拥护者,他们主张用"劳动组织"来改变资本主义制度下生产的无政府状态。——94。

50　《诗歌和散文中的德国社会主义》是恩格斯于1846年底—1847年初写的评论,刊载于1847年9—12月的《德意志—布鲁塞尔报》。

　　在这篇文章中,恩格斯以卡·倍克的《穷人之歌》和卡·格律恩的《从人的观点论歌德》为例,批判了德国小资产阶级社会主义流派"真正的社会主义"的美学观点。

　　在本书节选的部分,恩格斯深刻地剖析了"真正的社会主义"的代表人物所鼓吹的抽象的"人的观点",指出了这种观点的虚伪性和荒谬性,揭露了他们在作品中坚持的反动立场和鄙俗思想;他强调进步的诗人和作家应当关注人民的正义斗争和反抗运动,热诚地"歌颂倔强的、叱咤风云的和革命的无产者"(见本书第 99 页)。恩格斯反对这个小资产阶级流派用主观唯心主义的偏见和小市民的尺度去评价德国的伟大作家歌德,他运用历史唯物主义的科学方法,揭示了歌德的世界观与时代潮流、社会环境之间的联系,准确地指出了歌德思想和著作中的矛盾。恩格斯还"从美学和历史的观点"(见本书第 107 页)全面地考察歌德的社会实践和创作历程,既充分地肯定了这位作家的历史贡献,又中肯地指出了他的历史局限性。恩格斯的这些精辟论述,令人信服地说明了歌德作品的艺术价值和社会价值之所在,是马克思主义文艺评论和文学史研究的范例。

　　恩格斯在这篇文章中提出的一系列原则,特别是关于"美学观点"和"历史观点"相统一的评价标准和衡量尺度,为马克思主义文艺批评奠定了重要的思想基础,提供了科学的理论依据。——98。

51　恩泽拉德(或恩克拉德),古希腊神话中和奥林波斯山上诸神战斗的巨人之一。——99。

52　指 1844 年 6 月后半月布拉格纺织工人的自发的起义。布拉格事件在捷克其他许多工业中心引起了工人骚动。在运动中发生了破坏工厂和捣毁机器的事情。这次运动被政府军队残酷地镇压下去。——100。

53　光明之友是 1841 年在德国产生的一个宗教派别,它反对在官方新教教会中占统治地位的神秘主义和虔诚主义,是 19 世纪 40 年代德国资产阶级对德国反动制度不满的一种表现形式。1846 年,光明之友运动引起了官方新教的分化,分化出来的部分组成了"自由公理会"。——102。

54　青年德意志或现代派是德国 19 世纪 30 年代在法国七月革命和德国人民起义的影响下出现的一个文学流派,它同时又是一个文学团体,受海涅和卡·白尔尼的影响极大,在世界观方面受黑格尔思想和圣西门主义的影响。青年德意志作家(卡·谷兹科、亨·劳伯、卢·文巴尔克和泰·蒙特)主张信仰自由和新闻出版自由、实行立宪制、解放妇女等等。他们的文艺和政论作品反映出小资产阶级的反抗情绪。青年德意志派观点的特点是思想上不成熟和政治上不坚定。他们之中的大多数人很快就沦为庸俗的资产阶级自由派。青年德意志在 1848 年后解体。
——103、278。

55　热月九日是 1794 年 7 月 27 日法国反革命政变的日子，在这一天颠覆了
雅各宾党人的政府，建立了反革命的大资产阶级的统治。

　　　　雾月十八日是 1799 年 11 月 9 日政变的日子，在这一天法国资产阶
级的反革命势力取得了胜利；政变的结果建立了拿破仑·波拿巴的专
政。——104。

56　自然神论是一种推崇理性原则，把上帝解释为非人格的始因的宗教哲
学理论，曾是资产阶级反对封建制度和正统宗教的一种理论武器，也是
无神论在当时的一种隐蔽形式。这种理论反对蒙昧主义和神秘主义，
认为上帝不过是"世界理性"或"有智慧的意志"，上帝在创世之后就不
再干预世界事务，而让世界按它本身的规律存在和发展下去。在封建
教会世界观统治的条件下，自然神论者往往站在理性主义的立场上批
判中世纪的神学世界观，揭露僧侣们的寄生生活和招摇撞骗行为。
——104、221、246。

57　指卡·格律恩的《政治和社会主义》一文。《莱茵年鉴》即《莱茵社会改
革年鉴》(Rheinische Jahrbücher zur gesellschaftlichen Reform)，该杂志由
激进政论家海·皮特曼创办；共出版过两卷，第 1 卷于 1845 年 8 月在达
姆施塔特出版，第 2 卷于 1846 年年底在德国和瑞士边境的一个小地方
贝尔维尤出版。马克思和恩格斯认为，要取得在德国宣传共产主义观
点的阵地，就必须利用杂志。在该杂志第 1 卷中载有恩格斯的《在埃尔
伯费尔德的演说》，在第 2 卷中载有他的《在伦敦举行的各族人民庆祝
大会》(参看《马克思恩格斯全集》中文第 1 版第 2 卷第 602—626 页和
第 662—676 页)。但是年鉴的总的方向已为"真正的社会主义"的代表
人物所左右；因此，马克思和恩格斯在他们的著作《德意志意识形态》中
对该杂志进行了尖锐的抨击。——105。

58　见马克思的《论犹太人问题》一文(《马克思恩格斯全集》中文第 2 版第
3 卷第 163—198 页)。——105。

59　这篇文章写于 1847 年 10 月，连载于当年 10—11 月《德意志—布鲁塞

尔报》。马克思在文中揭露了德国小资产阶级激进派政论家卡尔·海因岑的狭隘政治观念和不彻底的民主主义，驳斥了他对共产主义运动的诬蔑和攻击，论述了德意志文化的历史，捍卫了科学社会主义的原则。马克思在批判海因岑的荒谬论点、阐明共产主义理论主张的同时，还指出了他在论战中采取的粗暴态度、使用的低俗伎俩、暴露的愚昧无知。马克思列举了大量事实，证明海因岑的文风"再现"了16世纪德国粗俗文学的基本特征，而粗俗文学历来就是传播错误思想、歪曲事实真相、造成恶劣影响的载体。马克思把粗俗文学称做"畸形文学"，他的深刻论述不仅引导我们全面认识这个"文学变种"（见《马克思恩格斯全集》中文第1版第4卷第323页）的消极影响和严重危害，而且启发我们用科学的方法去分析历史上和现实中的各种复杂的文学现象，准确地领悟文艺作品的思想内容与表现形式之间的内在联系，深入地探究各种作品风格产生的社会土壤、时代背景和历史渊源。——108。

60　宗教改革指16世纪德国新教创始人马丁·路德领导的要求摆脱教皇控制、改革封建关系的宗教改革运动。1517年10月31日，路德在维滕贝格教堂门前张贴了《九十五条论纲》，抗议教皇滥用特权、派教廷大员以敛财为目的的向各地教徒兜售赎罪券，并要求对此展开辩论。随着《九十五条论纲》的传播，德国和欧洲各地掀起了宗教改革运动。关于这一运动的情况，可参看恩格斯《德国农民战争》第二章（见《马克思恩格斯文集》第2卷第234—254页）。——108、231。

61　伏拉松是罗马剧作家忒伦底乌斯的喜剧《太监》中的人物，是一个好吹嘘的糊涂军人。——108。

62　指1847年10月21日《德意志—布鲁塞尔报》（见注135）第84号上发表的海因岑的文章：《共产主义者的"一个代表"》。——108。

63　萨洛蒙和马科尔夫（或莫罗尔夫）是14、15世纪德国滑稽剧（短篇讽刺故事）中的人物；通过萨洛蒙的形象描写一个贤明而不切实际的君主，通过马科尔夫的形象描写一个机智的农民。——109。

64　《共产党宣言》是马克思和恩格斯为共产主义者同盟起草的纲领，写于1847年12月—1848年1月底。1848年2月底，《共产党宣言》第一个德文单行本在伦敦出版。

《共产党宣言》是国际共产主义运动的第一个纲领性文献。这部文献的问世标志着马克思主义的诞生。《宣言》用历史唯物主义观点阐明了原始土地公有制解体以来的全部历史都是阶级斗争的历史；对资本主义作了深刻而系统的分析，科学地评价了资产阶级的历史作用，揭示了资本主义的内在矛盾，论证了资本主义必然灭亡和共产主义必然胜利是人类社会发展规律；论述了无产阶级作为资本主义掘墓人肩负的伟大历史使命和建立共产主义新社会的奋斗目标；阐明了共产党的性质、特点、基本纲领和策略原则，奠定了马克思主义建党学说的基础；批判了当时流行的各种社会主义流派，划清了科学社会主义与这些流派的界限，提出了"全世界无产者，联合起来！"这一战斗口号。《宣言》为无产阶级争取自身解放的斗争提供了科学的理论指导，是马克思主义和无产阶级革命运动相结合的典范。

本书节选了《宣言》第一章《资产者和无产者》全文、第二章《无产者和共产党人》的部分片段以及 1883 年德文版序言和 1893 年意大利文版序言全文。在《宣言》的第一章和第二章的节选部分，马克思恩格斯根据历史唯物主义基本原理，阐明了"精神生产随着物质生产的改造而改造"、"旧思想的瓦解是同旧生活条件的瓦解步调一致的"（见本书第 130 页）等重要观点，论述了各民族的精神产品成为"公共的财产"、民族的和地方的文学形成一种"世界的文学"（见本书第 120 页）的时代背景和历史过程，指出了资本主义制度对包括文艺在内的精神生产的消极影响，同时科学地阐述了共产党人进行彻底的社会变革、在全社会实现人的自由发展的宏伟目标。在 1883 年德文版序言中，恩格斯明确表述了贯穿《宣言》的基本思想，指出"每一历史时代的经济生产以及必然由此产生的社会结构，是该时代政治的和精神的历史的基础"（见本书第 111 页）；在 1893 年意大利文版序言中，恩格斯指出，封建的中世纪的终结和现代资本主义纪元的开端是以意大利人但丁为标志的，"他是中世纪的最后一位诗人，同时又是新时代的最初一位诗人。"（见本书第 114 页）在"新的历史纪元正在到来"之际，恩格斯希望出现"一个新的但丁来宣告这个无产阶级新纪元的诞生"（见本书第 115 页）。恩格斯的这一热切希望反映了他对无产阶级革命事业的必胜信念，同时也生动地表明，他充分肯定和高度评价优秀的文学艺术在人类社会变革历程中的重要作用和深远影响。

　　《共产党宣言》阐述的科学理论,是无产阶级和共产党人认识世界和改造世界的强大的思想武器。这个科学理论的丰富内涵,为文学艺术和美学领域的划时代变革提供了源源不竭的精神动力,为马克思主义文艺理论的创立和发展奠定了牢固的思想基石。——111。

65　《1883 年德文版序言》是恩格斯为 1883 年在霍廷根—苏黎世出版的《共产党宣言》第三个德文版写的序言,该版本是马克思逝世后经恩格斯同意出版的第一个德文本。——111。

66　《1893 年意大利文版序言》是恩格斯应意大利社会党领袖菲·屠拉梯的请求,用法文为 1893 年意大利文版《共产党宣言》写的序言。该版本由蓬·贝蒂尼翻译,序言由屠拉梯翻译,于 1893 年由社会党理论刊物《社会评论》杂志社在米兰出版。——113。

67　1848 年 3 月 18 日米兰人民举行了反对奥地利统治的武装起义,赶走了奥地利军队,成立了资产阶级自由派和民主派领导的临时政府,推动了意大利其他各地的革命。

　　同一天,柏林人民也发动了武装起义,迫使国王宣布立即召开国民议会,制定宪法,撤出城内驻军,改组政府,参看注 136。——113。

68　马克思在其他著作里,例如在《1859 年的爱尔福特精神》(见《马克思恩格斯全集》中文第 1 版第 13 卷)一文中阐述过这样的思想:反动派在 1848 年以后扮演了特殊的革命遗嘱执行人的角色,不可避免地实现了革命的要求,尽管这是在一种滑稽可笑的歪曲的方式下进行的。——113。

69　民族大迁徙指公元 3—7 世纪日耳曼、斯拉夫及其他部落向罗马帝国的大规模迁徙。4 世纪上半叶,日耳曼部落中的西哥特人因遭到匈奴人的进攻侵入罗马帝国。经过长期的战争,西哥特人于 5 世纪在西罗马帝国境内定居下来,建立了自己的国家。日耳曼人的其他部落也相继在欧洲和北非建立了独立的国家。民族大迁徙对摧毁罗马帝国的奴隶制度和推动西欧封建制度的产生起了重要的作用。——119。

70　十字军征讨指 11—13 世纪西欧天主教会、封建主和大商人打着从伊斯兰教徒手中解放圣地耶路撒冷的宗教旗帜,主要对东地中海沿岸伊斯兰教国家发动的侵略战争。因参加者的衣服上缝有红十字,故称"十字军"。十字军征讨前后共八次,历时近 200 年,最后以失败而告终。十字军征讨给东方国家的人民带来了深重的灾难,也使西欧国家的人民遭受惨重的牺牲,但是,它在客观上也对东西方的经济和文化交流起到了一定的促进作用。——119、251。

71　马克思和恩格斯在 19 世纪 40—50 年代,即马克思制定出剩余价值理论以前所写的著作中使用过"劳动价值"、"劳动价格"、"出卖劳动"这样的概念。1891 年,恩格斯在为马克思的《雇佣劳动与资本》这本小册子所写的导言中指出:"用后来的著作中的观点来衡量",这些概念"是不妥当的,甚至是不正确的"(见《马克思恩格斯选集》第 3 版第 1 卷第318 页)。马克思和恩格斯在后来的著作中使用的是"劳动力价值"和"劳动力价格"、"出卖劳动力"等概念。——123。

72　英国工人阶级从 18 世纪末开始争取用立法手段限制工作日,从 19 世纪30 年代起,广大无产阶级群众投入争取十小时工作日的斗争。*十小时工作日法案*是英国议会在 1847 年 6 月 8 日通过的,作为法律于 1848 年5 月 1 日起生效。该法律将妇女和儿童的日劳动时间限制为 10 小时。但是,许多英国工厂主并不遵守这项法律,他们寻找种种借口把工作日从早晨 5 时半延续到晚上 8 时半。工厂视察员伦·霍纳的报告就是很好的证明(参看《马克思恩格斯文集》第 5 卷第 335 页)。

　　恩格斯在《十小时工作日问题》和《英国的十小时工作日法》(见《马克思恩格斯全集》中文第 2 版第 10 卷)中对该法案作了详细的分析。关于英国工人阶级争取正常工作日的斗争,马克思在《资本论》第一卷第八章(见《马克思恩格斯文集》第 5 卷第 267—350 页)中作了详细考察。——126。

73　《路易·波拿巴的雾月十八日》是马克思总结法国 1848 年革命经验、评述 1851 年 12 月 2 日路易·波拿巴政变的重要著作。马克思在 19 世纪40 年代创立唯物史观之后,就在斗争实践中运用这个科学理论深入研究各种社会历史问题。恩格斯认为,《路易·波拿巴的雾月十八日》就是"运用这个理论的十分出色的例子"(见《马克思恩格斯选集》第 3 版第 4 卷第 606 页)。

本书节选该著作 1869 年第二版序言、恩格斯写的 1885 年第三版序言以及第一章的部分内容。马克思在第二版序言中批判了维·雨果和皮·约·蒲鲁东在论述路易·波拿巴政变的著作中的唯心史观,强调对这一事件和人物的分析必须联系现代阶级斗争的物质经济条件。恩格斯在第三版序言中称赞马克思这部著作"是一部天才的著作"(见本书第 135 页),"正是马克思最先发现了重大的历史运动规律",在这部著作中,他用这段历史检验了这个规律,"这个检验获得了辉煌的成果"(见本书第 136 页)。

在第一章的节选部分,马克思分析了欧洲近代史上的一个常见现象:资产阶级为了反对封建制度,往往重提"过去的世界历史事件"(见本书第 140 页),并且"请出亡灵来为自己效劳,借用它们的名字、战斗口号和衣服","演出世界历史的新的一幕。"(见本书第 138 页)马克思运用历史辩证法,揭露了资产阶级进行这种表演的真实目的,说明了隐藏在历史表象背后的本质特征。马克思指出,资产阶级革命"需要回忆过去的世界历史事件,为的是向自己隐瞒自己的内容"(见本书第 140 页),也就是说,它要借召唤亡灵来掩饰自己的真实意图,达到虚张声势、"自我欺骗"(见本书第 139 页)的目的。而无产阶级革命则与资产阶级革命截然不同,它"不能从过去,而只能从未来汲取自己的诗情"(见本书第 140 页)。这是因为无产阶级遵循历史发展规律,坚持对未来的必胜信念;为了"实现自己的任务",无产阶级必须坚决地"破除一切对过去的迷信"(见本书第 140 页)。

马克思的这些论述,不仅对我们运用唯物史观考察和分析重大历史事件具有重要的指导价值,而且对我们用科学方法研究文学史和文艺理论领域的复杂问题,具有极其重要的启示意义。——132。

74　1848 年 12 月 10 日当选法兰西共和国总统的路易·波拿巴于 1851 年 12 月 2 日在法国发动政变,立法议会和国务会议被解散,许多议员被逮捕,全国有 32 个省宣布处于战时状态,社会党和共和党的领导人被驱逐出法国。1852 年 1 月 14 日通过的新宪法规定,一切权力都集中在总统手中,而在 1852 年 12 月 2 日却宣布路易·波拿巴为法国皇帝,帝号拿破仑第三。——132、135。

75　《革命》(Die Revolution)是约·魏德迈在纽约出版的德文周报,1852 年
1 月 6 日和 13 日出版两期后,由于物质上的困难不得不停刊。1852 年
5 月和 6 月,魏德迈在阿·克路斯的资助下又作为月刊出版了两期《革
命。不定期刊物》(Die Revolution.Eine Zeitschrift in zwanglosen Heften)。
——132。

76　旺多姆圆柱又称凯旋柱,是为了纪念拿破仑第一的战功,于 1806—1810
年在巴黎旺多姆广场修建的。整个圆柱全部用缴获的武器上的青铜制
成,顶上铸有一座拿破仑雕像,雕像在复辟时期被拆除,但在 1833 年又
复原。1871 年根据巴黎公社的决议,旺多姆圆柱作为军国主义的象征
被推倒。1875 年圆柱又被资产阶级政府修复。——133。

77　二月革命指 1848 年 2 月爆发的法国资产阶级民主革命。代表金融资产
阶级利益的"七月王朝"推行极端反动的政策,反对任何政治改革和经
济改革,阻碍资本主义发展,加剧对无产阶级和农民的剥削,引起全国
人民的不满;农业歉收和经济危机进一步加深了国内矛盾。1848 年 2
月 22—24 日巴黎爆发革命,推翻了"七月王朝",建立了资产阶级共和
派的临时政府,宣布成立了法兰西第二共和国。法国二月革命在欧洲
1848—1849 年革命中具有重要影响。无产阶级和小资产阶级积极参加
了这次革命,但革命果实却落到了资产阶级手里。——135、155、191、278。

78　指黑格尔在《历史哲学讲演录》第 3 部第 2 篇《从第二次布匿战争到皇
帝当政时期》中的论述。黑格尔指出:"如果某种国家变革重复发生,人
们总会把它当做既成的东西而认可。这样就有了拿破仑的两次被捕,
波旁王室的两次被驱逐。由于重复,开初只是偶然和可能的东西便成
了现实的和得到确认的东西了。"——137。

79　山岳党即山岳派,在 1793—1795 年间是指法国资产阶级革命时期代表
中小资产阶级利益的革命民主派,因其在国民公会开会时坐在大厅左
侧的最高处而得名,代表人物有马·罗伯斯比尔、让·马拉、若·丹东
等。其成员大都参加了雅各宾俱乐部。1792 年 10 月,代表大工商业资
产阶级利益的吉伦特派退出雅各宾俱乐部后,山岳派实际上成为雅各

宾派的同义语。

　　山岳党在 1848—1851 年间是指法国制宪议会和立法议会中集合在《改革报》周围的小资产阶级民主主义者和社会主义者。其领袖人物为赖德律-洛兰、费·皮阿等人。以路易·勃朗为首的小资产阶级社会主义者也参加了这一派。他们自称是 1793—1795 年法国国民公会中的山岳党思想的继承人。1849 年 2 月后该派又称新山岳党。——137。

80　特别警察指英国的特别巡警,是由平民组成的警察后备队,他们曾帮助正规警察驱散 1848 年 4 月 10 日的宪章派示威游行队伍。路易·波拿巴流亡伦敦期间曾自愿充当特别警察。伦敦的特别警察代替小军士,指路易·波拿巴代替拿破仑第一。——137。

81　1800 年 6 月 14 日,拿破仑的军队经圣伯纳德山口翻越阿尔卑斯山,在意大利北部的马伦戈击溃奥地利将军梅拉斯的军队,这一决定性胜利最后导致英、俄、奥等国反法同盟的解体。——137。

82　指 1851 年 12 月至 1852 年 1 月间由于路易·波拿巴要求瑞士当局引渡法国共和派流亡者而发生的法国和瑞士两国之间的冲突。——137。

83　圣安德烈大十字勋章是沙皇俄国的最高勋章。马克思在这里显然是指路易·波拿巴需要得到俄国皇帝尼古拉一世的承认。——137。

84　《国民报》(National-Zeitung)是德国的一家日报,1848 年 4 月 1 日—1915 年在柏林出版。19 世纪 50 年代该报具有自由主义倾向,后为民族自由党的机关报。1866 年以后该报支持俾斯麦的政策,1870—1871 年曾号召兼并法国领土,主张武力镇压巴黎公社。——137。

85　使徒保罗是圣经中的人物,原名扫罗,是虔诚的犹太教徒。据《新约全书·使徒行传》记载,当他前往大马士革追捕基督教徒时,忽被强光照射,耶稣在光中显现,嘱他停止迫害基督徒。他从此转信耶稣基督,后来成为耶稣直接挑选的使徒,被派往各地传教,改名保罗。《新约全书》中的保罗书信传说他所写,其主要思想成为基督教教义和神学的重要依据之一。——138。

86　哈巴谷是圣经中 12 个所谓小先知之一。他以其诗一般热情的话语为人们所称道。约·洛克是 17 世纪英国资产阶级革命后出现的哲学家和经济学家,他处事注重实际而缺少诗意,只相信人的理智。在这里马克思把哈巴谷当做洛克的对立面。——139。

87 1848 年 12 月 10 日,路易·波拿巴经大选成为法兰西共和国总统。——140。

88 "埃及的肉锅"一词源于圣经传说:被奴役的以色列人逃离埃及,行至旷野,饥饿难忍,于是开始抱怨摩西,说他不应该带领他们离开埃及,因为他们在埃及虽然世代为奴,但毕竟可以围着肉锅吃饱肚子(参看《旧约全书·出埃及记》第 16 章第 1—3 节)。——140、168。

89 《在〈人民报〉创刊纪念会上的演说》是马克思于 1856 年 4 月 14 日在纪念英国宪章派报纸《人民报》创刊四周年宴会上的演说。在这篇演说中,马克思用极其精炼而又生动的语言阐明了唯物史观和无产阶级革命的理论要义,指出社会生产力的发展和科学技术的进步蕴含着巨大的革命力量,而在资本主义时代,这种发展和进步却使工人阶级和劳动群众陷入贫困窘迫的境地,并使整个社会呈现出衰颓的征兆:"随着人类愈益控制自然,个人却似乎愈益成为别人的奴隶或自身的卑劣行为的奴隶。甚至科学的纯洁光辉仿佛也只能在愚昧无知的黑暗背景上闪耀。"(见本书第 143 页)马克思强调,资本主义社会生产力和生产关系之间的矛盾和对抗必然会引起无产阶级革命;作为新的生产力的代表和资本主义的掘墓人,无产阶级必将完成自己肩负的伟大历史使命。

马克思的演说引导我们进一步准确把握唯物史观和无产阶级革命的理论精髓,同时也启发我们运用这个科学理论更加深入地探究社会经济基础和文学艺术的关系。马克思根据对资本主义制度的考察和对文学艺术本质的认识,曾十分明确地指出,资本主义生产是"同某些精神生产部门如艺术和诗歌相敌对"的(见本书第 160 页);只有在无产阶级革命取得胜利以后,艺术生产才能彻底摆脱资本的桎梏,成为人的真正自由发展的创造性活动;艺术的纯洁光辉才能充分地闪耀,而不会受到玷污和遮蔽;艺术和科学的繁荣发展才能在整体上超越先前的一切时代。

马克思这篇演说有助于我们深刻领悟上述精辟思想。——142。

90　菲默法庭是中古时代盛行于德国西部威斯特伐利亚的秘密法庭。
　　——144。

91　这篇《导言》写于 1857 年 8 月下旬，是马克思为他计划中的经济学巨著
　　《政治经济学批判》写的"总的导言"，在马克思生前没有发表。1903 年
　　3 月，卡尔·考茨基首次把它刊登在《新时代》第 21 卷（1902—1903 年）
　　第 I 册第 23—25 期。

　　　　马克思在《导言》中详细地论述了政治经济学的对象和方法。资产
　　阶级政治经济学把分配作为主要研究对象，马克思则把生产提到首位，
　　指出生产、分配、交换和消费是一个总体的各个环节，生产是出发点和
　　决定因素，因此，政治经济学应当主要研究一定生产关系下的生产。马
　　克思批判地分析和借鉴经济学史上有关建立经济学体系的方法，创立
　　了自己构建经济学体系的逻辑方法——从抽象上升到具体。马克思还
　　阐发了关于意识形态上层建筑和经济基础之间、文学艺术和物质生产
　　之间的关系的一系列重要思想。

　　　　本书节选了马克思论述政治经济学的方法以及物质生产同文艺发
　　展不平衡关系的有关内容。马克思指出："从抽象上升到具体的方法，
　　只是思维用来掌握具体、把它当做一个精神上的具体再现出来的方
　　式。"（见本书第 147 页）而这里的"具体之所以具体，因为它是许多规定
　　的综合，因而是多样性的统一。因此它在思维中表现为综合的过程，表
　　现为结果，而不是表现为起点，虽然它是现实的起点，因而也是直观和
　　表象的起点。"（见本书第 147 页）在这里，马克思还提到，人类在精神上
　　掌握世界至少有四种主要方式："整体，当它在头脑中作为思想整体而
　　出现时，是思维着的头脑的产物，这个头脑用它所专有的方式掌握世界，
　　而这种方式是不同于对于世界的艺术精神的，宗教精神的，实践精
　　神的掌握的。"（见本书第 148 页）这一科学的论断进一步深刻地阐明了
　　文艺在社会历史进程中的地位、功能和作用。

　　　　马克思根据丰富确凿的史实指出，艺术与经济社会的发展在总体
　　上是平衡的，但这种平衡关系并不是绝对的、一成不变的。他认为艺术
　　自身的演进具有相对的独立性；正因为如此，艺术的"一定的繁盛时期
　　决不是同社会的一般发展成比例的"（见本书第 149 页）。马克思的这
　　些精辟见解深化了对艺术规律的认识。与此相联系，马克思在世界文

艺理论史上首次明确地提出了"艺术生产"的概念;他阐明了这一概念
的科学内涵和实践基础,论述了艺术生产与物质生产的辩证关系。

　　马克思的论述对于文艺家从方法论高度思考如何提高文艺创作水
平具有重要指导意义;同时还启发人们,要充分认识文学艺术与经济社
会发展的不平衡关系,了解艺术生产的特殊性,尊重文学艺术发展的内
在规律。——145。

92　标题《I.生产、消费、分配、交换(流通)》,在马克思写在稿本"M"封面上
的目录中是没有的,这个标题严格地说只包括《导言》的前两节,即《生
产》一节(在稿本"M"的封面上,这一节有一个更确切的标题《生产一
般》)和《生产与分配、交换、消费的一般关系》一节。马克思在《生产、
消费、分配、交换(流通)》这一节前面标明的罗马数字"I",在《导言》往
后的正文中再也没有相应的罗马数字和它相连接。——145。

93　把单个的孤立的猎人和渔夫当做出发点的观点,见亚·斯密《国民财富
的性质和原因的研究》(附《英国和美国》的作者爱·吉·韦克菲尔德
的评注,1835—1839 年伦敦版)一书的序论和大·李嘉图《政治经济学
和赋税原理》1821 年伦敦第 3 版第 1 章第 3 节。——145。

94　社会契约是让·雅·卢梭提出的政治理论。按照这一理论,人们最初
生活在自然状态,在这种状态下,人人都享有平等的权利。私有财产的
形成和不平等的占有关系的发展决定了人们从自然状态向市民状态的
过渡,并导致以社会契约为合法基础的国家的形成。社会契约的目的
是达到每个结合者的平等和自由。政治上的不平等的进一步发展破坏
了这种社会契约,导致某种新的自然状态的形成。为了消除这一自然
状态,必须建立以某种新的社会契约为基础的理性国家。

　　卢梭在 1755 年阿姆斯特丹版的《论人间不平等的起源和原因》和
1762 年阿姆斯特丹版的《社会契约论,或政治权利的原则》(参看注
203)这两部著作中详细阐述了这一理论。——145。

95　这个(1)的内容没有写完,马克思还打算在其中谈论莎士比亚同现代的
关系,但未能实现。在写完对希腊艺术的评论以后,马克思随即中断了
《导言》的写作,因而也没有写以后各点。——149。

96　曼彻斯特的罗伯茨公司，是英国发明家理·罗伯茨从 1843 年起主持生产各种工具、机器和机车的公司。罗伯茨是 19 世纪机械方面的发明家之一，自动走锭纺纱机就是他发明的。——149。

97　动产信用公司是法国的一家大股份银行，由埃·贝列拉和伊·贝列拉兄弟俩于 1852 年创办并为 1852 年 11 月 18 日法令所批准。动产信用公司的主要目的是充当信贷的中介及参与工业企业和其他企业的创立。该公司广泛地参与了法国、奥地利、匈牙利、瑞士、西班牙和俄国的铁路建设。公司的收入主要来源于自己所开办的股份公司在交易所进行的有价证券投机买卖。动产信用公司用发行本公司的股票得来的资金收买各种公司的股票，它自己的股票只是以它持有的其他企业的有价证券作担保，而其他各公司的股票则是以它们本身的财产价值作担保。因此，同一项实际财产产生了双倍的虚拟资本。一种形式是该企业的股票，另一种形式是拨款给该企业并收买其股票的动产信用公司的股票。该公司同拿破仑第三的政府关系密切，并在其庇护下进行投机活动。1867 年该公司破产，1871 年清算完毕。动产信用公司在 19 世纪 50 年代作为新型金融企业出现，是当时这一反动时期特有的产物。在这个时期，交易所买空卖空、投机倒把活动异常猖獗。中欧的其他国家也效仿动产信用公司纷纷建立类似的机构。——149。

98　印刷所广场是伦敦一个不大的广场，英国最大的日报《泰晤士报》编辑部和印刷所坐落于此，因此印刷所广场也就成了该报编辑部和印刷所的代名词。——150。

99　《伊利亚特》是著名的古希腊史诗，相传为古希腊诗人荷马所写。——150、160、207。

100　《〈政治经济学批判〉序言》写于 1859 年 1 月，是马克思为他在 1859 年 6 月出版的《政治经济学批判。第一分册》所作的序言。这篇序言曾于 1859 年 6 月 4 日发表在伦敦的德文报纸《人民报》第 5 期，发表时作了某些删节。

　　在序言中，马克思回顾了自己研究政治经济学和发现唯物史观的过程，对唯物史观作了经典表述，科学地阐明了生产力决定生产关系、经济基础决定上层建筑、人们的社会存在决定人们的社会意识等历史唯物主义的基本原理,通过对生产力和生产关系、经济基础和上层建筑的矛盾运动的分析,揭示了人类社会发展的一般规律和经济的社会形态演进的一般进程,论证了旧的社会形态为新的更高的社会形态所取代的历史必然性。马克思对于唯物史观的精辟论述,为我们分析和研究文学艺术的实践与理论奠定了科学的世界观和方法论基础。——152。

101 这里所说的全部材料,是指马克思的《政治经济学批判(1857—1858年手稿)》(见《马克思恩格斯全集》中文第2版第30、31卷)和一些准备材料、大纲及摘录笔记等。——152。

102 指马克思为自己计划撰写的经济学巨著《政治经济学批判》写的《导言》。——152。

103 指《莱茵政治、商业和工业日报》(Rheinische Zeitung für Politik, Handel und Gewerbe)。该报是德国的一家日报,青年黑格尔派的喉舌,1842年1月1日—1843年3月31日在莱茵地区资产阶级自由派的支持下在科隆出版。创办人是伯·腊韦,编辑是伯·腊韦和阿·鲁滕堡,发行负责人是路·舒尔茨和格·荣克。曾吸收了几个青年黑格尔分子撰稿。1842年4月马克思开始为该报撰稿,同年10月起成为该报编辑。《莱茵报》也发表过许多恩格斯的文章。在马克思担任编辑期间,该报日益具有明显的革命民主主义性质并成为德国最重要的反对派报纸之一。普鲁士政府对《莱茵报》进行了特别严格的检查,1843年4月1日将其查封。——152、189。

104 指马克思的著作《第六届莱茵省议会的辩论(第三篇论文)。关于林木盗窃法的辩论》和《摩泽尔记者的辩护》(见《马克思恩格斯全集》中文第2版第1卷)。——153。

105 《总汇报》(Allgemeine Zeitung)是德国的一家日报,1798年由约·弗·科塔创办,由科塔出版社先后在蒂宾根、乌尔姆和斯图加特出版,1810—1882年在奥格斯堡出版;基本上持保守派的观点,但温和的自由派的观点也常见于报端;特别是三月革命以前,报纸是大资产阶级自由派的主要喉舌;19 世纪 50—60 年代支持在奥地利霸权下统一德国的计划。——153。

106　把马克思和巴黎《前进报》其他撰稿人驱逐出巴黎的命令是法国内务大臣杜沙特尔于 1845 年 1 月 11 日签发的。由巴黎警察局长德莱塞尔签发的驱逐令于 1 月 25 日送交马克思,限其在一周内离开巴黎。——153。

107　德意志工人协会全称是布鲁塞尔德意志工人教育协会,是马克思和恩格斯 1847 年 8 月底在布鲁塞尔建立的德国工人团体,旨在对侨居比利时的德国工人进行政治教育并向他们宣传科学社会主义思想。在马克思和恩格斯及其战友的领导下,协会成了团结侨居比利时的德国革命无产者的合法中心,并同佛兰德和瓦隆的工人俱乐部保持着直接的联系。协会中的优秀分子加入了共产主义者同盟的布鲁塞尔支部。协会在布鲁塞尔民主协会成立过程中发挥了出色的作用。1848 年法国资产阶级二月革命后不久,由于协会成员被比利时警察当局逮捕或驱逐出境,协会在布鲁塞尔的活动即告停止。——155、191。

108　指《新莱茵报。民主派机关报》(Neue Rheinische Zeitung. Organ der Demokratie)。该报是德国 1848—1849 年革命时期民主派中无产阶级一翼的战斗机关报,1848 年 6 月 1 日—1849 年 5 月 19 日每日在科隆出版,马克思任主编;参加编辑部工作的有恩格斯、威·沃尔弗、格·维尔特、斐·沃尔弗、恩·德朗克、斐·弗莱里格拉特和亨·毕尔格尔斯。

　　《新莱茵报》起到了教育和鼓舞人民群众的作用。报纸发表的有关德国和欧洲革命重要观点的社论,通常都是由马克思和恩格斯执笔。尽管遭到当局的种种迫害和阻挠,《新莱茵报》始终英勇地捍卫了革命民主主义运动和无产阶级的利益。1849 年 5 月,在反革命势力全面进攻的形势下,普鲁士政府借口马克思没有普鲁士国籍而把他驱逐出境,同时又加紧迫害《新莱茵报》的其他编辑,致使该报被迫停刊。1849 年 5 月 19 日,《新莱茵报》用红色油墨印出了最后一号即第 301 号。报纸的编辑在致科隆工人的告别书中说:"无论何时何地,他们的最后一句话始终将是:工人阶级的解放!"(见《马克思恩格斯全集》中文第 1 版第 6 卷第 619 页)——155、192、203。

109　《纽约每日论坛报》(New-York Daily Tribune)是美国的一家日报,由著名的美国新闻工作者和政治活动家霍·格里利和托·麦克尔拉思等人创办,1841 年 4 月 10 日—1924 年在纽约出版。19 世纪 50 年代中期以前是美国辉格党左翼的机关报,后来是共和党的机关报。40—50 年代,该报站在进步的立场上反对奴隶制。参加该报工作的有许多著名的美国作家和新闻工作者,受空想社会主义思想影响的查·德纳从 40 年代末起是该报的编辑之一。马克思从 1851 年 8 月开始为该报供稿,一直到 1862 年 3 月,持续了十余年。马克思为《纽约每日论坛报》提供的文章,很大一部分是他约请恩格斯写的。恩格斯的文章多半写于曼彻斯特,许多文章注明的日期并不是写作日期,因为马克思通常标明的是寄往纽约的日期。有些文章写于伦敦,而马克思注明的却是巴黎、维也纳或柏林。马克思和恩格斯在《纽约每日论坛报》发表的文章,涉及国际政治、工人运动、欧洲各国的经济发展、殖民地扩张、被压迫国家和附属国家的民族解放运动等极其重要的问题。在欧洲反动时期,马克思和恩格斯利用这个发行很广的美国报纸,以具体材料揭露了资本主义社会的种种弊端及其固有的各种不可调和的矛盾,并说明资产阶级民主的局限性。

　　《纽约每日论坛报》编辑部对马克思和恩格斯的文章常常随意处理,有些文章不署作者名字而作为编辑部的社论刊登出去。自 1855 年年中起,马克思和恩格斯的所有文章在发表时都被删去了署名。编辑部有时甚至未经作者本人同意便随意改动文章的内容和日期,这种做法一再引起马克思的抗议。从 1857 年秋天起,由于美国发生经济危机,报纸的财政状况受到影响,编辑部让马克思减少他给《纽约每日论坛报》撰写通讯的数量。美国内战爆发后,编辑部内主张同各蓄奴州妥协的势力加强,报纸离开进步立场,马克思和恩格斯遂停止撰稿并与报纸断绝关系。——156、193。

110　《政治经济学批判(1861—1863 年手稿)》是马克思继《政治经济学批判(1857—1858 年手稿)》之后撰写的又一部重要手稿,在《资本论》创作史和马克思主义发展史上具有里程碑意义。手稿对马克思主义政治经济学的一些基本原理作出了更加全面而深刻的阐发,对资产阶级政治经济学史作了整体回顾和系统批判,并提出了许多科学的创见,集中反映了马克思崭新的理论发现和研究成果。手稿写于 1861 年 8 月—1863 年 7 月，共 23 个笔记本，总计 1472 页，总篇幅相当于 200 个印张。其中的《剩余价值理论》部分，是马克思为《资本论》第四册（即历史文献部分或理论史部分）留下的唯一手稿，篇幅约有 110 个印张，占 1861 — 1863 年手稿总篇幅的一半以上。

本书节选了 1861 — 1863 年手稿《剩余价值理论》部分的有关论述。马克思通过对资产阶级经济学（主要是古典经济学）的分析和批判，进一步论述了物质生产和精神生产、生产劳动和非生产劳动等范畴的辩证关系。关于物质生产和精神生产，马克思指出："如果物质生产本身不从它的特殊的历史的形式来看，那就不可能理解与它相适应的精神生产的特征以及这两种生产的相互作用。"（见本书第 159 页）也就是说，要深入了解精神生产的本质及作用，就要从了解不同历史阶段中的物质生产入手。生产劳动和非生产劳动也是一对具体的历史的范畴，与一定的社会形式相联系。马克思指出，在资本主义社会中凡是能够生产剩余价值的劳动就是生产劳动，否则就是非生产劳动。"同一种劳动可以是生产劳动，也可以是非生产劳动"（见本书第 162 页），它的差别在于是否是为了使资本增殖价值才从事的。马克思进一步分析了非物质生产中纯粹生产商品的两种情况：一种是"具有离开生产者和消费者而独立的形态"（见本书第 163 页）的商品，例如图书、绘画等艺术品。另一种是"产品同生产行为不可分离"（见本书第 164 页），如演员、教师、医生等的劳动。正确领会和把握马克思的这些理论，对于理解文艺活动与艺术生产的本质特征和内在规律、认清资本主义制度对文艺创作和审美活动的消极影响、坚定共产主义的崇高信念和远大理想，具有重要的指导意义。—— 157。

111 威・佩利《道德哲学和政治哲学原理》[1785 年伦敦版] 第 2 卷第 11 章中的这段话，马克思转引自托・罗・马尔萨斯《人口原理》1836 年巴黎—日内瓦法译本第 3 版第 4 卷第 109 页。—— 157。

112 马克思指莱辛在他的《汉堡剧评（1767 — 1768）》中同伏尔泰的论战。—— 160。

113 《亨利亚德》是伏尔泰写的关于法国国王亨利四世的长诗，于 1723 年第一次出版。——160。

114　马克思在本手稿中提到的辅助工人指在工厂中打扫卫生、清运炉灰等的工人，主要是儿童。他在手稿第 XXI 笔记本第 1308 页（见《马克思恩格斯全集》中文第 2 版第 37 卷第 296 页）也谈到了关于工厂小工的劳动。——164。

115　《爱尔兰歌曲集代序》是恩格斯应马克思的大女儿燕妮的请求，为即将出版的爱尔兰民间歌曲集《爱尔兰竖琴》写的序言。文章写于 1870 年 7 月 5 日左右，在恩格斯生前没有发表。

恩格斯十分喜爱民间文艺，特别关注和重视那些反映被压迫民族反抗斗争的文艺作品。在这篇短文中，恩格斯介绍了爱尔兰民间歌曲的起源、发展历史和艺术风格，肯定其在反抗殖民压迫过程中发挥的积极作用。恩格斯指出，一代又一代的爱尔兰弹唱诗人或竖琴手用歌曲记录了自己的同胞在数百年间对英国殖民压迫进行英勇反抗的悲壮历程，他们是"民族的、反英格兰的传统的主要代表者"；这些歌曲"充满着深沉的忧郁"，真实地反映了民族的处境，表达了民众的心声，因而在人民间广为流传，成为"给自己被奴役的但是没有被征服的爱尔兰人民留下的最宝贵的遗产"（见本书第 165—166 页）。恩格斯对爱尔兰民间歌曲的意义和影响所作的深刻分析，对于我们深入研究和全面评价民间文艺的社会功能、民族特色、思想价值和美学特征具有重要的指导意义。——165。

116　指苏格兰诗人麦克弗森所写的所谓《奥西恩诗集》，1760—1765 年他把这诗集作为传说中的克尔特弹唱诗人奥西恩的作品出版。麦克弗森是以后来在苏格兰经过加工的古爱尔兰史诗作为这些诗歌的基础的。——165。

117　《论住宅问题》是恩格斯批判蒲鲁东主义和资产阶级改良主义、阐发科学社会主义理论的重要著作。这部论战性著作写于 1872 年 5 月—12 月，由三篇文章组成，发表在 1872 年和 1873 年的《人民国家报》上。

在这部著作中，恩格斯阐明了马克思主义对解决住宅短缺这类社会问题的立场和观点，揭示了资本主义制度下住房短缺的根源是统治阶级的剥削和压迫。在批判蒲鲁东主义者提出的种种"救世计划"的同时,恩格斯还就科学社会主义的一些基本原理作了深刻论述。在本书的节选部分,恩格斯从唯物史观出发,批驳了蒲鲁东主义者把工业革命和科技进步说成是一种"祸害"的谬论,指出工业和科技的发展使人的劳动生产力达到了相当高的水平,为消灭阶级和满足社会全体成员的物质文化需要创造了必要条件,从而"使每个人都有充分的闲暇时间去获得历史上遗留下来的文化——科学、艺术、社交方式等等——中一切真正有价值的东西;并且不仅是去获得,而且还要把这一切从统治阶级的独占品变成全社会的共同财富并加以进一步发展"(见本书第168—169页)。在这种情况下,"统治阶级的存在,……日益成为科学和艺术发展……的障碍"(见本书第169页),而只有产生于现代大工业的无产阶级"才能实现消灭一切阶级剥削和一切阶级统治的伟大社会变革"(见本书第168页)。恩格斯的论述深刻地阐明了文学艺术的发展与经济社会发展和科技进步之间的辩证关系,并从人的自由全面发展和科学、艺术繁荣的角度展望了共产主义社会的光辉远景。——167。

118　六月起义指1848年6月巴黎无产阶级的起义。二月革命(见注77)后,无产阶级要求把革命推向前进,资产阶级共和派政府推行反对无产阶级的政策,6月22日颁布了封闭"国家工场"的挑衅性法令,激起巴黎工人的强烈反抗。6月23—26日,巴黎工人举行了大规模武装起义。经过四天英勇斗争,起义被资产阶级共和派政府残酷镇压下去。马克思论述这次起义时指出:"这是分裂现代社会的两个阶级之间的第一次大规模的战斗。这是保存还是消灭资产阶级制度的斗争。"(见《马克思恩格斯选集》第3版第1卷第467页)——167。

119　《反杜林论》是恩格斯阐述马克思主义基本理论的重要著作。这部著作写于1876年9月—1878年6月,最初以《欧根·杜林先生在科学中实行的变革》为名发表,后以《反杜林论》著称。在这部著作中,恩格斯通过对杜林宣扬的错误观点的批判,对马克思主义的三个组成部分——哲学、政治经济学和科学社会主义作了全面系统的阐述,揭示了这三个组成部分之间的内在联系,阐明了辩证唯物主义和历史唯物主义是科学的世界观和方法论。

　　《反杜林论》正文分为《引论》、《哲学》编、《政治经济学》编和《社

会主义》编,本书节选了《引论》的部分内容。《引论》评述了社会主义
思想产生的社会历史条件和马克思以前的各种社会主义流派的唯心史
观,阐明了唯物史观和唯物辩证法的形成过程。在节选部分,恩格斯阐
述了辩证法和形而上学的根本对立,指出"要精确地描绘宇宙、宇宙的
发展和人类的发展,以及这种发展在人们头脑中的反映,就只有用辩证
的方法"(见本书第 174 页);阐明了黑格尔为恢复辩证法这一最高思维
形式作出的巨大贡献和黑格尔辩证法的唯心主义实质,揭示了唯物史
观和唯心史观的本质区别,指出"现代唯物主义把历史看做人类的发展
过程,而它的任务就在于发现这个过程的运动规律"(见本书第 176
页);高度评价了马克思创立唯物史观和剩余价值理论的伟大功绩,指
出"由于这两个发现,社会主义变成了科学"(见本书第 178—179 页)。

　　马克思和恩格斯创立的唯物史观和唯物辩证法,为文艺理论研究
和文艺事业发展提供了世界观和方法论的指导,在实践中彰显出科学
的真理性和强大的生命力。——171。

120　亚历山大里亚时期是指公元前 3 世纪到公元 7 世纪时期。这个时期因
埃及的一个港口城市亚历山大里亚(位于地中海沿岸)成了当时国际经
济关系最大中心之一而得名。在这一时期,许多科学,如数学和力学
(欧几里得和阿基米德)、地理学、天文学、解剖学、生理学等等,都获得
了很大的发展。——172。

121　根据伊·康德的星云假说,太阳系是从原始星云(拉丁文:nebula——
雾)发展而来的。康德在 1755 年柯尼斯堡和莱比锡出版的著作《自然
通史和天体论,或根据牛顿原理试论宇宙的结构和机械起源》中阐述了
这一假说。这本书是匿名出版的。

　　皮·拉普拉斯关于太阳系的构成的假说最初是在法兰西共和四年
(1795—1796 年)在巴黎出版的《宇宙体系论》(两卷集)最后一部分中
阐述的。在他生前编好,死后即 1835 年出版的此书的最后一版(第 6
版)中,这个假说是在第七个注中阐述的。

　　宇宙空间存在着类似康德—拉普拉斯星云假说所设想的原始星云
的炽热的气团,是由英国天文学家威·哈金斯于 1864 年用光谱学方法
证实的,他在天文学中广泛地运用了古·基尔霍夫和罗·本生在 1859
年发明的光谱分析法。恩格斯在这里参考了安·赛奇《太阳》1872 年

不伦瑞克版第 787、789—790 页。——174。

122　1831 年初,法国丝织业中心里昂的工人掀起了一场以要求提高工价为主要目标的运动,工人多次举行集会、请愿、游行。10 月间,与包买商谈判达成最低工价协议。但随后在七月王朝商业大臣的支持下,包买商撕毁协议。1831 年 11 月 21 日,工人举行抗议示威,与军警发生冲突,随后转为自发的武装起义。工人一度占领里昂城。起义很快遭七月王朝政府镇压。——177。

123　指宪章运动。宪章运动是 19 世纪 30—50 年代中期英国工人的政治运动,其口号是争取实施人民宪章。人民宪章要求实行普选权并为保障工人享有此项权利而创造种种条件。宪章派的领导机构是宪章派全国协会,机关报是《北极星报》,左翼代表人物是乔·朱·哈尼、厄·琼斯等。宪章运动在 1839、1842 和 1848 年出现三次高潮,宪章运动领导人试图通过向下院提交全国请愿书的方式迫使政府接受人民宪章,但均遭到下院否决。19 世纪 50 年代末,宪章派全国协会停止活动,宪章运动即告结束。恩格斯称宪章派是"近代第一个工人政党"(见《马克思恩格斯选集》第 3 版第 3 卷第 768 页)。列宁指出,宪章运动是"世界上第一次广泛的、真正群众性的、政治上已经成型的无产阶级革命运动"(见《列宁全集》中文第 2 版增订版第 36 卷第 292 页)。——177。

124　在《社会主义从空想到科学的发展》德文第一版(1883 年)中,恩格斯对这个原理作了如下更加确切的表述:"以往的全部历史,除原始状态外,都是阶级斗争的历史。"(见《马克思恩格斯选集》第 3 版第 3 卷第 796 页)——177。

125　《自然辩证法》是恩格斯于 1873—1882 年撰写的一部未完成的手稿,是他研究自然界和自然科学的辩证法问题的重要著作,由论文、札记和片断组成,在恩格斯生前没有发表。

　　在《自然辩证法》中,恩格斯用辩证唯物主义的观点和方法对 19 世纪中叶自然科学的最重要成就作了哲学概括,批判了当时的自然科学界存在的唯心主义和形而上学倾向,进一步发展了唯物主义辩证法,为马克思主义哲学的自然辩证法学科奠定了理论基础。本书节选了《导言》和《劳动在从猿到人的转变中的作用》的部分内容。

　　《导言》是《自然辩证法》中第一篇较完整的长篇论文,恩格斯在《导言》和相关札记中用辩证唯物主义的观点总结了欧洲文艺复兴以来近代自然科学形成和发展的历史以及自然科学的成就,批判了形而上学的自然观,阐述了辩证唯物主义自然观的自然科学基础及其基本特征。在节选部分,恩格斯对欧洲文艺复兴运动作出了精辟评价,认为它是"人类以往从来没有经历过的一次最伟大的、进步的变革",这个时代是"一个需要巨人并且产生了巨人的时代"(见本书第 181 页)。他还肯定了文艺复兴对于现代文学兴起与艺术繁荣的积极作用。

　　在《劳动在从猿到人的转变中的作用》一文中,恩格斯用历史唯物主义的观点研究了人类的起源问题,阐明了劳动在人类起源中的决定性作用。在节选部分,恩格斯指出:"劳动是整个人类生活的第一个基本条件,……劳动创造了人本身。"(见本书第 182 页)劳动不仅创造了人本身,也创造了劳动交往中的语言,由此促成了人的意识和抽象思维能力的发展。恩格斯的这些精辟论述对我们正确认识语言和艺术的起源,明确劳动在文学艺术产生与发展中所发挥的关键作用具有重要的指导意义。——180。

126　《导言》是《自然辩证法》中第一篇较完整的长篇论文,它对以前写成的关于自然界的历史和认识自然的历史的很多札记进行了加工。《导言》的草稿没有标题。在《自然辩证法》第三束材料的目录中,这篇《导言》叫做《旧导言》。《导言》中有两个地方使我们可以确定它的写作日期。恩格斯在本文中说:"细胞被发现还不到 40 年"(见《马克思恩格斯全集》中文第 2 版第 26 卷第 475 页)。而他在 1858 年 7 月 14 日给马克思的信中指出,发现细胞的大致日期是 1836 年,由此可得出结论:《导言》是 1876 年以前写的。其次,恩格斯还在本文中说:"在大约十年前才认识到,完全无结构的蛋白质执行着生命的一切主要机能"(见《马克思恩格斯全集》中文第 2 版第 26 卷第 477 页)。这里所指的是胶液原生物——最简单的有机体。恩·海克尔在 1866 年出版的著作《有机体普通形态学》中第一次描述了胶液原生物。《导言》的初稿《历史》写于 1874 年底。把上述所有事实加以比较,就可确定《导言》的写作日期是 1875 年底或 1876 年上半年。《导言》的第一部分可能写于 1875 年 11

月或 12 月,第二部分可能写于 1876 年上半年。——180。

127　路德通过翻译圣经创造了现代德国散文,促进了德国语言的发展。路德翻译的圣经第一个全译本于 1534 年在维滕贝格出版。

路德的赞美诗《我们的主是坚固堡垒》被海涅称赞为"宗教改革的马赛曲"(《德国的宗教和哲学史》第 2 册)。恩格斯在 1885 年 5 月 15日给海·施留特尔的信中套用了海涅的这句话,称"《我们的主是坚固堡垒》这首歌是农民战争的《马赛曲》"(见《马克思恩格斯全集》中文第 1 版第 36 卷第 310 页)。——182。

128　《劳动在从猿到人的转变中的作用》是这篇论文在《自然辩证法》第二束材料目录中的标题。这篇论文是恩格斯原打算写的著作《奴役的三种基本形式》的导言,标题为《对劳动者的奴役。导言》。但是由于该著作没有完成,恩格斯最后给他已经写成的导言部分加上了《劳动在从猿到人的转变中的作用》的标题,这个标题符合手稿基本部分的内容。这篇论文很可能是 1876 年 5—6 月写成的,因为威·李卜克内西在 1876 年 6 月 10 日给恩格斯的信中写道,他急切地等待着恩格斯答应给《人民国家报》写的著作《奴役的三种基本形式》。这篇论文 1896 年第一次发表于《新时代》杂志第 14 年卷第 2 册第 545—554 页。——182。

129　《卡尔·马克思》是恩格斯在 1877 年 6 月撰写的马克思传略,1878 年发表于威·白拉克主编的《人民历书》丛刊。在这篇文章中,恩格斯介绍了马克思作为伟大的无产阶级革命家和思想家走过的人生历程,概述了他所从事的革命实践活动和理论创造活动。文章着重阐述了马克思的具有划时代意义的两大理论发现——唯物史观和剩余价值理论,指出这两大发现使社会主义从空想变为科学。

马克思的两大发现不仅为科学社会主义奠定了重要基石,而且为文艺实践和文艺理论研究提供了根本遵循。

唯物史观的发现是马克思在整个世界历史观上实现的变革,"历史破天荒第一次被置于它的真正基础上;一个很明显的而以前完全被人忽略的事实,即人们首先必须吃、喝、住、穿,就是说首先必须劳动,然后才能争取统治,从事政治、宗教和哲学等等,——这一很明显的事实在历史上的应有之义此时终于获得了承认。"(见本书第 197 页)确实,正是依据这个"很明显的事实",马克思和恩格斯澄清了以往文艺理论中存在的唯心主义、神秘主义、机械唯物主义和形而上学的谬误,引导我们准确地认识文艺的本质、规律和特征,深刻地理解文艺的价值、功能和影响。

剩余价值理论的发现,"彻底弄清了资本和劳动的关系,换句话说,就是揭示了在现代社会内,在现存资本主义生产方式下,资本家对工人的剥削是怎样进行的"(见本书第 198 页)。正是在这个基础上,马克思恩格斯厘清了资本主义的内在矛盾,阐明了无产阶级的历史使命,论证了资本主义必然灭亡和共产主义必然胜利的人类社会发展规律,使我们清晰地认识到:在资本主义条件下,革命的、进步的文艺作品应当通过对现实关系的真实反映、对剥削制度的深刻揭露、对无产阶级的热情讴歌,有力地促进社会变革,积极地推进社会进步;在无产阶级推翻资本主义统治以后,革命的、进步的文艺工作者应当为新社会的创建和发展贡献智慧和力量。

总之,马克思的两大理论发现,为推进革命的文艺实践、构建科学的文艺理论指明了符合历史规律、顺应世界潮流的方向和途径。—— 189。

130　1840 年,普鲁士国王弗里德里希-威廉三世逝世,弗里德里希-威廉四世继位后拒绝实践先王早在 1813 年和 1815 年就许诺的颁布宪法、实行新闻出版自由、成立陪审法庭,从而激起了资产阶级同王国政府政治上的强烈对立。恩格斯曾在《德国的革命和反革命》一文中指出,德国资产阶级公开宣告反对政府,可以说是从 1840 年开始的(参看《马克思恩格斯选集》第 3 版第 1 卷第 576—577 页)。—— 189。

131　第六届莱茵省议会辩论于 1841 年 5 月 23 日—7 月 25 日在杜塞尔多夫举行。马克思原打算针对这次议会辩论分四个专题写四篇评论文章,即关于新闻出版自由问题;关于普鲁士国家和天主教之间的宗教纠纷问题;关于林木盗窃法问题以及关于莱茵省限制地产析分的法律草案问题。从现有的材料来看,马克思共写了三篇文章,其中第一篇和第三篇连续刊登在《莱茵报》上,第二篇文章因书报检查未能发表,第四篇文章马克思是否写了,具体情况不明。

马克思的文章在《莱茵报》上发表以后,在各界人士中引起了极大的反响。—— 189。

132 指法国政府在普鲁士政府的压力下于 1845 年 1 月 11 日下达的将马克思和《前进报》某些撰稿人驱逐出法国的命令。——190。

133 恩格斯在这里提到亚·冯·洪堡扮演中间人的角色,是因为此人当时负有普鲁士秘密外交使命,曾于 1845 年 1 月 4 日—3 月 19 日在巴黎逗留,并于 1 月 7 日接受法国国王路易-菲力浦的召见。当时报界盛传他的巴黎之行与马克思等人被驱逐有关,对此他曾公开予以反驳。但毫无疑问的是,文中未提到的德国小资产阶级民主主义者阿·伯恩施太德参与了告密和驱逐马克思的卑劣行动。——190。

134 共产主义者同盟是历史上第一个以科学社会主义为指导的无产阶级政党,1847 年在伦敦成立。共产主义者同盟的前身是 1836 年成立的正义者同盟,这是一个主要由德国工人和手工业者组成的德国政治流亡者秘密革命组织,后期也有其他国家的人参加。随着形势的发展,正义者同盟的领导成员逐步认识到必须使同盟摆脱旧的密谋传统和方式,并且确信马克思和恩格斯的理论是正确的,遂于 1847 年邀请马克思和恩格斯参加正义者同盟,协助同盟改组。1847 年 6 月,正义者同盟在伦敦召开代表大会,恩格斯出席了大会,按照他的倡议,同盟的名称改为共产主义者同盟,因此这次大会也是共产主义者同盟的第一次代表大会。大会批准了同盟的章程草案,并用"全世界无产者,联合起来!"的战斗口号取代了正义者同盟原来的"人人皆兄弟!"的口号。同年 11 月 29 日—12 月 8 日,同盟召开第二次代表大会,马克思和恩格斯出席了大会。大会通过了同盟的章程,并委托马克思和恩格斯起草同盟的纲领,这就是 1848 年 2 月问世的《共产党宣言》(见《马克思恩格斯选集》第 3 版第 1 卷)。

1848 年 2 月法国爆发革命,在伦敦的同盟中央委员会于 1848 年 2 月底把同盟的领导权移交给了以马克思为首的布鲁塞尔区部委员会。3 月初,马克思被驱逐出布鲁塞尔并迁居巴黎。同盟在巴黎成立新的中央委员会,马克思当选为中央委员会主席,恩格斯当选为中央委员。

1848 年 3 月下半月至 4 月初,马克思、恩格斯和数百名德国工人(他们多半是共产主义者同盟盟员)回国参加已经爆发的德国革命。马克思和恩格斯在 3 月底写成的《共产党在德国的要求》(见《马克思恩格斯全集》中文第 1 版第 5 卷)是共产主义者同盟在这次革命中的政治纲领。同年 6 月,马克思和恩格斯创办了《新莱茵报》(见注 108),该报成为革命的指导中心。

欧洲 1848—1849 年革命失败后,共产主义者同盟进行了改组并继续开展活动。1850 年夏,同盟中央委员会内部在斗争策略问题上发生严重分歧。以马克思和恩格斯为首的中央委员会多数派坚决反对维利希—沙佩尔集团提出的宗派主义、冒险主义的策略,反对该集团无视革命发展的客观规律和欧洲现实政治形势而主张立即发动革命。1850 年 9 月中,维利希—沙佩尔集团的分裂活动最终导致同盟与该集团决裂。1851 年 5 月,由于警察的迫害和大批盟员被捕,共产主义者同盟在德国的活动实际上已陷于停顿。1852 年 11 月 17 日,科隆共产党人案件(见注 144)宣判后不久,同盟根据马克思的建议宣告解散。

共产主义者同盟在国际工人运动史上起了巨大的作用,它是培养无产阶级革命家的学校,很多共产主义者同盟盟员后来都积极参加了国际工人协会(见注 147)的活动。——191。

135　《德意志—布鲁塞尔报》(Deutsche-Brüsseler-Zeitung)是布鲁塞尔德国流亡者创办的报纸,1847 年 1 月 3 日—1848 年 2 月 27 日由阿·冯·伯恩施太德主编和出版;起初具有小资产阶级民主主义倾向,后来在马克思和恩格斯的影响下,成为传播革命民主主义思想和共产主义思想的报纸;威·沃尔弗从 1847 年 2 月底起,马克思和恩格斯从 1847 年 9 月起经常为该报撰稿,并实际领导编辑部的工作。——191。

136　三月革命是德国 1848—1849 年资产阶级民主革命的开端。1848 年 3 月初,柏林群众举行集会,要求取消等级特权、召开议会和赦免政治犯。国王弗里德里希-威廉四世调动军队进行镇压,遂发生流血冲突。3 月 13 日,维也纳人民推翻梅特涅统治的消息传到柏林,斗争进一步激化。国王慑于群众的威力,并企图拉拢资产阶级自由派,阻止革命发展,于 17、18 日先后颁布特别命令,宣布取消书报检查制度,允诺召开联合议会,实行立宪君主制。资产阶级自由派遂与政府妥协。柏林群众要求把军队撤出首都,在遭到军警镇压后,于 3 月 18 日构筑街垒举行武装起义,最终迫使国王于 19 日下令把军队撤出柏林。起义获得了胜利,但是起义成果却被资产阶级窃取。3 月 29 日普鲁士成立了康普豪森—汉泽曼内阁。——192、203。

137　《十字报》(Kreuz-Zeitung)是《新普鲁士报》(Neue Preußische Zeitung)的别称(因报头上印有后备军的十字章图样)。该报是德国的一家日报,普鲁士容克和上层贵族的喉舌;1848年6月至1939年在柏林出版,创办人是恩·路·格尔拉赫和汉·胡·克莱斯特-雷措,编辑是海·瓦盖纳(1848—1854年)。——192。

138　钦博拉索山是南美科迪勒拉山脉的最高峰之一。"粗鲁无礼的钦博拉索山",意即粗鲁无礼到了极点。——192。

139　指1849年2月7日和8日的两个审判案。

第一次是因为1848年7月5日《新莱茵报》第35号刊登《逮捕》一文被指控污辱和诽谤了国家权力代表,马克思和恩格斯等人被推上陪审法庭。

第二次是1848年11月因报纸号召人民抗税,被指控煽动叛乱,马克思和卡·沙佩尔等人被推上陪审法庭。——192。

140　指1849年5月3—9日在德累斯顿爆发的武装起义以及因后备军反对应征加入普鲁士军队在莱茵省爆发的起义。

萨克森国王拒绝承认帝国宪法并且任命极端反动分子钦斯基担任首相是德累斯顿起义的导火线,起义遭到萨克森军队和开抵萨克森的普鲁士军队的镇压,这次起义为1849年5—7月爆发的维护帝国宪法运动揭开了序幕。

莱茵省的起义于1849年5月9日首先从埃尔伯费尔德开始,继而席卷杜塞尔多夫、伊瑟隆及索林根等地,街垒战一直持续到5月中旬。——192。

141　1849年5月初,在萨克森、莱茵普鲁士、巴登和普法尔茨掀起了维护帝国宪法的运动。巴登—普法尔茨起义在这一运动中具有极其重要的意义,两地当时已经成立了临时政府,并组织了自己的武装力量。1849年6月初,两个普鲁士军团约6万人与一个联邦军团开始对两地起义者实行武力镇压,法兰克福国民议会对起义者不作任何援助,维护帝国宪法的运动于1849年7月被镇压下去。——192。

142　1849年6月13日,小资产阶级政党山岳党在巴黎组织了一次和平示威,抗议法国派兵镇压意大利革命,因为共和国宪法规定,禁止动用军队干涉别国人民的自由。这次示威被军队驱散,它的失败宣告了法国小资产阶级民主主义的破产。6月13日以后,当局开始迫害民主主义者,其中包括外侨,同时许多社会主义报刊遭到查封。——193。

143　《新莱茵报。政治经济评论》(Neue Rheinische Zeitung. Politisch-ökonomische Revue)是马克思和恩格斯于1849年12月创办的共产主义者同盟(见注134)的理论和政治刊物。它是马克思和恩格斯在1848—1849年革命期间出版的《新莱茵报》(见注108)的续刊。该杂志1850年3—11月底总共出了六期,其中有一期是合刊(第5—6期合刊)。杂志在伦敦编辑,在汉堡印刷。封面上注明的出版地点还有纽约,因为马克思和恩格斯打算在侨居美国的德国流亡者中间发行这个杂志。该杂志发表的绝大部分文章(论文、短评、书评)都是马克思和恩格斯撰写的。他们也约请他们的支持者如威·沃尔弗、约·魏德迈、格·埃卡留斯等人撰稿。该杂志发表的马克思和恩格斯的重要著作有:马克思《1848年至1850年的法兰西阶级斗争》(见《马克思恩格斯选集》第3版第1卷)、恩格斯《德国维护帝国宪法的运动》(见《马克思恩格斯全集》中文第2版第10卷)和《德国农民战争》(见《马克思恩格斯文集》第2卷)。这些著作总结了1848—1849年革命的经验,进一步制定了革命无产阶级政党的理论和策略。1850年11月,由于反动势力的迫害,加上资金缺乏,杂志被迫停刊。——193。

144　指科隆共产党人案件(1852年10月4日—11月12日),这是普鲁士政府策动的一次挑衅性的案件。共产主义者同盟(见注134)的11名成员被送交法庭审判,其罪名是"进行叛国性密谋"。被指控的证据是普鲁士警探们假造的中央委员会会议《原本记录》和其他一些伪造文件,以及警察局从已被开除出共产主义者同盟的维利希—沙佩尔冒险主义宗派集团那里窃得的一些文件。法庭根据伪造文件和假证词,判处七名被告三年至六年徒刑。马克思和恩格斯对这一案件的策动者的挑衅行为和普鲁士警察国家对付国际工人运动的卑鄙手段进行了彻底的揭露(参看马克思《揭露科隆共产党人案件》和恩格斯《最近的科隆案件》,《马克思恩格斯全集》中文第2版第11卷)。——193。

145　《人民报》(Das Volk)是在伦敦出版的一家德文周报,伦敦德意志工人共产主义教育协会和其他在伦敦的德国工人团体的机关报;1859年5月7日由埃·比斯康普在伦敦创办和出版;马克思和恩格斯曾为报纸撰稿,从6月初起马克思实际上成为报纸的编辑,并于7月初接任该报的领导;编辑部成员有比斯康普、威·李卜克内西和弗·列斯纳等。该报发表的文章从无产阶级国际主义立场出发,分析了1859年意大利战争中的事件、德国统一问题和意大利统一问题,对波拿巴主义进行了坚持不懈的斗争。该报总共出版了16期,1859年8月20日因缺乏资金而停刊。——193。

146　1851年12月2日波拿巴派发动政变,并于1852年12月2日在法国建立了第二帝国(1852—1870年)的波拿巴政体(参看注74)。第二帝国又称十二月帝国。——194。

147　国际工人协会简称国际,后通称第一国际,是无产阶级第一个国际性的革命联合组织,1864年9月28日在伦敦成立。马克思参与了国际工人协会的创建,是它的实际领袖,恩格斯参加了国际后期的领导工作。在马克思和恩格斯的指导下,国际工人协会领导了各国工人的经济斗争和政治斗争,积极支持被压迫民族的解放运动,坚决地揭露和批判了蒲鲁东主义、巴枯宁主义、拉萨尔主义、工联主义等错误思潮,促进了各国工人的国际团结。国际工人协会在1872年海牙代表大会(见注148)以后实际上已停止了活动,1876年7月15日正式宣布解散。国际工人协会的历史意义在于它"奠定了工人国际组织的基础,使工人作好向资本进行革命进攻的准备"(见《列宁全集》中文第2版增订版第36卷第290页)。——195、363。

148　国际工人协会海牙代表大会于1872年9月2—7日在荷兰海牙举行。和历次代表大会相比,海牙代表大会按其组成来说是最有代表性的大会。出席这次大会的有来自15个全国性组织的65名代表。这次代表大会在马克思和恩格斯直接领导下,从理论上、组织上彻底揭露和清算了巴枯宁等人反对无产阶级革命、破坏国际工人运动的种种罪恶活动,并决定把巴枯宁等人开除出国际。海牙代表大会的决议为后来建立各国独立的工人阶级政党奠定了基础。——195。

149　19 世纪的所谓欧洲强国有六个：俄国、英国、德国（1871 年起为德意志帝国）、奥地利、法国和意大利（1861 年起）。——195。

150　指 1873 年世界经济危机。这次危机席卷了奥地利、德国、北美、英国、法国、荷兰、比利时、意大利、俄国和其他国家，具有猛烈而深刻的特点。在德国，这次危机从 1873 年 5 月以"大崩溃"开始，一直延续到 70 年代末。——198。

151　《格奥尔格·维尔特》是恩格斯于 1883 年 5 月底撰写的介绍德国无产阶级政论家和诗人、共产主义者同盟盟员格·维尔特生平事迹的文章，发表在 1883 年 6 月 7 日的《社会民主党人报》第 24 号。

　　早在 1856 年，马克思和恩格斯在得知维尔特去世的消息后，就打算写文章悼念他，但是由于种种原因，他们的这一意图没有实现。1883 年马克思去世后，恩格斯在整理马克思的遗稿时，在一封信的附件中发现了维尔特的《帮工之歌》，这促使他撰写了这篇文章，并将该文连同维尔特的诗歌一起发表。恩格斯在文中高度评价维尔特的政论活动和诗歌创作，指出"他的社会主义的和政治的诗作"，具有"完全独创的、别具一格的内容"和"火一般的热情"，称赞他是"德国无产阶级第一个和最重要的诗人"（见本书第 204 页）。这篇文章有助于我们具体了解恩格斯所倡导的文学创作原则以及文艺批评的标准和尺度，对于我们分析评价文学艺术家及其作品的思想价值和艺术成就具有重要指导意义。——201。

152　1843 年 12 月—1846 年 3 月，维尔特为曼彻斯特帕萨旺纺织公司布拉德福德分公司的雇员。从 1846 年 3 月起维尔特受雇于汉堡伊曼纽尔父子贸易公司，该公司在英国、法国、比利时、荷兰等国都设有办事处。——203。

153　维尔特的这部作品以一组小品文的形式于 1848 年 8—9 月、12 月和 1849 年 1 月在《新莱茵报》上分期发表。

　　维尔特在这部作品中进一步讽称利希诺夫斯基公爵为"骑士施纳普汉斯基"（Schnapphanski），该绰号来自 Schnapphahn 一词，后者有"强盗"、"骗子"等意思。——203。

154　1847 年，黑人奴隶出身的法斯廷·苏路克成为海地共和国总统。1849

年 8 月 26 日,他自立为皇帝,称法斯廷一世。苏路克以无知、残暴和自负而出名。

在当时的欧洲,人们常把拿破仑第三(见注 74)与苏路克相提并论。——203。

155　《社会民主党人报。德语区社会民主党的机关报》(Der Sozialdemokrat. Organ der Sozialdemokratie deutscher Zunge)是反社会党人法时期德国社会民主党在国外出版的德文周报,1879 年 9 月—1888 年 9 月在苏黎世出版,1888 年 10 月—1890 年 9 月 27 日在伦敦出版;1879 — 1880 年编辑是格·福尔马尔,1881 — 1890 年编辑是爱·伯恩施坦;马克思、恩格斯、奥·倍倍尔和威·李卜克内西为之撰稿,在他们的影响下报纸成为国际工人运动最主要的革命报纸,为德国社会民主党战胜反社会党人法作出了重大贡献。——205。

156　《家庭、私有制和国家的起源》是恩格斯阐发历史唯物主义基本理论的重要著作,写于 1884 年 4 月初—5 月 26 日;同年 10 月初在霍廷根—苏黎世出版,其后又发行多个版本。

在这部著作中,恩格斯用唯物史观科学地阐明了人类社会早期发展阶段的历史,论述了氏族组织的结构、特点和作用以及家庭的起源和发展,揭示了原始社会制度解体和以私有制为基础的阶级社会形成过程,分析了国家从阶级对立中产生的历史条件和本质特征,指出了国家必将随着阶级的消灭和共产主义的胜利而消亡的客观规律。这一系列深刻系统的论述,从各种角度充实和完善了历史唯物主义的内涵,显著地增强和凸现了这一理论的科学性和说服力。

本书节选了第一章《史前各文化阶段》和第九章《野蛮时代和文明时代》的部分内容。在这里,恩格斯概括了人类社会由史前时代进入文明时代历史发展的特征,阐明了人类社会进步与生产力发展之间的密切关系,揭示了文化艺术在人类生产生活中产生的过程,指出,"文明时代是学会对天然产物进一步加工的时期,是真正的工业和艺术的时期。"(见本书第 208 页)同时,恩格斯深刻揭示了文明时代因其阶级社会的属性而产生的矛盾和弊端:虽然文明时代"完成了古代氏族社会完全做不到的事情","科学曾经日益发展,艺术高度繁荣的时期一再出现",但"它是用激起人们的最卑劣的冲动和情欲,并且以损害人们的其他一切禀赋为代价而使之变本加厉的办法来完成这些事情的……财富,财富,第三还是财富——不是社会的财富,而是这个微不足道的单个的个人的财富,这就是文明时代唯一的、具有决定意义的目的";并且"文明时代越是向前进展,它就越是不得不给它所必然产生的种种坏事披上爱的外衣,不得不粉饰它们,或者否认它们"(见本书第 209、210页)。恩格斯指出:"文明时代的基础是一个阶级对另一个阶级的剥削,所以它的全部发展都是在经常的矛盾中进行的。"(见本书第 210 页)恩格斯对文明时代种种消极现象的揭露,实质上是对阶级压迫和阶级剥削制度的深刻批判,是对剥削阶级的虚伪说教和无耻谰言的有力反驳。

恩格斯的精辟论述为文艺理论研究确立了科学的世界观和方法论,对我们认识文艺的本质,认识文艺的阶级性和发展规律,具有重要的启发意义。——206。

157 这里的海盗是指中世纪斯堪的纳维亚各国侵扰英国、法国、南意大利、俄国等国沿海地区的半商海盗。——206。

158 《希尔德布兰德之歌》是一部英雄史诗,古代德意志叙事诗文献,反映了民族大迁徙后期东哥特人的习俗,流传于 8 世纪,保留下来的仅是一些片断。——208。

159 1066 年 10 月 14 日,诺曼底公爵威廉的军队侵入英国,在黑斯廷斯附近同盎格鲁撒克逊人展开会战。盎格鲁撒克逊人的军队由于在军事组织中还保留着公社制度的残余,使用的也是原始的武器装备,因此被击败。盎格鲁撒克逊国王哈罗德战死,而威廉则成为英国国王,称威廉一世,史称征服者威廉一世。——209。

160 《路德维希·费尔巴哈和德国古典哲学的终结》是恩格斯阐述马克思主义哲学基本原理的重要著作。该著作写于 1886 年初,最初刊登在德国社会民主党的理论杂志《新时代》1886 年第 4 年卷第 4、5 期,1888 年在斯图加特出版了单行本。在这部著作中,恩格斯论述了马克思主义哲学形成和发展的历史过程,具体说明了它的理论来源和自然科学基础,详细论证了马克思主义哲学同德国古典哲学之间的批判继承关系和本质区别,深刻地分析了马克思主义哲学的诞生在哲学领域中引起革命变革的实质和意义,系统地阐述了辩证唯物主义和历史唯物主义的基本原理。列宁认为,这部著作"同《共产党宣言》一样,都是每个觉悟工人必读的书籍"(见《列宁全集》中文第 2 版增订版第 23 卷第 42 页)。

　　这部著作正文分为 4 章,本书节选了第 2 章。在这一部分,恩格斯第一次提出"全部哲学,特别是近代哲学的重大的基本问题,是思维和存在的关系问题"(见本书第 212 页),哲学家们依照对思维和存在、精神和物质何者为本原的问题的不同回答而分成唯物主义和唯心主义两大阵营。他还论述了哲学基本问题的另一方面即思维能否认识客观世界的问题,对这一问题的不同回答形成可知论和不可知论。恩格斯批驳了怀疑和否定人认识世界的可能性的错误观点,指出对这一哲学怪论的"最令人信服的驳斥是实践"(见本书第 214 页)。恩格斯论述了马克思主义哲学产生的自然科学基础,阐明了自然科学的发展,特别是 19 世纪中叶自然科学领域中的三大发现对辩证唯物主义的自然观和历史观形成的作用,指出:"随着自然科学领域中每一个划时代的发现,唯物主义也必然要改变自己的形式"(见本书第 217 页)。恩格斯在阐述哲学基本问题的同时,还对当时流行的追捧和迷信唯心主义、曲解和诽谤唯物主义的现象进行了深入考察和剖析,揭示了这些"庸人偏见"(见本书第 222 页)产生的认识根源、历史根源和阶级根源。恩格斯的精彩论述对于澄清思想混乱、捍卫科学理论、教育工人群众具有十分重要的意义。

　　在马克思主义哲学史上,这部著作具有十分重要的地位。正如恩格斯自己所说,他在《反杜林论》和《路德维希·费尔巴哈和德国古典哲学的终结》"这两部书里对历史唯物主义作了就我所知是目前最为详尽的阐述"(见《马克思恩格斯选集》第 3 版第 4 卷第 606 页)。恩格斯对于马克思主义哲学基本原理的系统论述,为我们从世界观和方法论高度理解文学艺术等社会意识形式的性质、作用指明了方向,同时也为我们进一步研究和发展马克思主义文艺理论提供了根本遵循。——212。

161 茜草自中世纪早期以来就是中欧地区红色颜料的最重要的原料。1868 年卡·格雷培和卡·利伯曼发明了从煤焦油中合成提取茜素的方法,次年他们申请了专利。——215。

162 1846 年夏,法国数学家、天文学家乌·勒维烈计算出了当时只是推测可能存在的海王星的轨道。根据他的计算,柏林天文台的德国天文学家约·加勒于1846年9月23日发现了海王星。——215。

163 这段引文在卡·施达克《路德维希·费尔巴哈》1885年斯图加特版第166页上引用过。引文摘自路·费尔巴哈的著作《箴言》,见卡·格律恩《路德维希·费尔巴哈的书简、遗稿及其哲学特征的阐述》1874年莱比锡—海德堡版第2卷第308页。——216。

164 燃素说是格·施塔尔于1700年创立的,在18世纪的化学中曾一度占统治地位。根据这一学说,燃烧的过程决定于可燃物体中有一种特殊的物质——燃素,它在燃烧时从可燃物体中逸出。但是,由于人们知道,金属在空气中燃烧时重量增加了,于是主张燃素说的人断言燃素具有一种在物理学上无法解释的负重量。法国化学家安·拉瓦锡证明了这种理论是毫无根据的,他把燃烧过程正确地解释为燃烧着的物质与氧化合的反应。关于燃素说曾经起过的积极作用,恩格斯曾在《自然辩证法》的《〈反杜林论〉旧序》一文结尾部分谈到(见《马克思恩格斯全集》中文第2版第26卷第504—505页),并在《资本论》第二卷(1885年汉堡版)的序言中作了详细的论述(见《马克思恩格斯选集》第3版第2卷第301—302页)。——217。

165 费尔巴哈在19世纪30年代离开大学讲坛后,曾长期居住于巴伐利亚的安斯巴赫附近的布鲁克贝格村。后来的研究表明,费尔巴哈一直关注自然科学(尤其是在1848年之后),直到60年代末,他都了解自然科学中的主要发展趋势,掌握许多领域的研究进展,并对若干具体学科感兴趣。——219。

166 恩格斯这里引用的是约·洛·埃弗斯的名言。费尔巴哈在其《宗教本质讲演录》中也引用了这句话(《费尔巴哈全集》1851年莱比锡版第8卷第370页)。——222。

167 1859年3月,德国工人运动中的机会主义代表斐·拉萨尔将自己的剧本《弗兰茨·冯·济金根》寄给马克思,征求他对剧本的意见。马克思在4月19日的回信中全面评价了拉萨尔的剧本,并阐发了自己的文艺观点。

在这封信中,马克思批评了拉萨尔剧本中错误的政治倾向,即低估人民群众的革命力量,"把路德式的骑士反对派看得高于闵采尔式的平民反对派",指出他不应当过多着墨于革命中的贵族代表,而应当更多关注农民和城市革命分子的代表,这样才能够"在更高得多的程度上用最朴素的形式恰恰把最现代的思想表现出来"(见本书第 227 页)。马克思认为,对人物的塑造不能太抽象,不能"席勒式地把个人变成时代精神的单纯的传声筒",而应该"更加莎士比亚化"(见本书第 227 页)。对人物的描写应该有特色,应该突出人物个性特点。

马克思的这些见解指明了现实主义的文艺创作原则和文艺批评标准,启示我们深刻领悟优秀的文艺作品不仅要有进步的倾向性,还要真实地反映客观现实、生动地塑造人物形象。——225。

168 在 1830 年 11 月开始的 1830—1831 年反对沙皇制度的波兰解放起义中,起义的领导权基本上掌握在波兰小贵族的手里。由于他们拒绝满足广大农民群众废除农奴依附地位的要求,未能得到农民群众的支持,起义最终遭到了沙皇的残酷镇压。对这次起义的评价,见恩格斯 1848 年 2 月 22 日在布鲁塞尔举行的 1846 年克拉科夫起义两周年纪念大会上的演说和他的著作《德国农民战争》(见《马克思恩格斯文集》第 2 卷)中的有关论述。——227。

169 在这封信中,恩格斯从唯物史观出发,对拉萨尔的剧本《弗兰茨·冯·济金根》作了中肯而精辟的评价,他表达的观点与马克思在 1859 年 4 月 19 日给拉萨尔的信中所表达的观点基本一致。恩格斯认为,应该"从美学观点和史学观点"来衡量一部作品,这是文艺批评的"最高的标准"(见本书第 234 页)。文艺创作应当注重思想内容和表现形式的完美结合,着力塑造典型环境中的典型人物,用生动自然的艺术形式表达作品的倾向。恩格斯指出,要努力把"德国戏剧具有的较大的思想深度和自觉的历史内容,同莎士比亚剧作的情节的生动性和丰富性"完美融合起来(见本书第 230 页),不应该"为了观念的东西而忘掉现实主义的东西,为了席勒而忘掉莎士比亚"(见本书第 232 页);恩格斯强调作品中的主要人物应该是"一定的阶级和倾向的代表","他们的动机不是来自琐碎的个人欲望,而正是来自他们所处的历史潮流","要更多地通过剧情本身的进程使这些动机生动地、积极地,所谓自然而然地表现出来"（见本书第 230 页）；恩格斯主张"刻画一个人物不仅应表现他做什么，而且应表现他怎样做"（见本书第 231 页）。同时，恩格斯批评了拉萨尔剧本的错误政治倾向，即"把农民运动放到次要地位"，对"非官方的平民分子和农民分子，以及他们的随之而来的理论上的代表人物没有给予应有的注意"（见本书第 233、232 页）；他指出，由于拉萨尔"对贵族的国民运动作了不正确的描写"（见本书第 233 页），这个剧本的错误政治倾向就显得更加突出。恩格斯还通过对剧本所描绘的历史背景的分析，揭示了悲剧的重要特征，即由于"历史的必然要求和这个要求实际上不可能实现"而导致的悲剧性的冲突，他批评拉萨尔"忽略了这一因素"，没有正确描写悲剧性的冲突（见本书第 233 页）。

　　恩格斯的这封信重申了他在《诗歌和散文中的德国社会主义》一文中提出的"美学观点和历史观点"相统一的文艺批评尺度，充分阐述了现实主义文艺创作的一系列原则，为我们树立了文艺批评的典范。——228。

170　斐·拉萨尔 1857 年春至 1858 年春写了剧本《弗兰茨·冯·济金根》，并于 1858 年改编为舞台脚本匿名发表。在柏林皇家剧院拒绝上演这部戏剧之后，拉萨尔 1859 年春将它作为文学剧本发表。——230。

171　恩格斯在这里和后面谈到舞台脚本和文学剧本之间的区别和其他艺术创作问题的地方，实际上都是针对斐·拉萨尔在《弗兰茨·冯·济金根》剧本的序言中所提出的论点进行的批评。——230。

172　斐·拉萨尔 1848 年 11 月 22 日在诺伊斯（杜塞尔多夫附近）举行的民众大会上发表演说，号召武装起来反对国家政权。一天后拉萨尔被捕。高等法院和检察院一再拖延审判，拉萨尔写信请马克思和恩格斯谴责这一阴谋。马克思和恩格斯以同一标题《拉萨尔》在《新莱茵报》上发表了一系列文章，揭露司法当局和监狱当局对拉萨尔的暴行。对拉萨尔的审判于 1849 年 5 月 3—4 日进行。

　　恩格斯在这里也可能是指 1848 年 9 月 17 日拉萨尔在沃林根（科隆附近）民众大会上的讲话。恩格斯曾亲自参加这次民众大会并当选为大会书记。——230。

173 "鞋会"和"穷康拉德"是 15—16 世纪初期在德国出现的反封建的农民秘密团体。它们的活动为德国 1525 年农民战争做了准备。恩格斯在《德国农民战争》（见《马克思恩格斯文集》第 2 卷）中对这两个团体的活动作了论述。——233。

174 1861 年 6 月，马克思收到了斐·拉萨尔的《既得权利体系》一书，并在 6 月 11 日和 7 月 22 日给拉萨尔回信就继承权问题发表了意见。

在这封信的节选部分，马克思提到了欧洲戏剧史上围绕三一律发生的那场争论。三一律是 17 世纪欧洲古典主义的悲剧创作理论，它要求戏剧的结构必须遵循时间、地点、情节三者完整一致的规则。这个主张最初由意大利学者在 16 世纪提出，后来在 17 世纪的法国戏剧理论和实践中得到确认和贯彻；其倡导者为了增强说服力和权威性，声称这个理论源于古希腊戏剧和亚里士多德的《诗学》。对于这种说法，一些学者进行了考证，提出了质疑，指出这是一种曲解。于是，一场激烈的论争就在欧洲戏剧界展开。针对上述情况，马克思指出，虽然"路易十四时期的法国剧作家从理论上构想的那种三一律，是建立在对希腊戏剧（及其解释者亚里士多德）的曲解上的"，但是，"另一方面，同样毫无疑问，他们正是依照他们自己艺术的需要来理解希腊人的"，正因为如此，在事实得到澄清之后，"他们还是长期地坚持这种所谓的'古典'戏剧"（见本书第 235 页）。根据这一史实以及其他领域的类似情况，马克思指出了一种特别值得注意的现象："被曲解了的形式正好是普遍的形式，并且在社会的一定发展阶段上是适于普遍应用的形式"（见本书第 235 页）。马克思的论述对于深入研究和全面认识文学艺术的历史继承性与发展规律性具有重要价值。——234。

175 这是恩格斯论述文学作品中的典型和倾向性问题的一封著名书信。1885 年夏，德国女作家明娜·考茨基（卡尔·考茨基的母亲）在伦敦结识了恩格斯。她回到维也纳后，于 10 月 15 日给恩格斯写信，描述了对伦敦和柏林的印象，并将她的新作《旧和新》寄给恩格斯，请他提意见。11 月 26 日，恩格斯写了这封回信。

在信中，恩格斯赞扬明·考茨基用鲜明的个性描写手法成功地刻画出具体环境里的典型人物："每个人都是典型，但同时又是一定的单个人，正如老黑格尔所说的，是一个'这个'，而且应当是如此。"（见本书第 236 页)在这里,恩格斯提到了黑格尔的著名论点,即典型形象"不仅要显现为普遍性,而且还要显现为具体的特殊性"(黑格尔《美学》第1 卷,朱光潜译,商务印书馆 2009 年版,第 301 页)。与此同时,恩格斯批评明·考茨基在小说中为了表明自己的倾向性立场而把主人公过分地"理想化"了,这种做法造成的必然后果就是:主人公的个性"更多地消融到原则里去了"(见本书第 236 页)。恩格斯认为,真正优秀的小说,其"倾向应当从场面和情节中自然而然地流露出来","作者不必把他所描写的社会冲突的历史的未来的解决办法硬塞给读者";如果一部具有社会主义倾向的小说能够"通过对现实关系的真实描写,来打破关于这些关系的流行的传统幻想,动摇资产阶级世界的乐观主义",从而"引起对于现存事物的永恒性的怀疑,那么,即使作者没有直接提出任何解决办法,甚至有时并没有明确地表明自己的立场,我认为这部小说也完全完成了自己的使命"(见本书第 236—237 页)。

　　恩格斯在信中阐发的一系列深刻见解对于社会主义的文艺创作实践具有重要的指导意义,它们启示广大文艺工作者要将进步的倾向性生动自然地融汇于作品的内容中,着力塑造出兼具典型性和个性的人物形象。——235。

176 这是恩格斯论述现实主义文艺创作原则的一封重要书信。收信人是英国女作家、社会主义者玛·哈克奈斯,留下来的书信草稿是在恩格斯的遗稿中发现的。原稿没有日期,但从哈克奈斯 1888 年 4 月 5 日给恩格斯的回信推测,这封信大约写于 1888 年 4 月初。

　　在这封信中,恩格斯通过对哈克奈斯的小说《城市姑娘》的评论,进一步阐发了现实主义文艺创作原则的深刻内涵。首先,恩格斯强调,要创作现实主义的文艺作品,就必须具有"真正艺术家的勇气"(见本书第238 页),在思想上敢于向旧制度、旧势力发起挑战,在艺术上敢于除旧布新、别开生面。其次,恩格斯指出,现实主义创作原则的核心要素是塑造典型环境中的典型人物。他说:"据我看来,现实主义的意思是,除细节的真实外,还要真实地再现典型环境中的典型人物。"(见本书第238 页)恩格斯认为《城市姑娘》中的主要人物本身是典型的,但围绕他们的环境并不典型,因为其中的工人阶级是以"消极群众的形象出现的,他们无力自助,甚至没有试图作出自助的努力"(见本书第 238 页),

这种描写不符合实际情况。为此,恩格斯着重指出,工人阶级为反抗压迫和奴役、为恢复自己做人的地位而进行的英勇斗争,"不管是半自觉的或是自觉的,都属于历史,因而也应当在现实主义领域内占有一席之地"(见本书第238—239页)。最后,恩格斯明确表示,上述原则并不是要求作者在作品中直截了当地宣示自己的社会观点和政治观点,恰恰相反,根据现实主义的创作原则和广大读者的审美体验,作品的风格应当是含蓄内敛、淳朴自然的,"作者的见解越隐蔽,对艺术作品来说就越好";在优秀的文艺作品中,"现实主义甚至可以不顾作者的见解而表露出来"(见本书第239页)。恩格斯高度评价巴尔扎克这位"现实主义大师",指出巴尔扎克尽管在政治上是正统派,对注定要灭亡的阶级寄予了全部的同情,但他在《人间喜剧》里"给我们提供了一部法国'社会',特别是巴黎上流社会的无比精彩的现实主义历史","我从这里,甚至在经济细节方面(诸如革命以后动产和不动产的重新分配)所学到的东西,也要比从当时所有职业的史学家、经济学家和统计学家那里学到的全部东西还要多"。(见本书第239页)在恩格斯看来,这一切"是现实主义的最伟大的胜利之一"(见本书第240页)。

恩格斯的论述具体而又生动,使现实主义的文艺创作原则真正成为具有强大生命力的理论指针。——237。

177　救世军是基督教新教的一个社会活动组织,1865年由传教士威·蒲斯在伦敦创立。1878年该组织模仿军队编制,教徒称"军兵",教士称"军官";1880年正式定名为"救世军"。该组织主要在下层群众中开展慈善活动,并吸收教徒。在资产阶级的大力支持下,该组织进行广泛的宗教活动,并建立了一整套慈善机构。——238。

178　正统派是法国代表大土地贵族和高级僧侣利益的波旁王朝(1589—1792年和1814—1830年)长系的拥护者。1830年波旁王朝第二次被推翻以后,正统派结成政党。在反对以金融贵族和大资产阶级为支柱的当政的奥尔良王朝时,一部分正统派常常抓住社会问题进行蛊惑宣传,标榜自己维护劳动者的利益,使他们不受资产者的剥削。马克思和恩格斯在《共产党宣言》中,把该派代表人物的观点叫做封建的社会主义。在第二帝国时期,正统派得不到人民的支持,只能采取等待时机的策略,出版一些批评性的小册子。他们在1871年参加了反革命势力对巴黎公社的镇压以后才开始活跃起来。——239。

179　指发起 1832 年 6 月 5—6 日巴黎起义的共和党左翼和一些秘密革命团
体。反对路易-菲力浦政府的马·拉马克将军的出殡是这次起义的导
火线。当政府派出军队时,参加起义的工人构筑街垒,英勇顽强地进行
自卫战。有一个街垒构筑在圣玛丽修道院原来所在的圣马丁街。这个
街垒是最后陷落的街垒之一。巴尔扎克在长篇小说《幻灭》和中篇小说
《卡金尼扬公爵夫人的秘密》中塑造了“在圣玛丽修道院墙下阵亡”的
共和党人米·克雷蒂安的形象。巴尔扎克称他为“能够改变世界面貌
的伟大的政治家”。——240。

180　这是恩格斯晚年论述如何从方法论角度理解历史唯物主义的一封重要
书信。1890 年,德国社会民主党内的“青年派”领袖保·恩斯特与奥地
利资产阶级作家海·巴尔就斯堪的纳维亚文学中的妇女运动问题进行
了论战,巴尔指责恩斯特错误地运用了马克思的历史研究方法。恩斯
特于 5 月 31 日写信给恩格斯请求支持,恩格斯于 6 月 5 日写了回信。
　　在这封信中,恩格斯着重批评了恩斯特在运用唯物主义方法上的
错误。他指出,“如果不把唯物主义方法当做研究历史的指南,而把它
当做现成的公式,按照它来剪裁各种历史事实,那它就会转变为自己的
对立物”(见本书第 241 页)。恩格斯认为,要对挪威的小市民阶层特点
和文学艺术的发展状况进行探讨,就必须先把这个国家的经济社会演
变情况“彻底了解清楚”,然后才能“对这类东西作出判断”(见本书第
243 页),这是运用历史唯物主义理论研究问题的基本要求。而恩斯特
却根本不去了解挪威国情,就主观地、想当然地把“那里所发生的一切
都归入小市民阶层的范畴”,接着又把他自己“对德国小市民阶层的看
法硬加在这个挪威小市民阶层身上”(见本书第 241 页)。这就违背了
历史唯物主义的原则。为了具体说明这个原则,恩格斯依据确凿的史
实,概述了挪威经济社会的发展历程,指出了挪威小市民阶层和农民的
特征,并由此揭示了这个国家出现文艺繁荣的原因。恩格斯还以易卜
生的戏剧为例,强调现实主义文艺力作的产生与社会的基本情况以及
人们的精神状态之间存在着密切联系。恩格斯的论述为我们正确理解
和运用唯物史观提供了重要指南,为科学认识和阐明文艺发展规律树
立了光辉典范。——240。

181　三十年战争(1618—1648 年)是一次全欧洲范围的战争,由新教徒和天主教徒之间的斗争引起,是欧洲国家集团之间矛盾尖锐化的结果。德国是战争的主要场所,是战争参加者进行军事掠夺和侵略的对象。

　　三十年战争分为四个时期:捷克时期(1618—1624 年)、丹麦时期(1625—1629 年)、瑞典时期(1630—1635 年)以及法国瑞典时期(1635—1648 年)。

　　三十年战争以 1648 年缔结威斯特伐利亚和约而告结束,和约的签订加深了德国政治上的分裂。——241、253。

182　这是恩格斯晚年论述历史唯物主义的一封重要书信。

　　在这封信中,恩格斯深刻揭示了上层建筑与经济基础之间、国家权力与经济发展之间的辩证关系。他一方面指出经济发展起支配作用,"具有最终的至上权力"(见本书第 247 页),另一方面也强调了上层建筑对经济基础的反作用,他还具体分析了国家权力对经济发展产生的反作用。恩格斯在信中对哲学和宗教同经济基础的相互关系以及各种社会意识形式的相对独立性也作了深入阐述。他指出,哲学和宗教不同于其他的社会意识形式,是"更高地悬浮于空中的意识形态的领域"(见本书第 246 页),它们在受到经济基础的决定性影响的同时,也会"反过来影响全部社会发展,甚至影响经济发展"(见本书第 246 页)。每个时代的哲学和宗教作为特定的分工领域,都有自身的特殊继承性,都是以前人留下的思想资源和历史传统为出发点的,这就使它们具有相对独立的演进方式和内在规律,因此"经济上落后的国家在哲学上仍然能够演奏第一小提琴"(见本书第 247 页),这是社会意识具有相对独立性的一个重要表现。

　　恩格斯的论述启发我们,文艺作为一种社会意识形态,归根结底是一定社会经济关系的产物,要辩证地把握文学艺术与经济社会发展的关系,既要肯定经济基础是文学艺术得以生存和发展的基本条件,又要充分认识文学艺术自身的特殊运动规律。——243。

183　拿破仑法典(法兰西民法典)指在拿破仑统治时期于 1804 年通过并以《拿破仑法典》著称的民法典,这里还广义地指 1804—1810 年拿破仑第一统治时期通过的五部法典:民法典、民事诉讼法典、商业法典、刑法典和刑事诉讼法典。这些法典曾沿用于拿破仑法国所占领的德国西部和西南部,在莱茵地区于 1815 年归并于普鲁士以后仍然有效。恩格斯称法兰西民法典为"典型的资产阶级社会的法典"(见《马克思恩格斯选集》第 3 版第 4 卷第 259 页)。——245。

184 指 1688 年英国政变。这次政变驱逐了斯图亚特王朝的詹姆斯二世,宣布荷兰共和国的执政者奥伦治的威廉三世为英国国王。从 1689 年起,在英国确立了以土地贵族和大资产阶级的妥协为基础的立宪君主制。这次没有人民群众参加的政变被资产阶级史学家称做"光荣革命"。——246。

185 这封信是恩格斯晚年论述历史唯物主义的重要书信之一。1893 年,弗·梅林的《莱辛传奇》单行本在斯图加特出版,该书在附录中收录了梅林本人撰写的论文《论历史唯物主义》。恩格斯在收到梅林寄来的这本书之后写了这封回信。

在信中,恩格斯客观评价了梅林的论文和著作,重申了马克思的伟大历史功绩,表达了他对德国历史研究的一些看法。恩格斯重点阐述了自己关于意识形态的观点,批驳了资产阶级学者对唯物史观的曲解或歪曲,同时指出了这种曲解或歪曲产生的历史背景和阶级根源。

为了澄清资产阶级学者制造的思想混乱,恩格斯进一步论述了意识形态的本质以及上层建筑对经济基础的反作用。他指出:"意识形态是由所谓的思想家通过意识、但是通过虚假的意识完成的过程。"(见本书第 250 页)因此,意识形态从经济基础中获得的动力就被遮蔽在它所继承的各种思想材料之中;这样一来,意识形态的发展历程就表现出"独立"的外观,以至"迷惑了大多数人",使他们误以为一切都是"以思维为中介"、"以思维为基础",而那些起决定性作用的事实本身却"被默认为只是思维过程的果实"。(见本书第 250、251 页)对于这些错误观点,恩格斯在信中进行了仔细的剖析和批判,同时,他强调,不能因为各种意识形态领域没有独立的历史发展,就"否认它们对历史有任何影响";实际上,它们作为经济原因的"结果",同样会对产生它们的"原因发生反作用"。(见本书第 252 页)恩格斯反对资产阶级的意识形态家们"把原因和结果非辩证地看做僵硬对立的两极",指出这是一种"愚蠢观念";他明确要求人们辩证地看待原因和结果之间的"相互作用"。(见本书第 252 页)

　　恩格斯的论述启发我们，决不能机械地、孤立地、僵化地看待经济基础同包括文艺在内的观念形态的上层建筑之间的关系，而应当在唯物史观和唯物辩证法的指引下，根据客观事实进行细致的考察和辩证的分析。只有这样，才能充分尊重和运用文艺实践的内在规律，更好地发挥它在社会发展中的积极作用。——249。

186　《新时代。精神生活和社会生活评论》（Die Neue Zeit. Revue des geistigen und öffentlichen Lebens）是德国社会民主党的理论杂志；1883—1890 年 10 月在斯图加特出版，每月一期，以后至 1923 年秋每周一期；1883—1917 年 10 月由卡·考茨基担任编辑，1917 年 10 月—1923 年秋由亨·库诺担任编辑。从 19 世纪 90 年代初起，弗·梅林为该杂志撰稿；1885—1894 年恩格斯在杂志上发表了许多文章，经常提出批评、告诫，帮助杂志编辑部端正办刊方向。——252。

187　恩格斯曾计划修改《德国农民战争》（见《马克思恩格斯文集》第 2 卷），增加有关德国史的大量材料，但由于要整理和编辑《资本论》第二、三卷及撰写其他文章，他的这个计划未能实现。不过，他为这个新版准备的片断和提纲保存了下来（见《马克思恩格斯全集》中文第 2 版第 28 卷第 227—239 页）。——253。

188　勃艮第公国是 9 世纪在法国东部塞纳河和卢瓦尔河的上游地区建立的，后来兼并了大片领土（弗朗什孔泰，法国北部一部分和尼德兰），在 14—15 世纪成为独立的封建国家，15 世纪下半叶在勃艮第公爵大胆查理时代达到鼎盛。勃艮第公国力图扩张自己的属地，成了建立中央集权的法兰西君主国的障碍；勃艮第的封建贵族和法国封建主结成联盟，共同对抗法国国王路易十一的中央集权政策，并对瑞士和洛林发动了侵略战争。路易十一联合瑞士人和洛林人来对付勃艮第。在反对联盟的战争（1474—1477 年）中大胆查理的军队被击溃，他本人在南锡附近的会战（1477 年）中被瑞士、洛林联军击毙；勃艮第公国本土遂为法国兼并，尼德兰部分则转归哈布斯堡王朝。——253。

189　神圣罗马帝国（962—1806 年）是欧洲封建帝国。公元 962 年，德意志国王奥托一世在罗马由教皇加冕，成为帝国的最高统治者。1034 年帝国正式称为罗马帝国。1157 年称神圣帝国,1254 年称神圣罗马帝国。
到了 1474 年,神圣罗马帝国被称为德意志民族神圣罗马帝国。帝国在
不同时期包括德意志、意大利北部和中部、法国东部、捷克、奥地利、匈
牙利、荷兰和瑞士,是由具有不同政治制度、法律和传统的封建王国和
公国以及教会领地和自由城市组成的松散的联盟。1806 年对法战争失
败后,弗兰茨二世被迫放弃神圣罗马帝国皇帝的称号,这一帝国便不复
存在了。——254。

190　这封信是恩格斯晚年论述历史唯物主义的重要书信之一。19 世纪 90
年代,资产阶级学者和德国社会民主党内的机会主义者大肆歪曲和攻
击唯物史观,在德国大学生当中引起了思想混乱。当时的大学生博尔
吉乌斯写信向恩格斯请教,恩格斯在 1894 年 1 月 25 日的复信中回答了
他提出的问题,澄清了资产阶级理论家和党内机会主义者造成的理论
混乱,进一步帮助德国青年完整准确地理解历史唯物主义的基本原理,
从而捍卫和传播了马克思主义真理。

　　恩格斯在信中阐释了关于历史唯物主义的一系列重大理论问题。
他首先对作为社会历史的决定性基础的经济关系作了科学界定,指出
这种经济关系"是指一定社会的人们生产生活资料和彼此交换产品(在
有分工的条件下)的方式"(见本书第 255 页)。然后恩格斯强调,在把
经济条件看做"归根到底制约着历史发展的东西"(见本书第 256 页)的
同时,不应忽视以下两点。第一,上层建筑诸因素在受经济基础决定的
同时,对经济基础产生反作用:"政治、法、哲学、宗教、文学、艺术等等的
发展是以经济发展为基础的。但是,它们又都相互作用并对经济基础
发生作用。这并不是说,只有经济状况才是原因,才是积极的,其余一
切都不过是消极的结果,而是说,这是在归根到底不断为自己开辟道路
的经济必然性的基础上的相互作用。"(见本书第 256 页)不过,"在这些
现实关系中,经济关系不管受到其他关系——政治的和意识形态
的——多大影响,归根到底还是具有决定意义的,它构成一条贯穿始终
的、唯一有助于理解的红线。"(见本书第 256 页)第二,由经济关系决定
的历史必然性体现为意志各不相同的人的活动,充满各种偶然性:"人
们自己创造自己的历史,但是到现在为止,他们并不是按照共同的意
志,根据一个共同的计划,甚至不是在一个有明确界限的既定社会内来

创造自己的历史。他们的意向是相互交错的……"（见本书第 256 页）不过，偶然性只是必然性的补充和表现形式，"在这里通过各种偶然性来为自己开辟道路的必然性，归根到底仍然是经济的必然性"（见本书第 257 页）。

恩格斯的这些精辟论述，不仅为构建科学的文艺理论指出了符合历史规律的方向和途径，而且对于我们全面把握历史唯物主义基本原理、深刻认识包括文艺在内的上层建筑与经济基础之间的辩证关系具有重要的指导意义。——255。

191 马克思在 1868 年 3 月 6 日给路·库格曼的信中也说过他的辩证方法不同于黑格尔的辩证方法（见《马克思恩格斯选集》第 3 版第 4 卷第 468 页）。——263。

192 西尼耳在生产劳动和非生产劳动问题上的观点，见他的《政治经济学基本原理》1836 年巴黎版第 197—206 页。马克思在 1861—1863 年经济学手稿《剩余价值理论》部分"（C）亚当·斯密"一节专门批判了西尼耳的这种观点（见《政治经济学批判（1861—1863 年手稿）》第 IX 笔记本第 410—412 页，《马克思恩格斯全集》中文第 2 版第 33 卷第 348—354 页）。

马克思在《剩余价值理论》另外一个地方更详细地分析说："钢琴制造厂主的工人是生产劳动者……相反，假定我买到制造钢琴所必需的全部材料（或者甚至假定工人自己就有这种材料），我不是到商店去买钢琴，而是请工人到我家里来制造钢琴。在这种情况下，钢琴匠就是非生产劳动者，因为他的劳动直接同我的收入相交换。"（见《政治经济学批判（1861—1863 年手稿）》第 VII 笔记本第 306 页，《马克思恩格斯全集》中文第 2 版第 33 卷第 146 页）

马克思同时指出："一个自行卖唱的歌女是**非生产劳动者**。但是，同一个歌女，被剧院老板雇用，老板为了赚钱而让她去唱歌，她就是**生产劳动者**，因为她生产资本。"（见本书第 162—163 页）——271。

193 反谷物法同盟是英国工业资产阶级的组织，由曼彻斯特的两个纺织厂主理·科布顿和约·布莱特于 1838 年创立。谷物法是英国政府为维护大土地占有者的利益，从 1815 年起实施的旨在限制或禁止从国外输入谷物的法令。同盟要求贸易完全自由,废除谷物法,其目的是为了降低国内谷物价格,从而降低工人工资,削弱土地贵族的经济和政治地位。同盟在反对大土地占有者的斗争中曾经企图利用工人群众,宣称工人和工厂主的利益是一致的。但是,就在这个时候,英国的先进工人展开了独立的、政治性的宪章运动。1846年谷物法废除以后,反谷物法同盟宣布解散。实际上,同盟的一些分支一直存在到1849年。——276。

194 指首相罗·皮尔在1842和1844年实行的财政改革。他废除或降低了所有的出口税以及对原料和半成品征收的关税。为了补偿国家财政收入的减少,实施了所得税。后来在1853年,对原料和半成品征收的所有关税都取消了。——276。

195 马克思后来在《路易·波拿巴的雾月十八日》中,也作过类似的阐述,他写道:"黑格尔在某个地方说过,一切伟大的世界历史事变和人物,可以说都出现两次。他忘记补充一点:第一次是作为悲剧出现,第二次是作为笑剧出现。"(见本书第137页)——277。

196 指1830年的法国七月革命以及相继在比利时、波兰、德国和意大利等许多欧洲国家爆发的革命和起义。——278。

197 恩格斯没有为约·魏德迈撰写关于这个主题的文章,但在1852年3月2日和4月20日给马克思的信(见《马克思恩格斯全集》中文第2版第49卷第70—71、101—102页)中阐述了他关于棉纺织工业状况和世界市场上商业发展的一些观点,马克思又将恩格斯的这些观点转述给阿·克路斯(同上,第103—104页)。克路斯和魏德迈则根据这些观点撰写文章,发表在1852年美国民主派期刊上,例如魏德迈1852年7月1日、8月1日先后在《体操报》上发表文章《欧洲局势》以及《澳大利亚棉花和美国奴隶制》。——279。

198 伏尔泰在为悲剧《塞米拉米达》(1749年)所写的题为"论古代悲剧和现代悲剧"的序言中谈到莎士比亚的悲剧《哈姆雷特》时说:"可以认为,这部作品是喝醉的野人的幻想产物。但是在这些对现在仍然使英国戏剧变得如此荒谬和野蛮的形式的粗暴破坏中间,你会发现在《哈姆雷特》中除了稀奇古怪的东西以外,还有一种无愧为最伟大的天才的崇高思想。"——289。

199　指 1855 年 1 月在爱尔兰大法官法院审理的伊·汉德科克遗产纠纷案。伊·汉德科克于 1853 年 2 月去世以及她的女儿霍诺里娅于同年 12 月去世后,围绕她们的遗产继承权,以霍诺里娅的叔叔约·汉德科克为一方,以伊·汉德科克的儿子约·德·伯格为另一方,双方产生了争执。由于伯格据称是伊·汉德科克和乌·克兰里卡德伯爵的私生子,而伊·汉德科克的丈夫和他们的三个女儿又离奇地全部死亡,此案引起公众极大的兴趣。遗产案于 1855 年 2 月 12 日出乎意料地以和解告终,克兰里卡德虽为亨·帕麦斯顿的亲信,但由于此案而没有加入帕麦斯顿内阁。他 1858 年的入阁是帕麦斯顿内阁倒台的原因之一。

马克思将这个案件与 1847 年发生在法国巴黎的舒瓦泽尔-普拉兰公爵夫人案相提并论,普拉兰公爵夫人在家中被谋杀,嫌疑人是她的丈夫普拉兰公爵,他遭逮捕并在调查期间服毒自杀。——291。

200　《什么是"人民之友"以及他们如何攻击社会民主党人?(答《俄国财富》杂志反对马克思主义者的几篇文章)》是列宁批驳俄国自由主义民粹派观点、捍卫马克思主义科学世界观的重要著作。这部著作写于 1894 年,分为 3 编,同年在彼得堡、莫斯科、哥尔克等地分编胶印出版,第二编已散失。在这部著作中,列宁批判了自由主义民粹派的思想领袖米海洛夫斯基的唯心史观及其社会学研究中的主观唯心主义方法,系统阐述了马克思和恩格斯创立的唯物史观的基本原理;批判了自由主义民粹派的策略、经济纲领和政治纲领,阐释了社会民主党人的基本纲领和策略。

在节选部分,列宁驳斥了米海洛夫斯基妄言马克思在《资本论》中根本没有阐述唯物主义历史观的错误言论,指出马克思在《资本论》中摒弃了主观社会学关于"一般社会"的抽象议论,而对现实的资本主义社会作了科学分析,"把经济的社会形态的发展理解为一种自然历史过程"(见本书第 306 页)。马克思所使用的方法,"就是从社会生活的各种领域中划分出经济领域,从一切社会关系中划分出生产关系,即决定其余一切关系的基本的原始的关系"(见本书第 308 页)。社会物质生产力是社会历史发展的决定性因素,"只有把社会关系归结于生产关系,把生产关系归结于生产力的水平,才能有可靠的根据把社会形态的发展看做自然历史过程"(见本书第310—311页)。列宁对马克思的社会经济形态理论给予了高度评价,指出马克思"探明了作为一定生产关系总和的社会经济形态这个概念,探明了这种形态的发展是自然历史过程,从而第一次把社会学放在科学的基础之上"(见本书第312页)。列宁在文中阐明的唯物史观的基本原理以及运用唯物史观剖析现实社会的方法,构成了马克思主义文艺理论的思想基石,为我们分析文艺现象、研究文艺理论提供了科学的世界观和方法论。——303。

201 指尼·康·米海洛夫斯基写的《卡尔·马克思在尤·茹柯夫斯基先生的法庭上》一文,载于1877年10月《祖国纪事》杂志第10期。——305。

202 《俄国财富》杂志(«Русское Богатство»)是俄国科学、文学和政治刊物。1876年创办于莫斯科,同年年中迁至彼得堡。1879年以前为旬刊,以后为月刊。1879年起成为自由主义民粹派的刊物。1892年以后由尼·康·米海洛夫斯基和弗·加·柯罗连科领导,成为自由主义民粹派的中心,在其周围聚集了一批政论家,他们后来成为社会革命党、人民社会党和历届国家杜马中的劳动派的著名成员。在1893年以后的几年中,曾同马克思主义者展开理论上的争论。为该杂志撰稿的也有一些现实主义作家。1906年成为人民社会党的机关刊物。1914年至1917年3月以《俄国纪事》为刊名出版。1918年被查封。——306。

203 《社会契约论》是法国启蒙思想家让·雅克·卢梭的主要著作之一,1762年在阿姆斯特丹出版。这本书的中心思想是:人是生而自由平等的,国家只能是自由的人民自由协议的产物,如果自由被强力所剥夺,则人民有权进行革命,用强力夺回自己的自由。卢梭的这部著作对法国大革命产生了巨大的影响,但就其社会观来说是唯心主义的。——309。

204 《评〈自由〉杂志》一文写于1901年秋,最初发表于1936年《布尔什维克》杂志第2期。

列宁在文中批评《自由》杂志自诩为"'为工人'办的通俗读物",实际上却哗众取宠,装腔作势地使用庸俗的语言,不引用新的材料,也不引导读者深入思考。列宁对文艺创作的"通俗"作了准确、科学的界定，认为"通俗化"不是"庸俗化和哗众取宠"，"通俗作家应该引导读者去深入地思考、深入地研究，他们从最简单的、众所周知的材料出发，用简单的推论或恰当的例子来说明从这些材料得出的主要结论，启发肯动脑筋的读者不断地去思考更深一层的问题"（见本书第 313 页）。列宁的论述说明，作品的通俗绝不等于迎合庸俗、低俗之风；通俗作品也应当具有一定的思想深度，并主动发挥积极的引导作用；通俗作家必须认真履行自己的职责。

这篇文章篇幅不长，内涵丰富，对于我们深刻认识进步的通俗文艺的本质特征和社会功能、自觉坚持正确的创作原则和创作方法，具有极为重要的指导价值。——313。

205　《自由》杂志（《Свобода»）是 1901 年 5 月成立的俄国革命社会主义自由社在瑞士出版的杂志，共出了两期，1901 年和 1902 年各一期。此外，该社还出版了《革命前夜。理论和策略问题不定期评论》第 1 期，《评论》第 1 期，尔·纳杰日丁的小册子《俄国革命主义的复活》等。这些出版物宣扬经济主义和恐怖主义思想，支持俄国国内的反火星派团体。——313。

206　《怎么办？（我们运动中的迫切问题)》是列宁论述建设新型无产阶级政党的重要著作。该书完成于 1902 年 1 月，3 月初在斯图加特狄茨出版社出版。

在这部著作中，列宁批判了俄国经济派贬低社会主义意识的作用、贬低党对工人运动的领导作用的机会主义观点，阐明了马克思主义理论对工人运动和工人阶级政党建设的指导意义，分析了工人运动中的自发性和自觉性的相互关系问题，论述了无产阶级革命斗争的经济形式和政治形式的相互关系问题，阐述了关于无产阶级在资产阶级民主革命中的领导权和工农的革命联盟的思想，论证了建立一个统一的集中的马克思主义政党的必要性。

在节选的第一部分，列宁论述了理论斗争的重要意义，强调指出："没有革命的理论，就不会有革命的运动"，"只有以先进理论为指南的党，才能实现先进战士的作用"（见本书第 315、316 页）。在节选的第二部分，列宁针对创办全俄政治报的计划，引用了皮萨列夫的一段话来说明幻想与现实之间的关系,肯定了想象力在艺术创作中的作用。列宁的论述对于我们领悟思想理论建设的重要作用,思考艺术想象、艺术构思与文学创作的关系有很强的指导意义。——315。

207 经济派是 19 世纪末—20 世纪初俄国社会民主党内的机会主义派别,是国际机会主义的俄国变种。其代表人物是康·米·塔赫塔廖夫、谢·尼·普罗柯波维奇、叶·德·库斯柯娃、波·尼·克里切夫斯基、亚·萨·皮凯尔(亚·马尔丁诺夫)、弗·彼·马赫诺韦茨(阿基莫夫)等,经济派的主要报刊是《工人思想报》(1897—1902 年)和《工人事业》杂志(1899—1902 年)。

经济派主张工人阶级只进行争取提高工资、改善劳动条件等等的经济斗争,认为政治斗争是自由派资产阶级的事情。他们否认工人阶级政党的领导作用,崇拜工人运动的自发性,否定向工人运动灌输社会主义意识的必要性,维护分散的和手工业的小组活动方式,反对建立集中的工人阶级政党。经济主义有诱使工人阶级离开革命道路而沦为资产阶级政治附庸的危险。

列宁对经济派进行了始终不渝的斗争。他在《俄国社会民主党人抗议书》(见《列宁全集》中文第 2 版增订版第 4 卷)中尖锐地批判了经济派的纲领。列宁的《火星报》在同经济主义的斗争中发挥了重大作用。列宁的《怎么办?》一书(同上,第 6 卷),从思想上彻底地粉碎了经济主义。——315。

208 指帕·波·阿克雪里罗得 1898 年写的小册子《论俄国社会民主党人的当前任务和策略问题》。他在这本小册子中说,在社会民主党把注意力仅仅集中到纯经济斗争时,那些无法给自己的政治追求找到出路的无产阶级最革命分子就可能像 70 年代那样去从事恐怖活动,或者去从事任何一种资产阶级民主革命活动。——315。

209 《工人事业》杂志(《Рабочее Дело》)是俄国经济派的不定期杂志,国外俄国社会民主党人联合会的机关刊物,1899 年 4 月—1902 年 2 月在日内瓦出版,共出了 12 期(9 册)。该杂志的编辑部设在巴黎,担任编辑的有波·尼·克里切夫斯基、帕·费·捷普洛夫、弗·巴·伊万申和亚·萨·马尔丁诺夫。该杂志支持所谓"批评自由"这一伯恩施坦主义口号,在俄国社会民主党的策略和组织问题上持机会主义立场。聚集在《工人事业》杂志周围的经济主义的拥护者形成工人事业派。工人事业派宣扬无产阶级政治斗争应服从经济斗争的机会主义思想,崇拜工人运动的自发性,否认党的领导作用。他们还反对列宁关于建立严格集中和秘密的组织的思想,维护所谓"广泛民主"的原则。《工人事业》杂志支持露骨的经济派报纸《工人思想报》,该杂志的编辑之一伊万申参加了这个报纸的编辑工作。在俄国社会民主工党第二次代表大会上,工人事业派是党内机会主义极右派的代表。——317。

210 《党的组织和党的出版物》是列宁论述无产阶级政党领导的文艺和出版事业方针政策的重要文献。本文发表于 1905 年 11 月 13 日(26 日)《新生活报》第 12 号。列宁在俄国革命发展的关键时刻撰写这篇著作,阐明了党的文艺和出版事业的根本宗旨和历史使命。

　　列宁在文中第一次旗帜鲜明地指出:文学艺术必须"为千千万万劳动人民,为这些国家的精华、国家的力量、国家的未来服务"(见本书第324 页),这就为文艺创作和文艺批评指明了根本方向。列宁强调,为了始终如一地坚持这个方向,文艺事业必须接受无产阶级政党的领导,成为"整个无产阶级事业的一部分",成为"由整个工人阶级的整个觉悟的先锋队所开动的一部巨大的社会民主主义机器的'齿轮和螺丝钉'"(见本书第 320 页)。列宁对创作自由问题作了精辟论述,批驳了所谓"绝对个人的思想创作的绝对自由"等资产阶级无政府主义和个人主义的观点,揭露这种"自由"实际上是一种"伪善"和"空话";他指出,社会主义者揭露这种伪善行为,"是为了要用真正自由的、公开同无产阶级相联系的写作,去对抗伪装自由的、事实上同资产阶级相联系的写作"(见本书第 323—324 页);列宁强调,只有在无产阶级政党领导的革命事业中,在正确的思想和理论指引下,真正自由的写作才有可能实现。

　　列宁还具体论述了无产阶级政党在文艺领域如何加强领导的问题。他要求各级党组织尊重文艺事业的发展规律,"必须保证有个人创造性和个人爱好的广阔天地,有思想和幻想、形式和内容的广阔天地",应当努力把"一批又一批新生力量吸引到写作队伍中来"(见本书第321、324 页)。同时,列宁勉励广大的文艺工作者认清历史使命,紧跟时代步伐,用创造性的劳动"去丰富人类革命思想的最新成就"(见本书第 324 页)。——319。

211 指 1905 年十月全俄政治罢工(参看《列宁全集》中文第 2 版增订版第 12 卷第 1—4、26—33 页)。——319、327。

212 《工人代表苏维埃消息报》(«Известия Совета Рабочих Депутатов»)是彼得堡工人代表苏维埃的正式机关报,1905 年 10 月 17 日(30 日)—12 月 14 日(27 日)出版。该报带有提供苏维埃活动消息的公报的性质,没有固定的编辑部,稿件由苏维埃成员编写,自行在合法的印刷所里印刷,印数达 40 000 份。报纸共出了 10 号,第 11 号在印刷所被警察查抄,没有散发出去。——319。

213 《无产者报》(«Пролетарий»)是布尔什维克的秘密报纸,是根据党的第三次代表大会决定创办的俄国社会民主工党中央机关报(周报)。1905 年 5 月 14 日(27 日)—11 月 12 日(25 日)在日内瓦出版,共出了 26 号。根据 1905 年 4 月 27 日(5 月 10 日)党的中央全会的决定,列宁被任命为该报的责任编辑,编委会的委员有瓦·瓦·沃罗夫斯基、阿·瓦·卢那察尔斯基和米·斯·奥里明斯基。参加编辑工作的有:娜·康·克鲁普斯卡娅、维·米·韦利奇金娜、维·阿·卡尔宾斯基、尼·费·纳西莫维奇、伊·阿·泰奥多罗维奇、莉·亚·福季耶娃等。弗·德·邦契-布鲁耶维奇、谢·伊·古谢夫、安·伊·乌里扬诺娃-叶利扎罗娃负责为编辑部收集地方通讯稿。克鲁普斯卡娅和福季耶娃负责编辑部同地方组织和读者的通信联系。该报继续执行《火星报》的路线,并保持同《前进报》的继承关系。《无产者报》发表了大约 90 篇列宁的文章和短评,印发了俄国社会民主工党第三次代表大会的材料。该报的发行量达 1 万份。1905 年 11 月初列宁回俄国后不久停刊,报纸的最后两号是沃罗夫斯基编辑的。——320。

214 作家管写,读者管读一语出自俄国作家米·叶·萨尔蒂科夫-谢德林的特写集《五光十色的书信》。他在这本书里写道:"显然,俄国的读者认为他是他,文学是文学。作家管写,他这个读者管读。如此而已……　作家一遇到困难,读者就溜之大吉,使作家感到如置身荒漠之中……"

萨尔蒂科夫-谢德林在这里主要是谴责自由派读者,一旦进步报刊受到迫害,他们便噤若寒蝉,同时也指出,"读者与作家之间没有建立起直接的联系"是出现这种"作家管写,读者管读"的局面的另一种原因。——321。

215　《纪念葛伊甸伯爵(我国非党的"民主主义者"教导人民什么?)》是列宁于 1907 年 6 月为揭露批判俄国所谓"非党"的"民主主义者"而写的一篇政论文章,同年 9 月初首次发表于在圣彼得堡出版的布尔什维克的《生活之声》文集第 1 集。

葛伊甸是俄国大工商业资本家和按资本主义方式经营的大地主阶级的代言人,1907 年去世。此时,俄国《同志报》等资产阶级报纸刊载吹捧葛伊甸的悼念文章,称他是"一个有教养、有文化、讲人道和能宽容的人"(见本书第 328 页),他的去世"使俄国遭到重大的损失,所有的进步报刊都对此表示深切的哀悼"(见本书第 325 页)等等;这些文章的作者自诩为"有学识的"、"民主主义的"、最"左翼"的或超脱于各派之上的"正人君子"(见本书第 326 页)。为了揭露葛伊甸的阶级本质,戳穿这些文章的作者虚伪无耻的真面目,列宁撰写了这篇文章。

列宁透过反革命地主葛伊甸的虚伪装扮,揭穿了他在政治上的反动本质,指出他的"和平革新派思想"本质上"是设法以更稳妥、更狡猾、更巧妙、更隐蔽、更不外露的手法来维护高贵的俄国贵族榨取千百万'乡巴佬'血汗的权利"(见本书第 330—331 页)。列宁同时揭露了所谓"非党"的"民主主义者"美化葛伊甸、愚弄人民的丑恶嘴脸,一针见血地指出,他们"替地主阶级充当文化奴仆"(见本书第 328 页);他们标榜自己坚持的是超越任何"党派"的"全人类的观点",而实质上这种观点恰恰是"全体奴才的观点"(见本书第 328 页);他们"关于自由和民主的言论,只不过是故弄玄虚的高论,是陈词滥调,是时髦的空话或欺人之谈"(见本书第 328 页)。列宁特别分析了资产阶级报刊和反动文人对广大人民群众进行愚弄和腐蚀所产生的危险的思想影响,指出这种愚弄和腐蚀带来的"真正恶果"就是"对广大群众的毒害",这种毒害比地主阶级和黑帮分子造成的危害还要大;面对严峻挑战,社会主义运动必须全力以赴进行坚决的斗争。(参看本书第 328 页)列宁还以屠格涅夫《猎人笔记》为例,说明优秀的文学作品在揭露反动人物表面上文明有教养、实则凶恶残暴方面,具有独特的价值。

列宁的这篇文章向我们昭示:在阶级社会里,作为意识形态重要组成部分的文艺,必然会反映不同阶级的利益、思想、愿望和感情。这是由社会的阶级关系和作者自身的阶级属性决定的;那种自称"超越一切阶级"、"代表整个人类"的说教,实质上是一种自欺欺人的谎言。列宁在文中揭穿了这类谎言,提醒广大文艺工作者要坚持唯物史观,明辨是非真伪,搞清楚为谁创作、为谁立言的根本问题。同时,这篇文章也启发、激励和鞭策文艺工作者让自己的思想倾向、价值判断和爱憎情感同人民群众的根本利益紧密契合、融为一体,始终坚持以人民为中心的创作导向和研究方向。——325。

216　立宪民主党(正式名称为人民自由党)是俄国自由主义君主派资产阶级的主要政党,1905 年 10 月成立。中央委员中多数是资产阶级知识分子、地方自治人士和自由派地主。主要活动家有帕·尼·米留可夫、谢·安·穆罗姆采夫、瓦·阿·马克拉柯夫、安·伊·盛加略夫、彼·伯·司徒卢威、约·弗·盖森等。立宪民主党提出一条与革命道路相对抗的和平的宪政发展道路,主张俄国实行立宪君主制和资产阶级的自由。在土地问题上,主张将国家、皇室、皇族和寺院的土地分给无地和少地的农民;私有土地部分地转让,并且按"公平"价格给予补偿;解决土地问题的土地委员会由同等数量的地主和农民组成,并由官员充当他们之间的调解人。1906 年春,曾同政府进行参加内阁的秘密谈判,后来在国家杜马中自命为"负责任的反对派"。第一次世界大战期间,支持沙皇政府的掠夺政策,曾同十月党等反动政党组成"进步同盟",要求成立责任内阁,即为资产阶级和地主所信任的政府,力图阻止革命并把战争进行到最后胜利。二月革命后,立宪民主党在资产阶级临时政府中居于领导地位,竭力阻挠土地问题、民族问题等基本问题的解决,并奉行继续帝国主义战争的政策。七月事变后,支持科尔尼洛夫叛乱,阴谋建立军事独裁。十月革命胜利后,苏维埃政府于 1917 年 11 月 28 日(12 月 11 日)宣布立宪民主党为"人民公敌的党"。该党随之转入地下,继续进行反革命活动,并参与白卫将军的武装叛乱。国内战争结束后,该党上层分子大多数逃亡国外。1921 年 5 月,该党在巴黎召开代表大会时分裂,作为统一的党不复存在。——325、339、373、405。

217　《俄罗斯新闻》(《Русские Ведомости》)是俄国报纸,1863—1918 年在莫斯科出版。它反映自由派地主和资产阶级的观点,主张在俄国实行君主立宪,撰稿人是一些自由派教授。19 世纪 70 年代中期成为俄国影响最大的报纸之一。80—90 年代刊登民主主义作家和民粹主义者的文章。1898 年和 1901 年曾经停刊。从 1905 年起成为右翼立宪民主党人的机关报。1917 年二月革命后支持资产阶级临时政府。十月革命后被查封。——325。

218　《同志报》(《Товарищ》)是俄国资产阶级报纸(日报),1906 年 3 月 15 日(28 日)—1907 年 12 月 30 日(1908 年 1 月 12 日)在彼得堡出版。该报打着"无党派"的招牌,实际上是左派立宪民主党人的机关报。参加该报工作的有谢·尼·普罗柯波维奇和叶·德·库斯柯娃。孟什维克也为该报撰稿。从 1908 年 1 月起《我们时代报》代替了《同志报》。——325。

219　第一届杜马(第一届国家杜马)即维特杜马,是根据沙皇政府大臣会议主席谢·尤·维特制定的条例于 1906 年 4 月 27 日(5 月 10 日)召开的。

在 1905 年十月全俄政治罢工的冲击下,沙皇尼古拉二世被迫发表了 10 月 17 日宣言,宣布召开具有立法职能的国家杜马以代替布里根咨议性杜马,借以把国家引上君主立宪的发展道路。1905 年 12 月 11 日,沙皇政府公布了《关于修改国家杜马选举条例的命令》,这一命令原封不动地保留了为选举布里根杜马而制定的以财产资格和阶级不平等为基础的选举制度,只是在原来的三个选民团——土地占有者(地主)选民团、城市(资产阶级)选民团、农民选民团之外,新增了工人选民团。就分得的复选人数额来说,各选民团的权利不是平等的。地主的 1 票相当于城市资产阶级的 3 票、农民的 15 票、工人的 45 票。工人选民团的复选人只占国家杜马全部复选人的 4%。选举不是普遍的。全体妇女、不满 25 岁的青年、游牧民族、军人、学生、小企业(50 人以下的企业)的工人、短工、小手工业者、没有土地的农民都被剥夺了选举权。选举也不是直接的。一般是二级选举制,而为工人规定了三级选举制,为农民规定了四级选举制。

十二月起义失败后,沙皇政府一再限制曾经宣布过的杜马的权力。

1906 年 2 月 20 日的诏书给了国务会议以批准或否决国家杜马所通过的法案的权力。1906 年 4 月 23 日（5 月 6 日）又颁布了经尼古拉二世批准的《国家根本法》，将国家政策的最重要问题置于杜马管辖之外。

第一届国家杜马选举于 1906 年 2—3 月举行。布尔什维克宣布抵制，但是没能达到搞垮这次选举的目的。当杜马终究召集起来时，列宁要求利用杜马来进行革命的宣传鼓动并揭露杜马的本质。

第一届国家杜马的代表共 478 人，其中立宪民主党 179 人，自治派 63 人（包括波兰、乌克兰、爱沙尼亚、拉脱维亚、立陶宛等民族的资产阶级集团的成员），十月党 16 人，无党派人士 105 人，劳动派 97 人，社会民主党 18 人。主席是立宪民主党人谢·安·穆罗姆采夫。

第一届国家杜马讨论过人身不可侵犯、废除死刑、信仰和集会自由、公民权利平等等问题，但是中心问题是土地问题。在杜马会议上提出的土地纲领主要有两个：一个是立宪民主党人于 5 月 8 日提出的由 42 名代表签署的法案，它力图保持地主土地占有制，只允许通过"按公平价格"赎买的办法来强制地主转让主要用农民的耕畜和农具耕种的或已出租的土地；另一个是劳动派于 5 月 23 日提出的"104 人法案"，它要求建立全民土地资产，把超过劳动土地份额的地主土地及其他私有土地收归国有，按劳动份额平均使用土地。

第一届国家杜马尽管很软弱，它的决议尽管很不彻底，但仍不符合政府的愿望。1906 年 7 月 9 日（22 日），沙皇政府解散了第一届国家杜马。

第二届杜马（第二届国家杜马）于 1907 年 1—2 月选举、同年 2 月 20 日（3 月 5 日）召开，共有代表 518 人。主席是立宪民主党人费·亚·戈洛文。尽管当时俄国革命处于低潮时期，而且杜马选举是间接的、不平等的，但由于各政党间的界限比第一届杜马时期更为明显，群众的阶级觉悟较前提高，以及布尔什维克参加了选举，所以第二届杜马中左派力量有所加强。按政治集团来分，第二届杜马的组成是：右派即君主派和十月党 54 名，立宪民主党和靠近它的党派 99 名，各民族代表 76 名，无党派人士 50 名，哥萨克集团 17 名，人民社会党 16 名，社会革命党 37 名，劳动派 104 名，社会民主党 65 名。

同第一届杜马一样，第二届杜马的中心议题是土地问题。右派和十月党人捍卫 1906 年 11 月 9 日斯托雷平关于土地改革的法令。立宪民主党人大大删削了自己的土地法案,把强制转让土地的成分降到最低限度。劳动派在土地问题上仍然采取在第一届杜马中采取的立场。孟什维克占多数的社会民主党党团提出了土地地方公有化法案,布尔什维克则捍卫全部土地国有化纲领。除土地问题外,第二届杜马还讨论了预算、对饥民和失业工人的救济、大赦等问题。在第二届杜马中,布尔什维克执行与劳动派建立"左派联盟"的策略,孟什维克则执行支持立宪民主党人的机会主义策略。

1907 年 6 月 3 日(16 日)沙皇政府发动政变,解散了第二届杜马;同时颁布了保证地主和大资产阶级能在国家杜马中占绝对多数的新选举法。这一政变标志着俄国历史上斯托雷平反动时期的开始。——326。

220 十月党(十月十七日同盟)代表和维护大工商业资本家和按资本主义方式经营的大地主的利益,属于自由派的右翼。该党于 1905 年 11 月成立,名称取自沙皇 1905 年 10 月 17 日宣言。十月党的主要领导人是大工业家和莫斯科房产主亚·伊·古契柯夫、大地主米·弗·罗将柯,活动家有彼·亚·葛伊甸、德·尼·希波夫、米·亚·斯塔霍维奇、尼·阿·霍米亚科夫等。十月党完全拥护沙皇政府的对内对外政策,支持政府镇压革命的一切行动,主张用调整租地、组织移民、协助农民退出村社等办法解决土地问题。第一次世界大战期间,号召支持政府,后来参加了军事工业委员会的活动,曾同立宪民主党等结成"进步同盟",主张把帝国主义战争进行到最后胜利,并通过温和的改革来阻止人民革命和维护君主制。二月革命后,该党参加了资产阶级临时政府。十月革命后,十月党人反对苏维埃政权,在白卫分子政府中担任要职。——327。

221 粉饰的坟墓意思是虚有其表或表里不一,出典于圣经《新约全书》。传说耶稣指责言行不一的犹太教律法师和法利赛派是伪善者,说他们像粉饰的坟墓一样,外表富丽堂皇,而里面充满尸骨和污秽之物(见《马太福音》第 23 章)。——329。

222 姜汁鲜鱼是俄国上层社会享用的名贵菜肴。俄国作家米·叶·萨尔蒂科夫-谢德林在《文明人》等作品中曾用它来嘲讽俄国自由派人士,说他

们不知要宪法好，还是要姜汁鲟鱼好。他们意在巧取豪夺。他们要宪
法是为了便于巧取豪夺，就像用姜汁鲟鱼来满足他们的口腹之欲那样。
——329。

223 和平革新派是俄国大资产阶级和地主的君主立宪主义组织和平革新党
的成员。和平革新党由左派十月党人彼·亚·葛伊甸、德·尼·希波
夫、米·亚·斯塔霍维奇和右派立宪民主党人尼·尼·李沃夫、叶·
尼·特鲁别茨科伊等在第一届国家杜马中的"和平革新派"基础上组成
的，1906年7月成立。该党持介乎十月党和立宪民主党之间的立场，主
要是在策略上与它们有所不同，而其纲领则十分接近于十月党。和平
革新党维护工商业资产阶级和按资本主义方式经营的地主的利益。在
第三届国家杜马中，和平革新党同民主改革党联合组成"进步派"，该派
是1912年成立的进步党的核心。和平革新党的正式机关刊物是《言论
报》和《莫斯科周刊》。——330。

224 费多尔的事……去处理吧出自俄国作家伊·谢·屠格涅夫的《猎人笔
记》中的一个短篇小说《总管》。小说主人公阿尔卡季·巴甫雷奇·宾
诺奇金是一个道貌岸然、举止文雅、不露声色地处罚下人的"文明"地
主。有一天招待客人，他发现仆人费多尔没有把酒烫热，就镇静自若地
按铃叫来另一个仆人，低声吩咐："费多尔的事……去处理吧。"意即把
费多尔拖进马厩鞭笞一顿。——331。

225 第三届杜马（第三届国家杜马）是根据1907年6月3日（16日）沙皇解
散第二届杜马时颁布的新的选举条例在当年秋天选举、当年11月1日
（14日）召开的，存在到1912年6月9日（22日）。这届杜马共有代表
442人，先后任主席的有尼·阿·霍米亚科夫、亚·伊·古契柯夫（1910
年3月起）和米·弗·罗将柯（1911年起），他们都是十月党人。这届
杜马按其成分来说是黑帮—十月党人的杜马，是沙皇政府对俄国革命
力量实行反革命的暴力和镇压政策的驯服工具。这届杜马的442名代
表中，有右派147名，十月党人154名，立陶宛—白俄罗斯集团7名，波
兰代表联盟11名，进步派28名，穆斯林集团8名，立宪民主党人54名，
劳动派14名，社会民主党人19名。因此它有两个多数：黑帮—十月党
人多数和十月党人—立宪民主党人多数。沙皇政府利用前一多数来保

证推行斯托雷平的土地政策,在工人问题上采取强硬政策,对少数民族采取露骨的大国主义政策;而利用后一多数来通过微小的让步即用改良的办法诱使群众脱离革命。

第三届杜马全面支持沙皇政府在六三政变后的内外政策。它拨巨款给警察、宪兵、法院、监狱等部门,并通过了一个大大扩充了军队员额的兵役法案。第三届杜马的反动性在工人立法上表现得尤为明显,它把几个有关工人保险问题的法案搁置了 3 年,直到 1911 年在新的革命高潮到来的形势下才予以批准,但保险条件比 1903 年法案的规定还要苛刻。1912 年 3 月 5 日(18 日),杜马工人委员会否决了罢工自由法案,甚至不许把它提交杜马会议讨论。在土地问题上,第三届杜马完全支持斯托雷平的土地法,于 1910 年批准了以 1906 年 11 月 9 日(22 日)法令为基础的土地法,而拒绝讨论农民代表提出的一切关于把土地分配给无地和少地农民的提案。在少数民族问题上,它积极支持沙皇政府的俄罗斯化政策,通过一连串的法律进一步限制少数民族的基本权利。在对外政策方面,它主张沙皇政府积极干涉巴尔干各国的内政,破坏东方各国的民族解放运动和革命。

第三届杜马的社会民主党党团,尽管工作条件极为恶劣,人数不多,在初期活动中犯过一些错误,但是在列宁的批评和帮助下,工作有所加强,在揭露第三届杜马的反人民政策和对无产阶级和农民进行政治教育等方面都做了大量的工作。——332、350。

226 出自德国诗人约·沃·歌德格言诗集《酬唱集》中的《悭吝》一诗。在这首诗里,歌德劝诫年轻人不要犹豫不决,不要成为灵魂空虚的怯懦的庸人。——333。

227 《唯物主义和经验批判主义(对一种反动哲学的批判)》是列宁批判唯心主义哲学思潮、捍卫和发展马克思主义科学世界观的重要哲学专著。1908 年 2—10 月写于日内瓦和伦敦,1909 年 5 月由莫斯科环节出版社出版。

1905 年俄国资产阶级民主革命的失败导致思想领域出现了倒退和混乱现象。俄国知识界出现了一批经验批判主义即马赫主义的狂热鼓吹者。他们把经验批判主义奉为至宝,利用它向辩证唯物主义展开进攻,企图用马赫主义来"补充"、"修正"马克思主义哲学。列宁在《唯物主义和经验批判主义》这部著作中回击了马赫主义对马克思主义的进攻,捍卫和发展了马克思主义哲学。他阐明了马克思主义的科学世界观是辩证唯物主义和历史唯物主义,并在总结革命斗争新经验和自然科学新成就的基础上,深刻地阐述了辩证唯物主义和历史唯物主义的基本原理,特别是辩证唯物主义认识论的基本原理。整部著作由代绪论、六章正文和一篇简短的结论构成。

　　本书节选的是列宁在《唯物主义和经验批判主义》一书已付印后寄给他的姐姐的补充手稿——第四章第 1 节的补充,题为《尼·加·车尔尼雪夫斯基是从哪一边批判康德主义的?》。

　　在这篇补充文字中,列宁高度评价俄国革命民主主义作家和文艺理论家车尔尼雪夫斯基,称赞他是"唯一真正伟大的俄国著作家",强调"他从 50 年代起直到 1888 年,始终保持着完整的哲学唯物主义的水平,能够摒弃新康德主义者、实证论者、马赫主义者以及其他糊涂人的无聊的胡言乱语"(见本书第 337 页)。列宁还指出,车尔尼雪夫斯基在1888 年撰写的《艺术对现实的审美关系》一书序言中集中批判了"康德和那些在自己的哲学结论中追随康德的自然科学家"(见本书第 335页),列宁认为序言中的这些内容是"精彩论述"(见本书第 335 页)。为了进一步说明唯物主义者过去和现在批判康德的出发点和立足点与马赫、阿芬那留斯等唯心主义者迥然不同,列宁原原本本地详细引证了车尔尼雪夫斯基的那些"精彩论述",同时对引文中的重要表述逐条进行点评,并与马赫主义者的言论加以对照,这样就使唯物主义和唯心主义的差异一目了然,使两者的理论是非昭然若揭。列宁就是用这种比较的方法有力地批判了马赫主义者的唯心主义观点,论述了唯物主义的基本原理。同时,列宁也指出,由于时代条件所限,车尔尼雪夫斯基的思想最终没有能够"上升到马克思和恩格斯的辩证唯物主义"(见本书第 337 页)。

　　列宁在哲学论战中对车尔尼雪夫斯基文艺理论著作的充分肯定和详细引证,使我们深受启发和教育。这一经典例证生动地说明,文艺理论家要在社会变革和历史潮流中恪守正确方向,发挥积极作用,就必须自觉地用科学的哲学理论武装自己;对于文艺理论研究工作来说,正确的世界观和方法论在任何情况下都具有决定性的作用和根本性的意义。——334。

228　《第四章第 1 节的补充。尼·加·车尔尼雪夫斯基是从哪一边批判康德主义的?》的手稿,是列宁在 1909 年 3 月下半月寄给安·伊·乌里扬诺娃-叶利扎罗娃的,当时《唯物主义和经验批判主义》一书已付印。列宁在 1909 年 3 月 10 日或 11 日(23 日或 24 日)给她的信里说:"寄上补充一则。不必因它而耽误出版。不过,要是时间来得及,可另用一种字体(如用八点铅字)印在卷末,放在结论后面。我认为把车尔尼雪夫斯基同马赫主义者对照一下是极为重要的。"(见《列宁全集》中文第 2 版增订版第 53 卷第 337 页)——334。

229　马赫主义者即经验批判主义者。列宁在《唯物主义和经验批判主义》一书里说:"马赫主义者这个名词比较简短,而且在俄国的著作中已经通用,我将到处把它作为'经验批判主义者'的同义语来使用。"(见《列宁全集》中文第 2 版增订版第 18 卷第 13 页)

　　　经验批判主义是一种主观唯心主义的哲学流派,19 世纪末—20 世纪初在西欧广泛流行,创始人是奥地利物理学家、哲学家恩斯特·马赫和德国哲学家理查·阿芬那留斯。在斯托雷平反动年代,俄国社会民主党内有一部分知识分子接受经验批判主义的影响,出现了一些马赫主义者,其代表人物是孟什维克中的尼·瓦连廷诺夫、帕·索·尤什凯维奇和布尔什维克中的弗·亚·巴扎罗夫、亚·亚·波格丹诺夫、阿·瓦·卢那察尔斯基等人。俄国马赫主义者以发展马克思主义为幌子,实际上在修正马克思主义哲学原理。列宁在《唯物主义和经验批判主义》一书中揭露了经验批判主义的实质,捍卫了马克思主义哲学免遭修正主义者的歪曲,在新的历史条件下发展了辩证唯物主义和历史唯物主义。——335、394。

230　新康德主义者是在复活康德哲学的口号下宣扬主观唯心主义的资产阶级哲学流派的代表。新康德主义 19 世纪中叶产生于德国,创始人是奥·李普曼和弗·阿·朗格等人。1865 年李普曼出版了《康德及其追随者》一书。该书每一章都以"回到康德那里去!"的口号结束。他还提出要纠正康德承认"自在之物"这一"根本错误"。朗格则企图用生理学来论证不可知论。新康德主义后来形成两大学派:马堡学派(赫·柯亨、保·格·纳托尔普等)和弗赖堡学派(威·文德尔班、亨·李凯尔特等)。前者企图利用自然科学的成就,特别是利用数学方法向物理学的渗透,来论证唯心主义;后者则把社会科学与自然科学对立起来,宣称历史现象有严格的独特性,不受任何规律性的支配。两个学派都用科学的逻辑根据问题来取代哲学的基本问题。新康德主义者从右边批判康德,宣布"自在之物"是认识所趋向的"极限概念"。他们否认物质世界的客观存在,认为认识的对象并不是自然界和社会的规律性,而仅仅是意识的现象。新康德主义的不可知论不是"羞羞答答的唯物主义",而是唯心主义的变种,断言科学没有力量认识和改变现实。新康德主义者公开反对马克思主义,用"伦理社会主义"对抗马克思主义。他们依据自己的认识论,宣布社会主义是人类竭力追求但不可能达到的"道德理想"。新康德主义曾被爱·伯恩施坦、康·施米特等人利用来修正马克思主义。俄国的合法马克思主义者企图把新康德主义同马克思主义结合起来。格·瓦·普列汉诺夫、保·拉法格和弗·梅林都批判对马克思主义所作的新康德主义的修正。列宁揭露了新康德主义的实质并指出了它同其他资产阶级哲学流派(内在论者、马赫主义、实用主义等等)的联系。——337。

231　实证论者是19世纪30年代产生于法国的哲学流派,是对18世纪法国唯物主义和无神论的反动。实证论者自命为"科学的哲学家",只承认"实证的"、"确实的"事实,实际是只承认主观经验,认为科学只是主观经验的描写。实证论的创始人奥·孔德把实证论等同于科学的思维,而科学思维的任务,在他看来,就是描述和简化经验材料的联系。孔德反对神学,但同时又认为必须有"新的宗教"。他把所有承认客观现实的存在和可知性的理论都宣布为"形而上学",企图证明实证论既"高于"唯物主义也"高于"唯心主义。实证论在英国传播甚广,其主要代表人物是约·斯·穆勒和赫·斯宾塞。穆勒的著作突出地表现了实证论哲学的经验主义,表现了这一哲学拒绝对现实作哲学的解释。斯宾塞用大量自然科学材料来论证实证论。他认为进化是万物的最高法则,但他形而上学地理解进化,否认自然和社会中质的飞跃的可能性,认为进化的目标是确立普遍的"力量均衡"。在社会学方面斯宾塞主张"社会有机体论",宣称各个社会集团类似生物机体的不同器官,各自担任严格规定的职能,而为社会的不平等作辩护。在19世纪下半叶,实证论在欧洲其他国家和美洲也相当流行。

恩·马赫和理·阿芬那留斯的经验批判主义是实证论的进一步发展。马赫主义者同早期实证论者有所不同的是更露骨地宣扬主观唯心主义。他们的共同点是反对唯物主义，主张一种"摆脱了形而上学"（即摆脱了唯物主义）的"纯粹经验"的哲学。

20世纪20年代产生的新实证论是实证论发展的新阶段。新实证论宣称哲学的基本问题是"妄命题"，而哲学科学的任务只是对科学语言作"句法的"和"语义的"分析。——337。

232　列夫·托尔斯泰（1828—1910）是具有世界影响的俄国作家。从19世纪末到20世纪初，继巴尔扎克之后，托尔斯泰将现实主义文学推向了一座新的高峰。列宁继承了马克思恩格斯开创的美学的、历史的文学批评传统，创造性地运用于对托尔斯泰思想和作品的评论之中，为我们开展马克思主义文学批评树立了光辉的典范。从1908年到1911年，列宁撰写了七篇评价托尔斯泰的文章，本书选辑了其中的五篇。本篇写于托尔斯泰诞辰80周年之际，发表于1908年9月11日（24日）《无产者报》第35号。除了本篇之外，其他各篇均写于1910年托尔斯泰逝世以后。

在本文中，列宁指出："如果我们看到的是一位真正伟大的艺术家，那么他在自己的作品中至少会反映出革命的某些本质的方面。"（见本书第338页）列宁认为，托尔斯泰就是这样一位艺术家。正如列宁所说，在俄国资产阶级革命即将到来的时候，托尔斯泰用他的作品生动地表现了俄国千百万农民的思想和情绪，"托尔斯泰富于独创性，因为他的全部观点，总的说来，恰恰表现了我国革命是农民资产阶级革命的特点。从这个角度来看，托尔斯泰观点中的矛盾，的确是一面反映农民在我国革命中的历史活动所处的矛盾条件的镜子。"（见本书第340页）

列宁具体地、辩证地分析了托尔斯泰思想和创作中的矛盾：一方面，他以最清醒的现实主义反映俄国的现实生活，撕下了各式各样的假面具，提出了许多重要的社会问题，产生了巨大的艺术力量，从而在世界文学当中当之无愧地占据第一流的位置；另一方面，他又要求人们无条件地屈从于宗教的思想统治，鼓吹"不用暴力抵抗邪恶"，力图在全社会"培养一种最精巧的因而是特别恶劣的僧侣主义"（见本书第339页）。列宁准确地揭示了这种两面性的产生根源，他指出："托尔斯泰的观点

和学说中的矛盾并不是偶然的,而是 19 世纪最后 30 多年俄国实际生活
所处的矛盾条件的表现。"(见本书第 340 页)

列宁在 20 世纪对托尔斯泰观点的分析,与恩格斯在 19 世纪对歌德
思想的评述(见本书收录的恩格斯《诗歌和散文中的德国社会主义》一
文)异曲同工;两位经典作家的文章雄辩地证明:唯物史观和唯物辩证
法具有鲜明的科学性和强大的生命力,为我们认识文艺创作的复杂现
象和特殊规律指明了正确方向。——338。

233　《言语报》(《Речь》)是俄国立宪民主党的中央机关报(日报),1906 年 2
月 23 日(3 月 8 日)起在彼得堡出版,实际编辑是帕·尼·米留可夫和
约·弗·盖森。积极参加该报工作的有马·莫·维纳维尔、帕·德·
多尔戈鲁科夫、彼·伯·司徒卢威等。1917 年二月革命后,该报积极支
持资产阶级临时政府的对内对外政策,反对布尔什维克。1917 年 10 月
26 日(11 月 8 日)被查封。后曾改用《我们的言语报》、《自由言语报》、
《时代报》、《新言语报》和《我们时代报》等名称继续出版,1918 年 8 月
最终被查封。——339、396、400。

234　巴拉莱金是俄国作家米·叶·萨尔蒂科夫-谢德林的讽刺作品《温和谨
慎的人们》和《现代牧歌》中的人物,一个包揽词讼、颠倒黑白的律师,自
由主义空谈家、冒险家和撒谎家。巴拉莱金这个名字后来成为空谈、撒
谎、投机取巧、出卖原则的代名词。——339。

235　劳动派(劳动团)是俄国国家杜马中的农民代表和民粹派知识分子代表
组成的小资产阶级民主派集团,1906 年 4 月成立。领导人是阿·费·
阿拉季因、斯·瓦·阿尼金等。劳动派要求废除一切等级限制和民族
限制,实行自治机关的民主化,用普选制选举国家杜马。劳动派的土地
纲领要求建立由官地、皇族土地、皇室土地、寺院土地以及超过劳动土
地份额的私有土地组成的全民地产,由农民普选产生的地方土地委员
会负责进行土地改革,这反映了全体农民的土地要求,同时它又容许赎
买土地,则是符合富裕农民阶层利益的。在国家杜马中,劳动派动摇于
立宪民主党和布尔什维克之间。布尔什维克党支持劳动派的符合农民
利益的社会经济要求,同时批评它在政治上的不坚定,可是劳动派始终
没有成为彻底革命的农民组织。六三政变后,劳动派在地方上停止了

活动。第一次世界大战期间,劳动派多数采取沙文主义立场。二月革命后,劳动派积极支持资产阶级临时政府,1917 年 6 月与人民社会党合并为劳动人民社会党。十月革命后,劳动派站在资产阶级反革命势力方面。——341、364。

236　民意党是俄国土地和自由社分裂后产生的革命民粹派组织,于 1879 年 8 月建立。主要领导人是安·伊·热里雅鲍夫、亚·德·米哈伊洛夫、米·费·弗罗连柯、尼·亚·莫罗佐夫、维·尼·菲格涅尔、亚·亚·克维亚特科夫斯基、索·李·佩罗夫斯卡娅等。该党主张推翻专制制度,在其纲领中提出了广泛的民主改革的要求,如召开立宪会议,实现普选权,设置常设人民代表机关,实行言论、信仰、出版、集会等自由和广泛的村社自治,给人民以土地,给被压迫民族以自决权,用人民武装代替常备军等。但是民意党人把民主革命的任务和社会主义革命的任务混为一谈,认为在俄国可以超越资本主义,经过农民革命走向社会主义,并且认为俄国主要革命力量不是工人阶级而是农民。民意党人从积极的"英雄"和消极的"群氓"的错误理论出发,采取个人恐怖方式,把暗杀沙皇政府的个别代表人物作为推翻沙皇专制制度的主要手段。他们在 1881 年 3 月 1 日(13 日)刺杀了沙皇亚历山大二世。由于理论上、策略上和斗争方法上的错误,在沙皇政府的严重摧残下,民意党在 1881 年以后就瓦解了。——342、367。

237　指穿灰色军服的沙俄士兵。——342。

238　本文是在 1910 年 11 月 7 日(20 日)列·尼·托尔斯泰逝世后,列宁应《社会民主党人报》编辑部的邀请撰写的,发表在 1910 年 11 月 16 日(29 日)该报第 18 号上。

列宁在这篇文章中肯定了托尔斯泰作品的巨大艺术力量和在世界文学中占据的无可替代的地位。他指出,托尔斯泰的作品"用非凡的力量表达被现存制度所压迫的广大群众的情绪"、"表现他们自发的反抗和愤怒的情感"(见本书第 345 页),突出地反映了从 1861 年农奴制改革到 1905 年革命这一历史时期的特征,体现了第一次俄国革命的历史特点、力量和弱点。同时,列宁深中肯綮地指出这些作品存在的缺陷,以及由于"一些极其复杂的矛盾条件、社会影响和历史传统"而造成的

"托尔斯泰的观点中的矛盾"（见本书第 346 页）。列宁还深刻揭露了各种反动势力在"纪念"托尔斯泰的过程中表现出的虚伪性和欺骗性，尖锐批判了他们歪曲和诬蔑托尔斯泰的无耻行径和险恶用心。在文章结尾部分，列宁强调俄国无产阶级要接受并研究托尔斯泰的遗产，要重视托尔斯泰对现存国家、教会、土地私有制和资本主义制度所作的激烈批判，阐明这种批判的意义，教育群众团结起来推翻旧制度、创造新社会。

　　这篇文章是列宁运用辩证唯物主义和历史唯物主义的科学方法评价作家作品的经典范例。同时，列宁的论述也启发我们进一步深入思考如何继承和弘扬优秀传统文化、如何借鉴和吸收世界文明成果的重要问题。——344。

239　库庞先生（库庞是俄文 купон 的音译，意为息票）是 19 世纪 80—90 年代俄国文学作品中用来表示资本和资本家的借喻语。这个词是俄国作家格·伊·乌斯宾斯基在随笔《罪孽深重》中使用开的。——346。

240　正教院是俄国管理正教事务的最高国家机关，建立于 1721 年，当时称圣执政正教院，与参议院的地位相等。正教院管理的事项有：纯粹宗教性质的事务（解释教义、安排宗教仪式和祈祷等），教会行政和经济事项（任免教会负责人员、管理教会财产等），宗教法庭事项（镇压异教徒和分裂派教徒、管理宗教监狱、检查宗教书刊、审理神职人员案件等）。正教院成员由沙皇从高级宗教人士中任命，另外从世俗人士中任命正教院总监对正教院的活动进行监督。十月革命后，苏维埃政权撤销了正教院。正教院后来作为纯教会机构重新建立，是莫斯科和全俄总主教下的咨询机关。

　　列·尼·托尔斯泰于 1901 年被正教院革除教籍，原因之一是他在小说《复活》中对教会礼仪作了尖锐的批判。——347。

241　路标派指俄国立宪民主党的著名政论家、自由派资产阶级的代表人物尼·亚·别尔嘉耶夫、谢·尼·布尔加柯夫、米·奥·格尔申宗、亚·索·伊兹哥耶夫、波·亚·基斯嘉科夫斯基、彼·伯·司徒卢威和谢·路·弗兰克。1909 年春，他们把自己论述俄国知识分子的一批文章编成文集在莫斯科出版，取名为《路标》，路标派的名称即由此而来。在这些文章中，他们企图诋毁俄国解放运动的革命民主主义传统，贬低维·

格·别林斯基、尼·亚·杜勃罗留波夫、尼·加·车尔尼雪夫斯基、德·伊·皮萨列夫等人的观点和活动。他们诬蔑 1905 年的革命运动，感谢沙皇政府"用自己的刺刀和牢狱"把资产阶级"从人民的狂暴中"拯救了出来。列宁在《论〈路标〉》(见《列宁全集》中文第 2 版增订版第 19 卷)一文中对立宪民主党的这一文集作了批判分析和政治评价。——348、360。

242　《新时报》(《Новое Время》)是俄国报纸，1868—1917 年在彼得堡出版。出版人多次更换，政治方向也随之改变。1872—1873 年采取进步自由主义的方针。1876—1912 年由反动出版家阿·谢·苏沃林掌握，成为俄国最没有原则的报纸。1905 年起是黑帮报纸。1917 年二月革命后，完全支持资产阶级临时政府的反革命政策，攻击布尔什维克。1917 年 10 月 26 日(11 月 8 日)被查封。——348。

243　本文发表于 1910 年 11 月 28 日(12 月 11 日)《我们的道路报》第 7 号。同期还发表了莫斯科的许多工人悼念托尔斯泰逝世的电报。

列宁在这篇纪念文章中用科学的世界观和方法论阐明了托尔斯泰从事文学活动阶段的历史背景，肯定了托尔斯泰在抛弃上层地主贵族阶层的传统观点以后，对现存的国家制度、教会制度、社会制度和经济制度所作的激烈批判，赞扬他在批判中表现出的真诚、热情和大无畏精神；同时，列宁指出托尔斯泰的批判所依据的是宗法制农民的观点、反映的是宗法制农民的情绪，在这一点上与现代工人运动的代表们对现存制度的批判迥然不同。这样，列宁就简洁而又完整地阐明了托尔斯泰的历史贡献和历史局限性。这篇文章启示我们，要对文学史上的著名作家和作品作出剀切详明的评价，就必须具有历史唯物主义的宏大视野、掌握辩证唯物主义的科学方法。——350。

244　这里说的是第三届国家杜马中的社会民主党代表的唁电，电报是发往列·尼·托尔斯泰的逝世地阿斯塔波沃、给托尔斯泰的密友和信徒弗·格·切尔特科夫的。电文说："社会民主党杜马党团谨表达俄国的和整个国际的无产阶级的情感，对天才的艺术家的逝世表示深切的哀悼，这位艺术家是反对官方教会观点的毫不调和的无敌战士，是曾大声疾呼反对死刑的专横与奴役之敌和被迫害者之友。"——350。

245 “希特罗夫人”意为流动工人,因莫斯科希特罗夫市场而得名,那里从19世纪60年代起是季节工人待雇的处所。——352。

246 本文发表于1910年12月18日(31日)《工人报》第2号。列宁在文中高度评价了托尔斯泰对沙皇专制统治和剥削制度的愤怒揭露和无情鞭挞,指出他的学说反映了“介于觉悟的社会主义无产阶级和旧制度的坚决维护者之间的群众”的观点,“既反映了它的一切弱点,也反映了它的一切长处”(见本书第354、355页)。列宁还揭穿了自由派企图利用托尔斯泰学说中与革命相抵触的一面来诱骗人民放弃革命斗争的险恶用心,强调无产阶级是“唯一能摧毁托尔斯泰所憎恨的旧世界的”阶级,只有这个先进的阶级才能带领俄国人民“求得解放”(见本书第355页)。列宁的论述对于我们学会运用辩证唯物主义方法来理解、分析和评价文艺作品和作家,自觉抵制别有用心的错误言论具有重要的指导意义。——354。

247 本文发表于1911年1月22日(2月4日)《明星报》第6号。

在这篇文章中,列宁集中论述了托尔斯泰生活的那个时代的基本特征,阐明了时代对托尔斯泰思想形成和观点变化的决定性影响。列宁指出,托尔斯泰生活在一个“变革时代”(见本书第359页),“这个时期的过渡性质,产生了托尔斯泰作品和‘托尔斯泰主义’的一切特点”(见本书第356页)。因此,不能认为托尔斯泰所宣扬的悲观主义、不抵抗主义、禁欲主义以及他关于“心灵宗教”的说教仅仅是他个人的想法;归根结底,这些东西正是“这样一个时代必然要出现的意识形态”(见本书第358页)。列宁针对资产阶级歪曲历史的宣传,强调必须分清托尔斯泰思想和作品中的积极因素和消极成分,指出“任何想把托尔斯泰的学说理想化”的做法“都会造成最直接和最严重的危害”(见本书第360页)。列宁的这些论述把唯物史观具体地运用于作家和作品的分析评价,为我们树立了文学批评和文学史研究的典范。——356。

248 本文是列宁在赫尔岑诞辰一百周年时撰写的纪念文章,发表于1912年4月25日(5月8日)《社会民主党人报》第26号。这一时期,资产阶级自由派、右派和民粹派慑于革命形势的不断高涨,以纪念赫尔岑为名,散布各种诽谤无产阶级革命的言论,竭力掩盖赫尔岑人生历程中的革命因素,"硬说赫尔岑晚年放弃了革命"(见本书第 361 页),妄图用这种手法欺骗民众,把俄国革命引上自由派改良主义道路,维护岌岌可危的沙皇专制统治。列宁在文中揭穿了资产阶级反动势力的阴谋,从无产阶级立场出发,全面深刻地"阐明这位在为俄国革命作准备方面起了伟大作用的作家的真正历史地位"(见本书第 361 页),激励广大群众"以他为榜样来学习了解革命理论的伟大意义"(见本书第 368 页),进一步推动革命事业向纵深发展。

列宁运用唯物史观和唯物辩证法全面地论述了赫尔岑的历史贡献及其深远影响。列宁高度评价赫尔岑的哲学造诣,指出"他在 19 世纪 40 年代农奴制的俄国,竟能达到当时最伟大的思想家的水平","超过黑格尔,跟着费尔巴哈走向了唯物主义";列宁称赞赫尔岑勇敢地宣传反对封建专制主义的思想,"极力鼓吹农民的解放",指出"这是他的伟大功绩"(见本书第 362、364 页);列宁肯定赫尔岑对资产阶级自由派的揭露和斗争,认为他"挽救了俄国民主派的名誉"(见本书第 366 页);列宁指出赫尔岑在晚年与巴枯宁实行了决裂,毅然"转向马克思所领导的国际"(见本书第 363 页),对于这一果敢行动,列宁表示肯定和赞许。依据这些史实,列宁得出中肯的结论,指出赫尔岑是在特定历史时期"举起伟大的斗争旗帜"来反对沙皇君主制的"第一人"(见本书第 368 页)。与此同时,列宁实事求是地指出了赫尔岑的历史局限性和阶级局限性:在世界观方面,他"已经走到辩证唯物主义跟前,可是在历史唯物主义前面停住了"(见本书第 362 页);在实践方面,他在 19 世纪 40 年代不能理解无产阶级在革命斗争中的领导作用,不能完全摆脱贵族阶级的偏见,因而"在 1848 年革命失败之后精神上崩溃了"(见本书第 362 页);在理论方面,他所崇奉的"社会主义"只是"一种善良的愿望"(见本书第 362 页),带有明显的空想性质;在晚年的政治归宿方面,他虽然与无政府主义者巴枯宁实行决裂而转向马克思所领导的第一国际,但他只是把这种决裂"看做策略上的意见分歧",而不是看做无产者的世界观同小资产者的世界观之间的"一道鸿沟"(见本书第 363 页)。列宁对赫尔岑的局限性进行了历史的考察和辩证的分析,使本文对这位作家的评价显得更加全面、真实,更具有深刻的教育意义。

列宁这篇文章启示我们:正确评价社会史、思想史、文艺史上有影响的人物,是一项意义重大而又十分艰巨的工作;只有坚持马克思主义世界观和方法论,我们才能透过纷繁复杂的历史现象,看清历史的本质、得出科学的结论、认识今天的历史方位、把握前进的正确方向。这篇文章发表于一百多年前,但至今仍有鲜活的生命力,原因就在于此。——361。

249　马尼洛夫是俄国作家尼·瓦·果戈理的小说《死魂灵》中的一个地主。他生性怠惰,终日想入非非,崇尚空谈,刻意讲究虚伪客套。马尼洛夫通常被用来形容耽于幻想、无所作为的人。——361。

250　指十二月党人。

　　十二月党人是俄国贵族革命家,因领导1825年12月14日(26日)彼得堡卫戍部队武装起义而得名。在起义前,十二月党人建立了三个秘密团体:1821年成立的由尼·米·穆拉维约夫领导的、总部设在彼得堡的北方协会;同年在乌克兰第2集团军驻防区成立的由帕·伊·佩斯捷利领导的南方协会;1823年成立的由安·伊·和彼·伊·波里索夫兄弟领导的斯拉夫人联合会。这三个团体的纲领都要求废除农奴制和限制沙皇专制。但是十二月党人试图只以军事政变来实现自己的要求。1825年12月14日(26日),在向新沙皇尼古拉一世宣誓的当天上午,北方协会成员率领约3 000名同情十二月党人的士兵开进彼得堡参议院广场。他们计划用武力阻止参议院和国务会议向新沙皇宣誓,并迫使参议员签署告俄国人民的革命宣言,宣布推翻政府、废除农奴制、取消兵役义务、实现公民自由和召开立宪会议。但十二月党人的计划未能实现,因为尼古拉一世还在黎明以前,就使参议院和国务会议举行了宣誓。尼古拉一世并把忠于他的军队调到广场,包围了起义者,下令发射霰弹。当天傍晚起义被镇压了下去。据政府发表的显系缩小了的数字,在参议院广场有70多名"叛乱者"被打死。南方协会成员领导的切尔尼戈夫团于1825年12月29日(1826年1月10日)在乌克兰举行起义,也于1826年1月3日(15日)被沙皇军队镇压下去。

　　沙皇政府残酷惩处起义者,十二月党人的著名领导者佩斯捷利、谢·伊·穆拉维约夫-阿波斯托尔、孔·费·雷列耶夫、米·巴·别斯图热夫-留明和彼·格·卡霍夫斯基于1826年7月13日(25日)被绞死,121名十二月党人被流放到西伯利亚,数百名军官和4 000名士兵被捕并受到惩罚。十二月党人起义对后来的俄国革命运动产生了很大影响。——361、372。

251　罗慕洛和瑞穆斯是罗马神话中的人物，西尔维亚和战神玛尔斯结合而生的一对孪生兄弟。他们生下不久被国王阿利乌斯投入台伯河，但河水把这对婴儿漂到岸边。战神马尔斯派一只母狼把他们带入山洞，用狼奶喂养他们。他们长大后体格健壮，膂力过人，性格刚强，见义勇为，深得人民的爱戴。两人中的罗慕洛是罗马城的建造者。——361。

252　农民协会（全俄农民协会）是俄国 1905 年革命中产生的群众性的革命民主主义政治组织，于 1905 年 7 月 31 日—8 月 1 日（8 月 13—14 日）在莫斯科举行了成立大会。据 1905 年 10—12 月的统计，协会在欧俄有 470 个乡级和村级组织，会员约 20 万人。根据该协会成立大会和 1905 年 11 月 6—10 日（19—23 日）举行的第二次代表大会通过的决议，协会的纲领性要求是：实现政治自由和在普选基础上立即召开立宪会议，支持抵制第一届国家杜马；废除土地私有制，由农民选出的委员会将土地分配给自力耕作的农民使用，同意对一部分私有土地给以补偿。农民协会曾与彼得堡工人代表苏维埃合作，它的地方组织在农民起义地区起了革命委员会的作用。农民协会从一开始就遭到警察镇压，1907 年初被解散。——364。

253　《钟声》杂志（《Колокол》）是亚·伊·赫尔岑和尼·普·奥格辽夫在国外（1857—1865 年在伦敦、1865—1867 年在日内瓦）出版的俄国革命刊物，最初为月刊，后来为不定期刊，共出了 245 期。该刊印数达 2 500 份，在俄国国内传播甚广。《钟声》杂志除刊登赫尔岑和奥格辽夫的文章外，还刊载各种材料和消息，报道俄国人民的生活状况和社会斗争，揭露沙皇当局的秘密计划和营私舞弊行为。在 1859—1861 年俄国革命形势发展时期，来自俄国国内的通讯数量激增，每月达到几百篇。尼·亚·杜勃罗留波夫、米·拉·米哈伊洛夫、尼·伊·吴亭等担任过它的记者，伊·谢·阿克萨科夫、尤·费·萨马林、伊·谢·屠格涅夫等为它供过稿。《钟声》杂志最初阶段的纲领以赫尔岑创立的俄国农民社会主义理论为基础，极力鼓吹解放农民，提出废除书报检查制度和肉刑等民主主义要求。但它也有自由主义倾向，对沙皇抱有幻想。1861 年农民改革以后，《钟声》杂志便坚决站到革命民主派一边，登载赫尔岑和奥格辽夫尖锐谴责农民改革的文章以及俄国地下革命组织的传单、文件等。《钟声》杂志编辑部协助创立了土地和自由社,积极支持1863—1864年波兰起义,从而与自由派最终决裂。——364、372。

254　《北极星》(《Полярная Звезда》)是一种文学政治文集,1855—1862年由亚·伊·赫尔岑创办的自由俄罗斯印刷所在伦敦出版,最后一集于1868年在日内瓦出版,共出了8集。前3集由赫尔岑主编,后几集由赫尔岑和尼·普·奥格辽夫主编。赫尔岑把文集取名为《北极星》并在文集封面上印了五位被判处死刑的十二月党人的画像,都意在强调他和十二月党人的革命继承关系(十二月党人亚·亚·别斯图热夫和孔·费·雷列耶夫曾在1823—1825年出版了一种叫做《北极星》的文学丛刊)。《北极星》文集刊登了大量有关十二月党人的资料、被检查机关查禁的亚·谢·普希金、雷列耶夫、米·尤·莱蒙托夫的诗,维·格·别林斯基致尼·瓦·果戈理的信,赫尔岑的文章和回忆录《往事与随想》,奥格辽夫的文章和诗等。《北极星》对俄国进步文学和社会思想的发展起了重要的作用。——364。

255　指波兰1863—1864年起义。这次反对沙皇专制制度、争取民族独立的起义,是由波兰王国的封建农奴制危机和社会矛盾、民族矛盾加剧而引起的。起义的直接原因是沙皇政府决定于1863年1月在波兰王国强制征兵,企图用征召入伍的办法把大批怀有革命情绪的青年赶出城市。领导起义的是代表小贵族和小资产阶级利益的"红党"所组织的中央民族委员会,后改称临时民族政府。它同俄国革命组织土地和自由社中央委员会以及在伦敦的《钟声》杂志出版人建立了联系。它的纲领包含有波兰民族独立、一切男子不分宗教和出身一律平等、农民耕种的土地不付赎金完全归农民所有、废除徭役、国家出资给地主以补偿等要求。起义从1863年1月22日向俄军数十个据点发动攻击开始,很快席卷了波兰王国和立陶宛,并波及白俄罗斯和乌克兰部分地区。参加起义的有手工业者、工人、大学生、贵族知识分子、部分农民和宗教界人士等各阶层的居民。代表大土地贵族和大资产阶级利益的"白党"担心自己在社会上声誉扫地,也一度参加了斗争,并攫取了领导权。马克思对波兰起义极为重视,曾参与组织国际军团,支援起义。1864年5月,起义被沙皇军队镇压下去,数万名波兰爱国者被杀害、囚禁或流放西伯利亚。

但是,起义迫使沙皇政府于1864年3月颁布了关于在波兰王国解放农奴的法令,因而在波兰历史上具有划时代的意义。——366。

256　指喀山省斯帕斯基县别兹德纳村农民起义。关于废除农奴制的条件的1861年2月19日宣言和条例的颁布,引起了农民的失望和愤怒。他们不相信宣读的条例文本是真的,认为地主和官吏把真正的宣言和条例藏起来了。1861年春,在许多省都发生了农民骚动,而以别兹德纳村农民的暴动规模最大。领导这次运动的是别兹德纳村青年农民安东·彼得罗夫。在他的号召下,农民拒绝服徭役,拒绝向地主交纳代役租,拒绝在确定份地数量和义务范围的"规约"上签字,抢夺地主仓库里的粮食。骚动波及到喀山省斯帕斯基、奇斯托波尔、拉伊舍沃三县以及相邻的萨马拉省和辛比尔斯克省各县共75个村庄。别兹德纳村起义遭到了残酷的镇压。1861年4月12日(24日),根据阿普拉克辛将军的命令,向4 000名手无寸铁的农民群众开枪,据官方报告,被打死和因伤而死的共91人,伤350人以上。4月19日(5月1日),安东·彼得罗夫被枪决。交付军事法庭审判的16个农民中,5个被判处笞刑和不同期限的监禁。别兹德纳惨案在俄国社会各进步阶层中引起了广泛的反响。亚·伊·赫尔岑在《钟声》杂志上对别兹德纳惨案作了详细报道。——366。

257　本文是列宁为纪念法国工人诗人、巴黎公社委员欧仁·鲍狄埃逝世二十五周年而作,发表于1913年1月3日(16日)《真理报》第2号。列宁在文中介绍了欧仁·鲍狄埃革命战斗的一生,指出他"用自己的战斗诗歌对法国生活中所发生的一切重大事件作出反应";称颂他是一位"最伟大的用歌作为工具的宣传家","在自己的身后留下了一个真正非人工所建造的纪念碑"(见本书第370、371页)。列宁高度评价欧仁·鲍狄埃创作的《国际歌》的伟大意义,指出:"一个有觉悟的工人,不管他来到哪个国家,不管命运把他抛到哪里,不管他怎样感到自己是异邦人,言语不通,举目无亲,远离祖国,——他都可以凭《国际歌》的熟悉的曲调,给自己找到同志和朋友。"(见本书第369页)

　　列宁对鲍狄埃和《国际歌》的评价堪称文艺评论的典范。这篇短文在真挚的情感中蕴含哲理,在历史的回顾中昭示未来,启迪我们去思考革命文艺的使命,去感悟伟大作品的力量;同时有力地鼓舞广大文艺工作者为人民的事业而竭忠尽智,努力创作出无愧于时代的精品力作。
——369。

258 指法国工人党。

法国工人党是茹·盖得及其支持者根据 1879 年 10 月马赛举行的
工人代表大会的决议建立的法国第一个马克思主义政党,这次代表大
会通过了党的章程。1880 年 5 月,盖得赴伦敦同马克思、恩格斯和保·
拉法格一起制定了法国工人党的纲领草案。纲领分为理论部分和实践
部分(最低纲领)。纲领的理论部分是马克思起草的(参看《马克思恩
格斯全集》中文第 2 版第 25 卷第 442—443 页)。1880 年 11 月召开的
勒阿弗尔代表大会通过了这个纲领,并正式成立法国工人党。法国工
人党后来与一些团体联合组成法兰西社会党。——370。

259 《俄国工人报刊的历史》是列宁 1914 年论述俄国马克思主义派和机会
主义派 20 年斗争历史的几篇文章之一,发表于 1914 年 4 月 22 日(5 月
5 日)《工人日报》第 1 号。这一号《工人日报》是《真理报》创刊两周年
时该报论述俄国工人报刊历史的专号,以小册子形式出版。

在本书节选的部分,列宁指出,俄国工人报刊的历史同民主运动和
社会主义运动的历史有着不可分割的联系。列宁把俄国解放运动分为
三个主要阶段:贵族时期;平民知识分子或资产阶级民主主义时期;无
产阶级时期。列宁肯定了前两个主要阶段的代表人物赫尔岑、车尔尼
雪夫斯基的历史作用。列宁指出,赫尔岑"促进了平民知识分子的觉
醒";车尔尼雪夫斯基"比赫尔岑更前进了一大步",是"彻底得多的、更
有战斗性的民主主义者",他的著作"散发着阶级斗争的气息"。(见本
书第 372、373 页)列宁同时强调,19 世纪 60 年代和 70 年代,在民粹主
义思潮一度"占主导地位"的情况下,"无产阶级民主主义的支流""只
有在俄国马克思主义流派……在思想上确立之后,同社会民主党有联
系的工人运动开始不断发生之后……,它才可能分离出来"(参看本书
第 373 页),此后不断积聚力量、扩大影响,成为人民革命的中坚力量。

列宁的论述阐明了文艺在时代变迁和社会变革中的先导作用,指
出了马克思主义对引导和推进无产阶级文艺发展的重要意义,启发我
们深刻认识文艺的本质特征、社会地位和广泛影响,坚决维护马克思主
义科学理论对文艺事业的指导地位。——372。

260　《给果戈理的信》是维·格·别林斯基于 1847 年 7 月写的,1855 年由亚·伊·赫尔岑第一次发表在《北极星》文集上。——373。

261　劳动解放社是俄国第一个马克思主义团体,由格·瓦·普列汉诺夫和维·伊·查苏利奇、帕·波·阿克雪里罗得、列·格·捷依奇、瓦·尼·伊格纳托夫于 1883 年 9 月在日内瓦建立。劳动解放社把马克思主义创始人的许多重要著作译成俄文,在国外出版后秘密运到俄国,对马克思主义在俄国的传播起了巨大作用。普列汉诺夫当时写的《社会主义与政治斗争》、《我们的意见分歧》、《论一元论历史观之发展》等著作有力地批判了民粹主义,用马克思主义的观点分析了俄国社会的现实和俄国革命的一些基本问题。普列汉诺夫起草的劳动解放社的两个纲领草案——1883 年的《社会民主主义的劳动解放社纲领》和 1885 年的《俄国社会民主党人纲领草案》,对于俄国社会民主党的建立具有重要意义,后一个纲领草案的理论部分包含了马克思主义政党纲领的基本成分。劳动解放社在团结俄国社会民主党的力量方面也做了许多工作。它还积极参加社会民主党人的国际活动,和德、法、英等国的社会民主党都有接触。劳动解放社以普列汉诺夫为代表对伯恩施坦主义进行了积极的斗争,在反对俄国的经济派方面也起了重要作用。恩格斯曾给予劳动解放社的活动以高度评价(参看《马克思恩格斯文集》第 10 卷第 532 页)。列宁认为劳动解放社的历史意义在于它从理论上为俄国社会民主党奠定了基础,向着工人运动迈出了第一步。劳动解放社的主要缺点是:它没有和工人运动结合起来,它的成员对俄国资本主义发展的特点缺乏具体分析,对建立不同于第二国际各党的新型政党的特殊任务缺乏认识等。劳动解放社于 1903 年 8 月在俄国社会民主工党第二次代表大会上宣布解散。——373。

262　《寄语〈鹰之歌〉的作者》是列宁论述文艺家政治立场的一篇短文,发表于 1914 年 11 月 22 日(12 月 5 日)《社会民主党人报》第 34 号。

　　1914 年 9 月 28 日(10 月 11 日),《俄罗斯言论报》第 223 号和其他一些资产阶级报纸上登载了一份鼓吹资产阶级狭隘民族主义、为沙皇俄国参加战争辩护的《作家、艺术家和演员的抗议书》,阿·马·高尔基在上面签了名。在抗议书上签名的还有演员费·伊·夏里亚宾和杂志编辑彼·伯·司徒卢威等人。列宁认为高尔基的做法是十分错误的。

1914 年 10 月 18 日(31 日),列宁在给亚·加·施略普尼柯夫的信中谴责道,高尔基"玷污了自己,竟在一群俄国自由主义者的那张龌龊的烂纸上签了名"(见《列宁全集》中文第 2 版增订版第 47 卷第 27 页)。

此后,列宁又写了《寄语〈鹰之歌〉的作者》这篇短评,严厉批评高尔基的轻率之举,同时善意地分析他的错误的性质,指出他这种行为会给爱戴和信任他的工人们造成误导。列宁强调,觉悟工人的信任"使高尔基负有一种义务:珍惜自己美好的名字"(见本书第 374—375 页)。

这篇短评勉励艺术家要坚守人民立场,牢记社会责任和使命担当;要勇于自律自警、自省自励,珍惜自己的社会形象,在各方面自觉发挥积极作用。——374。

263 指马·高尔基在为沙皇俄国对德开战辩护的《作家、艺术家和演员的抗议书》上签名一事。抗议书登载在 1914 年 9 月 28 日(10 月 11 日)《俄罗斯言论报》第 223 号和其他一些资产阶级报纸上。在抗议书上签名的还有画家阿·米·瓦斯涅佐夫、维·米·瓦斯涅佐夫、康·阿·科罗温,雕塑家谢·德·梅尔库罗夫,演员费·伊·夏里亚宾,作家亚·绥·绥拉菲莫维奇·斯基塔列茨,杂志编辑彼·伯·司徒卢威等人。——374。

264 指费·伊·夏里亚宾向沙皇下跪一事。1911 年 1 月 6 日,夏里亚宾在彼得堡玛丽亚剧院演出歌剧《鲍里斯·戈都诺夫》。在沙皇前来观剧时,合唱队员向沙皇下跪,正在舞台上表演的夏里亚宾也跪下了。——374。

265 这是一篇批评滥用外来语的短文,写于 1919 年或 1920 年,最早载于 1924 年 12 月 3 日《真理报》第 275 号。

语言是人类交流思想的中介,是文化信息的载体,也是文学艺术的基石。作为民族的基本标志之一,语言对社会政治、经济、文化必然会产生重要影响。因此,列宁一直高度重视维护祖国语言纯洁性的问题。在这篇短文中,列宁对滥用外来语的做法表示"痛恨",对破坏语言规范的行径表示愤慨,号召大家向"糟蹋"祖国语言的现象"宣战"。这一切,体现了一个革命家高瞻远瞩的战略眼光。列宁在语言问题上的立场、观点和态度,对于我们在建设社会主义先进文化、发展社会主义文艺事业的进程中自觉遵守祖国语言文字规范,认真保护和利用语言文字方面的宝贵资源,具有深刻的启示和教育意义。——376。

266　下诺夫哥罗德法语一语出自俄国作家亚·谢·格里鲍耶陀夫的喜剧《智慧的痛苦》。该剧主人公恰茨基用此语嘲讽俄国贵族以说俄语时夹杂法语为时髦的恶劣风气。——377。

267　本文是列宁于 1920 年 10 月 2 日在俄国共产主义青年团第三次代表大会上发表的讲话。

在节选部分,列宁论述了学习共产主义理论的重要意义和科学方法,指出这种学习必须紧密联系实际,防止教条主义倾向;同时反复强调"共产主义是从人类知识的总和中产生出来的,马克思主义就是这方面的典范"(见本书第 380 页),因此"只有了解人类创造的一切财富以丰富自己的头脑,才能成为共产主义者"(见本书第 382 页)。

由此,列宁进一步提出了如何建设无产阶级文化的问题。他指出,"无产阶级文化并不是从天上掉下来的,也不是那些自命为无产阶级文化专家的人杜撰出来的","无产阶级文化应当是人类在资本主义社会、地主社会和官僚社会压迫下创造出来的全部知识合乎规律的发展";因此,"只有确切地了解人类全部发展过程所创造的文化,只有对这种文化加以改造,才能建设无产阶级的文化,没有这样的认识,我们就不能完成这项任务。"(见本书第 381 页)

列宁的重要讲话对于我们理解马克思主义的科学品格、掌握共产主义的理论精髓,具有十分重要的指导意义。同时,列宁的精辟论述还启发和激励我们更加勤勉地积累知识,更加自觉地提高素养,更加主动地发掘与继承、掌握与利用人类优秀的文化遗产和思想资源,为建设无产阶级先进文化而不懈奋斗。——378。

268　指无产阶级文化协会的代表人物。

无产阶级文化协会是十月革命前夕在彼得格勒成立的独立的无产阶级文学艺术活动组织。十月革命后在国内各地成立分会。各地协会最多时达 1 381 个,会员 40 多万。1918 年春,亚·亚·波格丹诺夫及其拥护者逐渐从思想上和组织上控制了协会,他们仍继续坚持协会对共产党和苏维埃国家的"独立性",否认以往的文化遗产的意义,力图摆脱群众性文教工作的任务,企图通过脱离实际生活的"实验室的道路"来创造"纯粹无产阶级的"文化。波格丹诺夫口头上承认马克思主义,实际上鼓吹马赫主义这种主观唯心主义哲学。列宁在《关于无产阶级文化》(见《列宁全集》中文第 2 版增订版第 39 卷第 373—376 页)等著作中批判了无产阶级文化派的错误。无产阶级文化协会于 20 年代初趋于衰落,1932 年停止活动。——381、383。

269　1920 年 10 月 5—12 日,全俄无产阶级文化协会第一次代表大会在莫斯科举行。本文是列宁在 10 月 8 日亲自为大会起草的决议草案,全文由决议草案和决议草稿要点组成。本书节选的是决议草案。这个草案明确规定,无产阶级文化协会必须无条件地服从俄国共产党和苏维埃政权的领导,"把自己的任务当做无产阶级专政任务的一部分来完成"(见本书第 384 页);同时,决议草案特别强调:"只有马克思主义的世界观才正确地反映了革命无产阶级的利益、观点和文化",它"吸收和改造了两千多年来人类思想和文化发展中一切有价值的东西"(见本书第 384 页)。列宁认为,"只有在这个基础上,按照这个方向,在无产阶级专政(这是无产阶级反对一切剥削的最后的斗争)的实际经验的鼓舞下继续进行工作,才能认为是发展真正的无产阶级文化。"(见本书第 384 页)列宁起草的这个决议草案阐明了发展无产阶级文化的根本途径,是一个具有重要历史意义和现实意义的纲领性文献。——383。

270　指 1920 年 10 月 8 日《全俄中央执行委员会消息报》对阿·瓦·卢那察尔斯基 10 月 7 日在全俄无产阶级文化协会第一次代表大会上的讲话的报道。报道说:"卢那察尔斯基同志指出,应该保证无产阶级文化协会有特殊的地位和最完全的自治。"

　　关于这件事,卢那察尔斯基在自己的回忆录中说:"1920 年 10 月无产阶级文化协会举行代表大会时,弗拉基米尔·伊里奇要我去参加会议,并明确指出,无产阶级文化协会必须接受教育人民委员部的领导,把自己看成是它的一个机构等等。总之,弗拉基米尔·伊里奇要求我们把无产阶级文化协会吸引到国家这方面来,当时他还采取了种种措施使它靠近党。我在代表大会上的讲话,措辞相当婉转温和,而传到弗拉基米尔·伊里奇那里时就变得更加软弱无力了。他把我叫去申斥了一顿,后来无产阶级文化协会就根据他的指示改组了。"——383。

271 这是 1922 年 3 月 6 日列宁在全俄五金工人代表大会共产党党团会议上发表的讲话。

在节选部分，列宁提到了马雅可夫斯基的政治讽刺诗《开会迷》。他充分肯定这位著名诗人对党政机关官僚主义、形式主义作风的揶揄讽刺，同时表示这种尖刻的嘲讽给他带来了莫大的"愉快"。列宁还提到作家冈察洛夫塑造的奥勃洛摩夫这个典型形象，希望共产党员和机关干部引以为戒，绝不要像奥勃洛摩夫那样庸庸碌碌、无所作为，成为耽于幻想、怠惰成性、因循守旧、得过且过的庸人。列宁的讲话观点鲜明、语言平易，让我们进一步认识到文艺作品的审美教育意义和警示作用，领悟到成功塑造的典型形象所具有的强大概括力和广泛影响力。——385。

272 奥勃洛摩夫是俄国作家伊·亚·冈察洛夫的长篇小说《奥勃洛摩夫》的主人公，他是一个怠惰成性、害怕变动、终日耽于幻想、对生活抱消极态度的地主。——385。

273 社会革命党人是俄国最大的小资产阶级政党社会革命党的成员。该党是 1901 年底—1902 年初由南方社会革命党、社会革命党人联合会、老民意党人小组、社会主义土地同盟等民粹派团体联合而成的。成立时的领导人有马·安·纳坦松、叶·康·布列什柯-布列什柯夫斯卡娅、尼·谢·鲁萨诺夫、维·米·切尔诺夫、米·拉·郭茨、格·安·格尔舒尼等，正式机关报是《革命俄国报》（1901 — 1904 年）和《俄国革命通报》杂志（1901—1905 年）。社会革命党人的理论观点是民粹主义和修正主义思想的折中混合物。他们否认无产阶级和农民之间的阶级差别，抹杀农民内部的矛盾，否认无产阶级在资产阶级民主革命中的领导作用。在土地问题上，社会革命党人主张消灭土地私有制，按照平均使用原则将土地交村社支配，发展各种合作社。在策略方面，社会革命党人采用了社会民主党人进行群众性鼓动的方法，但主要斗争方法还是搞个人恐怖。为了进行恐怖活动，该党建立了事实上脱离该党中央的秘密战斗组织。

在 1905—1907 年俄国第一次革命中，社会革命党曾在农村开展焚烧地主庄园、夺取地主财产的所谓"土地恐怖"运动，并同其他政党一起参加武装起义和游击战，但也曾同资产阶级的解放社签订协议。在国家杜马中,该党动摇于社会民主党和立宪民主党之间。该党内部的不统一造成了 1906 年的分裂,其右翼和极左翼分别组成了人民社会党和最高纲领派社会革命党人联合会。在斯托雷平反动时期,社会革命党经历了思想上、组织上的严重危机。在第一次世界大战期间,社会革命党的大多数领导人采取了社会沙文主义的立场。1917 年二月革命后,社会革命党中央实行妥协主义和阶级调和的政策,党的领导人亚·费·克伦斯基、尼·德·阿夫克森齐耶夫、切尔诺夫等参加了资产阶级临时政府。七月事变时期该党公开转向资产阶级方面。社会革命党中央的妥协政策造成党的分裂,左翼于 1917 年 12 月组成了一个独立政党——左派社会革命党。十月革命后,社会革命党人(右派和中派)公开进行反苏维埃的活动,在国内战争时期进行反对苏维埃政权的武装斗争,对共产党和苏维埃政权的领导人实行个人恐怖。内战结束后,他们在"没有共产党人参加的苏维埃"的口号下组织了一系列叛乱。1922年,社会革命党彻底瓦解。——386、431。

274 这是恩格斯在《流亡者文献》一文中说的(参看《马克思恩格斯文集》第 3 卷第 364 页)。——386。

275 列宁同高尔基的通信,生动反映了无产阶级革命导师对在旧社会成长起来的进步作家的影响和帮助,反映了人民领袖同无产阶级文学家的伟大革命友谊。

马克西姆·高尔基(1868 — 1936),原名阿列克谢·马克西莫维奇·彼什科夫,是苏联无产阶级文学家,代表作有《海燕》、《母亲》、《童年》、《在人间》、《我的大学》等。高尔基与列宁相识于 1905 年俄国第一次革命高潮期间,他们之间的书信往来则始自这次革命失败之后。当时,高尔基侨居意大利的卡普里岛。列宁曾先后两次(1908 年 4 月和 1910 年 7 月)去那里拜访他。高尔基一直是列宁所主持的布尔什维克报刊的积极撰稿人,写过一些有影响的出色的政论和杂文。

本书选录了列宁写给高尔基的五封有代表性的书信。从这些书信中我们能够看到,列宁高度评价高尔基在革命事业中所发挥的作用,充分肯定他对布尔什维克报刊的支持和帮助;同时又坦诚地同高尔基讨论一些重大问题,批评他的某些错误观点,帮助他认清一些较为复杂的政治问题和理论问题。在他们的通信中,我们还能看到,列宁对高尔基的生活和健康状况常常给予无微不至的关怀。列宁的书信促使高尔基不断提高思想觉悟，站稳人民立场，努力清除旧时代遗留的消极陈腐观念，把个人的文学创作融入党和人民的革命事业。

本书选录的第一封信是列宁1908年2月7日写给高尔基的。在这封信中，列宁表示同意高尔基提出的"必须经常不断地同政治上的颓废、变节、消沉等现象进行斗争"的意见，指出为了进行这种斗争，党需要"一份正常出版……的政治性机关报"（参看本书第389、390页）；列宁强调，文艺家应当根据革命需要，把"大本著作"与"短小文章"结合起来；应当"设法远远离开""知识分子的陈旧的老爷派头"，把文艺工作"同党的工作，同经常不断影响全党的工作更紧密地联系起来"。列宁对高尔基寄予厚望，建议他"定期地经常地写些文章，加入政治报纸的大合奏"（见本书第391页）；他语重心长地对高尔基说，"著作家的工作如果同党的工作，同经常不断影响全党的工作更紧密地联系起来"（见本书第391页），将会给党的事业和写作事业同时带来巨大的益处。

列宁的这封信，对于我们理解报纸对革命的作用，领悟文艺家的工作同党的工作紧密结合的意义，具有重要的指导价值。——389。

276　说的是就尼·亚·谢马什柯被捕在报刊上发表声明的问题（参看《列宁全集》中文第2版增订版第45卷第96号文献）。——389。

277　马·高尔基的《论犬儒主义》一文是为法文杂志《进步文献》写的，最初发表在彼得堡种子出版社1908年出版的《文学的崩溃》文集中，随后刊登于上述法文杂志3月号。文章中有一些造神说的错误观点。——389。

278　马·高尔基1908年1月30日给亨利克·显克微支的信，是对显克微支就普鲁士政府掠夺波兹南地主地产一事征询意见的答复。

高尔基的信是一份反对显克微支维护波兹南地主大私有财产的揭露性文件。信里说，他珍视显克微支的艺术家的天才，但抗议他向威廉二世发出的用下述论据作支柱的呼吁，即：波兰人的行为是"和平的"，他们"不点燃革命之火"，并且准时交纳税款和给普鲁士军队提供兵士。高尔基最后说，"这些话使我对您爱波兰人民是否强烈感到怀疑"。

显克微支把252份征询意见的答复汇编成书在巴黎出版，高尔基的答复没有被收进。——389。

279　《无产者报》(《Пролетарий》)是俄国布尔什维克的秘密报纸,于1906年
8月21日(9月3日)—1909年11月28日(12月11日)出版,共出了
50号。该报由列宁主编,在不同时期参加编辑部的有亚·亚·波格丹
诺夫、约·彼·戈尔登贝格、约·费·杜勃洛文斯基等。——390。

280　六三政变后,由于书报检查的加紧,合法报刊无法出版,布尔什维克就
出版了一些文集。1907年和1908年初出版的文集有《生活之声》、《闪
电》、《1908年大众历书》、《当前问题》、《当前生活》和《谈谈时代潮
流》。——390。

281　《新生活报》(《Новая Жизнь》)是俄国布尔什维克的第一个合法报纸,
实际上是俄国社会民主工党的中央机关报。1905年10月27日(11月
9日)—12月3日(16日)在彼得堡出版。正式编辑兼出版者是诗人
尼·明斯基,出版者是女演员、布尔什维克玛·费·安德列耶娃。从
1905年11月第9号起,该报由列宁直接领导。参加编辑部的有:列宁、
弗·亚·巴扎罗夫、亚·亚·波格丹诺夫、瓦·瓦·沃罗夫斯基、米·
斯·奥里明斯基、阿·瓦·卢那察尔斯基和彼·彼·鲁勉采夫。马·
高尔基参加了《新生活报》的工作,并且在物质上给予很大帮助。

　　《新生活报》发表过列宁的14篇文章。该报遭到沙皇政府当局多
次迫害,在28号中有15号被没收。1905年12月2日(15日)该报被政
府当局查封。最后一号即第28号是秘密出版的。——390。

282　马·高尔基的《谈谈小市民习气》刊登在1905年10—11月布尔什维克
日报《新生活报》上。——390。

283　1905年俄国资产阶级民主革命失败后,斯托雷平的反动统治使俄国的
阶级矛盾和民族矛盾进一步尖锐化。从1910年起,俄国政治形势出现
明显的转变,工人运动逐渐恢复生机,开始形成新的革命高潮。列宁领
导俄国社会民主工党根据新的形势制定无产阶级斗争的新策略,加强
对革命运动的领导,坚决同各种机会主义派别作斗争,恢复和巩固马克
思主义在党内的指导地位。列宁1913年1月8日致高尔基的信就是在
这种背景下写的。

　　在这封信中,列宁向高尔基介绍了国内政治斗争形势,以及无产阶

级政党在思想建设和斗争策略方面坚持的革命原则。他指出,"工人群众中的革命情绪无疑在高涨"(见本书第393页),这是党经常不断地用马克思主义精神对工人进行教育和引导的结果。为此,列宁认为必须克服一切困难,扩大和巩固《真理报》这个理论阵地,强调"这是个大事业"(见本书第393页),决不能掉以轻心。在坚持和捍卫马克思主义指导地位这个重大问题上,列宁表明了坚定不移的态度。鉴于机会主义派别蒙蔽部分工人群众,使他们误以为"马克思对俄国已经过时",列宁义正辞严地指出,"这种思想堕落、这种背叛情绪、这种变节行为"是机会主义派别造成的恶果;列宁表示,"我们将不惜任何牺牲向诽谤马克思主义或歪曲工人政党政策的各种尝试进行斗争"(见本书第393、394页)。

我们从这封信中可以看出,列宁在政治上、思想上对高尔基十分信任和关心。每当重要的历史时刻,列宁总是以真诚坦率、亲切平等的态度,主动与这位进步作家沟通情况、交流思想、联络感情,帮助他认清较为复杂的政治问题和理论问题,启发他在艰苦的斗争中始终坚持正确的方向。列宁的这些举措,为我们高度重视和切实加强文艺工作的思想建设、理论建设和队伍建设树立了光辉的榜样。——392。

284　指波罗宁党校。俄国社会民主工党中央委员会计划在1913年夏天国家杜马休会期间,为社会民主党杜马党团成员、党的工作者和工人举办这所学校。学习时间定为6周,在此期间将讲课100次(土地问题、政治经济学、马克思主义哲学、一些国家的社会民主党历史等),并安排有实习(编写杜马发言提纲,起草对选民的工作报告)和向学员详细介绍杜马的工作等教学内容。列宁直接参加教学计划的拟定,并准备亲自讲课。由于经费不足等原因,这所学校最终没有办成。——393。

285　《真理报》(«Правда»)是俄国布尔什维克的合法报纸(日报),根据俄国社会民主工党第六次(布拉格)全国代表会议的决定创办,1912年4月22日(5月5日)起在彼得堡出版。《真理报》是群众性的工人报纸,依靠工人自愿捐款出版,拥有大批工人通讯员和工人作者(它在两年多时间内共刊载了17 000多篇工人通讯),同时也是布尔什维克党的实际上的机关报。《真理报》还担负着党的很大一部分组织工作,如约见基层组织的代表,汇集各工厂党的工作的情况,转发党的指示等。列宁在国外领导《真理报》,他筹建编辑部,确定办报方针,组织撰稿力量,并经常给编辑部以工作指示。1912—1914 年，《真理报》刊登了 300 多篇列宁的文章。《真理报》经常受到沙皇政府的迫害。1914 年 7 月 8 日（21 日），即在第一次世界大战开始前夕，《真理报》被禁止出版。1917 年二月革命后，《真理报》于 3 月 5 日（18 日）复刊，成为俄国社会民主工党中央委员会和彼得堡委员会的机关报。——393。

286 指"前进"集团的成员。

　　"前进"集团是俄国社会民主党内的一个反布尔什维主义的集团。它是在亚·亚·波格丹诺夫和格·阿·阿列克辛斯基的倡议下，由召回派、最后通牒派和造神派于 1909 年 12 月在它们的派别活动中心卡普里党校的基础上建立的。该集团出版过《前进》文集等刊物。前进派在 1910 年一月中央全会上与取消派-呼声派以及托洛茨基分子紧密配合行动。他们设法使全会承认"前进"集团为"党的出版团体"，并得到中央委员会对该集团刊物的津贴，在全会以后却站在召回派-最后通牒派的立场上尖锐抨击并且拒绝服从全会的决定。1912 年党的布拉格代表会议以后，前进派同孟什维克取消派和托洛茨基分子联合起来反对这次党代表会议的决议。由于得不到工人运动的支持，"前进"集团于 1913 年实际上瓦解，1917 年二月革命后正式解散。——394。

287 造神说是在俄国 1905—1907 年革命失败后的反动时期俄国社会民主工党内一部分知识分子中产生的一种宗教哲学思潮。这一思潮的主要代表人物是阿·瓦·卢那察尔斯基、弗·亚·巴扎罗夫等人。造神派主张把马克思主义和宗教调和起来，使科学社会主义带有宗教信仰的性质，鼓吹创立一种"无神的"新宗教，即"劳动宗教"。他们认为马克思主义的整个哲学就是宗教哲学，社会民主运动本身是"新的伟大的宗教力量"，无产者应成为"新宗教的代表"。马·高尔基曾一度追随造神派。列宁在《唯物主义和经验批判主义》一书以及 1908 年 2—4 月、1913 年 11—12 月间给高尔基的信（见《列宁全集》中文第 2 版增订版第 18、45、46 卷）中揭露了造神说的反马克思主义本质。——394、396。

288 1908 年 4 月，列宁应马·高尔基之邀去卡普里岛住了几天。在此期间，列宁向亚·亚·波格丹诺夫、弗·亚·巴扎罗夫和阿·瓦·卢那察尔斯基宣称，他同他们之间在哲学问题上存在着绝对的分歧。——394。

289　召回主义是 1908 年在布尔什维克中间出现的一种机会主义思潮,主要代表人物有亚·亚·波格丹诺夫、格·阿·阿列克辛斯基、安·弗·索柯洛夫(斯·沃尔斯基)、阿·瓦·卢那察尔斯基、马·尼·利亚多夫等。召回派以革命词句作幌子,要求从第三届国家杜马中召回俄国社会民主党的代表,并停止党在合法和半合法组织中的工作,宣称在反动条件下党只应进行不合法的工作,实际上执行的是取消派的路线。列宁把召回派叫做"改头换面的孟什维克"。召回派的变种是最后通牒派,亦产生于 1908 年,代表人物有维·拉·尚采尔(马拉)、阿列克辛斯基、列·波·克拉辛等。在孟什维克的压力下,当时社会民主党国家杜马党团通过了党团对俄国社会民主工党中央委员会独立的决议。最后通牒派不是认真地教育杜马党团,纠正党团的错误,而是要求立即向杜马党团发出最后通牒,要它无条件地服从党中央,否则就把社会民主党杜马代表召回。最后通牒主义实际上是隐蔽的、伪装的召回主义。列宁把最后通牒派叫做"羞羞答答的召回派"。

同召回派的斗争是从 1908 年春天开始的。1908 年 3—4 月在讨论第三届国家杜马社会民主党党团头 5 个月工作总结时,莫斯科的一些区通过了召回派的决议。5 月,在莫斯科市党代表会议上,召回派提出的决议案仅以 18 票对 14 票被否决。布尔什维克机关报《无产者报》在 1908 年 6 月 4 日(17 日)的第 31 号上发表了莫斯科党代表会议的材料,并根据列宁的建议从这一号起开始讨论对杜马和社会民主党杜马党团的态度问题。与此同时,在各个党组织的内部都同召回派展开了斗争。1908 年秋,在彼得堡党组织选举出席第五次全国代表会议的代表时,召回派和最后通牒派制定了一个特别纲领,作为彼得堡委员会扩大会议的决议案。由于这个决议案在各个党组织得不到广泛支持,召回派才未敢在代表会议上公开提出自己的特别纲领。在代表会议以后,根据列宁的意见,《无产者报》登载了召回派的这个纲领。列宁并写了一系列文章,对召回主义进行批判。

召回派的领袖人物波格丹诺夫和卢那察尔斯基还同孟什维克取消派尼·瓦连廷诺夫、帕·索·尤什凯维奇一起在报刊上攻击马克思主义理论基础——辩证唯物主义和历史唯物主义。卢那察尔斯基并宣扬必须建立新的宗教,把社会主义同宗教结合起来。

1909 年,召回派、最后通牒派和造神派组成发起小组,在意大利卡普里岛创办了一所实际上是派别中心的党校。1909 年 6 月，布尔什维克机关报《无产者报》扩大编辑部会议斥责了召回派和最后通牒派，号召同这些背离革命马克思主义的倾向作最坚决的斗争，并把波格丹诺夫从布尔什维克队伍中开除出去。——395。

290 指有党的工作者参加的俄国社会民主工党中央委员会会议。会议于 1912 年 12 月 26 日—1913 年 1 月 1 日（1913 年 1 月 8—14 日）在克拉科夫举行，为了保密定名为"二月"会议。关于这次会议的详细情况，见《列宁全集》中文第 2 版增订版第 22 卷第 269—290 页。——395。

291 1905 年俄国资产阶级民主革命失败以后，在思想领域形形色色的唯心主义泛滥，资产阶级思想家鼓吹"寻神说"，他们把革命的失败归于"上帝的惩罚"，宣称俄国人民"失去了上帝"，现在的任务是要把上帝"找回来"。而俄国社会民主党内以阿·瓦·卢那察尔斯基、弗·亚·巴扎罗夫为代表的一些人则宣扬"造神说"，主张把马克思主义同宗教调和起来，创立一种新的"社会主义的宗教"。列宁认为这种同马克思主义相对立的错误思潮危害很大。

　　1913 年 10 月高尔基发表《再论卡拉玛佐夫气质》一文，流露出了以造神说代替寻神说的错误观点。列宁读后第二天便写信给高尔基，就此对他作了严肃的批评。

　　列宁指出，"寻神说同造神说、建神说或者创神说等等的差别，丝毫不比黄鬼同蓝鬼的差别大"（见本书第 396 页），那些"纯洁的、精神上的、创造出来的神的观念"，都是为了"麻痹人民和工人"（见本书第 397 页）。对于造神说的危害，列宁指出，"群众识破千百万种罪恶、坏事、暴行和肉体的传染病，比识破精巧的、精神上的、用最漂亮的'思想'外衣装扮起来的神的观念要容易得多，因而前者的危害性比后者也就小得多"（见本书第 397 页）。

　　列宁的论述说明加强党对意识形态领域特别是文艺工作的领导、重视文艺阵地建设和管理的重要性，同时也提醒广大文艺工作者要牢记自己的神圣使命和责任、珍惜自己的公众形象和声誉，要认真严肃地考虑自己的言论、行为、作品会产生什么样的社会效果和思想影响。——396。

292　马·高尔基在 1913 年 9 月 22 日《俄罗斯言论报》第 219 号发表了《论卡拉玛佐夫气质》一文,以抗议莫斯科艺术剧院把费·米·陀思妥耶夫斯基的反动小说《群魔》改编成剧本。由于资产阶级报刊袒护陀思妥耶夫斯基,高尔基又在 1913 年 10 月 27 日《俄罗斯言论报》第 248 号上发表了题为《再论卡拉玛佐夫气质》的答辩文章。

　　高尔基的这篇文章被摘录转载于 10 月 28 日(11 月 10 日)《言论报》第 295 号,但缺少列宁在信中全文抄录的最后一段。次日,取消派《新工人报》第 69 号全文转载了高尔基的这篇文章。——396。

293　《忏悔》是马·高尔基 1908 年写的一部中篇小说,受造神说影响比较严重。——398。

294　《俄国思想》杂志(《Русская Мысль》)是俄国科学、文学和政治刊物(月刊),1880—1918 年在莫斯科出版。起初是同情民粹主义的温和自由派的刊物。90 年代有时也刊登马克思主义者的文章。1905 年革命后成为立宪民主党右翼的刊物,由彼·伯·司徒卢威和亚·亚·基泽韦捷尔编辑。十月革命后于 1918 年被查封。后由司徒卢威在国外复刊,成为白俄杂志,1921—1924 年、1927 年先后在索菲亚、布拉格和巴黎出版。——398。

295　在这封信中,列宁尖锐地批评了资产阶级民族主义者弗·基·温尼琴科的小说《先辈遗训》,同时指出了《言语报》在评价该书时采取的错误立场。列宁认为温尼琴科的小说是对生活中个别"骇人听闻的事"的拼凑和渲染,毫无价值。这封信启发我们思考:文学创作应当真实地反映社会生活的主流和本质,而不应当单纯地描摹现实生活的表面现象和琐碎细节,要坚决反对庸俗、低俗、媚俗的倾向,反对杜撰荒诞不经的故事来欺骗和误导读者;这封信同时也启示广大文艺工作者:文艺不能简单机械地反映生活,要对生活素材进行分析、研究和判断,提炼生活中蕴含的真善美,用艺术的力量给人以思想引导、精神陶冶、审美启迪。——399。

296　指乌克兰作家、资产阶级民族主义者弗·基·温尼琴科的小说《先辈遗训》。——399。

297 在这封信中,列宁严肃批评高尔基把自己困在彼得堡,处于满怀怨恨的资产阶级知识分子的包围之中,不去直接观察俄国十分之九的人口生活中的新事物,从而产生了不健康的心理。列宁规劝高尔基到农村或外地工厂或前线去观察人们怎样以新的方式建设新生活,指出"要观察,就应当到下面去观察——那里可以观察到建设新生活的情况;应当到外地的工人居住区或到农村去观察——那里用不着在政治上掌握许多极复杂的材料,只要观察就行了。"(见本书第 403 页)列宁的论述回答了文艺工作者在社会主义制度下应该坚持什么道路的问题。——401。

298 1919 年,苏维埃政权为了制止反动势力策划的阴谋活动,逮捕了一些亲立宪民主党人的资产阶级知识分子。列宁认为,这个措施是必要的、正确的,而高尔基却对政府的举措极为不满。在这封信中,列宁对高尔基进行了严肃的批评,指出他只听见资产阶级知识界最坏分子的啜泣,却听不见而且听不进千百万工农群众的呼声。列宁提醒高尔基,作为艺术家,如果再不从资产阶级知识分子的包围中挣脱出来,那是"会毁灭的"。列宁的论述阐明了文艺工作者应当善于明辨大是大非,应当勇于抵制错误思想和消极情绪的侵蚀,应当勤于反躬自省并虚心向工农群众学习,真正做到坚定不移地恪守正确的政治立场,自觉为人民的事业奉献智慧和力量。——405。

299 俄共(布)中央政治局于 1919 年 9 月 11 日讨论一些资产阶级知识分子被捕的问题。政治局建议费·埃·捷尔任斯基、尼·伊·布哈林和列·波·加米涅夫复查这些被捕者的案件。——405。

300 指红丘炮台阴谋事件。1919 年 6 月 12 日夜间,反革命组织"民族中心"的成员策动位于芬兰湾东端南岸的红丘、灰马等炮台的守备部队举行叛乱。叛乱分子企图使喀琅施塔得防区陷于瘫痪,然后与白卫军进攻相配合,攻占加契纳,切断彼得格勒同莫斯科的联系,进而夺取彼得格勒。6 月 16 日,叛乱被镇压下去。——406。

301 村社是俄国农民共同使用土地的形式,其特点是在实行强制性的统一轮作的前提下,将耕地分给农户使用,森林、牧场则共同使用,不得分割。村社内实行连环保制度。村社的土地定期重分,农民无权放弃和买卖土地。村社管理机构由选举产生。俄国村社从远古即已存在,在历史发展过程中逐渐成为俄国封建制度的基础。沙皇政府和地主利用村社对农民进行监视和掠夺,向农民榨取赎金和赋税,逼迫他们服徭役。

村社问题在俄国曾引起热烈争论,发表了大量有关的经济学文献。民粹派认为村社是俄国向社会主义发展的特殊道路的保证。他们企图证明俄国的村社农民是稳固的,村社能够保护农民,防止资本主义关系侵入他们的生活。早在19世纪80年代,格·瓦·普列汉诺夫就已指出民粹派的村社社会主义的幻想是站不住脚的。到了90年代,列宁粉碎了民粹派的理论,用大量的事实和统计材料说明资本主义关系在俄国农村是怎样发展的,资本是怎样侵入宗法制的村社、把农民分解为富农与贫苦农民两个对抗阶级的。

在1905—1907年革命中,村社曾被农民用做革命斗争的工具。地主和沙皇政府对村社的政策在这时发生了变化。1906年11月9日,沙皇政府大臣会议主席彼·阿·斯托雷平颁布了摧毁村社、培植富农的土地法令,允许农民退出村社和出卖份地。这项法令颁布后的9年中,有200多万农户退出了村社。但是村社并未被彻底消灭,到1916年底,欧俄仍有三分之二的农户和五分之四的份地在村社里。村社在十月革命以后还存在很久,直到全盘集体化后才最终消失。——428。

302 列宁引用的是尼·加·车尔尼雪夫斯基的长篇小说《序幕》的主人公沃尔根的话(见该书第1部分《序幕的序幕》第3章)。——428。

303 《贫苦农民报》(《Беднота》)是俄共(布)中央主办的供农民阅读的报纸(日报),1918年3月27日—1931年1月31日在莫斯科出版。该报的前身是在彼得格勒出版的《农村贫民报》、《士兵真理报》和在莫斯科出版的《农村真理报》。国内战争时期,《贫苦农民报》也是红军的报纸,在军内销售的份数占总印数的一半。先后担任该报编辑的有维·阿·卡尔宾斯基、列·谢·索斯诺夫斯基、雅·阿·雅柯夫列夫等。该报编辑部曾为列宁编写名为《贫苦农民晴雨表》的农民来信综述。从1931年2月1日起,《贫苦农民报》与《社会主义农业报》合并。——429。

304　《持枪扶犁的一年》一书是苏俄特维尔省韦谢贡斯克县县报编辑亚·伊·托多尔斯基写的,由该县执行委员会于 1918 年出版。这本书既是在十月革命一周年之际就县苏维埃政权一年来的工作向党的特维尔省委员会的汇报,也是韦谢贡斯克苏维埃向全县劳动人民的汇报。书中记述了该县同阶级敌人作斗争的情况,以及在社会主义建设方面所迈出的最初步伐。该书共印 1 000 册,分发到全县各个乡、村,还以交换出版物和交流经验的形式寄给了中央和邻省各报编辑部。列宁曾不止一次提到托多尔斯基的这本书(除本文外,还见《列宁全集》中文第 2 版增订版第 42 卷《政论家札记》一文的两个提纲和第 43 卷所载俄共(布)第十一次代表大会文献中的《俄共(布)中央委员会政治报告》)。——429。

305　这是列宁读了 1919 年在美国出版的约翰·里德的《震撼世界的十天》一书后,为该书新的美国版本写的一篇序言。载有列宁序言的这个新版本于 1926 年在美国出版。而在此以前,苏维埃俄国《红色处女地》杂志出版社于 1923 年出版了里德的这本书,并首次发表了列宁的这篇序言。——430。

306　这是列宁为亚·绥·绥拉菲莫维奇的儿子在国内战争前线阵亡而写给这位作家的慰问信。——431。

307　《俄罗斯联邦电气化与世界经济的过渡阶段》一书是伊·伊·斯克沃尔佐夫-斯捷潘诺夫受列宁委托写的。列宁认为此书具有重大的意义,因此对其写作非常关心。1921 年 9 月 20 日列宁曾委托尼·彼·哥尔布诺夫为斯克沃尔佐夫-斯捷潘诺夫收集俄文和德文的所有有关电气化的书籍。10 月底,列宁写信给组织局,要求撤销派斯克沃尔佐夫-斯捷潘诺夫出差的决定,把他安排到莫斯科郊区的一个国营农场去,使他在一个月至一个半月之内不致被其他事务牵扯,而能完成他已着手的著作。

　　1922 年 1 月 20 日,斯克沃尔佐夫-斯捷潘诺夫写信给列宁汇报写作情况。他写道:"亲爱的弗拉基米尔·伊里奇:像过去一样我正忙着搞电气化…… 要见您一面,如果您在莫斯科的话,像通常那样用 5 分钟时间,以便给自己加加油。您是个聪明的用人者,很善于提高工作效率。紧握您的手。谢谢您迫使我做这种工作。"

3 月 19 日列宁在给斯克沃尔佐夫－斯捷潘诺夫寄去此序言时，祝贺他取得辉煌成就。

列宁的序言在出书前发表于 1922 年 3 月 21 日《真理报》第 64 号。该书出版后斯克沃尔佐夫－斯捷潘诺夫送给列宁一本，书上写了如下题词："在无情的'强制'下从事本书写作并意外地发现了自己的'天赋'的作者赠给亲爱的弗·伊·列宁—乌里扬诺夫。这种'强制'万岁！伊·斯捷潘诺夫　1921 年 10 月 23 日—1922 年 3 月 29 日。"（见《克里姆林宫的弗·伊·列宁藏书》1961 年俄文版第 318 页）——431。

人 名 索 引

A

阿·马·;阿·马—奇——见高尔基,马克西姆。

阿伯丁伯爵,乔治·汉密尔顿·戈登(Aberdeen, George Hamilton Gordon, Earl of 1784—1860)——英国国务活动家,托利党人,1850 年起为皮尔派领袖,曾任外交大臣(1828—1830 和 1841—1846)、陆军和殖民大臣(1834—1835)、联合内阁首相(1852—1855)。——289。

阿尔曼德,伊涅萨·费多罗夫娜(Арманд, Инесса Федоровна 1874—1920)——1904 年加入俄国社会民主工党,长期从事国际共产主义运动和妇女运动。积极参加 1905—1907 年革命。多次被捕和流放。1909 年流亡国外。曾当选为俄国社会民主工党国外组织委员会书记。1911 年参加了布尔什维克隆瑞莫党校的工作。1912 年秘密回国,作为党中央代表在彼得堡为筹备第四届国家杜马选举做了大量工作。第一次世界大战期间出席了国际妇女社会党人代表会议、国际青年代表会议以及齐美尔瓦尔德代表会议和昆塔尔代表会议。十月革命后任党的莫斯科省委委员、莫斯科省执行委员会委员和省国民经济委员会主席。1918 年起任俄共(布)中央妇女部部长。——399—400。

阿尔诺德(Arnold)——明娜·考茨基的小说《旧和新》中的人物。——236。

阿芬那留斯,理查(Avenarius, Richard 1843—1896)——德国哲学家,主观唯心主义者,经验批判主义创始人之一。1877 年起任苏黎世大学教授。否认物质世界的客观存在,认为"只有感觉才能被设想为存在着的东西",杜撰所谓"原则同格"论、"潜在中心项"、"嵌入说"等。主要著作有《哲学——

538

按照费力最小的原则对世界的思维》（1876）、《纯粹经验批判》（1888—1890）、《人的世界概念》（1891）等。1877 年起出版《科学的哲学季刊》。——334、335。

阿夫拉西亚布（Afrasiab）——古波斯传说中的人物。——297。

阿基里斯（Achilles）——古希腊神话中围攻特洛伊的一位最勇敢的希腊英雄，荷马的《伊利亚特》中的主要人物，他同希腊军队的领袖亚加米农的争吵和回到自己的营幕去，构成了荷马史诗《伊利亚特》第一章的情节。据传说，阿基里斯出生时被母亲海洋女神西蒂斯握住脚跟倒浸在冥河水中，因此他的身体除没有浸水的脚跟外，不能被任何武器所伤害，后来，他因脚跟，即他身上那个唯一致命的地方中箭而身亡。后人用"阿基里斯之踵"比喻可以致命的地方和最弱的一环。——150。

阿克雪里罗得，帕维尔·波里索维奇（Аксельрод, Павел Борисович 1850—1928）——俄国孟什维克领袖之一。19 世纪 70 年代是民粹派分子。1883 年参与创建劳动解放社。1900 年起是《火星报》和《曙光》杂志编辑部成员。这一时期在宣传马克思主义的同时，也在一系列著作中把资产阶级民主制和西欧社会民主党议会活动理想化。1903 年在俄国社会民主工党第二次代表大会上是《火星报》编辑部有发言权的代表，属火星派少数派，会后是孟什维主义的思想家。1905 年提出召开广泛的工人代表大会的取消主义观点。1906 年在党的第四次（统一）代表大会上代表孟什维克作了关于国家杜马问题的报告，宣扬无产阶级同资产阶级实行政治合作的机会主义思想。斯托雷平反动时期和新的革命高涨年代是取消派的思想领袖，参加孟什维克取消派《社会民主党人呼声报》编辑部。1912 年加入"八月联盟"。第一次世界大战期间表面上是中派，实际持社会沙文主义立场；曾参加齐美尔瓦尔德代表会议和昆塔尔代表会议，属于右翼。1917 年二月革命后任彼得格勒苏维埃执行委员会委员，支持资产阶级临时政府。十月革命后侨居国外，反对苏维埃政权，鼓吹武装干涉苏维埃俄国。——315。

阿拉戈，多米尼克·弗朗索瓦（Arago, Dominique-François 1786—1853）——法国天文学家、物理学家和数学家；资产阶级政治家；七月王朝时期为共和主义者；《改革报》的创办人和出版者之一，1848 年为临时政府成员和执行委员会委员,曾参加镇压 1848 年巴黎六月起义。——95。

阿拉克切耶夫,阿列克谢·安德列耶维奇(Аракчеев, Алексей Андреевич 1769—1834)——沙皇专制制度最反动的代表人物之一,将军,伯爵。亚历山大一世的权臣。1808 年起任陆军大臣,1810 年起任国务会议军事局主席。1815 年起实际上掌握了国务会议、大臣委员会和御前办公厅的大权;以专横残暴著称,对俄国国内外政策有重大影响。其当权的整个时期是一个军警肆虐、特务横行、贪赃枉法、暗无天日、民不聊生的反动时期,称为"阿拉克切耶夫时代";所执行的极端反动的政策,称为"阿拉克切耶夫制度"。——361。

阿里斯托芬(Aristophanes 约公元前 445—385)——古希腊剧作家,写有政治喜剧。——236。

阿列克谢耶夫,彼得·阿列克谢耶维奇(Алексеев, Петр Алексеевич 1849—1891)——俄国早期工人革命家,织工。19 世纪 70 年代初接近革命民粹派,1873 年加入彼得堡涅瓦关卡外的革命工人小组,1874 年 11 月起在莫斯科工人中进行革命宣传,是全俄社会革命组织的积极成员。1875 年 4 月被捕。1877 年 3 月在法庭上发表预言沙皇专制制度必然覆灭的著名演说。同年被判处十年苦役,1884 年起在雅库特州的一个偏僻的乡服苦役,1891 年 8 月在该地被盗匪杀害。——373。

阿列克辛斯基,格里戈里·阿列克谢耶维奇(Алексинский, Григорий Алексеевич 1879—1967)——俄国社会民主党人,1905—1907 年革命期间是布尔什维克。第二届国家杜马彼得堡工人代表。斯托雷平反动时期是召回派分子、派别性的卡普里党校的讲课人和"前进"集团的组织者之一。第一次世界大战期间是社会沙文主义者,曾为多个资产阶级报纸撰稿。1917 年加入孟什维克统一派;七月事变期间伙同特务机关伪造文件诬陷列宁和布尔什维克。1918 年逃往国外,投入反动营垒。——394。

阿塔·特洛尔(Atta Troll)——海涅同名讽刺诗中的主角,是一头熊。——203。

埃德加——见鲍威尔,埃德加。

埃卡尔特(Eckardt)——德国中世纪传说中的人物,是忠实的人和可靠卫士的典型形象。在关于游吟诗人汤豪塞的传说中,他守在维纳斯的身旁,警告一切想要接近的人说,维纳斯的魔力是很危险的。——286。

埃斯库罗斯(Aischylos 公元前 525—456)——古希腊剧作家,古典悲剧作家。——236、277。

艾希霍夫,卡尔·威廉(Eichhoff, Karl Wilhelm 1833—1895)——德国政论家和新闻工作者,50 年代末因在报刊上揭露威·施梯伯的密探活动而受到法庭审讯;1861—1866 年流亡伦敦,1867 年起为国际会员,第一批第一国际史学家之一;国际柏林支部的组织者,总委员会驻柏林通讯员,1869 年起为德国社会民主工党党员;曾与马克思和恩格斯有联系。——237。

爱尔维修,克劳德·阿德里安(Helvétius, Claude-Adrien 1715—1771)——法国哲学家,机械唯物主义的代表人物,无神论者,法国的革命资产阶级的思想家。——275。

爱莎(Elsa)——明娜·考茨基的小说《旧和新》中的人物。——236。

安德列耶娃,玛丽亚·费多罗夫娜(玛·费·)(Андреева, Мария Федоровна (М.Ф.)1868—1953)——俄国女演员,社会活动家,高尔基的妻子和助手。1904 年加入俄国社会民主工党。参加过 1905 年革命,是布尔什维克《新生活报》的出版人。多次完成列宁委托的党的各种任务。十月革命后曾任彼得格勒剧院等娱乐场所的政治委员,在对外贸易人民委员部系统工作,参加苏维埃影片生产的开创工作。1931—1948 年任莫斯科科学工作者之家主任。——393、394。

安东尼·沃伦斯基(**赫拉波维茨基,阿列克谢·巴甫洛维奇**)(Антоний Волынский(Храповицкий, Алексей Павлович)1863—1936)——俄国黑帮分子,沙皇反动政治最著名的鼓吹者之一,俄国正教教会的极右派头目。1902 年起在沃伦当主教,后为哈尔科夫的大主教。外国武装干涉和国内战争时期与邓尼金勾结。反革命势力被粉碎后逃往国外,成为流亡国外的君主派首领之一。——348。

奥尔斯瓦尔德,汉斯·阿道夫·埃尔德曼·冯(Auerswald, Hans Adolf Erdmann von 1792—1848)——普鲁士将军,法兰克福国民议会议员,属于右派;1848 年 9

月法兰克福起义时与费·冯·利希诺夫斯基公爵一起被人民打死;鲁·
冯·奥尔斯瓦尔德的哥哥。——203。

奥古斯蒂,贝尔塔(Augusti,Bertha 1827—1886)——女作家;琳娜·舍勒尔的
姊妹。——287。

奥古斯都(盖尤斯·尤利乌斯·凯撒·屋大维)(Augustus[Gaius Julius Caesar
Octavianus]公元前 63—公元 14)——罗马皇帝(公元前 27—公元 14)。
——257。

奥吉亚斯(Augias)——古希腊神话中的奥吉亚斯王,有大牛圈,养牛 3000 头,
30 年未打扫。后来人们用"奥吉亚斯的牛圈"来比喻极其肮脏的地方。
——107、182。

B

巴比塞,昂利(Barbusse,Henri 1873—1935)——法国作家和社会活动家。
1923 年加入法国共产党。第一次世界大战期间作为志愿兵上过前线;在此
次战争和俄国十月革命的影响下形成了革命的、反军国主义的观点。是苏
维埃俄国的朋友,曾积极参加反对协约国武装干涉苏维埃俄国的运动。
20—30 年代在法国和世界文化界进步人士的反战、反法西斯运动中起过重
大作用。——429。

巴达耶夫,阿列克谢·叶戈罗维奇(Бадаев,Алексей Егорович 1883—1951)——
1904 年加入俄国社会民主工党。第四届国家杜马彼得堡省工人代表,参加
布尔什维克杜马党团,同时在杜马外做了大量的革命工作,是党中央委员
会俄国局成员,为布尔什维克的《真理报》撰稿。因进行反对帝国主义战争
的革命活动,1914 年 11 月被捕,1915 年流放图鲁汉斯克边疆区。十月革命
后任彼得格勒粮食委员会主席、彼得格勒劳动公社粮食委员。1920 年夏起
任莫斯科消费合作社和莫斯科消费公社主席。1921—1929 年先后任彼得
格勒统一消费合作社主席和列宁格勒消费合作总社主席。——392、393。

巴第诺(Badinot)——欧仁·苏的小说《巴黎的秘密》中的人物。——50。

巴尔,海尔曼(Bahr,Hermann 1863—1934)——奥地利资产阶级政论家、小说

家、文学评论家和剧作家。——241。

巴尔贝斯，西吉斯蒙·奥古斯特·阿尔芒（Barbès，Sigismond Auguste Armand 1809—1870）——法国革命家，小资产阶级民主主义者，七月王朝时期秘密革命团体四季社的领导人之一；第二共和国时期是制宪议会议员（1848），因参加 1848 年五月十五日事件被判处无期徒刑，1854 年遇赦；后流亡荷兰，不久即脱离政治活动。——142。

巴尔塔扎尔——见斯勒尔，巴尔塔扎尔。

巴尔特，恩斯特·埃米尔·保尔（Barth，Ernst Emile Paul 1858—1922）——德国哲学家、社会学家和教育家；1890 年起为莱比锡大学教授。——247、248、250、252。

巴尔扎克，奥诺雷·德（Balzac，Honoré de 1799—1850）——法国现实主义作家。——239、240、291、292。

巴枯宁，米哈伊尔·亚历山大罗维奇（Бакунин，Михаил Александрович 1814—1876）——俄国无政府主义和民粹主义创始人和理论家；1840 年起侨居国外，曾参加德国 1848—1849 年革命；1849 年因参与领导德累斯顿起义被判死刑，后改为终身监禁；1851 年被引渡给沙皇政府，囚禁期间向沙皇写了《忏悔书》；1861 年从西伯利亚流放地逃往伦敦；1868 年参加第一国际活动后，在国际内部组织秘密团体——社会主义民主同盟，妄图夺取总委员会的领导权；由于进行分裂国际的阴谋活动，1872 年在海牙代表大会上被开除出第一国际。——195、294、363。

巴伊，让·西尔万（Bailly，Jean-Sylvain 1736—1793）——法国天文学家；18 世纪末法国资产阶级革命的活动家，自由立宪资产阶级领袖之一；任巴黎市长期间（1789—1791）曾下令向马尔斯广场上的要求建立共和国的游行示威群众开枪射击（1791），因此在 1793 年被革命法庭判处死刑。——139。

巴扎罗夫（**鲁德涅夫**），弗拉基米尔·亚历山德罗维奇（Базаров（Руднев），Владимир Александрович 1874—1939）—— 1896 年参加俄国社会民主主义运动。1904—1907 年是布尔什维克，曾为布尔什维克报刊撰稿。斯托雷平反动时期背弃布尔什维主义，宣传造神说和经验批判主义，是用马赫主义修正马克思主义的主要代表人物之一。1917 年是孟什维克国际主义者，《新生活报》的编辑之一；反对十月革命。1921 年起在国家计划委员会工作。晚年从事文艺和哲学著作的翻译工作。——391、394。

白尔尼，卡尔·路德维希（Börne, Karl Ludwig 1786—1837）——德国政论家和批评家，革命民主主义者；激进的小资产阶级反对派的代表；写有向德国人介绍法国革命事件的《巴黎来信》；晚年成为基督教社会主义的拥护者。——107。

拜伦，乔治（Byron, George 1788—1824）——英国诗人，革命浪漫主义的代表人物。——287。

保罗（Paulus）——据圣经传说，是基督教使徒之一；在信基督教之前叫扫罗。——138。

鲍狄埃，欧仁（Pottier, Eugène 1816—1887）——法国诗人，第一国际活动家，巴黎公社委员，《国际歌》的作者。——369—371。

鲍威尔，埃德加（Bauer, Edgar 1820—1886）——德国政论家，柏林的青年黑格尔分子；恩格斯的朋友；1842 年为《莱茵报》的撰稿人；1843 年转到主观唯心主义立场，曾多次改变自己的政治观点；1848—1849 年革命后流亡英国；1859 年为伦敦《新时代》编辑；1861 年大赦后为普鲁士官员；布·鲍威尔的弟弟。——39。

鲍威尔，布鲁诺（Bauer, Bruno 1809—1882）——德国唯心主义哲学家、宗教和历史研究者，资产阶级激进主义者；1834 年在柏林大学、1839 年在波恩大学任非公聘神学教师，1842 年春因尖锐批判圣经而被剥夺教职；1842 年为《莱茵报》撰稿人；早期为黑格尔正统派的拥护者，1839 年后成为青年黑格尔派的重要理论家，自我意识哲学的代表；1837—1842 年初为马克思的朋友；1842 年夏天起为"自由人"小组成员；1848—1849 年革命后为《新普鲁士报》（《十字报》）的撰稿人；1866 年后为民族自由党人；写有一些基督教史方面的著作。——38、39、40、72、190、274。

贝尔纳丹·德·圣皮埃尔（圣贝尔纳丹·德·皮埃尔），雅克·昂利（Bernardin de Saint-Pierre[St. Bernardin de Pierre], Jacques-Henri 1737—1814）——法国作

家、自然科学家和旅行家。——293。

贝奈狄克斯，罗德里希（Benedix, Roderich 1811—1873）——德国作家和剧作家，1845 年是埃尔伯费尔德的剧院院长。——289。

贝塞尔，弗里德里希·威廉（Bessel, Friedrich Wilhelm 1784—1846）——德国著名的天文学家。——95。

倍克，卡尔·伊西多尔（Beck, Karl Isidor 1817—1879）——奥地利诗人；40 年代中是"真正的"社会主义的代表人物。——98—103。

比龙，厄内斯特，约翰（Бирон, Эрнест Иоганн 1690—1772）——俄国女皇安娜·伊万诺夫娜的宠臣，出身于库尔兰省的小贵族。既无官职，又非俄国国民，但能左右俄国的国内政策和部分外交政策。在国内建立恐怖制度，推行国家机器德意志化的政策，利用自己的地位掠夺俄国国库，贪污受贿，投机倒把。女皇死后，一度为国家摄政王；1740 年 11 月宫廷政变后被赶下台。——361。

彼得罗夫，安东（**西多罗夫，安东·彼得罗维奇**）（Петров, Антон（Сидоров, Антон Петрович）1824—1861）——俄国喀山省斯帕斯克县别兹德纳村的农奴，曾领导当地农民起义，以抗议 1861 年的"农民改革"。号召农民不要屈服于地主和官吏，拒绝服徭役，拒绝在规约上签字，并夺取地主的土地。起义失败后，被战地军事法庭判处枪决。——366。

彼得罗夫斯基，格里戈里·伊万诺维奇（Петровский, Григорий Иванович 1878—1958）——1897 年参加俄国社会民主主义运动。第四届国家杜马叶卡捷琳诺斯拉夫省工人代表，布尔什维克杜马党团主席。1912 年被增补为党中央委员。因进行反对帝国主义战争的革命活动，1914 年 11 月被捕，1915 年流放图鲁汉斯克边疆区，在流放地继续进行革命工作。积极参加十月革命。1917—1919 年任俄罗斯联邦内务人民委员，1919—1938 年任全乌克兰中央执行委员会主席。1921 年在党的第十次代表大会上当选为中央委员。——392、393。

俾斯麦公爵，奥托（Bismarck［Bismark］, Otto Fürst von 1815—1898）——普鲁士和德国国务活动家和外交家，普鲁士容克的代表；曾任驻彼得堡大使

（1859—1862）和驻巴黎大使（1862）；普鲁士首相（1862—1872 和 1873—1890），北德意志联邦首相（1867—1871）和德意志帝国首相（1871—1890）；1870 年发动普法战争，1871 年支持法国资产阶级镇压巴黎公社；主张以"自上而下"的方法实现德国的统一；曾采取一系列内政措施，以保证容克和大资产阶级的联盟；1878 年颁布反社会党人非常法。——252。

毕希纳，路德维希（Büchner, Ludwig 1824—1899）——德国医生和哲学家，庸俗唯物主义和无神论的代表人物；德国 1848—1849 年革命的参加者，属于小资产阶级民主派的极左翼；国际洛桑代表大会代表（1867）。——217。

别林斯基，维萨里昂·格里戈里耶维奇（Белинский, Виссарион Григорьевич 1811—1848）——俄国革命民主主义者，文学批评家和政论家，唯物主义哲学家；对俄国社会思想的进一步发展和解放运动产生了巨大影响。1833—1836 年为《望远镜》杂志撰稿，1838—1839 年编辑《莫斯科观察家》杂志，1839—1846 年主持《祖国纪事》杂志文学批评栏。1847 年起领导《同时代人》杂志批评栏，团结文学界进步力量，使这家杂志成为当时俄国最先进的思想阵地。是奋起同农奴制作斗争的农民群众的思想家，在思想上经历了由唯心主义到唯物主义、由启蒙主义到革命民主主义的复杂而矛盾的发展过程。是俄国现实主义美学和文学批评的奠基人。在评论普希金、莱蒙托夫、果戈理的文章中，以及在 1840—1847 年间发表的对俄国文学的评论中，揭示了俄国文学的现实主义和人民性，肯定了所谓"自然派"的原则，同反动文学和"纯艺术"派进行了斗争。1847 年赴国外治病，于 7 月 3 日写了著名的《给果戈理的信》，提出了俄国革命民主派的战斗纲领，这是他一生革命文学活动的总结。——316、372。

波尔土加洛夫，维克多·韦尼阿米诺维奇（Португалов, Виктор Вениаминович 生于 1874 年）——俄国立宪民主党政论家，曾为《萨拉托夫小报》、《同志报》和《斯摩棱斯克通报》撰稿。十月革命后移居国外，加入波·维·萨文柯夫的反革命侨民组织，参加白俄流亡分子的报刊工作。——326。

波格丹诺夫（**马林诺夫斯基**），亚历山大·亚历山德罗维奇（亚·亚·）（Богданов（Малиновский）, Александр Александрович（А. А.）1873—1928）——俄国社会民主党人，哲学家，社会学家，经济学家；职业是医生。

19世纪90年代参加社会民主主义小组。1903年成为布尔什维克。作为多数派委员会常务局成员参加了俄国社会民主工党第三次代表大会的筹备工作,在代表大会上当选为中央委员。曾参加布尔什维克机关报《前进报》和《无产者报》编辑部,是布尔什维克《新生活报》的编辑。斯托雷平反动时期和新的革命高涨年代领导召回派,是"前进"集团的领袖。在哲学上宣扬经验一元论。1909年6月因进行派别活动被开除出党。十月革命后是无产阶级文化派的思想家。1926年起任由他创建的输血研究所所长。——389、391、394、395。

波利多里(Polidori)——欧仁·苏的小说《巴黎的秘密》中的人物。——47。

波拿巴,拿破仑·约瑟夫·沙尔·保尔,拿破仑亲王(Bonaparte,Napoléon-Joseph-Charles-Paul, prince Napoléon 又名日罗姆 Jérôme,绰号普隆-普隆1822—1891)——法国政治家,第二共和国时期是制宪议会和立法议会议员(1848—1851),1854年在克里木指挥一个师,在1859年奥意法战争中任军长,普法战争初期曾参加关于法意反普同盟的谈判,日·波拿巴的儿子,拿破仑第三的堂弟,其兄死后(1847)改名日罗姆。——194。

波拿巴王朝(Bonaparte)——法国皇朝(1804—1814、1815和1852—1870)。——140。

波旁王朝(Bourbons[Bourbon,Bourbonen])——法国王朝(1589—1792、1814—1815和1815—1830)。——43。

伯顿,罗伯特(Burton,Robert 1577—1640)——英国神学者,流行于17世纪的《忧郁症剖析》一文的作者。——290。

伯恩施坦,爱德华(Bernstein,Eduard 1850—1932)——德国银行雇员和政论家,1872年起为德国社会民主工党党员,哥达合并代表大会代表(1875),卡·赫希柏格的秘书(1878);1880年结识马克思和恩格斯,在他们的影响下成为科学社会主义的拥护者;《社会民主党人报》编辑(1881—1890);后转向修正主义立场。——248。

伯利欣根,葛兹·冯(Berlichingen,Götz von 1480—1562)——德国骑士,1525年参加农民起义,任内卡河谷—奥登林山雇佣军支队的步兵上校,在紧要关头出卖了农民;歌德的同名剧本和拉萨尔的剧本《弗兰茨·冯·济金根》中的葛兹·伯利欣根的原型。——106、226。

柏拉图(Platon[Plato]约公元前427—347)——古希腊哲学家,客观唯心主义的主要代表人物,奴隶主贵族的思想家,自然经济的拥护者。——205。

勃朗,路易(Blanc,Louis 1811—1882)——法国新闻工作者和历史学家;小资产阶级社会主义者;1848年临时政府成员和卢森堡宫委员会主席;采取同资产阶级妥协的立场;1848年8月流亡英国,后为伦敦的法国布朗基派流亡者协会的领导人;1871年国民议会议员,反对巴黎公社。——137、292。

博尔吉乌斯,瓦尔特(Borgius,Walther)——德国大学生。——255。

薄伽丘,乔万尼(Boccaccio,Giovanni 1313—1375)——意大利诗人和人文主义者,《十日谈》的作者。——294。

布哈林,尼古拉·伊万诺维奇(Бухарин,Николай Иванович 1888—1938)——1906年加入俄国社会民主工党,1908年起任党的莫斯科委员会委员。1909—1910年几度被捕,1911年从流放地逃往欧洲。在国外开始著述活动,参加欧洲工人运动,1915年为《共产党人》杂志撰稿。1917年二月革命后回国。十月革命后任《真理报》主编。1918年初反对签订布列斯特和约,是"左派共产主义者"集团的领袖。1919年起先后当选为党中央政治局候补委员和政治局委员,共产国际执行委员会委员和主席团委员。1920—1921年工会问题争论期间领导"缓冲"派。——405。

布莱特,约翰(Bright,John 1811—1889)——英国政治家,棉纺厂主,自由贸易派领袖和反谷物法同盟创始人;60年代初起为自由党(资产阶级激进派)左翼领袖;曾多次任自由党内阁的大臣。——276。

布朗基,路易·奥古斯特(Blanqui,Louis-Auguste 1805—1881)——法国革命家,空想共产主义者,主张通过密谋性组织用暴力夺取政权和建立革命专政;许多秘密社团和密谋活动的组织者,1830年七月革命和1848年二月革命的参加者,秘密的四季社的领导人,1839年五月十二日起义的组织者,同年被判处死刑,后改为无期徒刑;1848—1849年革命时期是法国无产阶级运动的领袖;巴黎1870年十月三十一日起义的领导人,巴黎公社时期被反动派囚禁在凡尔赛,曾缺席当选为公社委员;一生中有 36 年在狱中度过。
——142。

布里安·博卢(Brian Boru[Boroimhe] 926 — 1014)——爱尔兰国王(1001 —
1014),1014 年在克隆塔尔弗会战中取得了对诺曼人的最后胜利。
——165。

布鲁诺——见鲍威尔,布鲁诺。

布鲁土斯(马可·尤尼乌斯·布鲁土斯)(Marcus Junius Brutus 公元前 85 —
42)——罗马国务活动家,贵族共和派密谋反对凯撒的策划者之一。
——139。

布伦坦诺,洛伦茨·彼得·卡尔(Brentano, Lorenz Peter Karl 1813 — 1891)——
德国律师,小资产阶级民主主义者;1848 年是法兰克福国民议会议员,属于
左派;1849 年领导巴登临时政府,巴登—普法尔茨起义失败后流亡瑞士,
1850 年迁居美国;1878 年起为美国国会议员。——137。

布洛赫,约瑟夫(Bloch, Joseph 1871 — 1936)——德国新闻工作者和出版商,
《社会主义月刊》编辑。——265。

C

查理五世(Karl V 1500 — 1558)——德意志神圣罗马帝国皇帝(1519 —
1556),称查理五世;曾为西班牙国王(1516—1556),称查理一世;拉萨尔的
剧本《弗兰茨·冯·济金根》中查理五世的原型。——226—228、231。

车尔尼雪夫斯基,尼古拉·加甫里洛维奇(Чернышевский, Николай Гаврилович
1828— 1889)——俄国革命民主主义者和空想社会主义者,作家,文学评论
家,经济学家,哲学家;俄国社会民主主义先驱之一,俄国 19 世纪 60 年代革
命运动的领袖。1853 年开始为《祖国纪事》和《同时代人》等杂志撰稿,
1856 — 1862 年是《同时代人》杂志的领导人之一,发扬别林斯基的民主主
义批判传统,宣传农民革命思想,是土地和自由社的思想鼓舞者。因揭露
1861 年农民改革的骗局,号召人民起义,于 1862 年被沙皇政府逮捕,入狱
两年,后被送到西伯利亚服苦役。1883 年解除流放,1889 年被允许回家乡

居住。著述很多,涉及哲学、经济学、教育学、美学、伦理学等领域。在哲学上批判了贝克莱、康德、黑格尔等人的唯心主义观点,力图以唯物主义精神改造黑格尔的辩证法。对资本主义作了深刻的批判,认为社会主义是由整个人类发展进程所决定的,但作为空想社会主义者,又认为俄国有可能通过农民村社过渡到社会主义。所著长篇小说《怎么办?》(1863)和《序幕》(约1867—1869)表达了社会主义理想,产生了巨大的革命影响。——295、316、334—337、365、367、373、428。

著作家,写有一些宗教史方面的著作。——286。

德穆兰,吕西·西姆普利斯·卡米耶·贝努瓦(Desmoulins, Lucie-Simplice-Camille-Benoist 1760—1794)——法国法学家和新闻工作者,18 世纪末法国资产阶级革命的活动家,右翼雅各宾党人。——138。

德斯杜特·德·特拉西伯爵,安东·路易·克劳德(Destutt de Tracy, Antoine-Louis-Claude, comte de 1754—1836)——法国经济学家、感觉论哲学家和政治家;哲学上观念学派的创始人;立宪君主制的拥护者。——157。

邓尼金,安东·伊万诺维奇(Деникин, Антон Иванович 1872—1947)——沙俄将军。国内战争时期任白卫军"南俄武装力量"总司令。1919 年夏秋进犯莫斯科,被击溃后于 1920 年 4 月逃亡国外。——407。

狄德罗,德尼(Diderot, Denis 1713—1784)——法国哲学家,机械唯物主义的代表人物,无神论者,法国革命资产阶级的代表,启蒙思想家,百科全书派领袖;1749 年因自己的著作遭要塞监禁。——221、275。

笛卡儿,勒奈(Descartes, René 1596—1650)——法国二元论哲学家、数学家和自然科学家。——215、217。

丢勒,阿尔布雷希特(Dürer, Albrecht 1471—1528)——德国画家、铜版雕刻家、雕塑家和建筑学家。——181。

杜巴索夫,费多尔·瓦西里耶维奇(Дубасов, Федор Васильевич 1845—1912)——沙俄海军上将(1906),副官长,沙皇反动势力的魁首之一。1897—1899 年任太平洋分舰队司令。1905 年领导镇压切尔尼戈夫省、波尔塔瓦省和库尔斯克省的农民运动。1905 年 11 月—1906 年 7 月任莫斯科总督,是镇压莫斯科十二月武装起义的策划者。1906 年起为国务会议成员。1907 年起为国防会议成员。——329、331、332。

杜勃罗留波夫,尼古拉·亚历山德罗维奇(Добролюбов, Николай Александрович 1836—1861)——俄国革命民主主义者,文学评论家,唯物主义哲学家,车尔尼雪夫斯基最亲密的朋友和战友。1857 年参加《同时代人》杂志的编辑工作,1858 年开始主持杂志的书评栏,1859 年又开辟了讽刺栏《哨声》。

1859—1860 年发表了一系列论文:《什么是奥勃洛摩夫性格?》、《黑暗的王国》、《真正的白天什么时候到来?》、《黑暗王国的一线光明》等,这些论文是战斗的文学批评的典范。一生坚决反对专制制度和农奴制度,热情支持反对专制政府的人民起义。与赫尔岑、别林斯基和车尔尼雪夫斯基同为俄国社会民主主义的先驱。——295、365。

杜勃洛文,亚历山大·伊万诺维奇(Дубровин, Александр Иванович 1855—1918)——俄国黑帮组织"俄罗斯人民同盟"的组织者和领导人;职业是医生。1905—1907 年是反犹大暴行和恐怖活动的煽动者和策划者。曾编辑黑帮反犹报纸《俄国旗帜报》。1910 年俄罗斯人民同盟分裂后,继续领导该同盟中受他控制的那一部分——彼得堡全俄杜勃洛文俄罗斯人民同盟。——326。

杜林,欧根·卡尔(Dühring, Eugen Karl 1833—1921)——德国折中主义哲学家和庸俗经济学家,小资产阶级社会主义者,形而上学者;在哲学上把唯心主义、庸俗唯物主义和实证论结合在一起;在自然科学和文学方面也有所著述;1863—1877 年为柏林大学非公聘讲师;70 年代他的思想曾对德国社会民主党部分党员产生过较大影响。——171。

多尔戈鲁科夫,帕维尔·德米特里耶维奇(Долгоруков, Павел Дмитриевич 1866—1930)——俄国公爵,大地主,立宪民主党人。1893—1906 年为莫斯科省的县贵族代表。立宪民主党创建人之一,1905—1911 年任该党中央委员会主席,后为副主席;第二届国家杜马立宪民主党党团主席。曾为《俄罗斯新闻》撰稿。十月革命后是反对苏维埃政权活动的积极参加者。因进行反革命活动被判刑。——325。

多里沙尔,劳伦茨(Dolleschall, Laurenz 生于 1790 年)——德国警官(1819—1847);检查《莱茵报》的书报检查官。——189。

E

恩克,约翰·弗兰茨(Encke, Johann Franz 1791—1865)——德国天文学家。——95。

恩斯特,保尔(Ernst, Paul 1866—1933)——德国政论家、批评家和剧作家;80

年代末加入社会民主党;"青年派"领袖;1891 年被开除出社会民主党,后来归附法西斯主义。——240。

恩泽拉德(恩克拉德)(Enceladus[Enkelados])——古希腊神话中和奥林波斯山上诸神战斗的巨人之一。——99。

F

法玛(Fama)——罗马人对希腊的传闻女神俄萨的称呼,象征传播迅速的流言。——150。

菲力浦二世·奥古斯特(Philipp II Auguste 1165—1223)——法国国王(1180—1223);1189—1191 年第三次十字军征讨的首领。——251。

菲洛诺夫,Ф.В.(Филонов,Ф.В. 死于 1906 年)——沙俄省参事官。1905—1906 年是波尔塔瓦省沙皇政府讨伐队的头目之一。1905 年 12 月对大索罗钦齐镇和乌斯季维齐村的农民进行了血腥镇压。被社会革命党人杀死。——332。

费尔巴哈,路德维希(Feuerbach,Ludwig 1804—1872)——德国唯物主义哲学家,德国古典哲学的代表人物。——45、64、66、68、70、72、212—222、247、334、335、336、362。

费希特,约翰·哥特利布(Fichte,Johann Gottlieb 1762—1814)——德国哲学家,德国古典哲学的代表人物,主观唯心主义者。——251、285。

芬恩·麦库尔(Finn MacCumhail)——爱尔兰叙事诗中的英雄,相传他改组了爱尔兰的军队。——165。

弗莱里格拉特,斐迪南(Freiligrath,Ferdinand 1810—1876)——德国诗人,1848—1849 年为《新莱茵报》编辑,共产主义者同盟盟员;50 年代脱离革命斗争,50—60 年代为瑞士银行伦敦分行职员。——204、205。

弗兰茨——见济金根,弗兰茨·冯。

弗里茨,约斯(Fritz,Joß 约 1470—1525)——1513 年莱茵河上游地区鞋会的组织者。——232。

弗里德里希大帝——见弗里德里希二世,弗里德里希大帝。

弗里德里希二世,弗里德里希大帝(Friedrich II, Friedrich der Große 1712—1786)——普鲁士国王(1740—1786)。——204。

弗里德里希-威廉(Friedrich-Wilhelm 1620—1688)——勃兰登堡选帝侯(1640—1688)。——252。

弗里德里希-威廉三世(Friedrich-Wilhelm III 1770—1840)——普鲁士国王(1797—1840)。——189。

弗里德里希-威廉四世(Friedrich-Wilhelm IV 1795—1861)——普鲁士国王(1840—1861)。——192。

弗洛孔,斐迪南(Flocon, Ferdinand 1800—1866)——法国政治家和政论家,小资产阶级民主主义者,《改革报》编辑,1848年为临时政府成员;山岳党人;1851年十二月二日政变后被驱逐出法国。——191。

伏尔泰(Voltaire 原名弗朗索瓦·玛丽·阿鲁埃 François-Marie Arouet 1694—1778)——法国自然神论哲学家、历史学家和作家,18世纪资产阶级启蒙运动的主要代表人物,反对专制制度和天主教。——221、289。

伏拉松(Thrason)——罗马剧作家忒伦底乌斯的喜剧《太监》中的人物,是一个好吹嘘的糊涂军人。——108。

孚赫,茹尔(尤利乌斯)(Faucher, Jules[Julius] 1820—1878)——德国政论家和资产阶级庸俗经济学家,青年黑格尔分子;自由贸易的拥护者;1850年为柏林《晚邮报》的创办人和编辑;1850—1861年侨居英国,为《晨星报》的撰稿人,写有关于住宅问题的著作;1851年为《伦敦新闻画报》德文版编辑;1861年回到德国,后为进步党人,1866年起为民族自由党人。——39、43。

浮士德(Faust)——歌德同名悲剧中的主要人物。——105、293。

福格特,卡尔(Vogt, Karl 1817—1895)——德国自然科学家,庸俗唯物主义者,小资产阶级民主主义者;1848—1849年是法兰克福国民议会议员,属于左派;1849年6月为帝国五摄政之一;1849年逃往瑞士,50—60年代是路易·波拿巴雇用的密探。——194、217。

福斯泰夫（Falstaff［Fallstaff］）——莎士比亚的剧作《温莎的风流娘儿们》、《亨利四世》中的人物，爱吹牛的懦夫，谐谑者，酒徒。——232。

傅立叶，沙尔（Fourier, Charles 1772 — 1837）——法国空想社会主义者。——22、43、46、61、86、87、211、291。

G

盖斯纳，萨洛蒙（Geβner, Salomon 1730 — 1788）——瑞士诗人和艺术家，脱离实际生活的田园诗的代表人物。——109。

高尔察克，亚历山大·瓦西里耶维奇（Колчак, Александр Васильевич 1873 — 1920）——沙俄海军上将，君主派分子。1918 年 11 月在外国武装干涉者支持下发动政变，在西伯利亚、乌拉尔和远东建立军事专政，自封为"俄国最高执政"和陆海军最高统帅。叛乱被平定后，1919 年 11 月率残部逃往伊尔库茨克，后被俘。1920 年 2 月 7 日根据伊尔库茨克军事革命委员会的决定被枪决。——407。

高尔基，马克西姆（**彼什科夫，阿列克谢·马克西莫维奇**；阿·马·；阿·马—奇）（Горький, Максим（Пешков, Алексей Максимович, А. М., А. М-ч）1868 — 1936）——苏联作家和社会活动家，社会主义现实主义文学的奠基人，苏联文学的创始人。出身于木工家庭，当过学徒、装卸工、面包师等。1892 年开始发表作品。1901 年起因参加革命工作屡遭沙皇政府迫害。1905 年夏加入俄国社会民主工党，同年 11 月第一次与列宁会面，思想上受到很大影响。1906 年发表反映俄国无产阶级革命斗争的长篇小说《母亲》，被认为是第一部社会主义现实主义作品。1906 — 1913 年旅居意大利，一度接受造神说。第一次世界大战爆发后坚决谴责帝国主义战争，揭露战争的掠夺性，但也曾向资产阶级爱国主义方面动摇。十月革命后，积极参加社会主义文化建设工作。1934 年发起成立苏联作家协会，担任协会主席，直到逝世。——374 — 375、389 — 395、396 — 399、401 — 407、418、427。

哥白尼，尼古拉（Kopernicus［Copernicus, Copernikus］, Nikolaus 1473 — 1543）——波兰天文学家，太阳中心说的创立者。——215。

1817—1887）——德国小资产阶级政论家,接近青年德意志和青年黑格尔派,40 年代中是"真正的"社会主义的主要代表人物;普鲁士制宪议会议员（1848）,属于左翼,普鲁士第二议院议员（1849）；1851 年起流亡比利时,1861 年回到德国,曾在美因河畔法兰克福高等商业工艺学校任艺术史、文学史和哲学史教授（1862—1865）；1870 年到维也纳；1874 年出版了路·费尔巴哈的书信集和遗著。——61、103、104、105。

葛伊甸,彼得·亚历山德罗维奇（Гейден, Петр Александрович 1840—1907）——俄国伯爵,大地主,地方自治运动活动家,十月党人。1895 年起是普斯科夫省的县贵族代表、自由经济学会主席。1904—1905 年积极参加地方自治运动。打着自由主义的幌子,力图使资产阶级和地主联合起来对付日益增长的革命运动。沙皇 1905 年 10 月 17 日宣言颁布后,公开转向反革命营垒,是十月党的组织者之一。在第一届国家杜马中领导右派代表集团。杜马解散后是和平革新党的组织者之一。——325—333。

葛兹——见伯利欣根,葛兹·冯。

贡斯当·德勒贝克,昂利·本杰明（Constant de Rebecque, Henri Benjamin 1767—1830）——法国政治家、政论家和著作家,资产阶级自由主义的反民主主义流派的代表,法国唯物主义和无神论观点的反对者;曾从事国家法问题的研究。——139。

古列维奇,埃马努伊尔·李沃维奇（斯米尔诺夫,叶·）（Гуревич, Эммануил Львович（Смирнов, Е.）生于 1865 年）——俄国政论家,1890 年以前是民意党人,后来成为社会民主党人;俄国社会民主工党第二次代表大会后是孟什维克。斯托雷平反动时期和新的革命高涨年代是取消派分子,为左派立宪民主党人的《同志报》撰稿;是孟什维克取消派《我们的曙光》杂志的创办人之一和撰稿人。第一次世界大战期间是社会沙文主义者。——326。

古契柯夫,亚历山大·伊万诺维奇（Гучков, Александр Иванович 1862—1936）——俄国大资本家,十月党的组织者和领袖。1905—1907 年革命期间支持政府镇压工农。1907 年 5 月作为工商界代表被选入国务会议,同年 11 月被选入第三届国家杜马;1910 年 3 月—1911 年 3 月任杜马主席。第一次世界大战期间是中央军事工业委员会主席和国防特别会议成员。

1917 年 3—5 月任临时政府陆海军部长。同年 8 月参与策划科尔尼洛夫叛乱。十月革命后反对苏维埃政权,1918 年起为白俄流亡分子。——320。

H

哈巴谷(Habakuk)——圣经中的先知。——139。

哈尔图林,斯捷潘·尼古拉耶维奇(Халтурин, Степан Николаевич 1857—1882)——俄国最早的工人革命家之一;细木工。19 世纪 70 年代中期参加工人运动,加入民粹派的友人协会,但与民粹派不同,认为政治斗争是革命运动的主要任务,并且把新兴的无产阶级视为革命运动的决定性力量。1878 年组织俄国北方工人协会,并筹备出版独立的工人报纸。1879 年秋加入民意党。1880 年 2 月谋刺沙皇未成。不顾警方追捕,在俄国南方继续坚持革命工作。1881 年起为民意党执行委员会委员。1882 年 3 月因参与刺杀敖德萨军事检察官当场被捕,被战地法庭判处死刑。——373。

哈菲兹(Hafis 原名沙姆斯乌丁·穆罕默德·哈菲兹 Schams-ud-Din Muhammad Hafis 1325 前后—1390)——波斯诗人,塔吉克人,波斯和塔吉克文学的巨匠。——296。

哈克奈斯,玛格丽特(Harkness, Margaret 笔名约翰·劳 John Law)——英国女作家,社会主义者,社会民主联盟盟员,曾为《正义报》撰稿;写有描写工人生活的小说。——237。

哈克斯特豪森男爵,奥古斯特·弗兰茨(Haxthausen, August Franz Freiherr von 1792—1866)——普鲁士官员和作家,联合议会议员(1847—1848),后为普鲁士第一议院议员;写有描述普鲁士和俄国土地关系中当时还残存的土地公社所有制方面的著作。——116。

海尔梅斯(Hermes)——古希腊神话中司畜牧、道路、体操、辩论、商业之神,是宙斯和玛娅的儿子。——150。

海格立斯(Herkules)——古希腊神话中的一个最为大家喜爱的英雄,以非凡的力气和勇武的功绩著称,他的十二件功绩之一是驯服并抢走地狱之犬塞卜洛士。——47。

海涅，亨利希（Heine，Heinrich 1797—1856）——德国诗人，革命民主主义运动的先驱，马克思一家的亲密朋友。——61、100、203—205。

海涅卡，力大无穷的仆人（Heinecke，der starke Knecht）——德国民间讽刺所谓16 世纪粗野文学的同名歌谣中的人物。——109。

海因岑，卡尔（Heinzen，Karl 1809—1880）——德国作家和政论家，小资产阶级民主主义者；《莱比锡总汇报》记者，《莱茵报》撰稿人；1844 年 9 月逃往布鲁塞尔，1845 年春移居瑞士，1847 年起反对马克思和恩格斯；曾参加1849 年巴登—普法尔茨起义，后来先后流亡瑞士和英国；1850 年秋定居美国，后为《先驱者》报的主编（1854—1879）。——108—109。

汉泽曼，大卫·尤斯图斯·路德维希（Hansemann，David Justus Ludwig 1790—1864）——德国政治家和银行家，莱茵省自由派资产阶级的领袖之一；普鲁士制宪议会议员，财政大臣（1848 年 3—9 月）。——189。

好人儿罗宾（Robin Goodfellow）——英国民间故事中的乐善好施、助人为乐的典型形象；是莎士比亚的喜剧《仲夏夜之梦》中的主要人物。——143。

荷马（Homeros 约公元前 8 世纪）——相传为古希腊著名史诗《伊利亚特》和《奥德赛》的作者。——205、207。

贺拉斯（昆图斯·贺拉斯·弗拉克）（Quintus Horatius Flaccus 公元前 65—8）——罗马诗人。——205、283。

赫尔岑，亚历山大·伊万诺维奇（Герцен，Александр Иванович 1812—1870）——俄国革命民主主义者，作家和哲学家。在十二月党人的影响下走上革命道路。1829—1833 年在莫斯科大学求学期间领导革命小组。1834 年被捕，度过六年流放生活。1842 年起是莫斯科西欧主义者左翼的领袖，写有《科学中华而不实的作风》（1842—1843）、《自然研究通信》（1844—1845）等哲学著作和一些抨击农奴制度的小说。1847 年流亡国外。欧洲 1848 年革命失败后，对欧洲革命失望，创立"俄国社会主义"理论，成为民粹主义创始人之一。1853 年在伦敦建立自由俄国印刷所，印发革命传单和小册子，1855年开始出版《北极星》文集，1857—1867 年与尼·普·奥格辽夫出版《钟声》杂志，揭露沙皇专制制度，进行革命宣传。在 1861 年农民改革的准备阶段曾一度摇摆。1861年起坚定地站到革命民主主义方面,协助建立土地和自由社。晚年关注第一国际的活动。列宁在《纪念赫尔岑》(1912)一文中评价了他在俄国解放运动史上的作用。——316、361—368、372—373。

赫拉克利特(Herakleitos 约公元前540—480)——古希腊哲学家,辩证法的奠基人之一,自发的唯物主义者。——171。

赫鲁斯塔廖夫-诺萨尔,格奥尔吉·斯捷潘诺维奇(佩列亚斯拉夫斯基,尤里)(Хрусталев-Носарь,Георгий Степанович(Переяславский,Юрий) 1877—1918)——俄国政治活动家,律师助理。1906年加入俄国社会民主工党,孟什维克。1905年10月作为无党派人士当选为孟什维克控制的彼得堡工人代表苏维埃主席。1906年因彼得堡苏维埃案受审,流放西伯利亚,1907年逃往国外。俄国社会民主工党第五次(伦敦)代表大会代表。支持关于召开所谓"非党工人代表大会"和建立"广泛的无党派的工人党"的思想。斯托雷平反动时期和新的革命高涨年代是取消派分子,为孟什维克的《社会民主党人呼声报》撰稿。1909年退党。第一次世界大战期间回国。十月革命后在乌克兰积极从事反革命活动,支持帕·彼·斯科罗帕茨基和西·瓦·佩特留拉。1918年被枪决。——326。

赫斯,莫泽斯(Heß,Moses 1812—1875)——德国政论家和哲学家,《莱茵报》创办者之一和撰稿人,1842年1—12月为编辑部成员,1842年12月起为驻巴黎通讯员;正义者同盟盟员,后为共产主义者同盟盟员;40年代中为"真正的"社会主义的主要代表人物;1846年起反对马克思和恩格斯;1850年共产主义者同盟分裂后属于维利希—沙佩尔冒险主义宗派集团;1863年以后为拉萨尔分子;国际布鲁塞尔代表大会(1868)和巴塞尔代表大会(1869)的参加者。——61。

赫歇尔,约翰(Herschel,John 1792—1871)——英国天文学家。——95。

黑格尔,乔治·威廉·弗里德里希(Hegel,Georg Wilhelm Friedrich 1770—1831)——德国古典哲学的主要代表。——39、40、45、47、83—84、86、104、137、147、153、155、174—176、213—216、218、221、236、247、248、251、263、264、266、274、285、308、335、362。

黑人医生大卫（Negerarzt David）——欧仁·苏的小说《巴黎的秘密》中的人物，鲁道夫的侍医。——52、54。

洪堡男爵，亚历山大（Humboldt，Alexander Freiherr von 1769—1859）——德国自然科学家和地理学家。——190。

胡登，乌尔里希·冯（Hutten，Ulrich von 1488—1523）——德国诗人和政论家，人文主义的主要代表人物，宗教改革的拥护者，德国骑士等级的思想家，1522—1523年骑士起义的参加者；拉萨尔的剧本《弗兰茨·冯·济金根》中的乌·冯·胡登的原型。——226—228、231、233。

霍布斯，托马斯（Hobbes，Thomas 1588—1679）——英国哲学家，机械唯物主义的代表人物，早期资产阶级天赋人权理论的代表。——215、246。

霍尔巴赫男爵，保尔·昂利·迪特里希（Holbach，Paul-Henri Dietrich，baron d'1723—1789）——法国哲学家，唯物主义者，无神论者，启蒙思想家，革命资产阶级的代表人物。——86、104、275。

霍夫曼—康培公司（Hoffmann & Campe）——德国汉堡一家出版公司。——203。

J

基佐，弗朗索瓦·皮埃尔·吉约姆（Guizot，François-Pierre-Guillaume 1787—1874）——法国政治活动家和历史学家，奥尔良党人；1812年起任巴黎大学历史系教授，七月王朝时期是立宪君主派领袖，历任内务大臣（1832—1836）、教育大臣（1836—1837）、外交大臣（1840—1848）和首相（1847—1848）；代表大金融资产阶级的利益。——139、153、190、257、288。

吉洪诺夫，阿列克谢·尼古拉耶维奇（Тихонов，Алексей Николаевич 1880—1956）——俄国作家，1913年负责《真理报》文学栏的工作。1915—1916年先后是《年鉴》杂志和《新生活报》的出版人。——393、395。

济贝耳，卡尔（Siebel，Karl 1836—1868）——德国诗人；曾协助传播马克思和恩格斯的著作和宣传《资本论》第一卷；恩格斯的远亲。——230。

济金根，弗兰茨·冯（Sickingen，Franz von 1481—1523）——德国骑士，曾参加

宗教改革运动,1522—1523 年反对特里尔大主教的骑士起义的领袖;在兰茨胡特的城堡遭攻击时丧生;拉萨尔的剧本《弗兰茨·冯·济金根》中的济金根的原型。——226—228、231—233。

加尔涅伯爵,热尔曼(Garnier,Germain,comte de 1754—1821)——法国经济学家和政治活动家;保皇党人;重农学派的模仿者,亚·斯密著作的翻译者和注释者。——157、158、160。

加尔文,让(Calvin,Jean 1509—1564)——法国神学家和宗教改革运动的活动家,新教宗派之一加尔文宗的创始人。——251。

加勒,约翰·哥特弗里德(Galle,Johann Gottfried 1812—1910)——德国天文学家,1846 年根据乌·让·勒维烈的计算发现了海王星。——215。

加里宁,米哈伊尔·伊万诺维奇(Калинин,Михаил Иванович 1875—1946)——1898 年加入俄国社会民主工党。十月革命后任彼得格勒市长,后任市政委员。1919 年 3 月起任全俄中央执行委员会主席,1922 年起任苏联中央执行委员会主席。从党的第八次代表大会起为中央委员。1919 年起为中央政治局候补委员。——401、402。

加米涅夫(**罗森费尔德**),列夫·波里索维奇(Каменев(Розенфельд),Лев Борисович 1883—1936)——1901 年加入俄国社会民主工党,党的第二次代表大会后是布尔什维克。曾在梯弗利斯、莫斯科、彼得堡从事宣传工作。1908 年底出国,任布尔什维克的《无产者报》编委。斯托雷平反动时期对取消派、召回派和托洛茨基分子采取调和主义态度。1914 年初回国,在《真理报》编辑部工作,曾领导第四届国家杜马布尔什维克党团。1914 年 11 月被捕,在沙皇法庭上宣布放弃使沙皇政府在帝国主义战争中失败的布尔什维克口号。1917 年二月革命后反对列宁的《四月提纲》。十月革命后历任全俄中央执行委员会主席、莫斯科苏维埃主席、国防委员会驻南方面军特派员、人民委员会副主席、劳动国防委员会主席等重要职务。1919—1925 年为党中央政治局委员。——405。

金克尔,约翰·哥特弗里德(Kinkel,Johann Gottfried 1815—1882)——德国诗人、作家和政论家,小资产阶级民主主义者,1849 年巴登—普法尔茨起义的参加者,被普鲁士法庭判处无期徒刑,1850 年在卡·叔尔茨帮助下越狱逃跑,流亡英国;在伦敦的德国小资产阶级流亡者的领袖,《海尔曼》周报编辑（1859）;反对马克思和恩格斯。——137、279。

居利希,古斯塔夫·冯（Gülich, Gustav von 1791 — 1847）——德国资产阶级经济学家和经济史学家,德国保护关税派领袖;写有国民经济史方面的著作。——257、258。

K

卡贝,埃蒂耶纳（Cabet, Étienne 人称卡贝老爹 Père Cabet 1788—1856）——法国法学家和政论家,法国工人共产主义一个流派的创始人,和平空想共产主义的代表人物,《人民报》的出版者（1833 — 1834）;流亡英国（1834 — 1839）;《1841 年人民报》的出版者（1841 — 1851）;曾尝试在美洲建立共产主义移民区（1848—1856）,以实现其在 1848 年出版的小说《伊加利亚旅行记》中阐述的理论。——25、86。

卡德龙·德拉巴卡,佩德罗（Calderón de la Barca, Pedro 1600 — 1681）——西班牙诗人和剧作家。——292 — 293。

卡莱尔,托马斯（Carlyle, Thomas 1795 — 1881）——英国作家、历史学家和唯心主义哲学家,宣扬英雄崇拜,封建社会主义的代表,资本主义生产方式和资产阶级政治经济学的批评者,托利党人;1848 年后成为工人运动的敌人。——287 — 288。

卡罗兰（奥卡罗兰）,特洛（Carolan［O'Carolan］, Turlogh 1670 — 1738）——爱尔兰弹唱诗人,作有许多民歌。——165。

卡普菲格,让·巴蒂斯特·奥诺雷·雷蒙（Capefigue, Jean‐Baptiste‐Honoré‐Raymond 1801 — 1872）——法国政论家、历史学家和作家;保皇派。——292。

卡维林,康斯坦丁·德米特里耶维奇（Кавелин, Константин Дмитриевич 1818—1885）——俄国资产阶级自由派政论家,历史学家和实证论哲学家。莫斯科大学（1844—1848）和彼得堡大学（1857—1861）教授。曾为《同时代人》、

《祖国纪事》和《欧洲通报》等杂志撰稿。在1861年农民改革的准备和进行期间,反对革命民主主义运动,赞成专制政府的反动政策。——365。

凯撒(盖尤斯·尤利乌斯·凯撒)(Gaius Julius Caesar 公元前100—44)——罗马统帅、国务活动家和著作家。——134、139、206、207、257。

康德,伊曼努尔(Kant, Immanuel 1724—1804)——德国古典哲学的创始人,唯心主义者;也以自然科学方面的著作闻名。——106、174、214—215、218、220、221、247、251、285、334、335、336。

康普豪森,卢道夫(Camphausen, Ludolf 1803—1890)——德国政治家和银行家,莱茵省自由派资产阶级的领袖之一;1834年起任科隆商会会长,莱茵报社股东和《莱茵报》撰稿人;1843年起为莱茵省议会城市等级的代表,普鲁士首相(1848年3—6月),后为第一议院议员;普鲁士驻中央政府的使节(1848年7月—1849年4月),北德意志联邦国会议员。——189。

考茨基,卡尔(Kautsky, Karl 1854—1938)——德国历史学家和政论家,社会民主党主要理论家之一,《新时代》杂志编辑;后转向机会主义立场。——290、304。

考茨基,明娜(Kautsky, Minna 1837—1912)——德国女作家,写有社会题材的小说;卡·考茨基的母亲。——235。

柯罗连科,弗拉基米尔·加拉克季昂诺维奇(Короленко, Владимир Галактионович 1853—1921)——俄国作家和政论家。——406。

科贝特,威廉(Cobbett, William 1762—1835)——英国政治活动家和政论家,小资产阶级激进派的代表人物,曾为英国政治制度的民主化进行斗争;1802年起出版《纪事年鉴》和《科贝特氏政治纪事周报》。——288。

科布顿,理查(Cobden, Richard 1804—1865)——英国工厂主,自由党人,自由贸易的拥护者,反谷物法同盟创始人,议会议员(1841—1864);曾参加多次国际和平主义者代表大会,如1850年8月美因河畔法兰克福和平主义者代表大会。——276。

科策布,奥古斯特·弗里德里希·斐迪南·冯(Kotzebue, August Friedrich Ferdinand

von 1761—1819)——德国剧作家和政论家;沙皇政府的密探。——101。

科西迪耶尔,马尔克(Caussidière, Marc 1808—1861)——法国小资产阶级民主主义者,1834 年里昂起义的参加者;七月王朝时期秘密革命团体的组织者之一;第二共和国时期任巴黎警察局长(1848 年 2—5 月),制宪议会议员(1848);因政府准备在布尔日对五月十五日事件的参加者进行审判,于1848 年 8 月逃往英国。——137。

克兰里卡德侯爵,乌利克·约翰·德·伯格(Clanricarde, Ulick John de Burgh, Marquess of 1802—1874)——英国政治活动家和外交家,辉格党人;爱尔兰的大庄园主;曾任驻彼得堡大使(1838—1841)、邮政大臣(1846—1852)和掌玺大臣(1858 年 2 月)。——291。

克里切夫斯基,波里斯·尼古拉耶维奇(Кричевский, Борис Николаевич 1866—1919)——俄国社会民主党人,政论家,经济派领袖之一。19 世纪 80 年代末参加社会民主主义小组的工作。90 年代初侨居国外,加入劳动解放社,参加该社的出版工作。90 年代末是国外俄国社会民主党人联合会的领导人之一。1899 年任该会机关刊物《工人事业》杂志的编辑,在杂志上宣扬伯恩施坦主义观点。1903 年俄国社会民主工党第二次代表大会后不久脱离政治活动。——317。

克鲁普斯卡娅,娜捷施达·康斯坦丁诺夫娜(娜·康·)(Крупская, Надежда Константиновна(Н.К.)1869—1939)——列宁的妻子和战友。1890 年在彼得堡大学生马克思主义小组中开始革命活动。1895 年参与组织彼得堡工人阶级解放斗争协会。1896 年 8 月被捕,后被判处流放三年,先和列宁一起在舒申斯克服刑,后来一人在乌法服刑。1901 年起侨居国外,任《火星报》编辑部秘书。曾参加俄国社会民主工党第二次代表大会的筹备工作,作为有发言权的代表出席了大会。1904 年起先后任布尔什维克的《前进报》和《无产者报》编辑部秘书。曾参加党的第三次代表大会的筹备工作。1905—1907 年革命期间在国内担任党中央委员会秘书。斯托雷平反动时期和新的革命高涨年代积极参加反对取消派和召回派的斗争。1911 年在隆瑞莫党校工作。1912 年党的布拉格代表会议后协助列宁同国内党组织保持联系。第一次世界大战期间参加国际妇女运动和布尔什维克国外支部的活动。1917年二月革命后和列宁一起回国,在党中央书记处工作,参加了十月武装起义。十月革命后任教育人民委员部部务委员,领导政治教育总委员会。——395。

克鲁舍万,帕维尔·亚历山德罗维奇(Крушеван,Павел Александрович 1860—1909)——俄国政论家,黑帮报纸《比萨拉比亚人报》的出版人和反犹太主义报纸《友人报》的编辑,1903年基什尼奥夫反犹大暴行的策划者,黑帮组织"俄罗斯人民同盟"的领导人之一,第二届国家杜马基什尼奥夫市代表。——326。

克伦威尔,奥利弗(Cromwell,Oliver 1599—1658)——英国国务活动家,17世纪英国资产阶级革命时期资产阶级和资产阶级化贵族的领袖;1649年起为爱尔兰军总司令和爱尔兰总督,1653年起为英格兰、苏格兰和爱尔兰的护国公。——139、165、257、288。

库斯柯娃,叶卡捷琳娜·德米特里耶夫娜(Кускова,Екатерина Дмитриевна 1869—1958)——俄国社会活动家和政论家,经济派代表人物。19世纪90年代中期在国外接触马克思主义,与劳动解放社关系密切,但在伯恩施坦主义影响下,很快走上修正马克思主义的道路。1899年所写的经济派的纲领性文件《信条》,受到以列宁为首的一批俄国马克思主义者的严厉批判。1905—1907年革命前夕加入自由派的解放社。1906年参与出版半立宪民主党、半孟什维克的《无题》周刊,为左派立宪民主党人的《同志报》撰稿。呼吁工人放弃革命斗争,力图使工人运动服从自由派资产阶级的政治领导。十月革命后反对苏维埃政权。1921年进入全俄赈济饥民委员会,同委员会中其他反苏维埃成员利用该组织进行反革命活动。1922年被驱逐出境。——326。

库辛,维克多(Cousin,Victor 1792—1867)——法国唯心主义哲学家,折中主义者。——139。

L

拉法格,劳拉(Lafargue,Laura 父姓马克思 Marx 1845—1911)——法国工人运动的代表,曾把马克思和恩格斯的许多著作译成法文;马克思的二女儿,

1868 年起为保·拉法格的妻子。——292、296。

拉斐尔·桑齐奥(Raffaello Sanzio 1483—1520)——文艺复兴时代意大利的现实主义画家。——94、184、278。

拉马丁,阿尔丰斯(Lamartine,Alphonse 1790—1869)——法国诗人,历史学家和政治家,40 年代为温和的资产阶级共和派领袖;第二共和国时期任外交部长(1848),临时政府的实际上的首脑。——192。

拉马克,让·巴蒂斯特·皮埃尔·安东(Lamarck,Jean-Baptiste-Pierre-Antoine 1744—1829)——法国自然科学家,从事植物区系学和动物区系学方面的研究,生物学上第一个完整的进化论的创立者,达尔文的先驱。——218。

拉梅耐(德拉梅耐),于盖·费利西泰·罗伯尔·德(Lamennais[de la Mennais],Hugues-Félicité-Robert de 1782—1854)——法国神父、政论家和哲学家,基督教社会主义的思想家;保皇派,后为自由派。——291。

拉普拉斯,皮埃尔·西蒙(Laplace,Pierre-Simon 1749—1827)——法国天文学家、数学家和物理学家,不依靠康德而独立地阐发了并且从数学上论证了太阳系起源于星云的假说(1796),并阐发了概率论(1812)。——174。

拉萨尔,斐迪南(Lassalle,Ferdinand 1825—1864)——德国工人运动中的机会主义代表,1848—1849 年革命的参加者;全德工人联合会创始人之一和主席(1863);写有古典古代哲学史、法学史和文学方面的著作。——225、228、234、279。

拉斯拜尔,弗朗索瓦·万桑(Raspail,François-Vincent 1794—1878)——法国自然科学家、政治家和政论家,社会主义者,《人民之友》的出版者,靠近革命无产阶级;1830 年和 1848 年革命的参加者;第二共和国时期是制宪议会议员(1848);1849 年因参加 1848 年五月十五日事件被判处六年徒刑,后流亡比利时;1870—1871 年普法战争爆发前夜属于资产阶级共和党反对派,后转向资产阶级民主派立场。——142。

莱奥纳多·达·芬奇(Leonardo da Vinci 1452—1519)——意大利画家、雕刻家和作家,文艺复兴时期的博学多才的学者和工程师。——94、181。

莱辛,哥特霍尔德·埃夫拉伊姆（Lessing, Gotthold Ephraim 1729—1781）——
德国作家、评论家、剧作家和文学史家,启蒙思想家。——160、304。

莱辛,卡尔·弗里德里希（Lessing, Karl Friedrich 1808—1880）——德国民主
主义派画家。——60。

赖沙特,卡尔（Reichardt, Karl）——德国书籍装订工,《文学总汇报》的工作人
员。——39。

兰普卢,乔治·威廉（Lamplugh, George William 1859—1926）——英国地质学
家。——290。

兰斯（Launce）——莎士比亚的喜剧《维罗纳二绅士》中仆人的名字。——289。

劳,阿尔布雷希特（Rau, Albrecht 1843—1920）——德国哲学家和自然科学
家,费尔巴哈的追随者。主要著作有《路德维希·费尔巴哈的哲学,现代自
然科学和哲学批判》（1882）、《感觉和思维》（1896）、《人的理性的本质》
（1900）等。——334。

勒鲁,皮埃尔（Leroux, Pierre 1797—1871）——法国政论家,空想社会主义者,
基督教社会主义的创始人之一。——290。

勒维烈,乌尔班·让·约瑟夫（Le Verrier, Urbain-Jean-Joseph 1811—1877）——
法国天文学家和数学家,1846 年不依靠亚当斯而独立地计算出当时还不知
道的海王星的轨道,并确定这个行星在宇宙中的位置。——215。

雷特尔恩（Рейтерн 死于 1861 年）——沙俄上校,因不愿参与枪杀华沙示威群
众而自杀。——366。

李嘉图,大卫（Ricardo, David 1772—1823）——英国经济学家,资产阶级古典
政治经济学最著名的代表人物。——145。

李奇尼乌斯（盖尤斯·李奇尼乌斯·斯托洛）（Gaius Licinius Stolo 公元前 4 世
纪上半叶）——罗马国务活动家,护民官,曾和塞克斯蒂乌斯共同制定保护
平民利益的法律。——75。

里德,约翰(Reed,John 1887—1920)——美国工人运动活动家,作家和新闻记者。第一次世界大战期间是驻欧洲的军事记者,反对帝国主义战争。1917年到俄国。俄国十月革命期间,参加了工人和士兵的群众大会和游行示威,出席了彼得格勒苏维埃和全俄苏维埃第二次代表大会的会议,目睹了赤卫队和革命士兵攻打冬宫和逮捕临时政府成员的情况,多次会见列宁和其他党政领导人。热烈欢迎俄国十月革命,并为此写了《震撼世界的十天》一书,列宁为该书写了序言。1918年回到美国后,加入美国社会党左翼,成为左翼领导人之一。1919年9月和其他左翼成员一起组建美国共产主义工人党,同年10月被派往莫斯科出席共产国际第二次代表大会,并当选为共产国际执行委员会委员。在莫斯科逝世,骨灰安放在红场克里姆林宫宫墙内。——430。

理查(格赖芬克劳的)(Richard von Greiffenklau 1467—1531)——特里尔的选帝侯和大主教(1511—1531),宗教改革的反对者,曾参加镇压1522—1523年的骑士起义和1525年的农民起义;拉萨尔的剧本《弗兰茨·冯·济金根》中的特里尔的理查的原型。——227、231。

理查一世(狮心理查)(Richard I,Lion-Hearted 1157—1199)——英国国王(1189—1199)。——251。

利安诺佐夫,斯捷潘·格奥尔吉耶维奇(Лианозов,Степан Георгиевич 1872—1951)——俄国石油大企业家,十月革命后逃往国外。1919年在波罗的海沿岸的白俄流亡分子中起过重要作用,是1919年8月在爱沙尼亚成立的反革命的"西北政府"首脑。——407。

利希诺夫斯基公爵,费利克斯·玛丽(Lichnowski[Lychnowsky],Felix Maria Fürst von 1814—1848)——普鲁士军官,西里西亚大地主,法兰克福国民议会议员,属于右派;1848年法兰克福九月起义时与汉·阿·埃·冯·奥尔斯瓦尔德一起被人民打死;他是海涅的诗《阿塔·特洛尔》和维尔特的著作《著名骑士施纳普汉斯基的生平事迹》中一个讽刺人物的原型。——203。

连年坎普夫,帕维尔·卡尔洛维奇(Ренненкампф,Павел Карлович 1854—1918)——沙俄将军,扼杀革命运动的刽子手之一。1900—1901年在镇压中国义和团起义时凶狠残暴。1906年与美列尔-扎科梅尔斯基一起指挥讨伐队,镇压西伯利亚的革命运动。第一次世界大战初期曾指挥进攻东普鲁士的俄军第 1 集团军,行动迟缓,优柔寡断,导致俄军在东普鲁士的失败;1915 年被撤职。1918 年因从事反革命活动被枪决。——332。

林耐,卡尔·冯(Linné,Carl von 1707—1778)——瑞典自然科学家和医学家,植物和动物分类法的创立者;主张物种描述采取双名命名制。——86、176。

琉善(Lucianus[Lukianus]约 120—180)——希腊讽刺作家,无神论者。——277、282。

隆格,约翰奈斯(库尔茨韦格,约翰奈斯)(Ronge,Johannes[Kurzweg,Johannes]1813—1887)——德国教士,神学家,小资产阶级民主主义者;德国天主教运动的发起人之一;1848—1849 年革命的参加者,革命失败后流亡英国(1849—1861)。——102。

卢格,阿尔诺德(Ruge,Arnold 1802—1880)——德国政论家,青年黑格尔分子,《哈雷年鉴》的出版者,《莱茵报》的撰稿人,1842—1843 年同马克思一起编辑《德法年鉴》;1844 年中起反对马克思,1848 年为法兰克福国民议会议员,属于左派,50 年代是在英国的德国小资产阶级流亡者领袖之一;1866 年后成为民族自由党人。——137、190。

卢克莱修(梯特·卢克莱修·卡鲁斯)(Titus Lucretius Carus 约公元前 99—55)——罗马哲学家和诗人,唯物主义者,无神论者。——282。

卢那察尔斯基,阿纳托利·瓦西里耶维奇(Луначарский,Анатолий Васильевич 1875—1933)——19 世纪 90 年代初参加俄国社会民主主义运动。俄国社会民主工党第二次代表大会后是布尔什维克。曾先后参加布尔什维克的《前进报》、《无产者报》和《新生活报》编辑部。代表《前进报》编辑部出席了党的第三次代表大会,受列宁委托,在会上作了关于武装起义问题的报告。党的第四次(统一)代表大会和第五次(伦敦)代表大会的参加者,布尔什维克出席第二国际斯图加特代表大会(1907)和哥本哈根代表大会(1910)的代表。斯托雷平反动时期脱离布尔什维克,参加"前进"集团;在哲学上宣扬造神说和马赫主义。第一次世界大战期间持国际主义立场。1917 年二月革命后参加区联派,在俄国社会民主工党(布)第六次代表大会上随区联派集体加入布尔什维克党。十月革命后到 1929 年任教育人民委员,以后任苏联中央执行委员会学术委员会主席。1930 年起为苏联科学院院士。在艺术和文学方面著述很多。——383、384、391、394。

卢热诺夫斯基,加甫里尔·尼古拉耶维奇(Луженовский, Гавриил Николаевич 1870—1906)——沙俄省参事官,坦波夫省黑帮君主派组织"俄罗斯人联合会"的骨干分子。1905—1906 年是黑帮分子残酷镇压坦波夫省农民运动的首领之一。被社会革命党人玛·亚·斯皮里多诺娃杀死。——332。

卢梭,让·雅克(Rousseau, Jean-Jacques 1712—1778)——法国启蒙运动的主要代表人物,民主主义者,小资产阶级思想家,自然神论哲学家。——145、221、251。

鲁滨逊·克鲁索(Robinson Crusoe)——丹·笛福的小说《鲁滨逊漂流记》中的主人公。——145。

鲁道夫(Rudolph)——欧仁·苏的小说《巴黎的秘密》中的主人公。——46—57。

鲁瓦耶-科拉尔,皮埃尔·保尔(Royer-Collard, Pierre-Paul 1763—1845)——法国政治家和哲学家,巴黎大学历史和哲学教授,立宪君主制的拥护者。——139。

路德,马丁(Luther, Martin 1483—1546)——德国神学家,宗教改革运动的活动家,德国新教路德宗的创始人,德国市民等级的思想家,温和派的主要代表;在 1525 年农民战争时期,站在诸侯方面反对起义农民和城市平民。——138、182、227、251、282。

路斯达洛,埃利泽(Loustalot, Elysée 1762—1790)——法国政论家,雅各宾党人,18 世纪末法国资产阶级革命的活动家;《巴黎革命》的出版者。——44。

路特希尔德家族(Rothschild)——金融世家,在欧洲许多国家设有银行。——98、99。

路易十四(Louis XIV 1638—1715)——法国国王(1643—1715)。——235。

路易十八(Louis XVIII 1755—1824)——法国国王(1814—1815 和 1815—1824)。——139。

路易·波拿巴——见拿破仑第三。

路易-拿破仑——见拿破仑第三。

伦勃朗,哈尔门斯·范·赖恩(Rembrandt,Harmensz van Rijn 1606—1669)——荷兰画家。——277。

罗伯茨,理查(Roberts,Richard 1789—1864)——英国发明家,发明了自动走锭纺纱机等机械,1843 年起领导罗伯茨公司。——149。

罗伯斯比尔,马克西米利安·弗朗索瓦·玛丽·伊西多尔·德(Robespierre, Maximilien-François-Marie-Isidore de 1758—1794)——法国资产阶级革命的活动家,雅各宾派的领袖,革命政府的首脑(1793—1794)。——137、138。

罗将柯,米哈伊尔·弗拉基米罗维奇(Родзянко,Михаил Владимирович 1859—1924)——俄国大地主,十月党领袖之一,君主派分子。1911—1917 年先后任第三届和第四届国家杜马主席,支持沙皇政府的反动政策。1917 年二月革命期间力图保持君主制度,组织并领导了国家杜马临时委员会,后参与策划科尔尼洛夫叛乱。十月革命后投靠科尔尼洛夫和邓尼金,妄图联合一切反革命势力颠覆苏维埃政权。1920 年起为白俄流亡分子。——407。

罗曼诺夫王朝(Романовы)——俄国皇朝(1613—1917)。——366。

罗素伯爵,约翰(Russell,John Earl of 1792—1878)——英国国务活动家,辉格党领袖,议会议员,曾任内务大臣(1835—1839),陆军和殖民大臣(1839—1841),首相(1846—1852 和 1865—1866),外交大臣(1852—1853 和 1859—1865),枢密院院长(1854—1855);1855 年作为英国代表参加维也纳会议。——291。

洛克,约翰(Locke,John 1632—1704)——英国唯物主义经验论哲学家和经济学家,启蒙思想家,早期资产阶级天赋人权理论的代表。——139、172、246、287。

吕宁,奥托(Lüning,Otto 1818—1868)——德国医生和政论家,40 年代中是"真正的"社会主义的代表,后一度为共产主义者同盟盟员;《威悉河汽船》(1844)、《威斯特伐利亚汽船》(1845—1848)和《新德意志报》(1848—1850)编辑;1866 年后成为民族自由党人。——61。

M

马尔丁诺夫,亚历山大(**皮凯尔,亚历山大·萨莫伊洛维奇**)(Мартынов Александр(Пиккер,Александр Самойлович)1865—1935)——俄国经济派领袖之一,孟什维克著名活动家,后为共产党员。19 世纪 80 年代初参加民意党人小组,1886 年被捕,流放东西伯利亚十年;流放期间成为社会民主党人。1900 年侨居国外,参加经济派的《工人事业》杂志编辑部,反对列宁的《火星报》。在俄国社会民主工党第二次代表大会上是国外俄国社会民主党人联合会的代表,反火星派分子,会后成为孟什维克。1907 年作为叶卡捷琳诺斯拉夫组织的代表参加了党的第五次(伦敦)代表大会的工作,在代表大会上当选为中央委员。斯托雷平反动时期和新的革命高涨年代是取消派分子,参加取消派的机关报《社会民主党人呼声报》编辑部。第一次世界大战期间持中派立场。1917 年二月革命后为孟什维克国际主义者。十月革命后脱离孟什维克。1918—1922 年在乌克兰当教员。1923 年加入俄共(布),在马克思恩格斯研究院工作。1924 年起任《共产国际》杂志编委。——317。

马尔托夫,尔·(**策杰尔包姆,尤利·奥西波维奇**)(Мартов,Л.(Цедербаум,Юлий Осипович)1873—1923)——俄国孟什维克领袖之一。1895 年参与组织彼得堡工人阶级解放斗争协会。1896 年被捕并流放图鲁汉斯克三年。1900 年参与创办《火星报》,为该报编辑部成员。在俄国社会民主工党第二次代表大会上是《火星报》组织的代表,领导机会主义少数派,反对列宁的建党原则;从那时起成为孟什维克中央机关的领导成员和孟什维克报刊的编辑。曾参加党的第五次(伦敦)代表大会的工作。斯托雷平反动时期和新的革命高涨年代是取消派分子,编辑《社会民主党人呼声报》,参与组织"八月联盟"。第一次世界大战期间是中派分子,参加齐美尔瓦尔德代表

会议和昆塔尔代表会议。曾参加孟什维克组织委员会国外书记处,为书记
处编辑机关刊物。1917 年二月革命后领导孟什维克国际主义派。十月革
命后反对镇压反革命和解散立宪会议。1919 年当选为全俄中央执行委员
会委员,1919—1920 年为莫斯科苏维埃代表。1920 年 9 月侨居德国。参
与组织第二半国际,在柏林创办和编辑孟什维克杂志《社会主义通报》。
——326。

马赫,恩斯特(Mach,Ernst 1838—1916)——奥地利物理学家和哲学家,主观
唯心主义者,经验批判主义创始人之一。1864 年起先后在格拉茨和布拉格
任大学数学和物理学教授,1895—1901 年任维也纳大学哲学教授。在认识
论上复活贝克莱和休谟的观点,认为物体是"感觉的复合",感觉是"世界的
真正要素"。主要哲学著作有《力学发展的历史评述》(1883)、《感觉的分
析》(1886)、《认识和谬误》(1905)等。——334、335。

马基雅弗利,尼古洛(Machiavelli,Niccolò 1469—1527)——意大利政治活动
家、历史学家和著作家,资本主义产生时期意大利资产阶级的思想家。
——104、181。

马科尔夫(莫罗尔夫)(Marcolph)——德国民间故事书《萨洛蒙和莫罗尔夫》
中的主人公。——109。

马克思,燕妮(Marx,Jenny 父姓冯·威斯特华伦 von Westphalen 1814—1881)——
马克思的妻子、朋友和助手。——190。

马拉,让·保尔(Marat,Jean-Paul 1743—1793)——法国政论家,18 世纪末法
国资产阶级革命的活动家,雅各宾派的领袖之一。——43。

马拉斯特,玛丽·弗朗索瓦·帕斯卡尔·阿尔芒(Marrast,Marie-François-Pascal-
Armand 1801—1852)——法国政论家和政治家,人权社的领导人,后为温和
的资产阶级共和派领袖,《国民报》总编辑;第二共和国时期是临时政府成
员和巴黎市长(1848),制宪议会议长(1848—1849)。——139。

马林诺夫斯基,罗曼·瓦茨拉沃维奇(Малиновский,Роман Вацлавович 1876—
1918)——俄国社会民主主义运动中的奸细,莫斯科保安处密探;职业是五
金工人。1906 年出于个人动机参加工人运动,后来混入俄国社会民主工

党;曾任工人委员会委员和五金工会理事会书记。1907 年起主动向警察局提供情报,1910 年被录用为沙皇保安机关密探。在党内曾担任多种重要职务,1912 年在党的第六次(布拉格)全国代表会议上当选为中央委员。在保安机关暗中支持下,当选为第四届国家杜马莫斯科省工人选民团的代表,1913 年任布尔什维克杜马党团主席。1914 年辞去杜马职务,到了国外。1917 年 6 月,他同保安机关的关系被揭穿后,1918 年回国,被捕后由全俄中央执行委员会最高法庭判处枪决。——392、393。

马西,约瑟夫(Massie,Joseph 死于 1784 年)——英国经济学家,资产阶级古典政治经济学的代表人物。——162。

马雅可夫斯基,弗拉基米尔·弗拉基米罗维奇(Маяковский,Владимир Владимирович 1893—1930)——苏联诗人。1908—1909 年参加莫斯科布尔什维克地下组织工作。三次被捕。在早期诗作中就表现出对资本主义现实的强烈不满,但带有未来主义的影响。十月革命后创作进入新阶段。以诗歌、剧本、绘画等多种形式歌颂十月革命的胜利,歌颂革命领袖和社会主义祖国,抨击官僚主义,号召人民同社会主义内外敌人进行斗争。是诗歌的革新者,对革命诗歌的发展有很大贡献。——385。

玛·费·——见安德列耶娃,玛丽亚·费多罗夫娜。

玛尔斯(亚力司)(Mars)——古罗马神话中的战神,相当于古希腊神话中的战神亚力司。——33。

玛丽——见玛丽花。

玛丽花(Fleur de Marie)——欧仁·苏的小说《巴黎的秘密》中的女主人公,是一个在罪犯中长大的姑娘,但保持了高贵的品德和少女的纯洁;作者给她取了一个花名,即百合花,因为百合花长在污泥中,但花瓣洁白耀眼。——51、52、55、56。

玛丽亚(Marie)——拉萨尔的剧本《弗兰茨·冯·济金根》中的女主人公。——228。

麦克弗森,詹姆斯(Macpherson,James 1736—1796)——苏格兰诗人和历史学家。——165。

毛勒,格奥尔格·路德维希(Maurer,Georg Ludwig 1790—1872)——德国历史
学家,古代和中世纪的日耳曼社会制度的研究者;写有中世纪马尔克公社
的农业史和制度史方面的著作。——116。

梅林,弗兰茨(Mehring,Franz 1846—1919)——德国历史学家和政论家,80年
代成为马克思主义者;《新时代》杂志编辑,戏剧团体"自由人民舞台"秘
书,德国社会民主党左翼领袖;在德国共产党成立时发挥了重要作用;写有
《马克思传》以及德国史和社会民主党史方面的著作。——249、252。

美列尔-扎科梅尔斯基,亚历山大·尼古拉耶维奇(Меллер-Закомельский,
Александр Николаевич　生于1844年)——沙俄将军,男爵。1863年参与
镇压波兰解放起义。1905年血腥镇压塞瓦斯托波尔水兵起义。1906年同
帕·卡·连年坎普夫一道指挥讨伐队镇压西伯利亚铁路工人的革命运动。
1906年10月被任命为波罗的海沿岸地区总督,残酷镇压拉脱维亚和爱沙
尼亚的工农革命运动。1909—1917年为国务会议成员。十月革命后为白
俄流亡分子。——332。

门采尔,沃尔弗冈(Menzel,Wolfgang 1798—1873)——德国作家和政论家,文
学批评家和文学史家;曾任《文学报》编辑(1825—1848),被誉为"文学大
师";反对青年德意志的主要代表之一。——107。

蒙塔朗贝尔侯爵,马尔克·勒奈(Montalembert,Marc-René,marquis de 1714—
1800)——法国将军,军事工程师,曾研究出一种新筑城法,在19世纪被广
泛采用。——181。

孟德斯鸠,沙尔(Montesquieu,Charles 1689—1755)——法国哲学家、社会学
家、经济学家,18世纪资产阶级启蒙运动的主要代表,立宪君主制的理论
家;货币数量论的拥护者;早期资产阶级天赋人权理论的创始人之一。
——251。

弥尔顿,约翰(Milton,John 1608—1674)——英国诗人和政论家,17世纪英国
资产阶级革命的参加者。——162。

靡菲斯特斐勒司(Mephistopheles)——歌德《浮士德》和卡·谷兹科的剧作
《维滕贝格的哈姆雷特》中的主要人物。——32、106。

米尔洪德,穆罕默德·伊本·霍万德沙赫(Mirchond, Mohammed ibn Chawend-schah 1433—1498)——波斯历史学家。——297。

米海洛夫斯基,尼古拉·康斯坦丁诺维奇(Михайловский, Николай Константинович 1842—1904)——俄国自由主义民粹派理论家,政论家,文艺批评家,实证论哲学家,社会学主观学派代表人物。1860 年开始写作活动。1868 年起为《祖国纪事》杂志撰稿,后任编辑。1879 年与民意党接近。1882 年以后写了一系列谈"英雄"与"群氓"问题的文章,建立了完整的"英雄"与"群氓"的理论体系。1884 年《祖国纪事》杂志被查封后,给《北方通报》杂志、《俄国思想》杂志、《俄罗斯新闻》等报刊撰稿。1892 年起任《俄国财富》杂志编辑,在该杂志上与俄国马克思主义者进行激烈论战。——303—312。

米涅,弗朗索瓦·奥古斯特·玛丽(Mignet, François-Auguste-Marie 1796—1884)——法国历史学家,早年研究法律,并获得律师资格(1818),后进入巴黎新闻界,为《法兰西信使报》撰稿人,《国民报》创办人之一(1830);写有《法国革命史》等历史著作。——257。

闵采尔,托马斯(Muntzer[Munzer], Thomas 1490 前后—1525)——德国神学家,宗教改革时期和 1525 年农民战争时期为农民平民阵营的领袖和思想家,宣传空想平均共产主义的思想。——227。

缪斯(Musen)——古希腊神话中司文学和艺术的女神,共九个。——99、150。

摩尔根,路易斯·亨利(Morgan, Lewis Henry 1818—1881)——美国法学家、民族学家、考古学家和原始社会史学家,进化论的代表,自发的唯物主义者。——116、206、207、208、211、257。

摩莱肖特,雅科布(Moleschott, Jakob 1822—1893)——荷兰生理学家和哲学家,庸俗唯物主义的代表人物;曾在德国、瑞士和意大利的学校中任教。——216、217。

莫尔,托马斯(More, Thomas 1478—1535)——英国国务活动家和人文主义作家;曾任大法官;空想共产主义的最早代表人物之一,《乌托邦》一书的作者。——104。

莫斯库斯（Moschos［Moschus］公元前 2 世纪）——古希腊诗人。——284。

莫伊谢耶夫，谢尔盖·伊兹迈洛维奇（Моисеев, Сергей Измаилович 1879 — 1951）——1902 年加入俄国社会民主工党。曾在下诺夫哥罗德、莫斯科和彼得堡从事革命工作，屡遭沙皇政府迫害。1905 年从流放地逃往瑞士，六个月后回国，转入地下，是中央委员会巡视员。1912 — 1917 年侨居法国。十月革命后在共产国际机关工作。1930 年起在对外贸易人民委员部系统工作。——395。

穆尔弗（Murph）——欧仁·苏的小说《巴黎的秘密》中的人物，鲁道夫的仆人。——47 — 48、50 — 55。

N

拿破仑第一（拿破仑·波拿巴）（Napoléon I［Napoléon Bonaparte］1769 — 1821）——法国皇帝（1804 — 1814 和 1815）。—— 43、104、107、133、134、138 — 140、241、245、256、257。

拿破仑第三（路易-拿破仑·波拿巴）（Napoléon III［Louis-Napoléon Bonaparte］1808 — 1873）——法兰西第二共和国总统（1848 — 1851），法国皇帝（1852 — 1870），拿破仑第一的侄子。—— 132、133、137、139、194、203、363。

娜·康·——见克鲁普斯卡娅，娜捷施达·康斯坦丁诺夫娜。

尼古拉一世（Николай I 1796 — 1855）——俄国皇帝（1825 — 1855）。—— 158。

涅克拉索夫，尼古拉·阿列克谢耶维奇（Некрасов, Николай Алексеевич 1821 — 1878）——俄国诗人，革命民主主义者。出身于地主家庭。19 世纪 30 年代末开始创作活动。40 年代初结识了别林斯基，在他的帮助和影响下，逐渐走上革命民主主义者和"真正诗人"的道路。先后主编《同时代人》和《祖国纪事》等杂志。他的诗歌鲜明地体现了农民的革命民主主义思想。主要作品有《谁在俄罗斯能过好日子》、《严寒，通红的鼻子》、《铁路》、《俄罗斯妇女》等。——331。

牛顿，伊萨克（Newton, Isaac 1642 — 1727）——英国物理学家、天文学家和数学家，经典力学的创始人。——174、176。

O

欧文，罗伯特（Owen，Robert 1771 — 1858）——英国空想社会主义者。——26、61、69、86、87、238、291。

P

帕格尼尼，尼古洛（Paganini，Niccolò 1782 — 1840）——意大利提琴演奏家和作曲家。——184。

帕麦斯顿子爵，亨利·约翰·坦普尔（Palmerston，Henry John Temple，Viscount 1784—1865）——英国国务活动家，初为托利党人，1830 年起为辉格党领袖，依靠该党右派；曾任军务大臣（1809 — 1828），外交大臣（1830 — 1834、1835—1841 和 1846—1851），内务大臣（1852—1855）和首相（1855—1858 和 1859—1865）。——193。

帕普利茨，叶甫盖尼娅·埃杜阿尔多夫娜（Паприц Евгения Эдуардовна 夫姓 利尼尧夫 Линёв 1854—1919）——俄国女歌唱家，民歌的收集、传播和研究者，曾参加莫斯科秘密的"翻译者和出版者协会"（1882—1884）的工作，该协会曾出版过马克思和恩格斯许多著作的俄文译本；1884 年流亡国外，1896 年回到俄国；俄国民粹派革命家利尼尧夫的妻子。——295。

潘塔隆（Pantalone[Pantaloon]）——意大利民间假面喜剧中的人物，威尼斯商人，一个富有、吝啬而又愚蠢的老头儿。——289。

培根，弗兰西斯，维鲁拉姆男爵，圣奥尔本斯子爵（Bacon，Francis，Baron of Ve-rulam and Viscount of Saint Albans 1561 — 1626）——英国唯物主义哲学家、政治活动家和法学家、自然科学家和历史学家；英国启蒙运动的倡导者。——172、287。

佩利，威廉（Paley，William 1743—1805）——英国神学家、哲学家和经济学家。——157。

佩列亚斯拉夫斯基，尤里——见赫鲁斯塔廖夫-诺萨尔，格奥尔吉·斯捷潘诺维奇。

皮尔,罗伯特(Peel,Robert 1788—1850)——英国国务活动家和经济学家,托利党温和派(亦称皮尔派,即因他而得名)的领袖;曾任内务大臣(1822—1827 和 1828—1830),首相(1834—1835 和 1841—1846);1844 年和 1845年银行法的起草人;在自由党人的支持下废除了谷物法(1846)。——276。

皮萨列夫,德米特里·伊万诺维奇(Писарев,Дмитрий Иванович 1840—1868)——俄国革命民主主义者,政论家,文艺批评家,唯物主义哲学家。1861 年彼得堡大学毕业后成为当时的进步杂志《俄罗斯言论》的实际领导人。因发表号召推翻沙皇专制制度的文章,1862 年 7 月被捕,在彼得保罗要塞监禁四年半,在狱中写了许多有关文学、自然科学和哲学问题的文章。1866 年 11月出狱后,为《事业》杂志和《祖国纪事》杂志撰稿。在著作中揭露农奴制度和西欧资本主义,宣传社会主义思想,主张通过革命改造社会,但对人民群众的作用估计不足;批判唯心主义哲学,揭露反动的美学和"纯艺术"观点,强调文学艺术的社会意义。他的论文对俄国先进分子革命观点的形成产生了很大影响。——317—318。

皮特曼,海尔曼(Püttmann,Hermann 1811—1874)——德国新闻工作者、书商和抒情诗人;《巴门日报》的编辑(1839—1842);青年德意志自由主义观点的拥护者;40 年代中是"真正的"社会主义的代表人物之一,《莱茵社会改革年鉴》、《普罗米修斯》和《德国公民手册》的出版者(1845—1846);后移居澳大利亚。——61。

蒲鲁东,皮埃尔·约瑟夫(Proudhon,Pierre-Joseph 1809—1865)——法国政论家、经济学家和社会学家,小资产阶级思想家,无政府主义理论的创始人,第二共和国时期是制宪议会议员(1848)。——19、22、133、155、167—170、190、267。

普卜利科拉(普卜利乌斯·瓦莱里乌斯·普卜利科拉)(Publius Valerius Poplicola[Publicola]死于公元前 503 年)——据传说是罗马共和国任期一年的执政官。——139。

普利什凯维奇,弗拉基米尔·米特罗范诺维奇(Пуришкевич,Владимир Митрофанович 1870—1920)——俄国大地主,黑帮反动分子,君主派。1900 年起在内务部任职,1904 年为维·康·普列韦的内务部特别行动处官员。1905 年参与创建黑帮组织"俄罗斯人民同盟",1907 年退出同盟并成立了新的黑帮组织"米迦勒天使长同盟"。第二届、第三届和第四届国家杜马代表,因在杜马中发表歧视异族和反犹太人的演说而臭名远扬。第一次世界大战期间鼓吹把战争进行到"最后胜利"。1917 年二月革命后主张恢复君主制。十月革命后竭力反对苏维埃政权,是 1917 年 11 月初被揭露的军官反革命阴谋的策划者。——326。

普列汉诺夫,格奥尔吉·瓦连廷诺维奇(Плеханов, Георгий Валентинович 1856—1918)——俄国早期的马克思主义理论家,后来成为孟什维克和第二国际机会主义领袖之一。19 世纪 70 年代参加民粹主义运动,是土地和自由社成员及土地平分社领导人之一。1880 年侨居瑞士,逐步同民粹主义决裂。1883 年在日内瓦创建俄国第一个马克思主义团体——劳动解放社。翻译和介绍了马克思和恩格斯的许多著作,对马克思主义在俄国的传播起了重要作用;写过不少优秀的马克思主义著作,批判民粹主义、合法马克思主义、经济主义、伯恩施坦主义、马赫主义。20 世纪初是《火星报》和《曙光》杂志编辑部成员。曾参与制定俄国社会民主工党纲领草案和参加党的第二次代表大会的筹备工作。在代表大会上是劳动解放社的代表,属火星派多数派,参加了大会常务委员会,会后逐渐转向孟什维克。1905—1907 年革命时期反对列宁的民主革命的策略,后来在孟什维克和布尔什维克之间摇摆。在俄国社会民主工党第四次(统一)代表大会上作了关于土地问题的报告,维护马斯洛夫的孟什维克方案;在国家杜马问题上坚持极右立场,呼吁支持立宪民主党人的杜马。斯托雷平反动时期和新的革命高涨年代反对取消主义,领导孟什维克护党派。第一次世界大战期间持社会沙文主义立场。1917 年二月革命后支持资产阶级临时政府。对十月革命持否定态度,但拒绝支持反革命。最重要的理论著作有《社会主义与政治斗争》(1883)、《我们的意见分歧》(1885)、《论一元论历史观之发展》(1895)、《唯物主义史论丛》(1896)、《论个人在历史上的作用》(1898)、《没有地址的信》(1899—1900),等等。——317、326、391。

普卢塔克(Plutarchos 46—119 以后)——希腊著作家和唯心主义哲学家,道德论者,柏拉图哲学的拥护者,曾与伊壁鸠鲁学派和斯多亚学派论争;写有古希腊罗马名人传记以及哲学和伦理学著作。——282。

普罗柯波维奇,谢尔盖·尼古拉耶维奇(Прокопович, Сергей Николаевич 1871—1955)——俄国经济学家和政论家。曾参加国外俄国社会民主党人联合会,是经济派的著名代表人物,伯恩施坦主义在俄国最早的传播者之一。1904 年加入资产阶级自由派的解放社,为该社骨干分子。1905 年为立宪民主党中央委员。1906 年参与出版半立宪民主、半孟什维克的《无题》周刊,为左派立宪民主党人的《同志报》积极撰稿。1917 年 8 月任临时政府工商业部长,9—10 月任粮食部长。1921 年在全俄赈济饥民委员会工作,同反革命地下活动有联系。1922 年被驱逐出境。——326。

普罗米修斯(Prometheus)——古希腊神话中的一个狄坦神,他从天上盗取火种,带给人类;宙斯把他锁缚在悬崖上,令鹰啄他的肝脏,以示惩罚。——104、106。

普希金,亚历山大·谢尔盖耶维奇(Пушкин, Александр Сергеевич 1799—1837)——俄国诗人。——418。

Q

齐赫林斯基,弗兰茨(Zychlinski, Franz 笔名塞利加 Szeliga 1816—1900)——普鲁士军官,青年黑格尔分子,曾为布·鲍威尔的《文学总汇报》撰稿。——47、56、57。

琼斯,威廉(Jones, William 1746—1794)——英国东方学家和法学家,写有东方语言学、法学和文学方面的许多著作。——296。

丘必特(迪斯必特)(Iupiter[Diu-piter, Jupiter])——罗马神话中最高的神,雷神,相当于希腊神话中的宙斯;他为了拐走美人欧罗巴而变成一头公牛。——149。

R

热尔曼(Germain)——欧仁·苏的小说《巴黎的秘密》中的人物,若尔日夫人的儿子。——52。

茹柯夫斯基,尤利·加拉克季昂诺维奇(Жуковский, Юлий Галактионович 1833—1907)——俄国经济学家和政论家,社会思想史学家。曾任俄国国家银行行长、参议员。1860 年起先后为《同时代人》杂志和《欧洲通报》杂志撰稿人,并且是 1869 年创刊的《宇宙》杂志编辑之一。1877 年在《欧洲通报》杂志第 9 期上发表《卡尔·马克思和他的〈资本论〉一书》一文,攻击马克思主义,在俄国引起了一场激烈论战。他的经济学著作是各家经济理论的折中杂凑。——305。

若尔日夫人(Madame George)——欧仁·苏的小说《巴黎的秘密》中的人物,为鲁道夫管理农场。——52。

S

撒母耳(Samuel)——据圣经传说,是古犹太先知;卡·谷兹科的悲剧《扫罗王》中的主人公。——134。

萨尔蒂科夫-谢德林,米哈伊尔·叶夫格拉福维奇(**萨尔蒂科夫,米·叶·**)(Салтыков - Щедрин, Михаил Евграфович(Салтыков, М. Е.)1826 — 1889)——俄国讽刺作家,革命民主主义者。1848 年因发表抨击沙皇制度的小说被捕,流放七年。1856 年初返回彼得堡,用笔名“尼·谢德林”发表了《外省散记》。1863 — 1864 年为《同时代人》杂志撰写政论文章,1868 年起任《祖国纪事》杂志编辑,1878 年起任主编。60 — 80 年代创作了《一个城市的历史》、《戈洛夫廖夫老爷们》等长篇小说,批判了俄国的专制农奴制,刻画了地主、沙皇官僚和自由派的丑恶形象。——331。

萨尔特奇哈(**萨尔蒂科娃,达里娅·伊万诺夫娜**)(Салтычиха(Салтыкова, Дарья Ивановна)1730 — 1801)——俄国莫斯科省波多利斯克县的女地主,以虐待农奴闻名。曾把 139 个农民折磨致死。在社会舆论的压力下,叶卡捷琳娜二世不得不对萨尔特奇哈案进行侦讯。1768 年被判处死刑,后改为在修道院监狱终身监禁。她的名字成了农奴主惨无人道地虐待农奴的同义词。——331。

萨克雷,威廉·梅克皮斯(Thackeray, William Makepeace 1811 — 1863)——英国现实主义作家。——229。

萨拉·麦克格莱哥尔伯爵夫人(Gräfin Sarah Mac Gregor)——欧仁·苏的小说《巴黎的秘密》中的人物,鲁道夫的第一个情妇。——53、55、56。

萨洛蒙(Salomon)——德国民间故事书《萨洛蒙和莫罗尔夫》中的人物。——109。

萨伊,让·巴蒂斯特(Say,Jean-Baptiste 1767—1832)——法国资产阶级经济
学家,庸俗政治经济学的代表人物,最先系统地阐述辩护性的"生产三要
素"论。——139、158。

塞利加——见齐赫林斯基,弗兰茨。

塞万提斯·萨维德拉,米格尔·德(Cervantes Saavedra,Miguel de 1547—1616)——西
班牙作家。——236、293。

桑,乔治(Sand,George 原名奥罗尔·杜班 Aurore Dupin 1804—1876)——法
国女作家,著有长篇社会小说多种,浪漫主义的民主派代表人物。
——290。

桑乔·潘萨(Sancho Pansa)——塞万提斯的小说《唐·吉诃德》中的人物,
唐·吉诃德的侍从。——90—91、93、94—95、109。

沙尔腊斯,让·巴蒂斯特·阿道夫(Charras,Jean-Baptiste-Adolphe 1810—
1865)——法国军事家和政治家,温和的资产阶级共和党人;曾参加镇压
1848年巴黎六月起义;第二共和国时期是制宪议会和立法议会议员
(1848—1851),反对路易·波拿巴;1851年十二月二日政变后被驱逐出法
国。——133。

沙培尔,尤斯图斯·威廉·爱德华·冯(Schaper,Justus Wilhelm Eduard von
1792—1868)——普鲁士政治家,1837—1842年7月任特里尔行政区长官,
1842年8月—1845年任莱茵省总督,1845—1846年任威斯特伐利亚总督。
——152。

莎士比亚,威廉(Shakespeare,William 1564—1616)——英国戏剧家和诗人。
——32—35、89、90、149、227、230—232、284、289。

圣贝尔纳丹·德·皮埃尔——见贝尔纳丹·德·圣皮埃尔。

圣贝夫,沙尔·奥古斯坦(Sainte-Beuve,Charles-Augustin 1804—1869)——
法国批评家和作家。——292。

圣茹斯特,安东·路易·莱昂·德(Saint-Just, Antoine-Louis Léon de 1767—1794)——法国资产阶级革命的活动家,雅各宾派的领袖,罗伯斯比尔的追随者,1794 年被绞死。——138。

圣西门,昂利(Saint-Simon, Henri 1760—1825)——法国空想社会主义者。——22、175、238、278。

施达克,卡尔·尼古拉(Starcke, Carl Nikolai 1858—1926)——丹麦资产阶级哲学家和社会学家。——215、220—222。

施蒂纳,麦克斯(Stirner, Max 原名约翰·卡斯帕尔·施米特 Johann Caspar Schmidt 1806—1856)——德国哲学家和著作家,青年黑格尔派,资产阶级个人主义和无政府主义的思想家。——72、84、88、90、94—95、282。

施米特,康拉德(Schmidt, Conrad 1863—1932)——德国经济学家和哲学家;曾一度赞同马克思的经济学说。——243、281。

施纳普汉斯基(Schnapphahnski)——海涅的诗《阿塔·特洛尔》和维尔特的著作《著名骑士施纳普汉斯基的生平事迹》中的讽刺人物。——203。

施托尔希,安德烈·卡尔洛维奇(Шторх, Андрей Карлович 原名亨利希·弗里德里希·冯·施托尔希 Heinrich Friedrich von Storch 1766—1835)——俄国经济学家、目录学家、统计学家和历史学家,德国人;彼得堡科学院院士,资产阶级古典政治经济学的模仿者。——158—161。

施托尔希,昂利——见施托尔希,安德烈·卡尔洛维奇。

司徒卢威,彼得·伯恩哈多维奇(Струве, Петр Бернгардович 1870—1944)——俄国经济学家,哲学家,政论家,合法马克思主义主要代表人物,立宪民主党领袖之一。19 世纪 90 年代编辑合法马克思主义者的《新言论》杂志和《开端》杂志。1896 年参加第二国际第四次代表大会。1898 年参加起草《俄国社会民主工党宣言》。在 1894 年发表的第一部著作《俄国经济发展问题的评述》中,在批判民粹主义的同时,对马克思的经济学说和哲学学说提出"补充"和"批评"。20 世纪初同马克思主义和社会民主主义彻底决裂,转到自由派营垒。1902 年起编辑自由派资产阶级刊物《解放》杂志,1903 年

起是解放社的领袖之一。1905 年起是立宪民主党中央委员,领导该党右
翼。1907 年当选为第二届国家杜马代表。第一次世界大战爆发后鼓吹俄
国的帝国主义侵略扩张政策。十月革命后敌视苏维埃政权,是邓尼金和弗
兰格尔反革命政府成员,后逃往国外。——374、375。

斯宾塞,赫伯特(Spencer, Herbert 1820 — 1903)——英国哲学家,社会学家。
实证论的代表,社会有机体论的创始人,社会达尔文主义者。认为社会和
国家如同生物一样是由简单到复杂的不断发展进化的有机体,社会的阶级
构成以及各种行政机构的设置犹如执行不同功能的各种生物器官,适者生
存的规律也适用于社会。主要著作为《综合哲学体系》(1862 — 1896)。
——307。

斯捷潘诺夫,伊·伊·——见斯克沃尔佐夫-斯捷潘诺夫,伊万·伊万诺
维奇。

斯克沃尔佐夫-斯捷潘诺夫,伊万·伊万诺维奇(斯捷潘诺夫,伊·伊·)
(Скворцов-Степанов, Иван Иванович(Степанов, И. И.)1870 — 1928)——
1891 年参加俄国社会民主主义运动,1904 年成为布尔什维克。1905 —
1907 年革命期间在党的莫斯科委员会写作演讲组工作。1906 年是俄国社
会民主工党第四次(统一)代表大会的代表。1907 年和 1911 年代表布尔什
维克被提名为国家杜马代表候选人。斯托雷平反动时期在土地问题上持
错误观点,对“前进”集团采取调和主义态度,但在列宁影响下纠正了自己
的错误。因进行革命活动多次被捕和流放。1914 — 1917 年在莫斯科做党
的工作。1917 年任俄国社会民主工党(布)莫斯科委员会委员、《莫斯科苏
维埃消息报》主编和《社会民主党人报》编委。十月革命期间任莫斯科军事
革命委员会委员。十月革命后参加第一届人民委员会,任财政人民委员。
1919 — 1925 年历任全俄工人合作社理事会副主席、中央消费合作总社理事
会理事、国家出版社编辑委员会副主任。1925 年起历任《消息报》编辑、
《真理报》副编辑、中央列宁研究院院长等职。多次当选全俄中央执行委员
会和苏联中央执行委员会委员。1921 年起为党中央检查委员会委员,1925
年起为党中央委员。马克思《资本论》(第 1 — 3 卷,1920 年俄文版)以及马
克思和恩格斯的其他一些著作的译者和编者。写有许多有关革命运动史、
政治经济学、无神论等方面的著作。——431。

斯勒尔,巴尔塔扎尔(Slör,Balthasar)——1525 年德国农民战争的参加者,弗兰茨·冯·济金根的朋友和顾问,拉萨尔的剧本《弗兰茨·冯·济金根》中的巴尔塔扎尔·斯勒尔的原型。——226、227、231。

斯米尔诺夫,叶·——见古列维奇,埃马努伊尔·李沃维奇。

斯密,亚当(Smith,Adam 1723—1790)——英国经济学家,资产阶级古典政治经济学最著名的代表人物。——145、157—161、251。

斯图亚特,詹姆斯(Steuart,James 1712—1780)——英国资产阶级经济学家,重商主义的最后代表人物之一,货币数量论的反对者。——146。

斯托雷平,彼得·阿尔卡季耶维奇(Столыпин,Петр Аркадьевич 1862—1911)——俄国国务活动家,大地主。1884 年起在内务部任职。1902 年任格罗德诺省省长。1903—1906 年任萨拉托夫省省长,因镇压该省农民运动受到尼古拉二世的嘉奖。1906—1911 年任大臣会议主席兼内务大臣。1907 年发动“六三政变”,解散第二届国家杜马,颁布新选举法以保证地主、资产阶级在杜马中占统治地位,残酷镇压革命运动,大规模实施死刑,开始了“斯托雷平反动时期”。实行旨在摧毁村社和培植富农的土地改革。1911 年被社会革命党人 Д.Г.博格罗夫刺死。——329、330、331、341、343。

苏,欧仁(Sue,Eugène 原名玛丽·约瑟夫 Marie-Joseph 1804—1857)——法国作家,著有一些小市民的伤感的社会小说;第二共和国时期是立法议会议员(1848—1849)。——46—50。

苏路克,法斯廷(Soulouque,Faustin 1782—1867)——海地共和国总统(1847—1849),1849 年自立为帝,称法斯廷一世。——203。

绥拉菲莫维奇(**波波夫**),亚历山大·绥拉菲莫维奇(Серафимович(Попов),Александр Серафимович 1863—1949)——苏联作家。1918 年加入俄共(布)。国内战争时期任《真理报》随军记者。——430—431。

索斯诺夫斯基,列夫·谢苗诺维奇(Сосновский,Лев Семенович 1886—1937)——1904 年加入俄国社会民主工党,新闻工作者。1918—1924 年(有间断)任《贫苦农民报》编辑。1921 年任党中央委员会鼓动宣传部长。1920—1921

年工会问题争论期间支持托洛茨基的纲领。1927 年作为托洛茨基反对派的骨干分子被开除出党。1935 年恢复党籍,1936 年被再次开除出党。——429。

T

塔西佗(普卜利乌斯·科尔奈利乌斯·塔西佗)(Publius Cornelius Tacitus 约 55—120)——古罗马历史学家,《日耳曼尼亚志》、《历史》、《编年史》的作者。——206、207。

泰伦齐安·摩尔(Terentianus Maurus 2 世纪)——罗马诗人。——229。

唐·吉诃德(Don quijote[Quixote])——塞万提斯的同名小说中的主要人物。——57、109、226。

唐恩(**古尔维奇**),费多尔·伊里奇(Дан(Гурвич),Федор Ильич 1871 — 1947)——俄国孟什维克领袖之一;职业是医生。1894 年参加社会民主主义运动,加入彼得堡工人阶级解放斗争协会。1896 年 8 月被捕,监禁两年左右,1898 年流放维亚特卡省,为期三年。1901 年夏逃往国外,加入《火星报》柏林协助小组。1902 年作为《火星报》代办员参加了俄国社会民主工党第二次代表大会的筹备会议,会后再次被捕,流放东西伯利亚。1903 年 9 月逃往国外,成为孟什维克。俄国社会民主工党第四次(统一)代表大会和第五次(伦敦)代表大会及一系列代表会议的参加者。斯托雷平反动时期和新的革命高涨年代在国外领导取消派,编辑取消派的《社会民主党人呼声报》。第一次世界大战期间是社会沙文主义者。1917 年二月革命后任彼得格勒苏维埃执行委员会委员和第一届中央执行委员会主席团委员,支持资产阶级临时政府。十月革命后反对苏维埃政权,1922 年被驱逐出境,在柏林领导孟什维克进行反革命活动。1923 年参与组织社会主义工人国际。同年被取消苏联国籍。——326。

忒俄克里托斯(Theokritos 公元前 3 世纪上半叶)——古希腊诗人;田园诗歌的创始人。——284。

梯叶里,雅克·尼古拉·奥古斯坦(Thierry,Jacques-Nicolas-Augustin 1795 — 1856)——法国历史学家,早年热衷于圣西门的社会主义;写有诺曼人征服

344—349、350—353、354—355、356—360。

托里拆利,埃万杰利斯塔(Torricelli, Evangelista 1608—1647)——意大利物理
学家和数学家;水银温度计的发明者,伽利略的学生。——255。

托瓦森,贝尔特尔(Thorvaldsen, Bertel 1768—1844)——丹麦雕刻家,后古典
主义的主要代表人物。——184。

陀思妥耶夫斯基,费多尔·米哈伊洛维奇(Достоевский, Федор Михайлович
1821—1881)——俄国作家。作品《死屋手记》(1861—1862)、《罪与罚》
(1866)、《白痴》(1868)等的特点,是现实主义地描写现实生活、人的各种
感受以及个人对人类尊严遭到戕害的反抗。同时,在他的作品中,对社会
不平的抗争是同逆来顺受的说教和对苦难的崇尚交织在一起的。在长篇
小说《群魔》中,公开反对唯物主义和无神论,反对革命运动。——
396、400。

W

瓦克斯穆特,恩斯特·威廉·哥特利布(Wachsmuth, Ernst Wilhelm Gottlieb
1784—1866)——德国历史学家和语文学家,莱比锡大学历史学教授,《哈
雷年鉴》和《德国年鉴》的书报检查官(1839—1842);写有关于古希腊罗马
和欧洲史方面的著作。——252。

威利斯(Willis)——欧仁·苏的小说《巴黎的秘密》中的人物。——52。

威廉一世(胜者威廉)(Wilhelm I[William the Victorious]1797—1888)——普
鲁士亲王,摄政王(1858—1861),普鲁士国王(1861—1888),德国皇帝
(1871—1888)。——252。

威廉三世(奥伦治的)(William III of Orange 1650—1702)——尼德兰总督
(1672—1702),英国国王(1689—1702)。——165。

威斯特华伦,斐迪南·奥托·威廉·亨宁·冯(Westphalen, Ferdinand Otto Wil-
helm Henning von 1799—1876)——普鲁士国务活动家,曾任内务大臣
(1850—1858);马克思夫人燕妮的异母哥哥。——190。

韦尔内,奥拉斯(Vernet,Horace 1789—1863)——法国的战争画画家。——95。

维尔加德尔,弗朗索瓦(Villegardelle,François 1810—1856)——法国政论家,傅立叶的信徒,1840年起为空想共产主义者。——25。

维尔特,格奥尔格(Weerth,Georg 1822—1856)——德国诗人和政论家,共产主义者同盟盟员,《新莱茵报》编辑(1848—1849);马克思和恩格斯的朋友。——201—205。

维利希,奥古斯特(Willich,August 1810—1878)——普鲁士军官,1847年起为共产主义者同盟盟员,1849年巴登—普法尔茨起义中为志愿军团首领;1850年共产主义者同盟分裂时同卡·沙佩尔一起组成反对马克思的冒险主义宗派集团;1853年侨居美国,站在北部方面参加美国内战,任将军。——297。

维特,谢尔盖·尤利耶维奇(Витте,Сергей Юльевич 1849—1915)——俄国国务活动家。1892年2—8月任交通大臣,1892—1903年任财政大臣,1903年8月起任大臣委员会主席,1905年10月—1906年4月任大臣会议主席。在财政、关税政策、铁路建设、工厂立法和鼓励外国投资等方面采取了一系列措施,促进了俄国资本主义的发展。同时力图通过对自由派资产阶级稍作让步和对人民群众进行镇压的手段来维护沙皇专制制度。1905—1907年革命期间派军队对西伯利亚、波罗的海沿岸地区、波兰以及莫斯科的武装起义进行了镇压。——329。

魏德迈,约瑟夫(Weydemeyer,Joseph 1818—1866)——德国和美国工人运动活动家、军官、新闻工作者,"真正的"社会主义者(1846—1847),《威斯特伐利亚汽船》编辑;曾参加布鲁塞尔共产主义通讯委员会的活动(1846);共产主义者同盟盟员,德国1848—1849年革命的参加者,《新德意志报》编辑(1849—1850);共产主义者同盟法兰克福区部领导人(1849—1851);1851年流亡美国,站在北部方面参加美国内战;马克思和恩格斯的朋友和战友。——132、279。

温尼琴科,弗拉基米尔·基里洛维奇(Винниченко,Владимир Кириллович 1880—1951)——乌克兰作家,乌克兰民族主义反革命首领之一。1907年当选为乌克兰社会民主工党中央委员。1917 年二月革命后是反革命的乌克兰中央拉达的组织者和领导人之一,后与佩特留拉一起领导乌克兰督政府(1918—1919 年乌克兰的民族主义政府),交替为德国和英法帝国主义者效劳。乌克兰建立苏维埃政权后成为白俄流亡分子。1920 年表面上同苏维埃政权和解,获准返回乌克兰,加入俄共(布),被任命为乌克兰苏维埃社会主义共和国人民委员会副主席。同年 10 月再次流亡国外。——399—400。

沃尔弗,弗里德里希·威廉(Wolff,Friedrich Wilhelm 鲁普斯 Lupus 1809—1864)——德国无产阶级革命家和政论家,职业是教员,西里西亚农民的儿子,1834—1839 年被关在普鲁士监狱;1846—1847 年为布鲁塞尔共产主义通讯委员会委员,共产主义者同盟创始人之一和同盟中央委员会委员(1848 年 3 月起),《新莱茵报》编辑(1848—1849),民主主义者莱茵区域委员会和科隆安全委员会委员;法兰克福国民议会议员,属于极左派;1849 年流亡瑞士,1851 年迁居英国,1853 年起在曼彻斯特当教员;马克思和恩格斯的朋友和战友。——203。

沃尔斯基,斯坦尼斯拉夫(索柯洛夫,安德列·弗拉基米罗维奇)(Вольский, Станислав(Соколов, Андрей Владимирович) 生于 1880 年)——俄国社会民主党人,俄国社会民主工党第二次代表大会后加入布尔什维克。1904—1905 年在莫斯科做党的工作,参加过十二月武装起义。斯托雷平反动时期和新的革命高涨年代是召回派领袖之一,曾参与组织派别性的卡普里和博洛尼亚党校(意大利)的工作,加入"前进"集团。敌视十月革命,反对苏维埃政权。一度侨居国外,但很快回国。曾在林业合作社、国家计划委员会和商业人民委员部工作。——394。

沃拉贝尔,阿希尔·德(Vaulabelle,Achille de 1799—1879)——法国历史学家和政治活动家,温和的资产阶级共和党人;1848—1849 年是制宪议会议员和卡芬雅克内阁的教育部长。——292。

乌里扬诺娃,玛丽亚·伊里尼奇娜(Ульянова, Мария Ильинична 1878—1937)——列宁的妹妹。早在大学时代就参加了革命运动,1898 年加入俄国社会民主党。曾在彼得堡、莫斯科、萨拉托夫等城市以及国外做党的工作。1900 年起为《火星报》代办员。俄国社会民主工党第二次代表大会后是布尔什维克。1903 年秋起在党中央秘书处工作。1904 年在布尔什维克彼得堡组织中工作。1908—1909 年在日内瓦和巴黎居住,积极参加布尔什维克国外小组的工作。因从事革命活动多次被捕和流放。第一次世界大战期间在莫斯科和彼得格勒做宣传鼓动工作,执行列宁交办的任务,同党中央委员会国外局进行通信联系等。1917 年 3 月—1929 年春任《真理报》编委和责任秘书。曾任中央监察委员会委员、苏维埃监察委员会委员、苏联中央执行委员会委员。——430。

武尔坎(Vulcanus[Vulcan,Vulcain])——罗马神话中雷神丘必特的儿子,火神,手工业的保护神。——149。

X

西尼耳,纳索·威廉(Senior,Nassau William 1790—1864)——英国资产阶级庸俗经济学家,反对缩短工作日。——271。

西斯蒙第,让·沙尔·莱奥纳尔·西蒙德·德(Sismondi,Jean-Charles-Léonard Simonde de 1773—1842)——瑞士经济学家和历史学家,政治经济学中浪漫学派的代表人物。——134。

席勒,弗里德里希·冯(Schiller,Friedrich von 1759—1805)——德国诗人、作家、美学家和历史学家。——48、106、221、227、232、236、285、286。

夏多勃里昂子爵,弗朗索瓦·勒奈(Chateaubriand,François-René,vicomte de 1768—1848)——法国作家、国务活动家和外交家,曾任外交大臣(1822—1824),法国出席维罗纳会议(1822)的代表。——292、293。

夏里亚宾,费多尔·伊万诺维奇(Шаляпин,Федор Иванович 1873—1938)——俄国男低音歌唱家,歌剧演员。对俄罗斯声乐艺术和世界歌剧艺术有很大影响。十月革命后任玛丽亚剧院艺术指导,曾参与大剧院的创建工作。1918 年获共和国人民演员称号。1922 年移居国外。——374。

显克微支,亨利克(Sienkiewicz,Henryk 1846—1916)——波兰作家,以历史小说闻名。1908 年曾就普鲁士政府掠夺波兹南地主地产一事进行调查,并把

252 份调查答复汇编成书在巴黎出版。高尔基的答复是一份反对显克微支维护波兹南地主大私有制的揭露性文件，因此没有被收进单行本。——389。

肖伯纳，乔治（Shaw，George Bernard 1856—1950）——英国剧作家和政论家，1884 年起为费边社社员。——290。

谢尔诺-索洛维耶维奇，亚历山大·亚历山德罗维奇（Серно-Соловьевич，Александр Александрович 1838—1869）——俄国 19 世纪 60 年代革命民主主义运动活动家，车尔尼雪夫斯基的追随者。1861 年成立的俄国平民知识分子的秘密革命团体"土地和自由社"的组织者和领导人之一。1862 年侨居国外，是土地和自由社国外支部"青年侨民"的左翼领袖，瑞士工人运动的参加者。写过《我们的家事》一文，激烈抨击赫尔岑向自由主义动摇。1867 年起是第一国际日内瓦支部成员，和马克思有过通信联系。因患不治之症而自杀。——365。

谢林，弗里德里希·威廉·约瑟夫（Schelling，Friedrich Wilhelm Joseph 1775—1854）——18 世纪末—19 世纪初德国唯心主义哲学的代表。曾在耶拿（1798 年起）、维尔茨堡（1803 年起）、慕尼黑（1806 年起）和柏林（1841 年起）任大学教授。初期信奉费希特哲学，后创立客观唯心主义的"同一哲学"，提出存在和思维、物质和精神、客体和主体绝对同一的观念，并认为绝对同一是"宇宙精神"的无意识状态。把自然界的发展描述成"宇宙精神"自我发展的辩证过程。是自然哲学这一谢林唯心主义哲学体系中最有价值的部分的最著名的代表人物。后期成为普鲁士王国的御用思想家，宣扬宗教神秘主义的"启示哲学"。主要著作有《自然哲学体系初稿》（1799）、《先验唯心主义体系》（1800）等。——335。

休谟，大卫（Hume，David 1711—1776）——英国哲学家、历史学家和经济学家，主观唯心主义者，近代不可知论的创始人；重商主义的反对者，货币数量论的早期代表人物。——162、214、215。

许布纳尔，卡尔（Hübner，Karl 1814—1879）——德国民主主义派现实主义画家。——59。

雪莱,珀西·比希(Shelley,Percy Bysshe 1792—1822)——英国诗人,革命浪漫主义的代表人物,无神论者。——287。

Y

雅克·弗兰(Jacques Ferrand)——欧仁·苏的小说《巴黎的秘密》中的人物。——53、56。

亚·亚·——见波格丹诺夫,亚历山大·亚历山德罗维奇。

亚里士多德(Aristoteles 公元前384—322)——古希腊哲学家,在哲学上摇摆于唯物主义和唯心主义之间,奴隶主阶级的思想家,按其经济观点来说是奴隶占有制自然经济的维护者,他最先分析了价值的形式;柏拉图的学生。——86、235。

亚历山大皇帝——见亚历山大一世。

亚历山大一世(Александр I 1777—1825)——俄国皇帝(1801—1825)。——52。

亚历山大二世(**罗曼诺夫**)(Александр II(Романов)1818—1881)——俄国皇帝(1855—1881)。——365、366。

亚历山大三世,亚历山大大帝(Alexander III,Alexander the Great 公元前356—323)——古代著名的统帅,马其顿王(公元前336—323);横跨马其顿到印度的世界帝国的缔造者;曾从师于亚里士多德。——296。

耶稣基督(基督)(Jesus Christus[Christus])——传说中的基督教创始人。——18、43、47、48。

伊壁鸠鲁(Epikouros 约公元前342—270)——古希腊哲学家,无神论者。——282。

伊菲姬妮亚(Iphigenie)——古希腊神话中亚加米农和克丽达妮斯特拉的女儿,准备祭献给女神阿尔蒂米斯,但为阿尔蒂米斯所赦免并成为她的女祭司。在古代伊菲姬妮亚的形象有时与阿尔蒂米斯等同。伊菲姬妮亚是许多古希腊和西欧文学著作中的主要人物;让·拉辛的悲剧《伊菲姬妮亚在奥利德》中的女主人公。——106。

Z

项目统筹：崔继新

责任编辑：李　航

装帧设计：汪　莹

版式设计：胡欣欣

责任校对：白　玥

图书在版编目（CIP）数据

马克思恩格斯列宁论文学艺术/马克思,恩格斯,列宁著;中共中央党史和文献研究院
　　编译. —北京：人民出版社,2023.12
（马列主义经典作家文库）
ISBN 978－7－01－026182－9

Ⅰ.①马…　Ⅱ.①马…　②恩…　③列…　④中…　Ⅲ.①马列著作-马克思主义
　　Ⅳ.①A811.691-53

中国国家版本馆 CIP 数据核字（2023）第 242451 号

书　　　名	**马克思恩格斯列宁论文学艺术**
	MAKESI ENGESI LIENING LUN WENXUE YISHU
编　译　者	中共中央党史和文献研究院
出版发行	人民出版社
	（北京市东城区隆福寺街 99 号　邮编　100706）
邮购电话	（010）65250042　65289539
经　　销	新华书店
印　　刷	北京新华印刷有限公司
版　　次	2023 年 12 月第 1 版　2023 年 12 月北京第 1 次印刷
开　　本	635 毫米×927 毫米 1/16
印　　张	40.25
插　　页	1
字　　数	451 千字
印　　数	00,001-10,000 册
书　　号	ISBN 978－7－01－026182－9
定　　价	80.00 元